国家"十二五"重点图书

世界主要政党规章制度文献

丛书主编：俞可平
执行主编：陈家刚

英　国

主编：吕　楠

中央编译局文库编辑委员会

主　　任：贾高建

副 主 任：魏海生　柴方国　季正聚　崔友平

委　　员（按姓氏笔画排序）：

　　　　冯　雷　牟建君　杨雪冬　沈红文　张凤宝

　　　　陈家刚　胡长栓　郗卫东　葛海彦

总　序

近代的政党，是基于一定的阶级或阶层之上，为了夺取和巩固国家的政治权力，从而维护特定利益的政治组织。与其他政治组织相比，政党最明显的特征，就是它有着明确的政治目标，即夺取政权和维护政权。除了执掌国家政权这一基本职能外，政党也是现代社会中最重要的利益表达和利益综合机构，是连接政府与民众的政治桥梁。政党还是国家政治生活的最重要组织者，是公民参与国家政治生活的重要平台，它履行着政治动员、公共参与和政治教育等重要的政治职能。因此，从权力的角度看，在所有政治组织中，政党是最重要的政治组织，它对近代国家的政治生活有着极为重要的影响。实际上，近代政治就是政党政治。国家权力主要由政党掌握，并且通过政党运行。

由于政党在国家公共政治生活中起着如此关键性的决定作用，规范政党组织本身及其成员的行为和活动，就变得极其重要。从国家的角度看，宪法及相应的专门法律，通常要对政党参与国家政权的方式、途径、范围等作出原则性规定，从而形成了不同的政党制度，如多党制、两党制、一党制、一党主导或一党独大制、多党合作制等。从政党自身的角度看，每个政党都必须有一整套政治纲领和规章制度，明确宣示政党的性质、使命、目标、任务和政策倡议，详细规定党员的资格、条件、义务、责任、权利，以及党的组织形式、选举制度、领导机制、决策程序和纪律约束等。广义上说，政党制度既包括政党的外部制度，也包括政党的内部制度，它们一起构成国家政治制度的重要组成部分。

如果说主权国家是国际政治舞台的主角，那么政党便是国内政治舞台的主角。除了少数小国之外，世界上绝大多数国家的政权实际上都掌握在执政党手中。一个个政党的产生、发展、壮大、掌权、下台、消亡，以及各个政党之间的竞争、合作、争斗、兼并、分化、组合，构成了现实政治生活一幅五彩斑斓的图景。要真正了解当代世界，就要了解世界各国的政治图景，那就不能不了解主演这些政治图景的各个政党。世界的丰富多彩，不仅体现在文化传统、生活方式和乡土风情上，也体现在社会结构、发展模式和政治体制上。进而言之，要真正了解一个国家，就要了解这个国家的政治体制；而要了解一个国家的政治体制，就不能不了解这个国家的政党制度。

中国共产党是按照马列主义原则建立起来的一个革命政党，在夺取国家政权后，特别是在改革开放后，它逐渐从一个革命党转变为执政党。党的根本宗旨没有改变，但党的群众基础、指导思想、组织结构、领导机制和执政方式等，都发生了重大的变化。坚持人民主体地位，发展人民民主已经成为中共执政的基本政治目标；民主、自由、平等、公正、法治、和谐，已经成为中共追求的核心政治价值；民主执政、依法执政和科学执政，已经成为中共的基本执政方式；建设中国特色的社会主义法治国家，推进国家治理现代化，已经成为中共全面深化改革的总目标。所有这些都表明，中国共产党自身正处于现代化的转型之中，实现治理的现代化，不仅是党执政治国的目标，也是党自身建设的目标。政党治理的现代化，是世界各国主要政党共同面临的时代课题。一些政党在推进治理现代化方面，取得了成功的经验，得以继续在本国的政坛叱咤风云；而另一些政党则付出了惨重的代价，直至失去了政权。学习和借鉴国外政党的成功经验，汲取它们的失败教训，对于中国共产党实现治理现代化，有着重要的现实意义。

1998年，我曾经主编过当时国内唯一的《当代各国政治体制》丛书，总共有16册之多，内容包括了世界各主要国家。那套丛书比较客观地介绍了各国主要政治体制，为读者全面了解当代世界的各种政治制度提供了翔实的资料,从而广受好评。此后,我一直想编纂一套介绍世界各主要政党制度的丛书,可惜终未如愿。巧的是,前几年中央为了加强党内法规建设,需要了解和借鉴国外政党的经验做法,有关部门便委托我局编译国外主要政党的规章制度。我认为,这些党内规章制度,虽不能在整体上等同于政党制度,但却在很大程度上体现了党的组织制度、领导制度、决策制度和纪检制度,因而,编译这些国外政党的法规制度,不仅对于我们加强党内法规建设有其借鉴意义,而且将这些材料正式汇编出版,也可以在一定程度上起到帮助读者了解世界各国政党制度,从而更全面地了解世界各国政治制度的作用。

《世界主要政党规章制度文献》丛书,总共有20卷,收录了当今世界绝大多数重要政党的代表性规章制度。在收集、编选和翻译这套丛书的过程中,我们得到了社会各界的大力支持。例如,一些从事世界政党研究的专家学者提出了很好的编纂建议,一些驻外使领馆人员为我们提供了所在国主要政党的最新材料,一些译者放弃休息时间,努力按照要求完成翻译任务;国家出版基金给予了专项出版资助。在此,我代表编者向所有为本丛书出版作出过贡献的朋友们表示衷心的感谢。参与本丛书的许多译者,是年轻的博士后和博士生,他们积极性高,责任心强,但尚缺乏足够的翻译经验,错讹之处还望读者谅解并不吝批评。

俞可平

2015年1月13日于方圆阁

目 录

导 言 ··· 1

第一部分 宪法、全国性涉党法律 ····························· 1

自由大宪章（1215年）··· 3

自由大宪章（1297年）··· 12

权利法案（1689年）·· 17

人权法（1998年）··· 24

政党、选举及全民公投法（2000年）······················ 56

第二部分 主要政党内部规章制度 ····························· 365

工党章程全编（2010年）····································· 367

保守党章程·· 508

自由民主党党章（2012年）·································· 562

导　言

英国是现代政党政治的发源地，也是实行两党制的典型国家，现今世界上许多国家的政党制度和政党自身建设都与英国有着渊源。深入研究英国的政党政治对研究现代西方政党与政党制度，乃至整个政治制度均有助益。

一、英国政党政治的发展与特点

（一）英国现代政党的起源

英国现代意义上的政党起源于早年议会中的不同政治派别。1640年英国内战爆发后，议会内部发生分裂，一部分人代表封建地主、贵族利益，竭力维护封建王权；另一部分则是新贵族和资产阶级的代表，强烈要求限制王权。据后人的研究，当时下议院552名议员中，有236名保王党人，占议员总数43%；有302名国王反对派，占议员总数的55%；14名议员属于中间派。议会中对立的这两派相互指斥，反对国王的一派被保王派称为"圆颅党"，而拥护国王的一派被国王反对派称为"骑士党"。后来的辉格党（Whig）和托利党（Tory），很大程度上就是由"圆颅党"（Roundhead）和"骑士党"（Cavalry）演变而来的。

"辉格"一词最早见于17世纪40年代，原指苏格兰西南地区一伙反对天主教的清教徒盟约分子，意为"强盗"，支持国王查理二世的保王派用它来攻击政府反对派；而"托利"一词最早见于复辟王朝初建时期，原指爱尔兰的一些天主教流民,意为"歹徒"。政府反对派用它来咒骂保王党分子。

1679 年,英国议会在讨论王位继承问题时发生争执,形成了针锋相对的两大派别,也促成了两党的正式问世。辉格党代表新贵族和资产阶级的利益,要求限制王权,提高议会权力,反对詹姆士继承王位。

1680 年以后,"辉格党"和"托利党"的称号开始在议会中被两派"自豪地采用"。沃尔特·白芝浩对此给予高度评价:"当辉格党和托利党第一次出现在历史舞台上时,发生变化的不仅是政党的名称,而且是政治体制本身。"① 两派在议会内进行公开合法的斗争,它们是政党的萌芽,对英国的政治体制和政治发展产生了深远的影响。当时,辉格党主要代表新贵族和商业、金融业资产阶级的利益,托利党主要代表贵族、地主阶级利益,两党中居支配地位的力量都是土地贵族。

1685 年 2 月,詹姆士二世继承王位,推行专制主义政策,逐步在英国恢复天主教,引起广大民众的不满,也使原先支持国王的托利党人逐渐改变了自己的态度。1688 年,两党联合发动了"光荣革命",邀请与英国王室有姻亲关系的荷兰执政威廉·奥伦治武装干预英国,并辅佐其为英王,是为威廉三世。但在当时,无论是辉格党还是托利党,它们的活动都仅仅存在于议会之内的辩论和协商,并没有严格的组织纪律和行动纲领,因而这两个党还只是议会内部不同的政治派别。

(二) 英国两党制度的萌芽与发展

英国两党政治与两党制度的发展并不一致。早在 17 世纪 70 年代,英国就出现了辉格党和托利党,即出现了两党政治,但尚未形成两党制度。英国的两党制度是两党根据议会多数轮流组织责任内阁制政府的制度。换言之,两党根据议会多数组织责任内阁制政府的做法体现了英国两党制度最重要、最基本的特征。据此,在 1832 年议会改革之前,英国政党政治始

---

① 〔英〕沃尔特·白芝浩:《英国宪法》,夏彦才译,北京:商务印书馆 2005 年版,第 86 页。

终未发展到两党制度形成的水平。① 按照英国两党制度发展的历程，可以将其划分为四个阶段。

1. 两党制度萌芽时期（1694—1832年第一次议会改革前夕）

光荣革命后，党派在政治生活中的地位和作用发生了变化，两党要求执政的愿望越来越强烈。威廉三世建立了一个兼容两党的混合内阁，由托利党人和辉格党人分享政府要职。直到1694年，威廉才任用支持其对外战争政策的辉格党人组成第一个一党内阁。这是英国历史上最早的党派政府，是党派公开进入政治体制、直接参与国家管理的开端。②

1700年，一党内阁又变成了两党混合内阁。1710年，安妮女王罢免了不愿停战的辉格党人，任命托利党人组成一党内阁。新党派力量的涨落表明它们可以整个地互换位置，这是现代政党制度的基础。虽然在1714年到1715年辉格党取得了压倒性的胜利和推翻了托利党以后，这种互换频率减小了，但是在现有体制框架内，反对党继续为成为执政党而和平奋斗已是一个永恒的特征。布莱恩·希尔指出："政党不必通过暴力推翻君主就能够获得执政地位是现代政党民主发展史上关键的一步。"③ 这为两党制的形成奠定了基础。

整个18世纪直至19世纪初，政党之间争论的问题在不断发生变化，但是自1688年光荣革命以后，英国政治发展史上没有多少引起骤变的大的转折性事件，渐进性成为英国近代历史发展的最大特色。

2. 两党制度形成时期（1832年第一次议会改革—1868年9月）

1832年议会改革是英国近代史上的重大事件。此后，托利党和辉格党分别演变为保守党和自由党，发展为现代意义的资产阶级政党，两党制度在英国迅速形成。

---

① 参见阎照祥《略论英国近代两党制度的形成》，载《世界历史》1985年第7期。
② 王长江、姜跃主编：《世界政党比较概论》，北京：中央党校出版社2003年版，第283页。
③ 〔美〕布莱恩·希尔：《英国早期政党简评》，见荣敬本、高新军主编：《政党比较研究资料》，北京：中央编译出版社2002年版，第38页。

1832年议会改革之前，特别在"有组织的反对党"出现之前，议会各党派团体之间不存在固定的组织关系，加上大批非党派议员的存在，常使下院政党界限模糊。1832年6月议会通过了《选举改革法》，大幅度增加了选民数量，调整了议席分配，增设了一批新选区，并且要求进行选民登记，编制选民册。法案实施后，要想获得选票和议席，政党就要有更高的组织水平和连续性。"缺乏连续性，政党将会冒崩溃的危险。"①

保守党和自由党竞相发展议会内政党组织，建立了督导员制度。"督导员"（又称"党鞭"）即议会中政党事务负责人，通常由党魁指定本党有威望的议员担任。平时，督导员注意了解本党议员的意见和情绪，对多少人出席议会、参加投票、多少人缺席或弃权等项，尽量做到心中有数，并随时向本党党魁提出报告。议会召开前，督导员参加由党魁主持的党务会议，讨论制定行动计划。议会召开时，督导员动员本党议员及时参加分组投票。通过督导员的工作，几乎所有下院议员都站到某党旗帜之下。投票时，各议员不能就事论事地考虑各种议案的优缺点，而必须看到他这一票对本党所起的作用。②

两个政党为了争取选民，竞相在英国全国发展自己的组织。沃里克郡自由党人首先创立选区协会，之后他们又派出使者动员别处的自由党人同行其事。自由党于1836、1860年先后建立了改革俱乐部、选民登记协会。保守党组织系统自身也发生了许多重要变化。1832年，保守党建立了"卡尔登俱乐部"作为党的最高组织机构，并在"卡尔登俱乐部"中建立了中央常设委员会。在达拉姆郡建立了新型地方组织——郡协会。1833年，托利党改名为保守党。到1837年，保守党的地方组织就已经达到了数百个，活动范围遍及全国。保守党利用自己的组织同自由党展开竞选活动。由党的中央党部制定竞选计划，提名候选人，筹集竞选经费。党的地方组织则

---

① 〔英〕戴维·米勒、韦农·波格丹诺主编：《布莱克维尔政治学百科全书》，邓正来等译，北京：中国政法大学出版社1992年版，第526页。

② 参见阎照祥《略论英国近代两党制度的形成》，载《世界历史》1985年第7期。

负责登记支持本党的选民，宣传本党的主张，笼络选票。党的领导人则经常四处周游，发表演说。

19世纪40—60年代，英国还是经常出现少数党执政的情况，作为两党制的主要特点的多数党内阁，还未能成为内阁组织的主要形式。两大政治派别虽然都发展为具有现代意义的资产阶级政党，但两党制仍未成熟。①

3. 自由党和保守党在成熟的两党制轨道上轮流执政时期（1868年12月9日—1922年）

1868年11月大选，终于结束了英国历史上一度较长时期的少数党屡次执政局面。选举结果是：在下院总共658席中，保守党只获得271席，自由党则获得387席，由其领袖格拉斯通组阁，确立了多数党内阁作为内阁组织的主要形式，从而揭开了英国两党制的新的一页，也即开始了已发展为具有现代意义的资产阶级政党自由党和保守党，在成熟的两党制轨道上运行的交替执政时期。保守党于1907年首创"影子内阁"，以后凡在大选中获得下院次多数议席的政党就成为法定的反对党。反对党在议会中有可能通过不信任投票取代执政党的地位。

1867年以前，由于选民不多，保守党的组织同自由党一样也很原始，党的中央机构基本上掌握在几位权势人士手中，除了参加议会活动外，他们的任务主要是征集选举基金、安排候选人。各地党的代理人也都是非职业的，只是在选举时才参加活动。因此，党的中央与地方组织的联系非常松弛，主要是通过伦敦的卡尔顿政治俱乐部来进行的。第二次议会改革后，这种政党组织形式显然已经不能适应形势发展的需要。在这种情况下，保守党和自由党一样开始了自身的改造。1867年到1886年是保守党组织的基本转变时期，新的更有效率的政党机器开始建立。保守党在两个方面发生了变化：一方面，中央组织变得越来越职业化和正规化；另一方面，地方组织机构得到了迅猛发展，日益要求全国有统一的领导机构，其

---

① 参见江宗植：《英国两党制的起源和发展》，载《四川师范学院学报（哲学社会科学版）》1994年第5期。

结果是产生了保守党全国联盟。就整个政党机器的效率而言，保守党也比自由党高得多。不仅如此，保守党的支持者大多非常富有，所以保守党的财源比自由党充裕。

与保守党的蒸蒸日上相比，自由党的处境则日益惨淡。19世纪下半叶，由于爱尔兰自治问题导致了英国自由党的分裂。1912年，自由党统一派在张伯伦的带领下脱离自由党，先是与保守党结成联盟（1886—1895年），后与之合并。19世纪末20世纪初，英国自由党的自由贸易政策已经不适应国际形势发展的需要。英国工业总产值严重下滑，与世界其他发达国家相比，其经济实力、军事力量和政治影响力开始相对下降，失去了昔日曾经拥有的"日不落帝国"的世界霸主地位，大批工业资本家转向保守党。虽然在第一次世界大战前，自由党政府倡导的一系列社会改革产生了很大的社会影响，也使自由党呈现出了短暂复兴的局面，但是随着第一次世界大战的爆发，这种复兴局面随之消失了，自由党本身也迅速地走向了没落。①

4. 保守党与工党轮流执政时期（1922年至今）

在自由党走向衰落的同时，工党迅速崛起，不久便在政治舞台上取代了自由党的地位。

1868年全国职工代表大会（TUC）的成立是英国工人运动史上的大事。几乎所有的大型工会都加入其中，TUC是工会的联合形式，但并非真正的工会，不参与集体谈判过程，只是为所涉及的工会提供帮助，协调各所属工会之间的关系。该组织更重要的一个身份是各工会在议会中统一的代言人，被称做"劳工的议会"。作为重要的压力集团，TUC为日后工党的成立立下了汗马功劳。同时，工会也开始以设立政治基金的方式参与政治活动。②

---

① 参见阎照祥：《英国政党政治史》，北京：人民出版社2000年版，第七、八章；高岱：《英国政党政治的新起点——第一次世界大战与英国自由党的没落》，北京：北京大学出版社2005年版。

② 希望参与政党政治的工会自发地设有独立的政治基金。最初几乎所有的大型工会（约60个）都设立了此项基金。

1881年部分工人联合自由党左翼人士建立了民主同盟，1884年改名为社会民主联盟。1883年，费边社成立。费边主义者认为社会主义是历史发展的必然，但完成从资本主义到社会主义的改造是一个长期的过程，只能采取和平的方式使社会主义因素渗透到资本主义社会中，和平长入社会主义。受费边社会主义的影响，大多数社会主义团体并不接受暴力革命的主张，而是要想方设法进入议会，进而掌握议会多数来实现自己的政治抱负。

1893年，苏格兰工党和布雷德福劳工联合会等工人组织合并成立了"独立工党"。独立工党的建立使英国工人有了一个脱离资产阶级两大政党的组织。不过，独立工党并非全国性工人阶级政党，它的群众基础主要限于英格兰北部和苏格兰工业区的工人，并且仅得到部分工会的支持，[1] 其力量和影响力远不能使工人阶级的政见得以表达。

共同的目的和相近的思想，使工会与费边社、独立工党、社会民主联盟等社会主义团体萌发了联合组建劳工代表委员会的想法。1900年2月，工会、费边社、独立工党和社会民主联盟召开了一次特别大会，讨论组建工人阶级政党问题。在这次会议上，决定成立一个独立的工人阶级政治组织"劳工代表权委员会"。1906年，劳工代表权委员会正式改名为"工党"。就这样，在英国这样一个老牌的资本主义国家，工人阶级通过和平的方式并借助一个政党而走上了政党政治的舞台。[2] 工党的成立是英国政治发展史上的转折点。

工党成立之初尚不具备赢得选举的实力，于是采取与自由党缔结选举协定、支持自由党的办法。在工党支持下，自由党赢得1906年大选。自此到"一战"结束其间，工党基本上同自由党保持合作关系，并借助这一关系来发展壮大自身。1918年后，工党迅速崛起，经过为时不长的三足鼎立

---

[1] 阎照祥：《英国政党政治史》，北京：中国社会科学出版社1993年版，第319页。

[2] David Butler and Gareth Butler edited, *Twentieth-century British Political Facts*, 1900-2000, London: Macmillan, 2000, pp.158-159.

格局后，自由党一蹶不振，其地位终于被工党取代。1924年1月，工党第一次成为执政党，拉塞姆·麦克唐纳出任首相。

不过，在"二战"前，工党的两次内阁（1924年1月—11月、1929年6月—1931年8月）都是少数党内阁。至于1931年8月至1935年6月有保守党人和自由党人参加的麦克唐纳国民内阁，虽然在大选中获得绝大多数票，但它是倾向保守党而不是工党的内阁。麦克唐纳在这一年和工党分手。"二战"期间，工党参加了保守党丘吉尔的联合政府。战后，工党和保守党开始轮流执政。

（三）英国政党政治的特点

政党是英国资产阶级民主政治制度得以长久存在和发展的一种内在动力和机制。两党轮流执政实现了执政党和反对党和平、民主的置换，维护了英国社会政治的稳定，是英国资产阶级维持和改善其统治的有效方法与手段。

1. "参加大选—获取议会支持—组建内阁"是英国政党谋取执政地位的基本固定方式。虽然英国的宪法和法律并没有明文规定这三个步骤，但是在英国民众眼里，违反这一程序无异于违反宪法和法律。

根据英国的宪法惯例，其政党政治的具体运作方式为：一般情况下，英国每五年举行一次议会选举，选举议会下院议员和首相。各政党在议会选举中展开竞选，在大选中获得议会下院多数席位的政党为执政党，该党的领袖经过英国女王同意就任内阁首相并由他挑选本党人员组成内阁。

2. 执政党的地位稳固。英国是"议行合一"的国家，这意味着中央国家机关和地方都是统一的。执政党只要在大选中获胜，就能够全面控制英国政治，最主要的表现就是由获胜党组阁。在英国的宪政体制中，内阁具有不可替代的政治权威。根据宪法和法律，内阁是政府的核心，是英国社会的组织和领导机关，更是国务的决策中心。

执政党控制和操纵着议会。执政党对立法的控制主要就是通过议会党团协调行动。尽管议会在法律上是英国的最高立法机关，但由于其成员（议员）都是有党派性的，都以党派的名义集体行动，所以，在议会中的议会党团至关重要。为了使本党议员在议会活动中协调一致,英国各政党都规定了严格的党纪党规。一般情况下,内阁能够使议会两院通过自己提出的议案,因为执政党既然能够组建内阁,也就能够控制议会多数。

尽管英国的司法体系保持着一定的独立性,但是英国的执政党同样可以运用其特殊的政治地位和权力,对司法活动施加影响,根本原因还是执政党掌握了议会。首先,"议会至上"的宪政原则使议会能够规定司法机关的结构和功能,能够通过实体法和程序法。另外,英国没有最高法院,所以英国议会具有最高的审定权力,这也为执政党施加影响提供了途径。其次,英国的高级司法公职人员由首相领导的内阁提名、任命。因此,执政党总是选派得力的党内高级领导人充任大法官一职,并通过大法官将国家司法活动与执政党的政策协调起来。①

3. 英国反对党的特殊地位在其他资本主义国家是不多见的。在选举中获得次多数席位的政党被称为"英王陛下忠诚的反对党"。反对党拥有法定的地位,是宪法的一个组成部分。反对党与执政党一样,有严密的组织和严格的纪律,是英王可供选择的政府,其领袖也是可供选择的首相。国家为反对党提供一定的活动经费,反对党领袖每年有固定基金支付其薪俸,如果女王召集会议,他与首相并排坐在一起。

"英王陛下忠诚的反对党"这一称号表明反对党是英国国家机构的一部分,而且起着独特作用。在选举中获得次多数席位的政党可以组建"影子内阁"。这个"影子内阁"有两个作用:一是不断向执政党施加政治压力,监督和制约执政党的政策和行为;二是一旦执政党意外倒台,"影子内阁"可以即刻填补政治真空,上台执政。执政党为了保住执政地位,非常重视"影子内阁"的作用。

20世纪初,美国学者罗威尔盛赞"国王陛下的反对党"这一提法,说它"体现了19世纪对政治艺术的最大贡献——一个在野的党,被人承认对国家制度具有完全的忠诚,并随时准备着上台执政,而不至于震撼国家

---

① 参见王道志:《英国政党制度的特点及发展趋势前瞻》,载《人大研究》2012年第2期。

的政治传统"。他还指出:"承认反对党是一个合法的团体,能以说服的方式取得政权,这是政府成功的主要条件。"①

4. 第三党甚至其他一些小党派有时也会发挥很重要的作用。目前,在英国选举委员会登记注册的政党约有 400 个。除能够参与轮流执政的两个势力比较大的政党——工党和保守党——以外,其他政党势力较小,如自由民主党、苏格兰民族党、威尔士民族党、社会民主工党、绿党、共产党等。其中,英国的第三大党——自由民主党自 1988 年组建以来,获得议席的数量都是第三位,而且远远超出第四位的议席数。2010 年大选中,保守党获 306 席,工党获 258 席,自民党获 57 席,其余政党获 28 席,没有一个党赢得议会下院的过半数席位,都没有单独组阁的资格。根据历史经验,"少数党政府"在英国往往是不受欢迎更是不稳定的。如此一来,与其他党派组成联合政府就成为了最佳选择,自由民主党就成了工党和保守党争夺的"香饽饽"。最终,保守党与自由民主党组成了联合政府。

作为反对党中的一员,自由民主党与其他更小的反对党一道,在政坛上发挥着不可忽视的作用。一是发挥制衡作用,跟随领衔反对党,担负批评、监督政府的职责。二是充当民众与政府沟通的桥梁。在政治实践中,自由民主党往往提出两大政党所忽视的社会问题或是不愿意提及的社会议题。而两大党为了竞选的胜利,特别是在民意支持率不相上下的情况下,对自由民主党提出的议题进行吸收就能争取到选民的支持。三是吸引"浮动选民"影响大选结果。随着民众阶级意识与政党认同的淡化,出现了越来越多的浮动选民。他们的投票取向经常受政党的政见、政治议题、经济荣衰和领袖形象等短期因素所影响。所以从理论上讲,浮动选民应该比强烈政党认同者更有可能投票给第三党。②

---

① 〔美〕劳伦斯·罗威尔:《英国政府·政党制度之部》,上海:上海人民出版社 1959 年版,第 3—4 页。

② 参见李江峰:《英国自由民主党及其政治功能》,河北师范大学硕士论文 2006 年。

二、当代英国主要政党党章的基本构成及特点

党章是一个政党最重要的政治文件，党章内容的变化通常意味着该政党的重大政治转向。英国每个政党都拥有自己的党章。由于各党的政治立场、选民基础和政党文化不尽相同，其党章的基本结构并不一致。

(一) 主要政党党章的构成

保守党的前身是托利党，它不仅是世界上最古老的政党，也是英国执政时间最长、任期最多的政党，即便在多党联合执政时期也总是居于主导地位，占据大多数要职。在 20 世纪一百年间，保守党单独执政 6 次，共 47 年。如果加上联合执政，保守党在 20 世纪的执政时间多达 60 余年。保守党现有党员约 29 万人，主要由工商经营者、农场经营者、白领阶层和本土白人组成。保守党党章对党的名称、目的、目标和价值，党员身份，领袖选举规则，保守党理事会，保守党全国大会，区委员会，区管理执行委员会，地区协调员，选区联合会，保守党政策论坛，受到承认的组织，党的大会，道德、品行和标准，章程的变动等内容作出了规定。除执行以上条款外，主要是按惯例来处理内部关系与内部行为。

工党党员依照入党方式可分为三类：个人党员、工会团体党员、合作社与社会主义者团体党员。其中，个人党员约有 20 万。工党的章程主要由工党全国党章、党组织的部门条例、程序条例等组成。其中，工党全国党章包含：宪章、党员条例、党的会议、官员和全国委员会的选举、对选举的公共职务的选拔、纪律条例等内容。党组织的部门条例包含：选区工党条例、支部条例、统计区委员会和欧盟党的单位的条例、妇女论坛条例、青年工党条例、工党地方政府委员会条例、涉及主要机关的地方政府工党党团条例、少数族裔论坛条例等内容。关于党的名称与目标、党的组织结构与附属组织、党的财政体系、目标与价值、党的纲领、工党代表大会、党的官员和常设官员、全国执行委员会、全国党章委员会、章程的适用范围等内容则在党的宪章中作出了明确规定。比较而言，工党的内部规章制

度比保守党的更加完备。

自由民主党的前身为自由党。1988年，自由党和社会民主党合并为自由民主党。1999年之前，自由民主党一直将自己定位于中间偏左激进派，为此其发展壮大空间受到了制约。进入21世纪，自由民主党内部体制越来越亲民化、民主化，其政策也越来越迎合英国选民意愿，因而在选举中的支持率不断攀升。2010年，自由民主党与保守党组建联合政府，成功塑造了战后英国政坛上极为罕见的三足鼎立政党政治格局。自由民主党现有党员约7万人。自由民主党的组织结构与工党和保守党不同，由三个层级组成：底层为选区自由民主党，由一个选区或数选区的自由民主党人构成；中层为大区自由民主党，现有英格兰自由民主党、苏格兰自由民主党和威尔士自由民主党，各党享有自治权，分别设有党章，内容主要涉及党员条例、地方党及支部的章程、议员选举条例等；上层为自由民主党联邦党。联邦党决定涉及全国范围内的政策，其章程主要包括：党的名称、宗旨和继承性，党员条例，地方政党条例，政策制定程序，联邦大会常设规则，联邦政策委员会，联邦行政委员会，主席的选举规则，等等。

（二）主要政党党章的特点

1. 政党行为和活动近年来受到法律规范

长期以来，英国把政党视为私人组织，根据结社自由原则成立的政党均属合法政党，有关法律只针对违法当事人个人，不针对政党本身；即使政党提名的候选人、政党领袖违法，也不株连整个政党。因此，英国基本上不存在"违法"政党之说，政党自由度较高，政党地位不是由法律确定，而是在政治博弈中依据政治惯例自然形成的。政府与法律不干涉政党内部行为，政党纲领的制定、组织原则、机构设置、党员的权利和义务、政党提名和内部选举等均由政党自行规定，法律不作规定。但近年来，英国一些法律开始对政党进行规范，如1998年的《政党登记法》、2000年的《政党、选举及全民公投法》、2009年的《政党与选举法》等，这些法律主要规范政党注册、政治资金的收入和开支以及政党候选人或当事人的选举行为。保守党、工党等政党新修订的党章也在相关条款中明确提出遵守以上法律。

2. 政党纲领和目标不断革新

党章和纲领是一个政党的灵魂与旗帜，它在为政党提供明确理论导向、使政党更具凝聚力的同时，也成为所有成员必须遵循的基本原则。几百年来，保守党和工党根据经济社会发展变化及时对自身纲领和目标进行革新，是两大政党始终保持强大生命力的重要原因。

保守党最初的理论主张有三大支柱——英国国教会、单一制的英国和家庭，后发展到保守经济自由和自由市场即保守自由主义，认为每个人无论其社会地位高低和财富多少，都应尽情发挥自身潜能，独立作出选择以获得真正而持久的幸福。为应对21世纪各种挑战、满足人民愿望，保守党提出要在英国发动一场"责任革命"，包括专业革命、公民责任革命和公司责任革命，声称其奋斗目标是通过"责任革命"，建设一个自由、充满机遇和负责任的社会，建设一个强大民族国家，并使每个人成为实干家而非游手好闲者。

为实现从阶级党到人民党的转变，工党1995年删除了党章中具有标志性的公有制条款，将其定位为民主社会主义政党，目标是依靠共同努力，实现比个人所能实现的更多成就，从而为每个人创造实现其潜力的手段，为全体人民创造这样一个社会：权力、财富和机会掌握在多数人而非少数人手中；权利责任对等，人民以团结、包容和尊重精神自由地生活在一起。为实现上述目标，工党将工作方向定位为：服务于公共利益的富有生机的经济；构建公正的社会、开放的民主制和健康的环境；致力于英国人民的防务与安全，与工会、合作社团开展合作，与志愿组织、消费团体和其他有代表性的团体开展合作。

3. 党内民主不断扩大

面对社会阶层分化和民众政治参与意识淡化，老政党为重新焕发组织活力，新政党为动员更多力量加入，均表现出较强的党内民主改革意愿。其一，在领袖选举中，保守党废除了由议员选举党魁的机制，工党废除了由选区党组织、工会和其他附属团体以集体名义投票的机制，两党均采取

"党员一人一票"规则，领袖由全体党员选举产生。以这种方式选举产生的领袖成为名副其实的全党领袖，这有助于加强党的团结统一。其二，设立全国政策论坛和地方各级政策论坛，为广大党员充分参与党的政策制定过程搭建平台。其三，重视青年人、妇女、少数民族等群体利益，扩大党员基础。

4. 党内纪律十分严格

英国各政党为了使本党议员在议会活动中协调一致，普遍建立了党内监督制度，并严厉惩处违纪行为。一是在党章中规定了比较完备的党内监督条款。二是设置了完备的监督机构，有专门的监督制约组织和工作人员。履行党内监督职责的主要组织是议会党团，党团内部设督导员，督导员由党的领袖任命。三是党内监督不仅体现在议会活动中，也体现在选举、公共权力运作等领域。在选举中，如果党员失去了党特别是党的领袖的信任，就很难以本党候选人身份参加选举。即便当选，如果违背党的政策，也会受到处罚。政府外的中央党务组织有权开除违规议员出党，阻止选区党部指定其为本党的议员候选人。

5. 领袖权力比较集中

在扩展党内民主、完善民主运作机制的同时，政党组织也在向专业化发展，权力在向中央集中。保守党和工党均属中央集权式政党。比较而言，保守党内部更加集权，议会党团控制着中央党部和政党外围组织；议会党领袖即政党领袖由议会党团选举产生，拥有几乎不受制约的权力，议会党鞭、党务机构主席、中央总部工作人员等均由领袖指派并对其负责。英国工党既规定党的代表大会为最高决策机构，又规定全国执行委员会和由该委员会及内阁中以相同人数组成的联合委员会具有决策作用，这两个委员会都由党的领袖领导，实际权力集中在党的领袖手中。不过，领袖的权力不是无限的，一般须受议会党团制约，如果领袖失去本党议员的拥戴和支持，是无法继续担任这一要职的。

三、党内规章制度与英国宪法、法律的关系

（一）宪法

英国是世界上宪法的发源地。它的宪法极其独特：它不是在某个时刻"制定"出来的，而是在数百年间渐积"生成"的；它不是囊括在一个成文的法典中，而是散见于一些宪法性历史文件、议会制定法、判例和惯例中；这种生成的散见于各种渊源的"根本法"与普通法没有形式上的区别，只有内容上的区别；而它的内容又是灵活多变的。对于那些习惯于对成文宪法进行实证分析的人们来说，英国宪法似乎处于一种不确定状态，是典型的柔性宪法。

宪法包括三个部分：（1）在不同历史时期公布的宪法法案。可为两类：一是历史上具有规约性质的重要文件。如英国宪法中最早的成文部分——1215年的《自由大宪章》、1259年的《人民公约》、1628年的《权利请愿书》等。二是议会立法，包括关于确定国王权力、保障公民权利、推广普选权、设立法庭和政府行政权等。如1679年的《人身保护法》、1701年的《王位继承法》等。（2）宪法性质的法院判决。例如，有关法官特权，人民控诉国家官员，颁发人身保护状，议会特权的判决等。（3）宪法惯例。指虽没有反映在正式的成文法中，但实际上具有宪法效力的习惯或传统。如英王的一些特权，内阁由下院多数党组成，其领袖由英王任命为首相，次多数席位的政党则成为法定的反对党，下院反对党可以组织"影子内阁"即后备政府。内阁组成的方法及内阁只对下院负责等也都是由宪法惯例规定。

英国宪法学家戴雪在其名著《英宪精义》中第一次从法律科学的意义上全面厘定了英国宪法的内涵，并从英国政治实践中提炼出英国宪法的三个主导性原则：议会主权、法治原则和宪法惯例。议会主权原则，即议会拥有最高立法权，议会立法不受限制；法治原则，即法律面前人人平等，政府和公民受同样的法律制约；惯例原则，即宪法惯例与宪法法案具有同

等的宪法效力。①

虽然英国是近现代政党的发源地，但是在宪法性文献中并没有政党条款，也没有关于政党地位的法律规定，甚至连政党这个字眼都未出现。"规范政党的法律极少，维持政党政治的主要元素是政治惯例与宪政习惯。"② 在英国，只要根据结社自由原则成立的政党都属于合法政党，有关法律只针对违法当事人个人，不针对整个政党；即使政党提名的候选人、政党领袖违法，也不株连整个政党。因此说，英国基本上不存在"违法"政党之说，政党自由度比较高，政党地位是在政治博弈中自然形成、依据政治惯例而不是由法律来确定的，法律对政党地位采取默认态度。③

（二）涉党法律

英国的政党属于志愿协会，受一般法律规管。近年来，政党有受特定法律规管的趋势。在英国，与政党有关的法律主要用于规范政党的政治资金以及政党候选人或当事人的选举行为。与政党相关的法律规范主要体现在以下几部法律中：一是《腐败和非法行为预防法案》（1883年），目的是试图减少金钱的影响和行贿、受贿的范围。二是《预防名誉滥用法案》（1925年），以杜绝或预防通过现金或其他受益方式来获得或授予荣誉事件的发生。三是《人民代表法》（1983年），对个人公职候选人的支出进行了限制。四是《公司法》（1985年），要求公司公开超过200英镑的政治捐赠。五是《工会与工党关系法》（1992年），允许工会会员进行政治捐助。六是《政党登记法》（1998年），旨在就政党的名称及徽号订定注册制度。七是《政党、选举及全民公投法》（2000年），涉及选举委员会的设立、政党注册、政治捐献、对竞选活动的资助及全民投票的管理等。八

---

① 参见戴雪：《英宪精义》，雷宾南译，北京：中国法制出版社2001年版。

② 苏俊雄：《政党规范体制的研究》，台湾"行政院"政党审议委员会1992年委托研究项目的研究报告。

③ 刘红凛：《政党法律地位比较与思考》，载《中国人民大学学报》2009年第6期。

是《政党与选举法》(2009年),主要是对2000年法律的修订及增补。①在这些法律中,对当前政党政治影响最大的是2000年出台的《政党、选举及全民公投法》,主要涉及政党的注册、选举、收入和开支、候选人的选拔等内容。以下重点围绕此部法律进行分析。

1. 关于政党注册的规定

英国并无强制规定政党必须为其名称及徽号注册的法律。任何团体如拟注册成为政党,须提交以下数据:(a)申请表格,当中列明该政党的名称,以及最少两名政党干事的详情;(b)该政党拟在英国哪个地域注册,以及该政党会否有会计单位;(c)党章的副本;(d)财政计划,当中显示该政党会如何遵守有关的财政规定;(e)费用150英镑。

按照2000年《政党、选举及全民公投法》的规定,英国成立了准司法性质的选举委员会,以对政党的政治资金进行规范。选举委员会是一个公共机构,独立于政府和各个政党,直接对议会负责,其目的是推动和保持政党财政事务以及与选举相关的其他事务的公开性和透明性。

如果政党有意参加任何选举(例如大选、欧洲议会选举、分权议会选举及大部分地方政府选举),则必须在选举前向选举委员会注册。此前的1998年《政党登记法》的目的只是防止竞选对手使用一些容易令选民与较知名政党混淆的误导性描述(如"Conversative","Literal Democrat","New Labour"或"The Tory Candidate"),因为在1997年的大选时曾有数名此类候选人。

按照《政党、选举及全民公投法》,如某政党建议的名称有以下情况,选举委员会可拒绝批准有关申请:(a)与另一注册政党的名称相似,以致可能混淆选民;(b)由超过六个字组成;(c)淫亵或令人反感;(d)包含一些在刊登后可能构成犯罪的字;(e)包含任何并非罗马字的文字;

---

① 参见王军:《英国的政党财政改革及其对新工党的影响》,载《当代世界社会主义问题》2007年第2期;周柏均:《德国、联合王国、新西兰和新加坡规管政党的架构》,http://www.legco.gov.hk/yr03-04/chinese/sec/library/0304rp05c.pdf。

(f) 包含国务大臣颁布命令禁止使用的任何文字或词句。

政党一经向选举委员会注册,便须确保政党登记册内的数据准确无误。政党的详情如有更改,必须通知选举委员会。政党亦须每年提交确认书,确认有关详情准确无误。没有向选举委员会注册的团体如拟派出成员参选,该等成员只可在选票上以独立候选人描述自己,或不填写候选人姓名旁的位置。

2. 关于对政党进行捐赠的规定

《政党、选举及全民公投法》对向政党提供捐赠作出了规定。该法令授权选举委员会确保政党、其他组织及人士遵守有关捐赠的规定,并公布作出政治捐赠机构及人士的登记册。依据这项法案,注册政党只能在捐赠者是许可捐赠者的情况下,接受超过200英镑的捐赠。款额少于200英镑的捐赠不受该法令规管。注册政党可接受的捐赠款额不设上限。

任何政党若收到来源不明或不许可来源的捐赠,必须退还该等捐赠或交出有关款项,以便拨入综合基金。此外,政党不得接受海外的捐赠。向政党提供捐赠的机构或人士并不享有任何税项宽免。

政党须向选举委员会提交季度捐赠报告,列出政党总部接受的每项超过5000英镑的捐赠,不论有关捐赠是以整笔款项的方式作出,或由同一来源分多笔较少的款项提供。政党亦须申报由政党分部接受的每项超过1000英镑的捐赠,不论有关捐赠是以整笔款项的方式作出,或由同一来源分多笔较少的款项提供。

大选期间,参选的政党必须每周申报每项超过5000英镑的捐赠,不论该捐赠获得接受与否。即使并无捐赠,也须在每周报告中说明。选举委员会须为政党收受的政治捐赠备存登记册,每年更新四次。登记册可于委员会的网站阅览。

商业公司向政党作出捐赠前,应征求股东的同意,并就有关捐赠作出披露。慈善机构不得有政治目的或支持政党。

3. 关于竞选费用的规定

为避免主要政党的竞选开支不断上升,《政党、选举及全民公投法》

就注册政党所引致的竞选开支设定了上限，订明政党可产生的各类竞选开支，包括直接开支，例如就政党政治广播、广告、主动向选民分发的资料、政党宣言、市场研究、交通及集会等方面的事宜导致的开支，以及提供实物利益的开支。这些上限取决于政党在英国相关地域参选的议席。开支上限分为选区开支上限及个别地域开支上限。就大选而言，有关时期所指的是一段为期365天并于投票日结束的时期。开支上限如以选区计算，款额上限为30000英镑乘以参选的选区数目；如以地域计算，英格兰、苏格兰及威尔士各地的款额上限分别为810000英镑、120000英镑及60000英镑。政党在有关时期的开支上限，以上述两种方法计算的款额中较高者为准。

每次选举后，各政党须向选举委员会提交申报书，详述政党所产生的所有竞选开支。政党在填写申报表时，必须按申报类别及招致有关开支的英国地域，将每个开支项目分类，并列明每一申报类别及地域的开支总额。有关资料会在选举委员会的网页发布。

政党若产生250000英镑或以下的开支，则须在选举后的三个月内提交竞选开支申报书；若所产生的开支超过250000英镑，则须在选举后的六个月内提交竞选开支申报书。任何政党若使用超过250000英镑，除须提交申报书外，亦须一并提交独立核数师的声明。任何参选政党若未有提交竞选开支申报书，即属违法，可处以最高5000英镑的罚款。[①]

4. 关于向政党提供资助的规定

在《政党、选举及全民公投法》之前，英国只有对反对党进行资助的款项。"肖特款"（Short Money）于1975年设立，以当时下院议长爱德华·肖特的名字命名，是对议会下院中的反对党进行的资助，依据该党所赢得的席位数以及在大选中所获得的选票数进行分配。提供资助的首要目的是建立更公平的竞争环境，令各反对党与政府所得的资源较为接近。苏

---

① 参见周柏均：《德国、联合王国、新西兰和新加坡规管政党的架构》，http://www.legco.gov.hk/yr03-04/chinese/sec/library/0304rp05c.pdf。

格兰议会、威尔士国民大会及北爱尔兰议会亦设有类似资助政党安排。

"克莱伯恩款"（Cranborne Money）是于1996年11月设立的，以当时上院议长的名字（Viscount Cranborne）命名，以对议会上院中的反对党进行资助。上述两笔款项每年根据上一年度4月份至当年3月份的零售物价指数进行调整。

《政党、选举及全民公投法》第12条设立了一个政策发展补助计划，协助政党制订政策，以便把新制订的政策纳入议会选举（包括欧洲议会选举、苏格兰议会选举、威士尔国民大会选举、北爱尔兰议会选举），以及地方政府选举和北爱尔兰地方选举的宣言中。

该法为英国各政党提供了另外一种财政来源，即政策发展资金（Policy Development Grants）。按照规定，国家每年额外提供200万英镑的资金，以政策发展资金的形式通过选举委员会分配给各个合格政党，其中工党、保守党和自由民主党获得等额的补助。

除上述财政支持外，政党还获得了国家非现金形式的间接资助，包括免费使用公共建筑物（北爱尔兰除外）、免费邮件、竞选期间广播公司提供免费服务、对政党基金免税等。免费使用公共建筑物以及提供免费邮件，均为1983年《人民代表法》所规定，其中免费邮件的提供不适用于地方选举。英国禁止政治广告购买媒体广播时间，但是在选举或其他重大事件上，BBC以及某些独立电视台或电台均为各政党提供同等的免费政治广播时段。①

四、几点思考

（一）依规管党、依法治党是政党生存合法性的要求

政党组织的制度化反映了党内决策程序的规范化程度。高度制度化的政党，其内部规章有助于使党内分歧降至最低限度，或至少为这种冲突提

---

① 参见王军：《英国的政党财政改革及其对新工党的影响》，载《当代世界社会主义问题》2007年第2期。

供一种可预测的渠道,通常可以推动领导权的平稳过渡,有利于国家的政治稳定。而缺少制度的约束,政党活动会陷入混乱,不仅会失去民众的信任,而且会失去存在的合法性。

民主与法治相辅相成,没有法治就不可能有真正的民主政治。国家的民主如此,党内的民主也同样如此。加强和完善党内规章制度建设的前提就是依法治党,实现党建科学化、规范化。具体要做到:科学配置权力结构,改革和完善监督机制,规范和完善各种组织相互制约的制度,将权力运行置于严密的监督之下,切实做到用制度管权、用制度管事、用制度管人,保证把人民赋予的权力切实用来为人民服务。

(二) 党内规章制度既要利于保障和扩大党内民主,又要助于实现集中有效的领导

党内民主是政党实现组织变革和政治目标的重要手段。一方面,党内民主程度的高低,会增加或减少党与党员和支持者之间的意识形态距离,会加强或削弱党员和支持者的党派忠诚,因而对自身组织的稳定性产生影响。而另一方面,党内生活过于民主,也会导致领袖的权威缺失,组织的战斗力削弱,使政党难以履行其政治功能、难以顺利实现既定的政治目标。为此,在扩大党内民主的同时,必须坚持和健全民主集中制,实现全党服从中央,维护党的团结统一。

党内民主既是一种理念,又是一种政治过程,更是一种制度安排。在党内规章设计上要实现:政党内部职位的自由、公正、定期的选举和代表机构候选人的安排;使党内所有成员和团体能够平等和公开参与,以确保不同的利益要求得到平等的表达和代表。

(三) 完备的监督机制和严格的惩处机制是党内规章制度良好运行的保证

监督和惩处机制是党内规章制度有效落实的有力保障。首先,权力缺乏监督和制约必然滋生腐败,严重的腐败会导致政党衰败直至解体。党内监督是制约权力、防范腐败、保障政府清廉的重要举措。其次,党内监督与发扬民主密不可分、互为依托。党内监督本身也是推动民主发展的主要力量，反过来，民主的发展也离不开监督的支撑和保证。再次，党内监督要真正取得实效，离不开党外监督的有效配合。没有党外监督，政党长此以往必然丧失危机感和使命感，走向衰败。由此，必须加强党的监督机制和惩处机制建设，制定和完善配套制度，加强对党内权力的制衡与监督。

（四）党内规章的建设必须立足于本国本党实际，突出自身特色

政党制度建设要服从政党发展的需要。从英国的经验看，保守党的规章制度并没有工党的细致、严谨，党内民主也不如工党做得好，但前者的选举表现、民众支持率丝毫不弱于后者。这说明：尽管制度建设不可或缺，但是一方面政党的生存与发展并不完全取决于制度，不可盲目地追求规章条例的数量；另一方面政党应基于自身特有的传统文化和政治土壤，制定相应的内部制度，不可脱离实际照搬其他政党的做法。

第一部分
宪法、全国性涉党法律

自由大宪章（1215年）*

（1215年6月15日英王约翰签署）

奉天承运，英格兰国王兼领爱尔兰君主、诺曼底与阿基坦公爵及安茹伯爵约翰，致意于诸大主教、主教、修道院院长、伯爵、男爵、法官、森林官、执行吏、典狱官、差人、管家吏及忠顺之人民而昭告之曰。

朕受天明命。继承尊位。朝乾夕惕。惟恐失坠。我心恐忧。孰从安之。先帝威灵。孰从瞻之。凭何阴骘。福佑后嗣。以何嘉谟。归荣上帝。巍巍教会。必有以崇。泱泱大国。必有以隆。用是殚精竭虑。获求建树立功。乃有坎特伯雷大主教斯提芬（其余人名从略）等先获朕心。首上奏议。众谋佥同。宪章是制。咨尔臣民。其宜悉知朕旨。

第1条 开宗明义，根据本宪章，英国教会应予自由，其权力仍旧不动，其自由权不得侵犯。英国教会所认为最重要及最必需之选举自由权，在朕与诸男爵发生不睦前，已由朕自动颁赐，凡此昭彰事实，本宪章及经请得教皇英诺森三世之同意者，兹一并认可之。朕与朕之后嗣当以诚意永久遵守本宪章，并颁赐一切增加之自由权于全国自由民，世代遵行。

第2条 任何伯爵、男爵或武士亡故时，其继承人已达成年且欠有采地继承税者，应以交纳旧有之采地继承税而享受其遗产。伯爵之继承人应缴一百镑，男爵之继承人亦缴一百镑，武士之继承人则缴一百先令。依照采地之旧习惯，所欠者少所纳者亦少。

第3条 伯爵、男爵或武士之继承人系未成年且受监护者，当其成年

---

* 文本来源于《各国宪法汇编》（第二辑），立法院编译处1933—1934年出版。

时，无须交纳采地继承税及不动产移转税而得享受其遗产。

第4条 未成年继承人之土地管理人只应收取土地之相当获益及相当之赋税与劳役，但不得损伤并消耗人力或物力。如朕将该项土地委托执行吏或其他应负责为朕收取土地获益之人保管。而其人使所保管之物受损伤或消耗的，朕得处以罚金，并将该项土地交与采地之端正人士两人，为朕或朕所指定之人收取获益。如朕将该项土地之保管权授予或售予任何人，而其人使土地受损坏或消耗，其人即丧失该项保管权。该项保管权应即授与该采地之端正人士两人，为朕收取获益。

第5条 此外，土地保管人于其保管期内，得取费于土地获益内，将房屋、园地、鱼塘、池沼、磨坊及其他附属于土地之物，加以修葺与整顿。继承人达成年时，该保管人应按耕耘时所需并就土地获益所许可之范围，将备有犁锄及其他农具之全部田地归还之。

第6条 继承人得于不贬抑其身份之条件下结婚，惟订婚前应通知其亲族。

第7条 寡妇于本夫亡故后，应即取得其嫁资及遗产而不受留难，并无须以任何物报偿之。寡妇于本夫亡故后，得留居夫宅四十日。在四十日内，寡妇所有财产应交与之。

第8条 寡妇自愿孀居时，不得强迫其改嫁。惟该寡妇享有朕地或其他采地者，应以未得朕或其他贵族之许可前决不改嫁为担保。

第9条 债务人之动产足以偿债时，朕与朕之执行吏均不得强取其人之任何收入以抵挡债务，亦不得使该债务人之保人受扣押财产之处分。如该债务人未能偿付债务且无清偿之款，则其保人应负偿债之责。保人愿意时，得扣押该债务人之土地与收入，至该债务人偿还保人前所代偿之债务时为止。惟该债务人对于保人在债务上已无所负时，不在此限。

第10条 如任何人曾从犹太人处借得巨额或少数款项，而于偿还该项借款前亡故，则当其继承人未达成年时，该项债务不得负有利息。如该项债务归朕所有，朕仅得收取契据上所载动产。

第11条 凡对犹太人欠有债务者亡故时，其妻应获得其嫁资，无须偿还该项债务。但如该亡故者遗有未达成年之子女，应按该亡故者所有遗产之性质，为其子女留备教养必需之费，所余之款，除应纳与贵族之报偿外，始得以之偿还债务。关于所欠非犹太人之债务亦应依照同样规定办理。

第12条 朕除下列三项税金外，不得征收代役税或贡金，惟全国公意所许可者，不在此限：

一、赎回朕之身体时所需者；

二、朕之长子受封武士时所需者；

三、朕之长女出嫁时所需者。

为以上三项之目的所征贡金之定额务求适当，关于伦敦市之贡金，应依同样规定办理。

第13条 伦敦市应保有其原有之一切自由权及自由风俗习惯，水陆皆然。朕并承认其他各城邑、市镇、港口保有其自由权及自由风俗习惯。

第14条 为征求关于赋课上述者外之贡金或代役税之全国公意，朕应以诏书于规定日期（至少四十日内）及规定地点召集各大主教、修道院院长、伯爵及男爵。朕并应通过各郡长及执行吏召集其他各长官，召集之缘由，应于诏书内载明。召集后，前述事项应依出席人之同意，于指定之日进行讨论，不以缺席人数阻延之。

第15条 自此以后，朕不得准许任何贵族征收自由民任何贡金。惟：

一、赎回该贵族之身体时所需者；

二、该贵族长子受封武士时所需者；

三、该贵族长女出嫁时所需者。

不在此限。为以上目的所征贡金之定额务求适当。

第16条 对于服务于武士采地或其他自由保有地之人，不得强迫其服额外之役。

第17条 民事诉讼不向国王法庭提起，应于指定地点受理之。

第18条 关于"强占土地"、"收回遗产"及"最后控诉"等诉讼之陪审裁判，除在土地所在地之郡法院外，不得举行之。每郡应由朕派遣法官两人，每年四次，如朕不在国内，则由大法官代派，会同每郡所推举之武士四人，于郡法院指定之日及地点举行前项审判。

第 19 条　如上述之陪审裁判不能于郡法院指定之日举行，则该日出席于法院之人中，应有酌留适当人数之武士及自由佃民，以便按事之大小给与相当裁判。

第 20 条　自由民犯轻罪者，应视其犯罪之程度科以罚金。犯重罪者，应视其罪之大少，没收其财产，酌留给养必需之部分。对于商人，应依同样手续办理，惟免除其货物。自由农人犯罪者，应同样科以罚金，惟免除其农具。上述之罚金，除有邻居正直之人宣誓证明外，不得科处之。

第 21 条　伯爵与男爵犯罪者只应由其贵族并视其犯罪之程度科以罚金。

第 22 条　牧师犯罪者，除依照上述诸人之处罚方法外，不得没收其在俗之保有物。科以罚金时，不得视其牧师采录之数额而定。

第 23 条　对于任何市镇或个人，不得强迫其修筑河上桥梁，惟历来不负有筑桥之责者，不在此限。

第 24 条　执行吏、巡察吏、检验吏或管家吏不得受理刑事诉讼。

第 25 条　全国各郡、百家村、小邑及小区——王室之汤沐邑除外——应当维持旧有租金，不得增加额外费用。

第 26 条　凡受朕采地者亡故时，执行吏或管家吏如持有朕对于该亡故者索欠之特许证书，即得依公正人士之意见，按债务之价值，扣押并登记该亡故者之动产。但在清偿该项债务前，该项动产不得移动。偿债后所余之产，应交与受托执行遗嘱之人，依照该亡故者之遗嘱处置，如该亡故者未欠有债务，其遗产应用于该亡故者所指定之用途，但应酌留相当部分给予其妻室与子女。

第 27 条　任何自由民未立遗嘱而亡故时，其遗产应由其亲近之戚友依教会之意见分配之，但应核留一部分以偿还该亡故者之债务。

第 28 条　凡巡察吏或其他管家吏，不得强取任何人之五谷或其他动产，惟各该官吏即刻出资购买或依出售者之意准其延期付款时，不在此限。

第 29 条　凡武士，为自愿亲自守卫或因正当理由不能亲自守卫而由他人代为守卫城堡者，巡察吏不得向其强索守卫之酬劳。该武士奉命出征时，则在从军期内，得免除守卫之责。

第 30 条　凡执行吏或管家吏，均不得强取任何自由民之马匹或车乘以供运输，惟经该自由民同意者不在此限。

第 31 条　朕或朕之管家吏，均不得强取他人之木材，以供城堡或其他私用，惟经城堡所有人同意者不在此限。

第 32 条　朕扣留重罪既决犯之土地之时间，不得超过一年零一日。逾期后，应收土地交还原有贵族。

第 33 条　自此以后，泰晤士河与美得威河及英国全境之堰坝或鱼梁，除海岸者外，概应拆除之。

第 34 条　自此以后，凡强制被告归还系争土地否则应到国王法庭审讯之勒令不得施于任何人，以免自由民遭受普通诉讼之不公。

第 35 条　全国之度量衡概应统一。酒类、烈性麦酒及谷类之量器，应以伦敦夸脱为标准；染色布手、土布及锁子甲布之尺度，应以织边下之两码为标准；其他衡器亦如量器之规定。

第 36 条　自此以后，准予法庭诉讼之令状应免费发给，不得索取或给予陋规。请求发给时，不得拒绝。

第 37 条　任何人以永久租佃、农役保有或特许享有取得朕之土地并以服军役取得他人之土地时，朕不得因各该项永代之借地、服役之借地或特许享有之地产对于其继承人或其取得他人之土地而有监督权。除该项永代之借地负有军役外，朕亦不得监督各该项永代之借地、服役之借地或特许享有之地产。朕并不得因任何人以献纳弓、箭、刀、枪等军器而取朕之土地，监督其继承人或其以服军役所得自他人之土地。

第 38 条　自此以后，凡未经提出可靠之证据者，管家吏不得单凭本人之主张将任何人置之于法。

第 39 条　凡自由民除经其贵族依法判决或遵照内国法律之规定外，不得加以扣留、监禁、没收其财产、剥夺其法律保护权或加以放逐、伤害、搜索或逮捕。

第40条　朕不得对任何人滥用、拒绝或延搁权利或赏罚。

第41条　一切商人，除在战时并为敌国之人外，均得遵陆道或水道安全出入、逗留或经过英国以经营商业，并得免缴一切苛捐杂税，惟须遵从旧时正当之习惯。开战时，如在英国寻获敌国商人，在朕或朕之大法官得知在敌国被寻获之本国商人之待遇状况前，应加以扣留，但不得伤害其身体与货物。如本国之商人在敌国安全无恙，则敌国之商人在英国亦得安全无恙。

第42条　自此以后，凡效忠于朕者，除在战时为国家公众幸福计不得不加以羁束外，均得遵陆道或水道安全出国或回国，但因犯、被剥夺法律保护权者除外，对于敌国之侨民及商人，依前述方法办理。

第43条　凡享有对于任何归属土地之领得权者亡故时，其继承人得不另缴采地继承税，除对采地所有者之男爵服役外，得不服额外之役务。

第44条　对于居住于森林区之外之人，自此以后不得以普通传票传其至森林法庭前，惟其为森林区案件之被告或为因森林区案件被控告者之保人时，不在此限。

第45条　除具有法律知识并愿遵守法律者外，朕不得任命任何人为法官、巡察吏、执行吏或管家吏。

第46条　凡已建立寺院并领得历朝英王之寺院执照或享有昔时之寺产保有权之男爵，得于无人保管时保管各该寺院。

第47条　朕即位以来所划出之森林区及建为防御工事之河岸，应即拆除之。

第48条　凡对于各郡之森林、苑囿及其守护人、森林官、管家吏与其仆役、河岸及其守护人之一切恶习与陋规，应由各邦所派宣誓之武士十二人立即驰往各该郡调查之，并于调查后四十日内完全革除之，务使不得再有此种弊端。调查并革除时，应先奏知于朕，朕不在国内时，应禀知大法官。

第 49 条　朕应立即退还英国人民所交信物与文契，以作保全治安或忠实服务之保证者。

第 50 条　朕应完全解除杰勒得之亲属与戚族（人名从略）执行吏之职，务使彼等此后不复掌守此职。

第 51 条　君臣复归于好后，朕应立即将所有挟战马与兵器来骚扰英国之外国兵士、弩手仆役、佣兵逐出英国。

第 52 条　任何人，未经其贵族依法判决而被强夺或取去土地、城堡、自由权或合法权利者，朕应立即将原物归还之。如有对于此项事件之争执发生，应依下列确保和平之男爵二十五人之意见裁决之。但对于原为任何人所有，未经其贵族依法判决而被朕父亨利王或朕兄理查王夺去，现归朕所有，或归他人所有，或应由朕予以担保之物，朕当展缓至公定之十字军东征时期归还之。惟于朕誓师东征前已以诉讼解决或以勒令审理者，不在此限。但当朕参谒圣地后归来时或因故中止东征时，朕应即公平处置之。

第 53 条　对于下列事件，朕应依照上条之规定处理或展缓处理之：

一、对于朕父亨利王或朕兄理查王所划出之森林区之当拆除者与当保留者之公平处置；

二、对于属于他人采地之土地之监督权（此种监督权朕已因某人以服军役从朕处所取得之采地而享有之）者；

三、对于建立于其他贵族采地上之寺院（对于此种寺院该项采地之贵族得声明有管辖权）。当朕参谒圣地后归来时或因故中止东征时，朕应即对有关各该项事件之申诉者作公平之判决。

第 54 条　凡被妇人以本夫以外任何人之死亡控告者，不因此故受逮捕或监禁。

第 55 条　凡朕所科一切违法及不正当之罚金，概应免除之，或依照下列确保和平之男爵二十五人之意见或大多数男爵连同坎特伯雷大主教斯提芬及其所愿与共同商议此事者之意见处置之。该大主教不能出席时，此事亦应照常进行。为上述男爵二十五人中有一人或数人与同一事件有关，则应撤换之，代以其余男爵所选任之人。

第 56 条 凡威尔士人，未经其在英格兰或在威尔士之贵族依法判决而被朕夺去之土地、自由权或他物者，朕应立即将原物归还之。如有对于此事之争执发生，应于英格兰与威尔士间之边境以其贵族之判决处置之——对于英格兰人之产业，应依英格兰之法律；对于威尔士人之产业，应依照威尔士之法律；对于在英格兰与威尔士间之边境之产业，应依照边境之法律。威尔士人对朕及朕之人民，亦应同样办理。

第 57 条 但对于原为威尔士任何人所有，未经其贵族依法判决而被朕父亨利王或朕兄理查王夺去，现归朕所有，或归他人所有，或应由朕予以担保之物，朕应展缓至公定之十字军东征时期归还之。惟于朕誓师东征前已以诉讼解决或以勒令审理者，不在此限。但当朕参谒圣地后归来时或因故中止东征时，朕应立即依照威尔士及上述诸区域之法律公平处理之。

第 58 条 朕应即归还卢埃林之子及威尔士人所交留之人质，以及作为和平担保之一切信物与文契。

第 59 条 朕对苏格兰王亚历山大，应归还其姊妹、信物、自由权及合法权利，其办法悉与朕所对待英国其他诸男爵者同。惟依照朕所得自亚历山大之父，苏格兰先王威廉之敕书应另法办理者，不在此限，对于此应以在英国宫庭之苏格兰贵族之意见处理之。

第 60 条 英国人民，无论其为僧侣或俗人，应依照朕谕告全国之应就朕所属范围对朕直隶之臣加以遵守者，就其所属范围对其家臣或奴仆，一律遵守前述之习惯与自由权。

第 61 条 朕为归荣上帝，致隆邦家，并为泯除朕与诸男爵间之意见，作以上之让步，深愿彼等永享太平之福，兹再赐予彼等下述之保证。诸男爵得任意从国中推举男爵二十五人，此二十五人应尽力遵守维护朕所颁赐彼等并以本宪章认之和平与特权。如朕、朕之法官、管家吏或任何臣仆，在任何方面侵犯任何人之权利或破坏任何和平条款而被上述二十五男爵中四人发觉时，该四人应至朕前（如朕不在国内则至朕之大法官前）指出朕之错误，并奏请立即改正之。如朕，或朕不在国内时朕之大法官，自错误指出之日起四十日内不改正该项错误，该四人应将此事取决于其余男爵，该二十五男爵得与全国人民以其权力对朕施抑制与压力（即夺取朕之城堡土地与财产或以他法），至该项错误已依照彼等之意见改正时为止。对朕施抑制与压力时，朕之身体及皇后、皇子与公主之身体不得侵犯。错误改正后，彼等应与朕复为君臣如初。英国任何人民愿与诸男爵采取一致行动时，应宣誓服从上述二十五男爵之命令，并尽其全力与彼等共同施压。朕对任何人之宣誓，应公然允许之，并不得阻止之。国中所有人民不愿对该二十五男爵宣誓作施压之行动者，朕应以命令使其宣誓。上述二十五男爵中任何人亡故、离国或因他故不能作上述之行动时，其余男爵应依己意选举其他男爵以代之，其宣誓方法与上述诸人相同。此外，上述之二十五男爵于进行受托执行之事件中出席讨论，并对于某事发生争论时，或其中若干男爵被召集后不愿或不能出席时，则出席男爵之过半数所决定或宣布之方案，应认为与全体所同意者同为有效并有拘束力。上述之二十五男爵应宣誓竭诚遵守以上之规定，并尽其全力使全国遵守。朕不得由本人或通过他人从任何人处取得任何物，使上述之任何物权与自由权废止或削减。如有此项取得之物，应作为无效，朕不得利用之。

第62条 朕已完全赦免并宽恕自争斗以来朕与臣民（僧侣与俗人）间所发生之气愤与仇恨，以及自本朝十六年复活节至媾和日之期间臣民于争斗之际所犯一切罪过。朕并已命坎特伯雷大主教斯提芬爵士，杜柏林大主教亨利爵士及上述诸男爵与主事官潘特尔草定对于前项诺言与上述之让步条件之铁券，颁赐臣民以取信。

第63条 朕是以勒定并断然昭告，英国教会应予自由，英国人民应安然、泰然、全然享受钦赐之上述一切自由权、权利与特权，近及其身远及后嗣，凡事凡地，永保有之。朕与诸男爵誓以善意遵守上述之规定，皇天后土，实鉴临之。

作证者上列及下列诸人。

本朝17年6月15日御颁于温莎与斯坦斯之间之兰尼米德之野。

（以下所列人名从略）

自由大宪章（1297年）*

（1297年10月12日英王爱德华一世公布）

英格兰的自由和森林区的自由之大宪章；国王爱德华在该朝第二十五年确认。①

受命于天的英格兰国王兼爱尔兰宗主、阿基坦公爵爱德华，[谨向所有的大主教、主教致敬②]，我们已经看到曾经的英格兰国王、我们的父亲亨利勋爵的，自由大宪章中的这些有关英格兰自由的文字：

受命于天的英格兰国王兼爱尔兰宗主、诺曼底和阿基坦公爵、安茹伯爵亨利，谨向所有大主教、主教、修道院院长、传教者、伯爵、男爵、郡长、苏格兰的市长、官员，以及向所有的土地管理人和其他将要看到现在

---

* 文本来源于英国议会官方网站。

译者注：《自由大宪章》由英王约翰于1215年6月15日在兰尼米德签署，后经多次修改，1297年修订的版本是最终版本，其中部分条款至今有效，部分已被废止。本宪章注释中的"编者注"系代表女王陛下政府的国家档案馆网站发布的版本中的编者所加。

① 编者注：以"Magna Carta"开头的拉丁文背书在羊皮纸卷的下部，作为三部羊皮纸的最后一部。在其上面填入了 The Inspeximus，以及用法语撰写的对大宪章以及森林区的宪章的确认和国王的赦免；按顺序将他们印出来，从此[王国的法律，第1卷，第114页]至第124页。之前所有的印刷版《自由大宪章和森林区的宪章》，即由国王亨利三世批准的，并由国王爱德华一世确认，在国王亨利三世第九年被增补进来。参见《自由大宪章》先前的法律收藏[王国的法律，第1卷]，以及放在同一卷前面的引言的第二章。各种各样的做有L标记的阅读源自爱德华一世 Inspeximus 25宪章，加盖国玺后在伦敦档案馆保存。见《自由大宪章》第33页[王国的法律，第1卷]。

② 编者注：在王国的法律中记录了另一不同的版本："向将收到这份宪章的所有人致敬"。

这份宪章的忠实的臣民致敬：你们知道，为了拯救①我们的先觉者和继承人、英格兰的历代国王的灵魂，为了提升神圣的宗教、改善我们的王国、磨砺我们的自由意志，以全能的神——上帝的荣誉，我们已经给予和同意所有的大主教、主教、修道院院长、传教者、伯爵、男爵和我们这个王国的所有自由人，在我们的英格兰王国永远保有如下自由。

第 1 条　自由的确认

首先，为了我们和我们的子孙后代，我们已经向上帝应允，并由本宪章确认：英国国教应当是自由的，并应当享有她们所有的不可侵犯的权利和自由。为了我们和我们的子孙后代，我们也已经应允，给予我们王国的所有自由人那些已签署的自由——他们和他们的子孙后代从我们和我们的子孙后代这里拥有和保持。

第 2 条—第 6 条　　　……②

第 7 条　　　　　　　……③

第 8 条　　　　　　　……④

第 9 条　伦敦的自由

伦敦城已经拥有所有古老的自由和［一直施行的］关税。此外，我们决心要并且准予其他所有的城市、市镇和五个港口的男爵和所有其他的港口拥有其自由和自由的关税。

第 10 条　　　　　　……⑤

第 11 条—第 12 条　……⑥

---

① 编者注：王国的法律记录了另一不同的版本："我们的灵魂和"。

② 原文注：1863 年制定的《法律修改法》和 1872 年制定的《（北爱尔兰）法律修改法》废除了本法第 2 条至第 6 条。

③ 原文注：1925 年制定的《财产管理法》第 56 条和附表 2 第一部分，1955 年制定的《（北爱尔兰）财产管理法》第 46 条、附表 3 和 1969 年制定的《法律（废除）法》附表第一部分废除了本法第 7 条。

④ 原文注：1969 年制定的《法律（废除）法》附表第一部分废除了本法第 8 条。

⑤ 原文注：1948 年制定的《法律修改法》废除了本法第 10 条。

⑥ 原文注：1879 年制定的《民事程序法律废除法》附表废除了本法第 11 条和第 12 条。

第 13 条　　　　　　　　……①

第 14 条　　　　　　　　……②

第 15 条—第 16 条　　　……③

第 17 条　　　　　　　　……④

第 18 条　　　　　　　　……⑤

第 19 条—第 21 条　　　……⑥

第 22 条　　　　　　　　……⑦

第 23 条　　　　　　　　……⑧

第 24 条　　　　　　　　……⑨

第 25 条　　　　　　　　……⑩

第 26 条　　　　　　　　……⑪

第 27 条—第 28 条　　　……⑫

---

① 原文注：1863 年制定的《法律修改法》和 1872 年制定的《（北爱尔兰）法律修改法》废除了本法第 13 条。

② 原文注：1976 年制定的《刑事法律法》附表 3 第一部分和 1967 年制定的《（北爱尔兰）刑事法律法》附表 2 第一部分废除了本法第 14 条。

③ 原文注：1969 年制定的《法律（废除）法》附表第一部分废除了本法第 15 条和第 16 条。

④ 原文注：1892 年制定的《法律修改法》废除了本法第 17 条。

⑤ 原文注：1947 年制定的《王室诉讼法》附表 2 废除了本法第 18 条。

⑥ 原文注：1863 年制定的《法律修改法》和 1872 年制定的《（北爱尔兰）法律修改法》废除了本法第 19 条至第 21 条。

⑦ 原文注：1948 年制定的《法律修改法》第 62 条废除了本法第 22 条。

⑧ 原文注：1969 年制定的《法律（废除）法》废除了本法第 23 条。

⑨ 原文注：1863 年制定的《法律修改法》和 1872 年制定的《（北爱尔兰）法律修改法》废除了本法第 24 条。

⑩ 原文注：1948 年制定的《法律修改法》废除了本法第 25 条。

⑪ 原文注：国王乔治四世第 9 年通过的第 31 部法律第 1 条和国王乔治四世第 10 年通过的第 34 部法律第 1 条废除了本法第 26 条。

⑫ 原文注：1863 年制定的《法律修改法》和 1872 年制定的《（爱尔兰）法律修改法》废除了本法第 27 条和第 28 条。

第一部分　宪法、全国性涉党法律

第 29 条　监禁、违背法律、司法的行政管理

任何自由人均不得被带走或被关押，或被非法剥夺不动产所有权、自由、自由的关税，或被剥夺法律的保护，或被放逐，或遭受其他任何方式的伤害；我们也将不会对其定罪，或［谴责他①］，除非依据他的贵族做出的合法判决，或依据这片土地的法律。我们将不会出卖给任何人，我们将不会否定或拖延任何人的正义或权利。

第 30 条　　　　　　　……②

第 31 条　　　　　　　……③

第 32 条　　　　　　　……④

第 33 条—第 34 条　　……⑤

第 35 条　　　　　　　……⑥

第 36 条—第 37 条　　……⑦

一般性保留；这些自由的遵守；有关本宪章和森林宪章的补充

为所有大主教、主教、修道院院长、传道者、圣殿骑士、医院骑士团成员、伯爵、男爵和所有的人，精神的和世俗的，保留他们所有的［自由的权利⑧］和他们在过去一直拥有的自由的关税。并且前面所述的，我们已经应允在我们的王国内持有的所有的关税和自由，［我们和我们的后代均将遵守；并且⑨］我们这个王国内所有人，精神的和世俗的，［对于其他

---

① 编者注：王国的法律记录了另一不同的版本："处置他"。
② 原文注：1969 年制定的《法律（废除）法》附表第一部分废除了本法第 30 条。
③ 原文注：1863 年制定的《法律修改法》和 1872 年制定的《（爱尔兰）法律修改法》废除了本法第 31 条。
④ 原文注：1887 年制定的《法律修改法》废除了本法第 32 条。
⑤ 原文注：1863 年制定的《法律修改法》和 1872 年制定的《（爱尔兰）法律修改法》废除了本法第 33 条和第 34 条。
⑥ 原文注：1887 年制定的《郡治安官法》第 39 条、附表 3 废除了本法第 35 条。
⑦ 原文注：1863 年制定的《法律修改法》和 1872 年制定的《（爱尔兰）法律修改法》废除了本法第 36 条和第 37 条。
⑧ 编者注：王国的法律记录了另一不同的版本："自由"。
⑨ 编者注：王国的法律记录了另一不同的版本："我们这一方，对我们的人民"。

人，他们均将以同样的方式遵守。①]并且为了这些我们赋予和应允的自由，和其他包含于我们的森林自由宪章的自由，大主教、主教、修道院院长、传道者、伯爵、男爵、骑士、不动产持有人和其他的臣民，已经支付给我们其所有动产的1/15部分。并且我们已经在其他部分也应允他们，[②]即我们或我们的后代均不应当导致或做出任何将会侵害或破坏本宪章所包含的自由之事。并且如果任何人引发了任何与这些承诺相抵触的事，这些事均不能被推动、也不具有效力。以下是见证人：（名略）。

同样地，为了我们和我们的子孙后代，我们，签署并批准前面所述的赐予和应允，确认和增强所有这些，并通过现在这些内容的要旨更新：我们和我们的后代的意愿和应允即是，[本宪章和③]他的所有的单个的条款均应当被笃定地、坚实地、并且不可侵犯地遵守；

[并且如果④]同一宪章内包含的任何条款到目前为止可能还没有被遵守，[我们决心要并且依据权威的皇家命令从今以后坚决予以遵守。⑤]

有关于此的证据，我们已经制作了一张特许状。[我们的儿子T.爱德华在威斯敏斯特，于本朝第28年的3月28日。⑥]

（孙谦、韩大元主编：《世界各国宪法·欧洲卷》，中国检察出版社2012年版）

（李蕊佚译 姜峰校）

---

① 编者注：王国的法律记录了另一不同的版本："对于他们的人，他们这一方应当遵守"。
② 编者注：王国的法律记录了另一不同的版本："为了我们和我们的后代"。
③ 编者注：王国的法律记录了另一不同的版本："前面所述之宪章"。
④ 编者注：王国的法律记录了另一不同的版本："即使"。
⑤ 编者注：最早的版本中没有出现。
⑥ 编者注：旧版的翻译将古英语版的"这些尊敬的"翻译为"见证人"；英格兰的大主教坎特伯雷R.大主教、杜丽斯密的A.主教和其他的；在威斯敏斯特，我们的掌控之内，于本朝第28年3月28日予以考虑。这与古老的拉丁语版本一致，但原文为我们的儿子爱德华见证于威斯敏斯特，于本朝第25年10月12日。

权利法案（1689年）*

（1688年2月13日批准，1689年10月25日颁布）

臣民权利和自由以及王位继承宣言

鉴于贵族院之神职议员和世俗议员（Lords Spiritual and Temporal）及下院议员（Commons）集会于威斯敏斯特宫，依法、充分并自由地代表本王国各阶层之人民，兹于公元1688年2月13日，当面向他们的陛下，即被命名为和称为威廉和玛丽的奥兰治（Orange）亲王和王妃，呈递一份由前述贵族院议员和平民院议员制定的书面宣言，其文如下：

鉴于前任国王詹姆士二世，在其所雇用的诸多邪恶律师、法官和部长的助纣为虐下，竭力通过下列手段摧毁和根除本王国之新教、法律与自由：

1. 篡夺并行使不经议会同意而放弃与中止法律及其执行之权力；

2. 囚禁与指控诸多恭顺地吁请其放弃所篡夺权力的、令人尊敬的高级教士；

3. 以国玺签发委任状并敦促执行之以建立一法庭，其称为宗教诉讼法庭（the Court of Commissioners for Ecclesiastical Causes）；

4. 未经议会同意，为供国王之用而凭借国王特权超越议会批准的或者可能批准之期限或者方式横征暴敛；

5. 在和平时期不经议会同意而征募并保有一支常备军并违法驻扎

---

* 文本来源于英国议会官方网站。

译者注："权利法案（1689）"也称"权利法案（1688）"或"人权宣言"。

军队；

6. 迫使属于新教之善良臣民解除武装，同时又违法地武装和雇用天主教徒；

7. 侵犯选举议会议员之自由；

8. 就本属于议会管辖权之事由向王座法庭（the Courtof King's Bench）起诉，以及其他各种专制和非法手段；

9. 鉴于在过去几年保持偏见、腐化和无能之人当选并辱没审判之陪审员，尤其在叛逆罪审判中担任陪审员之非自由地产保有者更是如此；

10. 刑事案件中被羁押者被要求给付过高之保释金，以致无法享受法律为臣民自由所提供之保障；

11. 被科以过高之罚金；

12. 被科处非法且残酷之刑罚；

13. 且在许多情形下，在据以对之科处罚金或者没收财产的有罪判决或者判决做出前，就已做出科处罚金和没收财产的授权和允诺。

所有这些完全且直接违反本王国既知之法律、制定法以及自由。

又鉴于前任国王詹姆士二世业已退位，王位因而出缺，奥兰治亲王殿下（其祈求万能的上帝的旨意，拯救本王国于教皇和专制的权力）特（根据贵族院神职议员和世俗议员以及诸多平民院之领袖们的建议）命向新教徒之贵族院神职议员和世俗议员致函，并向诸多郡县、城市、大学、市镇以及五港同盟（cinqueports）致另函，着其选任合适之人送往议会代表他们，于本年，即1688年，1月22日集会于威斯敏斯特宫并开会，以立法使其宗教、法律及自由免再遭受灭顶之灾；据此函件遂行相应之选举。

于兹前述贵族院神职议员和世俗议员以及平民院议员，因应他们各自收到之函件及选举，现聚会于此，充分并自由地代表这个国家，以最为严肃的态度考量实现前述目的之最佳途径，为维护和主张他们源远流长的权利和自由乃首先（与其先人在类似情形下通常所为一样）宣告：

1. 自封之不经议会同意而以国王权威中止法律或其执行的权力，为非法；

2. 自封之以国王权威而中止法律或其执行的权力，如前任国王所篡夺和行使者，为非法；

3. 设立此前之宗教诉讼法庭之委任状及其他类似之委任状和法庭，为非法且有害；

4. 未经议会同意，凭借国王特权而超越议会批准的或者可能批准的期限或者方式征税以供国王之用，为非法；

5. 臣民有向国王请愿之权，因此等请愿而被囚禁或者指控的，为非法；

6. 在和平时期，除非征得议会同意，否则，征募并保有一支常备军，为非法；

7. 属于新教之臣民，有权依其条件、依法持有武器以自卫；

8. 议会议员之选举须为自由的；

9. 在任何法院或者议会之外的其他地方不得对议会中的讲演、辩论及议事自由提出指控和诉讼；

10. 不得要求过高之保释金，不得科以过高之罚金，亦不得科处残酷且非常之刑罚；

11. 应妥当选任陪审员，审判叛逆罪被告人的陪审员须为自由地产保有者；

12. 所有在有罪判决做出前做出之科处罚金和没收财产的授权和允诺均为非法并无效；

13. 为平民愤和为修改、巩固及维护法律，应定期召开议会。

他们断言、主张并坚称前述主张，无论就全部而言抑或就个别而言，均为他们不容置疑的权利和自由，任何有损人民前述主张之法律断言、判决、行为或者诉讼无论如何均不得产生效力或者成为先例；对此，主张他们权利，正如奥兰治亲王殿下之宣言①所鼓励他们的，乃是获得充分补偿

---

① 译者注："Prince of Orange's declaration: 19 December 1688", Journal of the House of Commons: volume 10: 1688-1693(1802), pp.1-6.

和救济的唯一手段。他们完全相信，奥兰治亲王殿下会进一步使其业已大力推进的事业更加完美，进一步解国于倒悬，也会保护他们所主张的权利免受侵害，保护他们的宗教、权利及自由免受他人的攻击。

于是前述贵族院神职议员和世俗议员及平民院议员集会于威斯敏斯特宫，决议如下：威廉和玛丽，即奥兰治亲王和女王，应为并被宣布为英格兰、法兰西、爱尔兰以及它们所属自治领的国王和女王，在其双方有生之年暨一方驾崩后，在另一方有生之年，拥有前述王国及其自治领的王位和王室尊称；在其共同生存期间，王权之专权和全权由奥兰治亲王以前述亲王和王妃的名义享有并行使之；在其双方都驾崩后，前述王国和自治领的王位和王室尊称由前述王妃的嫡出之继承人继承之；若前述王妃无嫡出，则由丹麦之安妮公主及其嫡出之继承人继承之；若安妮公主驾崩且无嫡出，则由前述奥兰治亲王之嫡出之继承人继承之。贵族院神职议员和世俗议员及平民院议员请求前述亲王和王妃悉数接受之。

所有法律要求为效忠宣誓或至尊宣誓而非下文规定之宣誓者，应为下文规定之宣誓，前述效忠宣誓和至尊宣誓废止之：

"本人，（姓名），谨郑重承诺、宣誓，本人将以至诚效忠威廉国王和玛丽女王二位陛下。愿主佑我！"

"本人，（姓名），谨宣誓，我由衷地憎恶、憎恨这不虔诚的、异端的、该诅咒的教义和观点，即，所有被教皇和罗马教廷的其他机关逐出教会或剥夺圣职的王子得由其臣民或者其他任何人处置或诛杀之，并以命令宣告该教义和观点为渎神和异端者。我并宣告，任何外国国君、个人、高级教士、政府或者统治者在本王国均无宗教或者世俗上之管辖权、权力、霸权、特权及权威。愿主佑我！"

于是，两位陛下，因应前述宣言中之贵族院的神职议员和世俗议员及平民院议员的决议和愿望，接受了英格兰、法兰西、爱尔兰及其自治领的王位和王室尊称。

随之，两位陛下认为，前述贵族院神职议员和世俗议员及平民院议员，即议会两院，应继续开会，并经两位陛下之御准就本王国宗教、法律及自由之安排做出有法律效力之规定，以免其在将来再受破坏；前述贵族院神职议员和世俗议员及平民院议员同意并遵照为之。

现，根据前述主张，前述贵族院神职议员和世俗议员及平民院议员集会于议会，以根据议会的权利而以合法形式制定之法律的权力批准、确认、确立前述宣言及其中所包含之条、款、事务和事项；谨祈求（他们的陛下）宣告并颁布，即，前述宣言中所断言和主张之权利和自由之全部和任一均为本王国人民之真实的、源远流长的与不容置疑的权利和自由，并应如此得到尊重、认可、宣判、看待和对待；前述权利之全部和任一，应依照前述宣言之明确规定而得到坚决和严格的维护和遵守；此后，所有官员和大臣均应当按照同一宣言而服务于他们的陛下及其继承人。

前述贵族院神职议员和世俗议员及平民院议员严肃地考量，他们曾如何祈求万能的上帝，以其对这个国家无上的眷顾和仁慈，任命他们的陛下的王室成员至他们祖先的宝座之上并庇护之，使其能够最为恰当地统治我们，对此他们由衷地给予其微不足道的感谢和赞美，现谨真诚地、坚定地、确实地与诚挚地思索，兹意识到、承认并宣布，国王詹姆士二世业已退位，他们的陛下已如前述接受了王位和王室尊称；他们的陛下业已根据本王国的法律成为——不仅过去是、现在是，依法也应是——我们至高无上的君主和女王，即英格兰、法兰西、爱尔兰及其所属自治领的国王和女王，国王和女王最全面、正当以及完全地享有、兼有、联合并获得前述各王国之王国政府、王位及尊称，以及所有荣誉、称号、头衔、王权、大权、权力、管辖权以及权威。

为了防止以任何自封之对王位的权利为由而引起本王国的纷争和分裂，为了维护王位继承的确定性，除上帝外，本国之统一、和平、安宁及安全全然系于之、赖于斯；前述贵族院神职议员和世俗议员及平民院议员谨祈求他们的陛下制定、确立并宣告：在其双方有生之年暨一方驾崩后，在另一方有生之年，前述各王国及自治领之王位和王国政府以及其所有和附属之前述尊称、荣誉、称号、头衔、王权、大权、权力、管辖权以及权威之全部及其部分继续由前述陛下共同或之一享有之；在其共同生存期间，王权和政府之权力全部、不容置疑地、完全并仅能由国王陛下以前述国王和女王的名义享有并行使之；在其双方均驾崩后，前述王位及各项则应由女王陛下的嫡出之继承人继承之；若前述女王陛下无嫡出，则由丹麦之安妮公主及其嫡出之继承人继承之；若安妮公主驾崩且无嫡出，则由前述国王陛下之嫡出之继承人继承之。前述贵族院神职议员和世俗议员及平民院议员谨以前述所有人民的名义，最谦卑、最诚挚地，永远臣服于其本人及子孙后代；并诚挚地保证：他们会支持、维护并保卫他们的陛下，以及此处所规定和包含的王位的限制和继承规定，竭尽全力，以自己的生命和财产，反抗任何意图不轨之人。

且鉴于经验业已表明，由信奉天主教的王子或者与天主教徒缔结婚姻关系之国王或女王进行统治不利于本信奉新教之王国的安全和福祉，前述贵族院神职议员和世俗议员及平民院议员谨请求他们的陛下立法规定，所有听命于罗马教廷或者教会或与之交好的，公开承认信奉天主教的或者与天主教徒缔结婚姻关系之人，均不得且永远无资格继承、拥有与享有本王国和爱尔兰及其自治领与它们之任一部分的王位和政府，于其境内亦不得享有、使用或者行使任何君主之权力、权威或者管辖权；反之，则应当且因此而免除这些王国的人民忠诚之义务；在前述听命于罗马教廷或者教会或与之交好的，公开承认信奉天主教的或者与天主教徒缔结婚姻关系之人自然死亡之后，王位和政府应传给信奉新教之人并由其享有之，并由同样之人继承和享有之。

本王国之国王和王后，无论其于之后何时登上和接替本王国之王位，应在其登基后的第一届议会会议的第一日，就座于其在贵族院之宝座，在集会于此的贵族院议员和平民院议员面前，或者在行其加冕礼时，在其加冕礼誓言监誓人面前，于其为前述宣誓（此应首先进行之）时，重申、赞同并高声朗读查尔斯二世国王十三年制定之法律，即，《经由剥夺天主教徒出席议会任一院之会议以更有效地保护国王个人及其政府法》所规定之宣言。但如果国王或者女王在其接任本王国之王位时不满十二岁，则各该国王或者王后应于其加冕礼或者满十二岁之后的第一届议会的第一日会议上首先重申、赞同并高声朗读前述宣言。

所有国王满意和喜欢者应以当前议会的权力予以宣告、颁布和确立，并成为、继续成为及永远为本王国之法律；且其应由他们的陛下，根据并经集会于议会的贵族院神职议员和世俗议员及平民院议员的建议和同意而以议会的权力宣告、颁布并确立之。

前述权力并进一步宣告和颁布：自本次议会会议起，即便是法律上的特许和特免均禁止之，相反，应使之无效并不发生效力，但是，其为该法律所容许者或者由当前议会会议通过的法律所特别规定者除外。

但是，不得以本法而质疑主历① 1969 年 10 月 23 日前所给予的特许、许可以及赦免及使其无效，其具有并继续具有本法通过之前的法律上之效力和效果，但不得使之不同。

（孙谦、韩大元主编：《世界各国宪法·欧洲卷》，中国检察出版社 2012 年版）

（柳建龙 译）

---

① 译者注："主历"，即公元。

人权法（1998年）*

（1998年11月9日议会授权女王颁布）

为赋予受《欧洲人权公约》保障的权利和自由更进一步的效力，为使那些司法机关的任职者即欧洲人权法院法官做出决定，以及为达成相关目的，制定本法。

本法根据本届议会的授权，经上议院和下议院的建议和同意，由最卓越的女王陛下颁布，全文如下：

引　言

第1条　公约权利

一、本法中的"公约权利"指以下条文中所陈述的权利和基本自由：

（一）《公约》第2条至第12条，以及第14条；

（二）第一议定书的第1条至第3条；以及

（三）[第十三议定书的第1条②]，

结合《公约》第16条至第18条解读。

二、为达成本法的目的，除有克减或保留的以外，条款均为有效（参见第14条和第15条）。

三、公约权利条款列于附表1。

---

* 文本来源于英国议会官方网站。

② 原文注：依据《人权法》第2004/1574号修正令（2004年6月22日生效）第2条第一款修改的内容。

四、如果其认为适合反映与英国相关的议定书之效力，[国务大臣①]可以通过命令修改本法。

五、第四款中的"议定书"指《公约》所附的议定书：

（一）联合王国已经批准的；或

（二）联合王国已签署并旨在批准的。

六、在与联合王国相关的议定书生效前不得根据第四款以命令形式作出修正案并使其生效。

第 2 条　公约权利的解释

一、法院或法庭裁决与公约权利相关的问题时，一定要考虑：

（一）欧洲人权法院的判决、决定、声明或咨询意见；

（二）委员会根据《公约》第 31 条所采纳的报告中提出的意见；

（三）委员会根据《公约》第 26 条或第 27 条第二款做出的相关决定；或

（四）部长理事会根据《公约》第 46 条做出的决定，

无论上述决定何时做出或给出，只要根据法院或法庭的意见，与产生该问题的诉讼相关。

二、任何判决、决定、声明或意见所需之证据，应在诉讼中以法定程序规则提交任何法院或法庭。

三、本条中"规则"指法院的规则，或在法庭诉讼情形下依本条规定的目的而制定的规则：

（一）由［……②］［司法大臣或③］国务大臣制定的除苏格兰外均适用的任何诉讼规则；

---

① 原文注：依据《宪法事务大臣第 2003/1887 号令》（2003 年 8 月 19 日生效）第 9 条的附表 2 第 10 段第 1 句修改的内容。

② 原文注：依据《宪法事务大臣第 2003/1887 号令》（2003 年 8 月 19 日生效）第 9 条的附表 2 第 10 段第 2 句废除了原规定。

③ 原文注：依据《（司法大臣和国务大臣）职能转变第 2005/3429 号令》（2006 年 1 月 12 日生效）第 8 条的附表第 3 段插入的词语。

（二）由国务大臣制定的适用于苏格兰的诉讼规则；或者

（三）由北爱尔兰部制定的适用于北爱尔兰法庭的如下诉讼规则：

1. 处理移送事项；以及

2. 因本款第（一）项下制定的规则尚未生效。

立 法

第 3 条 法律的解释

一、只要有可能，主要立法和次级立法必须以与公约权利相一致的方式得以审议和生效。

二、本条：

（一）适用于任何时候制定的主要立法和次级立法；

（二）不影响任何不一致的主要立法的有效性、继续适用或执行；

（三）不影响任何不一致的次级立法的有效性、继续适用或执行，如果（忽略任何废除的可能性）主要立法阻止消除该不一致性。

第 4 条 不一致性宣告

一、第二款适用于法院决定主要立法的规定与公约权利是否一致的任何诉讼。

二、如果法院充分相信该条法律与一项公约权利不一致，法院可以对此发布一份不一致性宣告。

三、第四款适用于法院决定根据主要立法的授权制定的次级立法的规定与公约权利是否一致的任何诉讼。

四、如果法院充分相信：

（一）该条规定与公约权利不一致；并且

（二）（忽略任何废除的可能性）相关的主要立法阻止消除该不一致性，法院可以发布一份不一致性宣告。

五、本条所称的"法院"指：

[（一）最高法院;①]

（二）枢密院的司法委员会；

（三）[军事法院上诉庭②]；

（四）在苏格兰，预审法院或最高民事法院之外的开庭审理案件的高等刑事法院；

（五）英格兰、威尔士或北爱尔兰的高等法院或上诉法院；

[（六）在由家庭法庭庭长、高等法院的副大法官（Vice-Chancellor）或高等法院的一名普通法官审理的任何案件中的保护法院。③]

六、本条下的宣告（"不一致性宣告"）：

（一）不影响其涉及的规定的有效性、继续适用或执行；并且

（二）对诉讼双方当事人不产生约束力。

第 5 条　国王介入的权利

一、当法院在考虑是否发布一份不一致性宣告时，国王有权依据法院的规则被告知。

二、第一款适用于以下任何一种情况：

（一）王室大臣（或由其提名的人）；

（二）苏格兰行政院的成员；

（三）北爱尔兰的部长；

（四）北爱尔兰部，有权依据法院的规则被告知，并作为一方当事人加入诉讼。

三、第二款下的告知可以在诉讼中的任何时间做出。

四、因第二款下的被告知而成为刑事诉讼当事人（苏格兰除外）的，

---

① 原文注：依据《2005 宪政改革法》（2009 年 10 月 1 日生效）附表 9 第 66 段第 2 句修改的内容。

② 原文注：依据《2006 武装力量法》（2009 年 10 月 31 日生效）附表 16 第 156 段修改的内容。

③ 原文注：依据《2005 心智能力法》（2007 年 10 月 1 日生效）附表 6 第 43 段增加的内容。

可以依许可向［最高法院①］提起上诉，挑战诉讼中做出的任何不一致性宣告。

五、第四款中：

"刑事诉讼"包括［军事法院上诉庭②］受理的所有诉讼；以及

"许可"指发布不一致性宣告的法院或最高法院所允许的许可。

公共机构

第6条 公共机构的行为

一、公共机构以与公约权利不一致的方式实施行为的，属非法。

二、第一款不适用于以下行为，如果：

（一）该行为作为主要立法的一条或多条规定的结果，公共机构不得以不同的方式行为；或

（二）主要立法的，或依据主要立法制定的一条或多条规定，无法以与公约权利相一致的方式被解释或赋予效力，公共机构如此行事旨在使这些规定生效或执行这些规定。

三、本条中的"公共机构"包括：

（一）法院或法庭；以及

（二）任何发挥公共性质职能的特定个人，

但不包括议会或履行与议会事务相关职能的个人。

四、［……③］

五、关于一项特别的行为，如果其行为属私人性质，则不能仅凭第三款第（二）项定义一个人为一个公共机构。

---

① 原文注：依据《2005宪政改革法》（2009年10月1日生效）附表9第66段第3句修改的内容。

② 原文注：依据《2006武装力量法》（2009年10月31日生效）附表16第157段修改的内容。

③ 原文注：根据《2005宪政改革法》（2009年10月1日生效）附表18（5）第1段废除了此款规定。

六、"一项行为"包括一项未实施的行为,但不包括以下未履行的事项:

(一)向议会提出,或递交,一项立法建议;或

(二)制定任何主要立法或补救法令。

第7条 诉讼

一、个人认为一个公共机构已经(或有意)以第6条第一款定义的一种不合法的方式实施行为,可以:

(一)依据本法向适当的法院或法庭提起诉讼起诉该机构;或

(二)仅在其是(或将是)该不合法行为的受害者时,依赖任何法律诉讼中相关的一项或多项公约权利。

二、第一款第(一)项中的"适当的法院或法庭"指依据规则确定的法院或法庭;并且指控一个权力机构的诉讼包括反诉或类似的诉讼。

三、如诉讼是依据一份司法审查的申请提起的,仅在申请人是(或将是)该行为的受害者时,才被认为与该不合法行为有充分的利益关系。

四、如果诉讼是在苏格兰以申请司法审查而提起的,只要他是(或将是)该行为的受害者,申请人应当被认为对于该不合法行为有权利和利益起诉。

五、第一款第(一)项下的诉讼必须在以下时限届满前提出:

(一)从被控诉的行为发生之日起一年内;或

(二)法院或法庭公平地考虑所有情况后确认的更长的期限,

但上述规定受有关程序规定更为严格的时间限制的规则制约。

六、第一款第(二)项中的"法律诉讼"包括:

(一)由公共机构提起的或在其授意下提起的诉讼;以及

(二)对法院或法庭的判决提起的上诉。

七、基于本条的立法目的,若就某一非法行为向欧洲人权法院提起诉讼,仅在此人为《公约》第34条所指的受害人时,才可成为非法行为的受害人。

八、本法中任何行为均不构成刑事犯罪。

九、本条中的"规则"指：

（一）有关苏格兰以外的法院或法庭受理的诉讼，由［……①］［司法大臣或②］国务大臣依据本条规定的立法目的制定的规则，或法院的规则；

（二）有关苏格兰的法院或法庭受理的诉讼，由国务大臣依据上述立法目的制定的规则；

（三）有关北爱尔兰的法庭受理的诉讼：

1. 处理移送事项；以及

2. 因本款第（一）项下制定的规则尚未生效，

由北爱尔兰部依据上述立法目的制定这些规则，

并且包括依据《1990法院与法律服务法》第1条以命令形式做出的法律规定。

十、制定规则时，必须考虑第9条。

十一、为确保法庭依据第6条第一款的规定对公共机构的一项不合法（或将为不合法）的行为（或拟定实施的行为）能够（向当事人）提供一次适当的救济，有权为特定法庭制定规则的部长大臣，可以在他认为的必要程度上以发布命令的形式增加：

（一）该法庭可准许的减轻或补救方式；或

（二）该法庭可准许的任何理由。

十二、依据第十一款下达的命令可包含部长大臣做出该命令时认为适当的、附带的、补充的、间接的或过渡性的条款。

十三、"部长大臣"包括北爱尔兰部相关的（部长大臣）。

第8条 司法救济

一、若法院发现公共机构任何一项不合法（或将为不合法）的行为

---

① 原文注：依据《宪法事务大臣第2003/1887号令》（2003年8月19日生效）第9条附表2第10段第2句废除了原规定。

② 原文注：依据《司法大臣和国务大臣》职能转变第2005/3429号令》（2006年1月12日生效）第8条附表第3段插入的词语。

（或拟定实施的行为），法院可以在其权限内公正地、适当地允许减轻或补救，或发布命令。

二、但在民事诉讼中，只能由有权判定损害或命令支付赔款的法院判定损害赔偿。

三、除非考虑了该案件的所有情况，否则法院将不得判定损害赔偿，包括：

（一）（该法院或其他任何法院）就有争议的行为准许任何减轻或救济，或发布命令；以及

（二）（该法院或其他任何法院）就该行为做出的的任何判决的所有后果，法院确信裁定的赔偿金是为向胜诉方提供公正的赔偿所必需的。

四、在决定：

（一）是否裁定损害赔偿；或

（二）赔偿金额时，

法院必须考虑欧洲人权法院依据《公约》第41条判定赔偿金时所适用的原则。

五、被判定赔偿损害的公共机构将：

（一）在苏格兰，依据《1940（苏格兰）法律改革法（及其他规定）》第3条的立法目的，该公共机构在损害赔偿诉讼中，对个人的损失或损害负有责任，被裁定赔偿；

（二）基于《1978民事责任法》的立法目的，对有关获得赔偿的个人所遭受的损害承担责任。

六、本条中：

"法院"包括法庭；

"损害"指公共机构的不合法行为导致的损害；以及

"不合法"指第6条第一款定义的不合法。

第9条 司法行为

一、可以依据第7条第一款第（一）项提起的有关司法行为的诉讼仅有：

（一）行使上诉权；

（二）申请（在苏格兰称请愿）司法审查；或

（三）规则规定的诸如此类的其他情形。

二、这不影响任何阻止法院接受司法审查的法律规则。

三、本法中基于善意对司法行为提起的诉讼中，不能裁定赔偿，除非在《公约》第 5 条第五款所要求的程度上对个人进行赔偿。

四、第三款允许的损害赔偿裁决是针对国王做出的；但除非有非诉讼方的适当的个人加入诉讼，否则不得判决赔偿。

五、本条中：

"适当的个人"指对相关的法院负责的部长大臣，或由其任命的个人或政府部门；

"法院"包括法庭；

"法官"包括法庭的成员，治安法官和有权行使法院管辖权的书记员或其他官员；

"司法行为"指法院的司法行为，并且包括由法官指令完成的或代表法官完成的行为；以及

"规则"具有第 7 条第九款相同的含义。

救济行为

第 10 条 采取救济行为的权力

一、本条适用于，如果：

（一）一项法律规定已经依据第 4 条规定被宣布为与公约权利不一致，并且如果存在上诉：

1. 所有可以上诉的个人已经书面声明，他们将不提起上诉；

2. 已经超过上诉时效，而且在时效期内没有提出过上诉；

3. 在诉讼时效期内提起的上诉已经得到裁定或被撤回；或者

（二）考虑在本条规定生效后欧洲人权法院在起诉英国的诉讼中做出

的判决，在一名内阁阁员或女王陛下的枢密院看来，一项法律规定与英国承担的公约义务不一致。

二、如果一名内阁阁员认为有依据本条规定提起诉讼的强制性理由，他可以按照其认为消除不一致性所必需的程度发布一项修改法律的命令。

三、在次级立法的情况下，如果一名内阁阁员认为：

（一）有必要修改制定有争议的次级立法所依据的主要立法，以便消除不一致性；并且

（二）有依据本条规定提起诉讼的强制性理由，

他可以按照他认为必需的程度发布一项修改主要立法的命令。

四、本条规定还适用于在次级立法有争议的规定中，其因与一项公约权利不一致，由部长大臣依据附表 2 第 2 段第 2 句提出建议，已经被撤销或宣布无效。

五、如果该法律为枢密院令，第二款或第三款赋予的权力由女王陛下的枢密院行使。

六、本条中的"法律"不包括教会集会的规则，也不包括英格兰国教的总集会的规则。

七、附表 2 对救济命令已做出进一步的规定。

其他权利和诉讼

第 11 条　现有人权的保护措施

个人对公约权利的援引不限制如下权利：

（一）依据在联合王国任何一部分领土已经通过或发挥效力的任何法律赋予他的任何其他权利或自由；或者

（二）他提出任何主张的权利，或除依据第 7 条至第 9 条规定提起诉讼的权利。

第 12 条　表达自由

一、本条规定适用于法院正在考虑是否允许任何救济且允许该救济可

能影响公约权利中表达自由的行使的情况。

二、如果救济措施所针对的个人（被告）既没有出席也没有人代表其出席，法院不能判决此种救济措施，除非：

（一）申请人已经采取所有可行的措施通知被告；或者

（二）具有被告不应被告知的强制性理由。

三、判决前禁止公之于众的救济措施不能被允许，除非法院确信申请人很可能证明不应允许公之于众的理由。

四、法院对表达自由这项公约权利必须给予特别的尊重，并且当诉讼涉及被告主张的材料，或呈现给法庭的新闻的或文学的或艺术的材料（或与这些材料相关的行为），是：

（一）在以下程度上：

1. 这些材料已经（或将要）成为公共可获得的；或

2. 是（或将是）为公共利益将被公之于众的材料；

（二）任何相关的隐私条款。

五、本条中：

"法院"包括法庭；并且

"救济"包括任何补救或命令（刑事诉讼中的除外）。

第13条 思想、良心和信仰自由

一、如果法院对任何本法下产生的问题进行的判决可能影响一个宗教组织（其本身或其成员集体）行使思想、良心和信仰自由这项公约权利，法院必须对该权利的重要性给予特别的关注。

二、本条中的"法院"包括法庭。

克减和保留

第14条 克减

一、本法中"特定克减"指：

[英国对《公约》中的条款，或《公约》的任何议定书的条款，基于

本法的立法目的由［国务大臣①］通过发布一条命令特指的任何克减。②］

二、［……③］

三、如果一项特定克减被修改或取代，其即不再为一项特定克减。

四、但是第三款不阻止国务大臣根据第一款行使其权力［……④］以针对相关的条款制定新的特定克减的命令。

五、在其认为能适当反映（以下事项时），国务大臣必须通过命令制定对附表3的修改：

（一）任何克减命令；或

（二）第三款的效力。

六、在联合王国提议制定一项克减命令的预期过程中制定一项指定命令。

第15条　保留

一、本法中的"特定保留"指：

（一）英国对《公约》第一议定书第2条的保留；以及

（二）英国对《公约》条款，或《公约》任何议定书的条款，基于本法的立法目的［国务大臣⑤］以命令形式作出的任何其他保留。

二、第一款第（一）项提到的保留内容列举在附表3第二部分。

三、如果一项特定保留被全部或部分撤销，则该项保留将不再为一项特定保留。

---

①　原文注：依据《宪法事务大臣第2003/1887号令》（2003年8月19日生效）第9条附表2第10段第1句进行的修改。

②　原文注：现有的第14条第一款第（一）项被废除，并且《人权法第2001/1216号（修正）令》（2001年4月1日生效）第2条第一款重构了第14条第一款第（二）项的内容。

③　原文注：《人权法案》第2001/1216号（修正）令（2001年4月1日生效）第2条第二款废除了本条规定。

④　原文注：由《人权法案》第2001/1216号（修正）令（2001年4月1日生效）第2条第三款废除的内容。

⑤　原文注：依据《宪法事务大臣第2003/1887号令》（2003年8月19日生效）第9条附表2第10段第1句进行的修改。

四、但第三款不阻止国务大臣根据第一款第（二）项行使权力以针对相关条款制定一项新的特定保留。

五、在其认为能适当反映（以下事项时），国务大臣必须通过命令制定对法律的修改：

（一）任何特定命令；或

（二）第三款的效力。

第16条　特定克减的时效

一、[如果没有被联合王国撤销，则根据本法的立法目的，一项特定克减的效力将在指定该克减的命令做出当日起五年后终止。①]

二、此期限前的任何时间：

（一）受第一款约束 [……②]；或

（二）在本项下通过一项命令延长，到期后，[国务大臣原文注：依据《宪法事务大臣第2003/1887号令》（2003年8月19日生效）第9条附表2第10自然段第1句进行的修改。] 可以通过命令再延长五年。

三、根据第14条第一款 [……③] 作出的命令将在一个以供参考的期限内有效，除非上、下两院已经通过一个决议同意该命令。

四、第三款对以下事项不产生效力：

（一）根据该命令已经完成的任何事情；或

（二）根据第14条第一款制定一项新命令的权力 [……④]。

五、第三款中"以供参考的期限"指从命令作出当日起四十日内。

---

① 原文注：现有的第16条第一款第（一）项和第（二）项被废除了，剩余内容由《人权法案》第2001/1216号修改令（2001年4月1日生效）第3条第一款进行了重构。

② 原文注：由《人权法案》第2001/1216号修改令（2001年4月1日生效）第3条第二款废除了涉及第16条第一款第（一）项和第（二）项的内容。

③ 原文注：《人权法案》第2001/1216号修改令（2001年4月1日生效）第3条第三款和第四款废除了涉及第16条第三款和第四款第（二）项的内容。

④ 原文注：《人权法案》第2001/1216号修改令（2001年4月1日生效）第3条第三款和第四款废除了涉及第16条第三款和第四款第（二）项的内容。

六、计算以供参考的时间，以下任何时间不能计算在内：

（一）议会解散或休会的时间；或

（二）两院四日以上的休会期。

七、如果联合王国撤回一项特定克减，在其认为需要反映此撤回时，国务大臣必须通过命令制定对该法律的修改。

第 17 条　对特定保留的定期审查

一、相关的部长必须依下列要求审查第 15 条第一款提到的特定保留：

（一）自第 1 条第二款生效之日起五年内；以及

（二）如果该指定仍然继续生效，则自有关该指定的最后一次报告根据第三款递交之日起五年内。

二、相关部长必须以下期限审查其他特定保留（如果有）：

（一）自指定该保留的命令第一次生效之日起五年内；以及

（二）如果该指定仍然继续生效，则自有关该指定的最后一次报告根据第三款递交之日起五年内。

三、部长根据本条进行审查时必须准备一份关于审查结果的报告，并分别向上、下议院递交报告的复本。

欧洲人权法院的法官

第 18 条　欧洲人权法院的任命

一、本条中的"司法职位"指：

（一）在英格兰和威尔士，上诉法院的常任法官，高等法院的法官或巡回法官；

（二）在苏格兰，最高民事法院的法官或郡治安法官；

（三）在北爱尔兰，上诉法院的常任法官，高等法院的法官或地方法院的法官。

二、担任上述司法职位者可以成为欧洲人权法院的法官，并无须放弃他的职位。

三、但当他是欧洲人权法院的法官时，不得要求其履行所担任司法职位的职责。

四、在他任欧洲人权法院的法官期间：

（一）上诉法院的常任法官或高等法院的法官，根据［《1981 高级法院法》①］第 2 条第一款或第 4 条第一款（法官的最高人数）的立法目的，不计入相关法院的法官人数，也不计入该法律第 12 条第一款至第六款（薪酬等）意义上的［高级法院②］的法官；

（二）最高民事法院的法官，根据《1988 最高民事法院法》第 1 条第一款（法官的最高人数）的立法目的，不计入相关法院的法官，也不会被视为《1973 司法行政法》第 9 条第一款第（三）项（薪酬等）意义上的法官；

（三）北爱尔兰上诉法院的常任法官，根据《1978（北爱尔兰）司法法》第 2 条第一款或第 3 条第一款（法官的最高人数）的立法目的，不计入相关法院的法官，也不计入《1973 司法行政法》第 9 条第一款第（四）项（薪酬等）意义上的北爱尔兰［司法法院③］的法官；

（四）巡回法官不计入《1971 法院法》第 18 条（薪酬等）意义上的法官；

（五）郡治安法官不计入《1907（苏格兰）治安法院法》第 14 条（薪酬等）意义上的法官；

（六）北爱尔兰地方法院的法官不计入《1959（北爱尔兰）地方法院法》第 106 条（薪酬等）意义上的法官。

五、如果郡治安法院的院长被任命为欧洲人权法院的法官，《1971

---

① 原文注：根据《2005 宪政改革法》（2009 年 10 月 1 日生效）附表 11（1）第 1（2）段修改的内容。

② 原文注：根据《2005 宪政改革法》（2009 年 10 月 1 日生效）附表 11（2）第 4（1）段修改的内容。

③ 原文注：根据《2005 宪政改革法》（2009 年 10 月 1 日生效）附表 11（3）第 6（1）段修改的内容。

（苏格兰）郡治安法院法》第 11 条第一款（郡治安法院院长的暂时任命）将适用，当他在欧洲人权法院供职时，其国内法院职位将视为空缺。

六、附表 4 规定有关作为欧洲人权法院法官的国内司法职位的担任者的养老金。

七、按照其对任何已经完成欧洲人权法院法官任期的司法职位的担任者的适当考虑，司法大臣或国务大臣可以通过命令制定这些过渡性条款（尤其包括临时增加法官的最高人数的规定）。

［七之一、以下规定适用于依据第七款作出有关第一款第（一）项列举的任何司法职位担任者的决定：

（一）在决定适合制定何种过渡性条款前，命令的发出者必须咨询英格兰和威尔士的最高法院的首席法官；

（二）在发出命令前，命令的发出者必须咨询英格兰和威尔士的最高法院的首席法官。

七之二、以下规定适用于依据第七款作出有关第一款第（三）项列举的任何司法职位担任者的决定：

（一）在决定适合制定何种过渡性条款前，命令的发出者必须咨询北爱尔兰最高法院的首席法官；

（二）在发出命令前，命令的发出者必须咨询北爱尔兰最高法院的首席法官。

七之三、英格兰和威尔士的最高法院的首席法官可以提名一名（《2005 宪政改革法》第 109 条第四款意义上的）司法职位的担任者，履行其依据本条承担的职能。

七之四、北爱尔兰最高法院的首席法官可以提名以下任何人履行其依据本条承担的职能：

（一）《2002（北爱尔兰）司法法》附表 1 列举的职位的担任者；

（二）上诉法院的常任法官（如上款的法律第88条所定义的）。①]

议会程序

第19条　不一致性声明

一、在任何一院负责法案的内阁阁员必须在法案二读前：

（一）做出一个声明，即他认为法案中的条款与公约权利是相一致的（"一致性声明"）；或

（二）做出一个声明，即尽管他不能做出一份一致性声明，但政府仍然希望议会通过本法案。

二、必须书面做出该声明，并且以部长认为合适的某种方式出版。

补　充

第20条　本法中的命令等

一、内阁阁员依据本法发布命令的任何权力以发布行政条例的方式行使。

二、[司法大臣或②] [……③] 国务大臣依据第2条第三款或第7条第九款制定规则（法院的规则除外）的权利通过行政条例行使。

三、依据第14条、第15条或第16条第七款制定的任何行政条例必须递交议会。

四、司法大臣或国务大臣不能依据第1条第四款、第7条第十一款第16条第二款做出任何命令，除非该命令的草案已经递交议会两院且获得

---

① 原文注：根据《2005宪政改革法》（2006年4月3日生效）附表4（1）第278段增加的内容。

② 原文注：依据《（司法大臣和国务大臣）职能转变第2005/3429号令》（2006年1月12日生效）附表1第3段插入的内容。

③ 原文注：依据《宪法事务大臣第2003/1887号令》（2003年8月19日生效）附表2第10段第2句废除了原内容。

批准。

五、依据第18条第七款或附表4制定的任何行政条例，或第二款所适用的行政条例，根据议会各院的决议得予以废除。

六、北爱尔兰部有以下权力：

（一）依据第2条第三款第（三）项或第7条第九款第（三）项制定规则；或者

（二）依据第7条第十一款做出命令，

通过基于《1979（北爱尔兰）法定规则令》的立法目的制定的法律规定行使上述权力。

七、任何依据第2条第三款第（三）项或第7条第九款第（三）项制定的规则应当受否定决议制约；并且《1954（北爱尔兰）解释法》第41条第六款（"受否定决议制约"的含义）应当如同该制定规则的权力是由北爱尔兰议会的一部法律授予的一般适用。

八、北爱尔兰部不能依据第7条第十一款做出命令，除非该命令的草案已经递交北爱尔兰议会且获得批准。

第21条　解释等

一、本法中：

"修改"包括废除和适用（附带或不附带修改的条款）；

"相关的部长"指主管一个被适当授权的政府部门的内阁阁员（《1947王权诉讼法》含义上的）；

"委员会"指欧洲人权委员会；

"公约"指由欧洲理事会于1950年11月4日在罗马同意的自此在英国生效的《欧洲人权和基本自由保护公约》；

"不一致性宣告"指依据第4条发表的宣告；

"内阁阁员"与《1975内阁阁员法》中的内阁阁员具有相同的含义；

"北爱尔兰大臣"包括北爱尔兰的首席大臣和代理首席大臣；

"主要立法"指任何：

（一）一般的公共法律；

（二）地方的和个人的法律；

（三）私法；

（四）教堂集会的规则；

（五）英国国教总议会的规则；

（六）枢密院令——

1. 为执行女王陛下的王权而做出的；

2. 依据《1973 北爱尔兰宪法》第 38 条第一款第（一）项做出的，或为与《1998 北爱尔兰法》的规定一致而做出的；或者

3. 为修改上述第（一）项、第（二）项或第（三）项中提到的一种法律做出的；并且包括依据主要立法做出的命令或其他条例，且其运行是为使得主要立法的一个条款或多个条款生效或修改任何主要立法（但［威尔士部长、威尔士首席大臣、威尔士国会政府的法律总顾问①］、苏格兰行政院的成员、北爱尔兰的部长或北爱尔兰部做出的除外）；

"第一议定书"指于 1952 年 3 月 20 日在巴黎通过的附于《公约》后的议定书；

［……②］

"第十一议定书"指 1994 年 5 月 11 日在斯特拉斯堡通过的附于《公约》后的议定书（重构《公约》建立的控制系统）；

［"第十三议定书"指 2002 年 5 月 3 日于维尔纽斯通过的附于《公约》后的议定书（有关在所有情况下彻底废除死刑）；③］

"救济令"指依据第 10 条发布的命令；

---

① 原文注：依据《2006 威尔士政府法》（在本法第 161 条第一款特指的普选结束后即 2007 年 5 月 3 日立即生效；本法第 161 条第四款、第五款特指的威尔士部长、首席部长、法律总顾问、议会委员以及审计长和总管的职能在初始期结束后于 2007 年 5 月 25 日立即生效）附表 10 第 56 段第 2 句规定修改的内容。

② 原文注：该定义被 1998 年《人权法》第 2004/1574 号修正令（2004 年 6 月 22 日生效）第 2 条第二款废除。

③ 原文注：根据 1998 年《人权法》第 2004/1574 号修正令（2004 年 6 月 22 日生效）第 2 条第二款增加的定义。

第一部分 宪法、全国性涉党法律

"次级立法"指任何：

（一）除以下内容外的枢密院令：

1. 为执行女王陛下的王权而发布的；

2. 依据《1973 北爱尔兰宪法》第 38 条第一款第（一）项发布的，或为与《1998 北爱尔兰法》的规定一致而发布的；或

3. 为修改主要立法定义中提到的一项法律发布的；

（二）苏格兰议会的法律；

［1. 威尔士国民大会的措施；

2. 威尔士国民大会的法律；①］

（三）北爱尔兰议会的法律；

（四）依据《1973 北爱尔兰国会法》第 1 条建立的议会措施；

（五）北爱尔兰国会的法律；

（六）命令、规则、条例、计划、委任状、内部条例或其他根据主要立法制定的条例（其运行是为使得主要立法的一个条款或多个条款生效或修改任何主要立法的除外）；

（七）命令、规则、条例、计划、委任状、内部条例或其他根据主要立法制定的，上述第（二）项、第（三）项、第（四）项或第（五）项提到的，或根据一项仅适用于北爱尔兰的枢密院令制定的条例；

（八）命令、规则、条例、计划、委任状、内部条例或其他由苏格兰行政院的一名成员、［威尔士的部长、威尔士的首席大臣、威尔士国会政府的法律总顾问②］、北爱尔兰的一名部长或北爱尔兰的一个部门，为代表

---

① 原文注：根据《2006 威尔士政府法》（在本法第 161 条第一款特指的普选结束后即 2007 年 5 月 3 日立即生效；本法第 161 条第四款、第五款特指的威尔士部长、首席部长、法律总顾问、议会委员会以及审计长和总管的职能在初始期结束后于 2007 年 5 月 25 日立即生效）附表 10 第 56 段第 3 句增加的内容。

② 原文注：依据《2006 威尔士政府法》（在本法第 161 条第一款特指的普选结束后即 2007 年 5 月 3 日立即生效；本法第 161 条第四款、第五款特指的威尔士部长、首席部长、法律总顾问、议会委员会以及审计长和总管的职能在初始期结束后于 2007 年 5 月 25 日立即生效）附表 10 第 56 段第 4 句增加的内容。

女王陛下执行女王陛下的权力或其他行政职能而制定的条例；

"移送事项"与《1998 北爱尔兰法》中的"移送事项"具有相同含义；以及

"法庭"指任何可以受理法律诉讼的法庭。

二、第 2 条第一款第（二）项和第（三）项所指的条款是《公约》中的条款，因为它们在第十一议定书生效时立即产生效力。

三、第 2 条第一款第（四）项引述之《公约》第 46 条所指的条款包括《公约》第 32 条至第 54 条，因为它们在第十一议定书生效时立即产生效力。

四、第 2 条第一款中提到的委员会的报告或决定，或部长委员会的决定包括依据第七议定书（过渡性条款）第 5 条的第三款、第四款和第六款规定做出的报告或决定。

五、[……①]

第 22 条　简略标题、开始、适用和程度

一、本法可以被引用为 1998 年《人权法》。

二、第 18 条、第 20 条和第 21 条第五款，以及本条自本法通过之日起生效。

三、本法的其他条款自国务大臣通过命令指定日起生效；基于不同目的可以指定不同的日期。

四、第 7 条第一款第（二）项适用于由公共权力机关提起的或受鼓动提起的诉讼，无论有争议的行为何时发生的；但不适用于该条款生效之前发生的行为。

五、本法约束王权。

六、本法适用于北爱尔兰。

七、[……②]

---

① 原文注：根据《2006 武装力量法》（2009 年 10 月 31 日生效）附表 17 第 1 段废除。
② 原文注：根据《2006 武装力量法》（2009 年 10 月 31 日生效）附表 17 第 1 段废除。

附 表

附表1 [第1条第三款]

条 款

第1部分 公约权力和自由

第2条① 生存权

一、每个人的生存权均应依法受到保护。任何人均不得被故意剥夺生命,除非执行法院依据他的罪行依法对其做出的处罚判决。

二、当其为绝对有必要使用武力所造成的结果时,剥夺生命不应被视为违反本条规定:

(一)为保护任何人免受非法的暴力;

(二)为合法逮捕某人或防止被合法拘留的人逃跑;

(三)为镇压骚乱或暴动合法采取的行动。

第3条 禁止酷刑

任何人均不得受到酷刑或受到不人道或丧失体面的对待或惩罚。

第4条 禁止奴隶和强迫劳动

一、任何人均不得被约束为奴隶或被奴役。

二、任何人均不得被要求进行强迫的或强制的劳动。

三、基于本条的立法目的,"强迫的或强制的劳动"这一用语不包括:

(一)任何在正常的拘留过程中,或在附条件的解除拘留期间,根据《公约》第5条的规定被强制要求完成的工作;

(二)任何具有军事特征的服务,或在一些国家认可基于良心自由拒绝服兵役的情况下,取代强制性军事服务的强制性服务;

---

① 编者注:原文无第1条。

（三）在发生危及生命或共同体福祉的紧急情况或灾难的情况下，任何强制性服务；

（四）任何构成普通公民义务组成部分的工作或服务。

第 5 条 自由和安全的权利

一、任何人均有自由和个人安全的权利。任何人不得被剥夺自由，除非有以下情况，并且根据法律规定的程序：

（一）经有管辖权的法院定罪后合法拘留的人；

（二）由于不遵守法庭的合法秩序，或为确保使其履行法律规定的任何责任，被合法逮捕或拘留的人；

（三）合理地怀疑某人实行了犯罪行为，或为防止他实行犯罪行为或在实行犯罪行为后潜逃，为将其送交有管辖权的法律机构而对其实施的合法的逮捕或者拘留；

（四）基于教育督导的目的通过合法命令拘留的青少年，或为将其送交有管辖权的法律机构而将其合法拘留的青少年；

（五）为防止传染性疾病传播而对某人予以合法拘留，或对精神失常者、酗酒者、吸毒者或流浪者的合法拘留；

（六）为阻止其未经授权进入一个国家，或由于其行为被认为应被驱逐出境或引渡回国而予以合法逮捕或拘留。

二、任何被逮捕的人均应被及时用其理解的语言告知其被逮捕的原因以及对其提出的控告。

三、根据本条第一款第（三）项的规定，任何被逮捕或拘留的人应立即被交给依据法律行使司法权的法官或其他官员，并应有权在合理的时间内被审讯或在候审期间被释放。但释放可以附加保证出庭受审的条件。

四、因逮捕或拘留被剥夺自由的任何人均应有权提起诉讼；法院应在其提起的诉讼中迅速判决其被拘留的合法性，如果拘留不合法，则命令将其释放。

五、由于违反本条规定而成为逮捕或拘留受害者的任何人应有获得可强行执行的受偿权。

第6条　接受公平审判的权利

一、裁决个人的公民权利和责任或对其提起的任何刑事控诉时，每个人均有权在合理的时间内接受由一个依法成立的、独立的、中立的法庭公平、公开的审理。判决应当被公开地宣布，但基于道德的利益、公共秩序或一个民主社会的国家安全，如青少年的利益或当事人要求保护其私生活，或在特别的情况下即法院认为公众将损害到公正判决而严格地且在必要的程度上，可以拒绝媒体和公众旁听全部或部分审判。

二、被控告刑事犯罪的每个人均应被假定无罪，直到依据法律证明其为有罪。

三、被控告刑事犯罪的每个人均享有以下最基本的权利：

（一）及时详细地以其理解的语言被告知对其提出控告的性质和原因；

（二）拥有足够的时间和便利条件准备其辩护；

（三）亲自或通过其自己选择的法律援助者为自己辩护，或者，如果他没有足够能力支付法律援助费，而基于司法利益的要求，其应被提供免费法律援助；

（四）询问对其不利的证人，并获得对其有利的证人与对其不利的证人出庭和受询问的同等条件；

（五）如果他不能理解或讲法庭上使用的语言，应被提供免费的翻译帮助。

第7条　法无规定不受处罚

一、依据当时的国家法律或国际法律，其作为或不作为不构成一项刑事犯罪的，任何人均不得被判决构成任何刑事犯罪。也不应对其处以比当时适用于其犯罪行为的处罚更重的处罚。

二、本条不影响任何人因其作为或不作为而受到的审判和惩罚，只要根据一个文明国家当时认可的法律的一般原则其行为是有罪的。

第8条　私生活和家庭生活受尊重的权利

一、每个人均享有私生活和家庭生活及其住宅和通信受尊重的权利。

二、公共机构不应当干涉这些权利的行使，除非根据法律，且在一个民主社会中基于国家安全的利益、公共安全或国家的经济福祉，为防止骚乱或犯罪、保护健康或道德或保护其他权利和自由而有必要介入。

第 9 条　思想、良心和宗教自由

一、每个人均享有思想、良心和宗教自由的权利，这种权利包括改变他的宗教或信仰的自由，以及独自地或在一个共同体中与他人共同公开地或私下地表明其宗教或信仰的自由，做礼拜、传教、信奉和进行仪式的自由。

二、表明个人宗教或信仰的自由应仅受法律规定的限制约束，并且是在一个民主社会中，基于公共安全的利益，为保护公共秩序、健康或道德，或为保护权利和他人的自由所必需的。

第 10 条　表达自由

一、每个人均享有表达自由的权利。这种权利应当包括发表观点的自由，接收和传授信息和思想时不受公共机构干涉并且不论国界的自由。本条不阻止国家要求广播、电视或电影公司申请许可证。

二、由于行使上述自由附带义务和责任，因此应当受法律规定的程序、条件、限制或惩罚的约束，并且是在一个民主社会中，基于国家安全的利益、领土的完整或公共安全，为阻止骚乱或犯罪、保护健康或道德、保护他人的声誉或权利、阻止秘密信息的披露或维护司法权威和中立所必需的。

第 11 条　集会和结社的自由

一、每个人均享有和平集会的自由和与他人结社的自由，包括组织和加入保护其个人利益的工会的权利。

二、不应对行使这些权利加以限制，除非法律规定的，并且是在一个民主社会中，基于国家安全或公共安全的利益，为阻止骚乱或犯罪、保护健康或道德、保护其他的权利和自由所必需的。本条规定不阻止对武装力量的成员、警察或国家行政机构的成员行使这些权利加以合法的限制。

第 12 条　结婚的权利

达到婚龄的男人和女人有结婚和组建家庭的权利，但须依据规定该权利行使的国家的法律行使。

第 14 条①　禁止歧视

应当确保列举在《公约》中的个人享有的权利和自由不因以下任何理由受到歧视，诸如性别、种族、肤色、语言、宗教、政治或其他观点、国籍或社会出身，以及一个国家的少数民族、财产、出生或其他身份。

第 16 条②　对外国人政治活动的限制

第 10 条、第 11 条和第 14 条规定的内容不应被视为阻止缔约国对外国人的政治活动加以限制。

第 17 条　禁止滥用权利

《公约》中的所有规定不得被解释为任何国家、群体或个人有权从事任何摧毁上述任何权利和自由或比《公约》所规定的更大程度地限制上述权利和自由的活动或行为。

第 18 条　限制行使权利的限度

本《公约》所允许的对上述权利和自由的限制不应适用于除已经规定的目的之外的其他目的。

第 2 部分　第一议定书

第 1 条　财产的保护

每个自然人或法人均有权和平地享有其所有物。任何人均不得被剥夺其所有物，除非基于公共利益并受法律规定的条件和国际法的一般原则约束。

但是前述条款不应以任何方式损害一个国家根据一般利益，或为确保

---

① 编者注：原文无第 13 条。
② 编者注：原文无第 15 条。

交纳税金，或为其他的出资或惩罚而执行其认为有必要控制财产的使用的法律的权利。

第2条 受教育的权利

任何人均不得被剥夺受教育的权利。在行使任何认为与教育和教学相关的职能时，国家应当尊重父母的权利，以确保教育和教学与他们自己的宗教和哲学信念一致。

第3条 自由选举的权利

缔约国在合理的间隔时间内，并在确保个人对立法中的选择自由发表意见的条件下，通过无记名投票举行自由的选举。

第3部分 第十三议定书的第1条

[**废除死刑**

死刑应当被废除。任何人均不得被宣告或执行此种刑罚。①]

附表2 ［第10条］

救济命令

第1条 命令

一、一项救济命令可以：

（一）包含附带的、补充的、结果的或过渡性的条款，只要做出命令的人认为适当；

（二）可以从做出命令当日之前的某一日开始生效；

（三）对特殊职能的代表团做出规定；

（四）对不同的案件做出不同的规定。

---

① 原文注：依据1998年《人权法》第2004/1574号修正令（2004年6月22日生效）第2条第三款修改。

二、第一款第（一）项授予的权力包括：

（一）修改主要立法的权力（包括除包含不一致规定以外的主要立法）；以及

（二）修改或废除次级立法的权力（包括除包含不一致规定以外的次级立法）。

三、可以做出与立法产生同样程度效力的救济命令。

四、任何人均不得仅因一项救济命令的追溯力而被认为构成一项刑事犯罪。

第2条 程序

不得做出任何救济命令，除非：

（一）该项命令的草案在做出后六十日内已经由议会各院的决议批准，自该草案递交给议会两院之日起算；或者

（二）在命令中宣布，做出该命令的个人认为。因为紧急事件有必要在草案获得批准前做出该项命令。

第3条 命令的草案

一、草案不得根据第2条第（一）项递交，除非：

（一）提议做出命令的人已经向议会提交了一份包含提议的命令的草案及要求的信息的文件；以及

（二）自本款要求的文件递交之日起，六十日的期限已经结束。

二、如果已经在法定期限内进行了陈述，依据第2条第（一）项递交的草案须附带一份包含以下内容的声明：

（一）陈述的一份摘要；以及

（二）作为陈述的结果，如果提议的命令已经改变，则细节亦应改变。

第4条 紧急情况

一、如果一项救济命令（"原始命令"）是在其草案未获批准的情况下做出的，做出命令的人必须在命令做出后向议会递交，且附带要求的信息。

二、如果陈述已经在六十日的期限内做出，从原始命令做出之日起算，做出命令的人必须（在该期限结束后）向议会递交一份包含以下内容的声明：

（一）陈述的一份摘要；以及

（二）作为陈述的结果，如果他认为对原始命令进行改变是适当的，则细节亦应改变。

三、如果第二款第（二）项适用，做出声明的人必须：

（一）做出一份取代原始命令的进一步救济命令；以及

（二）向议会递交一份替换命令。

四、如果自原始命令做出之日起一百二十日的期限结束，议会各院仍未通过一项决议批准原始的或替换的命令，该命令停止生效（但不影响之前已经根据任何一项命令或做出一个新的救济命令的权力完成的任何事宜）。

第 5 条 定义

本附表中：

"陈述"指由做出（或提议做出）命令的人关于一项救济命令（或提议的救济命令）进行的陈述，并且包括任何相关的议会报告或决议；以及

"要求的信息"指：

（一）对该命令（或提议的命令）试图消除的不一致性的一个解释，包括相关的宣告、裁决或命令的详情；以及

（二）关于依据第 10 条提起诉讼的理由和根据该条款做出一项命令的一份声明。

第 6 条 计算期限

基于本附表的立法目的计算任何期限，下列情况消耗的任何时间不计算在内：

（一）议会解散或中止；或

（二）上、下两院四日以上的休会期。

[第 7 条①

一、本条适用于有关：

（一）做出的任何救济命令，以及提议做出的这样的一项命令的任何草案：

1. 由苏格兰部长大臣做出的；或

2. 由女王陛下的枢密院在下放的权力内（《1998 苏格兰法》含义上的）做出的；以及

（二）与这样的一项命令（或提议的命令）关联的递交给议会的任何文件或声明。

二、本附表有关任何这样的命令（或提议的命令）、文件或声明具有效力，并受以下修改约束。

三、任何有关议会、议会各院或议会两院，均指苏格兰议会。

四、第 6 条不适用，并且取而代之的，基于本附表的立法目的，计算任何期限时，不应将苏格兰议会解散期或超过四日以上的休会期计算在内。]

附表 3 ［第 14 条、第 15 条］

克减和保留

第 1 部分　克减

［……②］

第 2 部分　保　留

签署现有的（第一）议定书之时，我宣布，鉴于英国《教育法》的某

---

① 原文注：依据《1998 苏格兰法》第 2000/2040 号（附随修改）令（2000 年 7 月 27 日生效）附表 1（1）第 21 段增加附表 2 第 7 条。

② 原文注：依据 1998 年《人权法》第 2005/1071 号修改令（2005 年 4 月 8 日生效）废除。

些规定，英国只能在与有效教导和训练的条款相一致的程度上，以及避免不合理的市政开支范围内接受第2条第二款确认的原则。

1952年3月20日
欧洲理事会的英国常驻代表提交

附表4 [第18条第六款]

法官的养老金

第1条 做出有关养老金命令的职责

一、相关的部长必须通过命令，对有关养老金发放或有关任何作为欧洲人权法院的法官的司法职位的担任者做出规定。

二、一项养老金命令应包括做出命令的部长认为为确保以下内容有必要规定的条款：

（一）一位欧洲人权法院的法官，在其被任命为欧洲人权法院法官之前是法官养老金计划的成员之一的，有权继续作为该计划的成员；

（二）如其未被任命为欧洲人权法院法官而断续作为清官养老金计划成员所应享有的待遇；

（三）在其作为欧洲人权法院法官的同时，依据该计划得到支付的权利继续参照他之前已经被支付的薪酬（除第18条第四款外）支付其作为国内司法职位的持有者继续服务的酬劳。

第2条 捐资

一项养老金命令可以并且尤其要规定：

（一）一个作为该命令的结果依然是计划的一名成员支付的任何捐资，但将不是通过扣除其工资支付，也不是通过扣除其作为欧洲人权法院的法官的工资支付；以及

（二）此种捐资可以由计划的管理员所决定的方式进行收集。

第 3 条　其他制定法的修改

如果部长大臣做出该命令时认为有必要或有利于确保任何与之相关的任何计划适当的执行，一项养老金命令可以修改一部养老金法律的任何条款或根据一部养老金法律制定任何条款。

第 4 条　定义

本附表中：

"相关的部长"指：

（一）有关任何只能在苏格兰行使审判权的司法职位，国务大臣；以及

（二）司法大臣；

"欧洲人权法院的法官"指作为欧洲人权法院的法官服务的司法职位的持有者；

"法官养老金计划"指根据一部养老金法律建立的一个计划；

"养老金法律"指：

（一）《1959（北爱尔兰）郡法院法》；

（二）《1961（苏格兰）地方司法官养老金法》；

（三）《1981 法官养老金法》；或

（四）《1993 法官养老金和退休法》；以及

"养老金命令"指根据第一款做出的命令。

（孙谦、韩大元主编：《世界各国宪法·欧洲卷》，中国检察出版社 2012 年版）

（李蕊佚 译　姜峰 校）

政党、选举及全民公投法（2000年）[①]

本法要成立选举委员会；要制定政党注册和资金的规定；要制定为政治目的的捐款和费用的规定；要制定选举和全民公投宣传活动及全民公投实施的规定；要制定与选举相联系的选举呈请和其他合法诉讼的规定；要缩短由1985年人民代表法第1条和第3条所描绘的获取资格的时间；在涉及欧洲议会选举方面制定预先的联合修正；还要为其他相关目的制定本法。

（2000年11月30日）

经神职议员与世俗议员组成的上议院及本届召集的下议院的忠告与同意，由最尊贵的女王陛下批准，并以此权威颁布如下：

第一部分 选举委员会

第一节 选举委员会及具有相关职责的实体的设立

第1条 选举委员会的设立

1. 应设立一个法人实体，称为选举委员会，或用威尔士语表达（本法中提及为"委员会"）。

2. 该委员会应由若干成员构成，称为选举专员。

3. 选举专员应不少于五人，不多于九人。

4. （根据第3条）选举专员应由陛下任命。

[①] 原文参见 http://www.legislation.gov.uk/。

5. 陛下应（根据第 3 条）任命其中一人为该委员会主席。

6. 附件 1 制定了关于该委员会的更详细的条款，应具有效力。

第 2 条　下院议长委员会

1. 应设立一个委员会（称为"议长委员会"）来履行本法案授予该委员会的职责。

2. 议长委员会应包括下议院议长，议长任该委员会主席，还包括其他成员，即：

（1）目前任下院内政特别委员会主席职务的下院议员；

（2）内政大臣（无论是否是下院议员）；

（3）下院议员，该议员担任负责地方政府事务的王国政府大臣；

（4）五名不担任王国政府大臣的下院议员。

3. 第 2 款第（3）项所提及的该委员会成员应由首相任命其为该委员会成员。

4. 第 2 款第（4）项所提及的该委员会成员应由下院议长任命其为该委员会成员。

5. 附件 2 制定了关于议长委员会的更详细的规定，应具有效力。

6. 在本条和附件 2 中所提及的内政特别委员会应：

（1）如果该委员会的名称变更，［从属于第（2）项］提及该委员会时采用新名称；

（2）如果在通过本法案时，该委员会所涉及的选举事务的职责（或与其相应的主要职责）变为下院其他委员会的职责，提及该委员会时，使用当时行使职责的委员会的名称。

第 3 条　选举委员会专员和选举委员会主席的任命

1. 根据第 1 条第 4 和第 5 款，陛下的授权应通过在下议院的演讲来行使。

2. 任何动议都不应以演讲的方式提出，下列情况除外：

（1）经下议院议长的同意；以及

（2）在咨询过每个注册政党的注册领袖之后，且有两名或两名以上的下院议员隶属于这些注册政党。

3. 该演讲应指定（不超过十年的）任期，在该任期内，每位演讲中所涉及的提议的选举专员将任职为专员，或者（视情况而定）在该任期内，所提名的选举委员会主席将任主席一职。

4. 下列人员不得被任命为选举委员会专员：

（1）一个注册政党的党员；

（2）一个注册政党的官员或雇员，或者注册政党会计单位的官员或雇员；

（3）（在附件7的含义上）担任一个相关选举职位；或

（4）在上一个十年内的任何时间，

(a) 曾任第（2）项所提及的官员或雇员；或

(b) 曾担任第（3）项所提及的一个职位；或

(c) 根据第四部分第三章或第五章所报告的捐款登记中被列为捐款者。

5. 一名选举委员会专员或选举委员会主席可以被再次任命（或继续连任）。

6. 第2款第（2）项所提及的下院议员不包括任何议员，他们在有关时间内：

（1）还没有根据1866年议会宣誓法［1866 c.19］（或相应的郑重声明）的要求进行宣誓并签名；或

（2）被取消现任资格和投票资格。

7. 本条中的"注册政党"：

（1）包括根据1998年政党注册法［1998 c.48］（按本法第二部分所指，在指定之日之前）注册的政党；或

（2）在第4款第（2）项中还包括（涉及时限在1999年4月1日之前的）任何政党。

第一部分　宪法、全国性涉党法律

第 4 条　议会政党专家小组

1. 应设立一个专家小组（称为"议会政党专家小组"），由具备资质的政党依据本条任命的代表组成。

2. 专家小组的职责是在其认为适当的情况下，就影响政党事务的事情向选举委员会提交陈述或提供信息。

3. 在专家小组向选举委员会提出陈述或提供信息的情况下，选举委员会应：

（1）考虑该陈述或信息，并

（2）决定是否应该就此陈述或信息采取行动，（如果要采取行动的话）在什么程度上采取行动。

4. 每个获取资质的政党都有一人有资格作为代表进入专家小组，进入专家小组的代表由党的司库任命。

5. 从属于第 6 款，如此任命的代表应成为专家小组成员，其任期可以由党的财务总管在任命时决定。

6. 如此任命的代表应停止成为专家小组成员，如果在任何时间：

（1）党的财务总管无论以何理由结束其任命；或

（2）该党不再是一个有资质的政党。

7. 专家小组可以自行决定其程序。

8. 当有资质政党的财务总管未能按本条要求任命专家小组成员时，专家小组程序的有效性应不受影响。

9. 本条中的"有资质的政党"指一个注册政党：

（1）两名或两名以上的下院议员当时属于该党，他们已经按 1866 年议会宣誓法案［1866 c.19］（或相应的郑重声明）的要求进行宣誓并签名，并且未被取消下院的现任资格和投票资格；或

（2）在最近的议会大选之后，立即有两名或两名以上的下院议员隶属于该党。

第二节 选举委员会的大体职能

第5条 选举和全民公投报告

1. 选举委员会应:

(1) 在每一次本条适用的选举之后,并

(2) 在每一次第七部分适用的全民公投之后,(以选举委员会可以决定的方式)准备并公布一份选举或全民公投实施情况的报告。

2. 本条适用的选举如下,即:

(1) 议会大选;

(2) 欧洲议会大选;

(3) 苏格兰议会大选;

(4) 威尔士国民议会普通选举;

(5) 北爱尔兰议会大选。

3. 在根据1998年威尔士政府法[1998.c.38]举行投票之后,如果威尔士国民议会要求并由其出资,选举委员会应(以选举委员会可以决定的方式)准备并公布一份选举实施情况的报告。

第6条 选举和政治事务的审核

1. 选举委员会应持续进行审核,并不时就下列事务向国务大臣提交报告,即:

(1) 选举委员会可以不时决定的那些本条适用的与选举相关的事务;

(2) 选举委员会可以不时决定的那些本条适用的与全民公投相关的事务;

(3) 议会选举时席位的重新分配;

(4) 如果根据第18条第1款,第19条第1款,或第20条第1款的政令把职责移交给选举委员会,所移交的与其行使职责相关的事务;

(5) 政党的注册及其收入与支出的管理;

(6) 广播和其他电子媒体上的政治宣传;

（7）与第（1）项至第（6）项所提及事务相关的法律。

2. 依照国务大臣的要求，并且在国务大臣可以指定的时间内，选举委员会应就国务大臣可以指定的（无论是否属于第1款）事务：

（1）进行审核；以及

（2）向国务大臣提交一份报告。

3. 然而，选举委员会不应就本条中所列的以下事务实行审核（或起草报告），即：

（1）根据1998年苏格兰法［1998.c.46］第97条或为资助与这些政党有关系的北爱尔兰议会议员履行其议会职责的目的而设立的政党基金；

（2）依据苏格兰议会法案或北爱尔兰议会法案所制定的规定或者依据根据该法案所制定的规定而举行的全民公投，或根据1998年威尔士政府法案第36条［1998.c.38］而实施的任何选举投票；

（3）与第（1）项和第（2）项所提及事务相关的法律。

4. 在根据本条对北爱尔兰的选举或全民公投实施审核时，选举委员会应就这类选举或全民公投咨询北爱尔兰首席选举官员。

5. 选举委员会根据本条起草的每份报告应以其可以决定的方式由其公布。

6. 本条适用的选举或全民公投如下：

（1）在属于选举情况下：

（a）第5条第2款所提及的选举，

（b）英格兰或威尔士地方政府选举；以及

（c）北爱尔兰地方选举；及

（2）在属于全民公投情况下，第七部分适用的全民公投和根据2000年地方政府法［2000.c.22］第二部分举行的全民公投。

第7条　就选举法的变更事宜咨询选举委员会

1. 在起草本条适用的文书之前，起草文书的权力机构应咨询选举委员会。

2. 本条适用的文书包括：

（1）根据1978年欧洲议会选举法［1978 c.10］附件1第2条（欧洲议会选举的指导与问询）的条例；

（2）根据该附件第4条第1款第（1）项或第（2）项（地区议会议员选举主持人的指定）的政令；

（3）根据1983年人民代表法［1983 c.2］第24条第1款第（3）项、第（3c）项或第（5）项，第25条第1款第（2）项，第28条第1款第（2）项或第35条第2B款（议会议员选举主持人和代理主持人的指定）的政令；

（4）根据该法第36条（英格兰和威尔士地方政府选举）的规则；

（5）根据该法案（"1983年法案"），或根据1985年人民代表法［1985 c.50］的条例，1983年法案第201条第1款（除非之前已经起草一份条例草案并由经议会两院决议的分别批准，否则不可以制定条例）对后者的条例具有效力；

（6）根据1998年威尔士政府法［1998 c.38］第11条或第36条4或5款（威尔士国民议会选举的指导和由议会主持的选举投票的指导）的政令；

（7）根据1998年苏格兰法［1998 c.46］第12条第1或6款（苏格兰议会选举的指导）的政令；

（8）根据1998年北爱尔兰法［1998 c.47］第34条第4款（北爱尔兰议会选举的指导）的政令；

（9）根据1999年大伦敦机构法［1999 c.29］第17A条第3款（大伦敦机构选举时选举演说的免费发送）的政令。

3. 除在咨询选举委员会之后，否则根据1998年北爱尔兰法［1998 c.47］第84条第4款（制定北爱尔兰选举的规定的权力），不能向议会提交法令草案。

第8条 只有经选举委员会的推荐才能授权进行选举

1. 根据1983年人民代表法［1983 c.2］第52条第1款（对注册职责履行的指导），给予指导的职责应只有经选举委员会的推荐，并依据其推荐才可行使。

2. 除非国务大臣认为，由于币值的变更，该职责的行使是适宜的，否则本款适用的职责应只有经选举委员会的推荐，并依据其推荐才可行使。

3. 第 2 款适用于下列各项职责，即：

（1）根据该法案第 76 条第 2A 款（对大伦敦机构选举的经费的限制）制定政令；

（2）根据 1998 年威尔士政府法［1998 c.38］第 11 条，或根据 1998 年苏格兰法［1998 c.46］第 12 条，就该条第 2 款第（3）项（对威尔士国民议会或苏格兰议会选举的经费的限制）所提及的事务制定政令。

（3）根据 1978 年欧洲议会选举法［1978 c.10］附件 1 第 2 条第 3A 款第（1）项（对欧洲议会选举的经费的限制）制定条例。

第 9 条　选举程序的变更需有选举委员会的参与

1. 选举委员会：

（1）可以与相关的地方机构联合提交属于 2000 年人民代表法案第 10 条第 1 款（试点方案）范围内的建议；以及

（2）正如那些条款所授予选举委员会的职责那样，应具有涉及以下事务的其他职责：

（a）根据该法案第 10 条的政令和方案；以及

（b）根据该法案第 11 条（按试点方案对程序的修改）的政令。

2. 如以上第 1 款第（1）项提及的由选举委员会和相关地方机构联合提交的建议经国务大臣的批准后，在根据该法案第 10 条的方案进入实施时，选举委员会可以在其认为适当的情况下，在方案的实施方面向该机构提供（除资金以外的）帮助。

3. 本条与 2000 年人民代表法案第 10 条中的"相关地方机构"具有同样的含义。

第 10 条　提出意见并提供帮助

1. 在任何相关机构的请求下，选举委员会可以就其具有技能和经验方面的任何事物向该机构提供意见和帮助。

2. 可以以这样方式提供的帮助（尤其）包括暂时把选举委员会的职员调任到该机构。

3. 选举委员会还可以：

（1）向下列各方提供意见和帮助：

（a）注册官员，

（b）在相关选举中的议会议员选举主持人，

（c）注册政党，

（d）在第六部分含义上的被认可的第三方；以及

（e）在第七部分含义上的被允许的参与者；

（2）向其他人提供意见和帮助，这是选举委员会在履行其职责时附带做的事情或与其履行职责相关的事情。

4. 选举委员会：

（1）可以根据第1款就其提供的意见和帮助收取费用；但是

（2）当根据第3款时，不可就其提供的意见和帮助收取费用。

5. 本条未授权选举委员会提供任何形式的资金方面的帮助。

6. 本条中的"相关机构"指：

（1）苏格兰议会；

（2）苏格兰行政院；

（3）威尔士国民议会；

（4）北爱尔兰议会；

（5）北爱尔兰议会的执行委员会；

（6）下列任何地方行政机构：

（a）在英格兰，郡、区，或伦敦自治市议会，

（b）在威尔士，郡或郡自治的市镇议会，

（c）在苏格兰，根据1994年（苏格兰）地方政府等法案[1994 c.39]设立的地方议会；

（7）在联合王国之外的国家内的国家或地区的议会或政府；

（8）在任何这类其他国家内的具有与选举委员会相应职责的机构；

（9）一个组织，有两个或更多国家（或其政府）是该组织成员或其下属机构。

7. 本条中的"相关选举"指属于第 22 条第 5 款，除苏格兰地方政府选举之外的选举。

8. 苏格兰大臣们可以通过政令规定，假定"除苏格兰地方政府选举之外"的措辞已被删除，第 7 款应具有效力。

9. 正如第 156 条第 5 款适用于国务大臣根据本法而制定的政令那样，该条款也应适用于苏格兰大臣们根据第 8 款而制定的政令，并且该条中对文书的提及应包括对任何包含在内的文书或根据苏格兰议会的一项法案而制定的文书的提及。

10. 苏格兰大臣根据本条所拥有的制定政令的权力应通过法定文书行使，该法定文书可依据苏格兰议会决议加以废除。

第 11 条 广播公司在政党政治广播中要尊重选举委员会的观点

1. 在 1990 年广播法［1990 c.42］第 36 条（独立的电视服务：政党政治广播）中，应在第 4 款后插入：

"5. 按本条所指，在制定规则之前，该委员会要尊重选举委员会所表达的观点。"

2. 在该法案第 107 条（独立的语音广播服务：政党政治广播）中，应在第 3 款后插入：

"4. 按本条所指，在制定规则之前，该机构要尊重选举委员会所表达的观点。"

3. 按本款所指，英国广播公司和威尔士语电视台在决定其涉及政党政治广播的政策时，各自要尊重选举委员会所表达的观点。

第 12 条 政策制定补助金

1. 按本条所指：

（1）"政策制定补助金"是对有代表性的注册政党的补助金，帮助该党制定政策以便纳入其宣言中，补助的根据如下：

（a）按第二部分所指，由政党支持而被授权的候选人将在一次相关选举中寻求当选；或

（b）政党本身寻求当选（在这样的选举情况下，政党本身可以被提名）；以及

（2）一个注册政党是"有代表性的"指如果至少有两名下院议员属于该党，该党：

（a）已经按1866年议会宣誓法案［1866 c.19］（或相应的郑重声明）的要求进行宣誓并签名；以及

（b）未被取消下院的现任资格和投票资格。

2. 选举委员会应就由选举委员会制作的政策制定补助金计划费用向国务大臣提交推荐。

3. 当国务大臣根据第2款收到推荐时，在条款上经他认为适当的修改后，他应制定一项安排这项计划的政令，使该推荐具有效力。

4. 该计划尤其应指定或规定：

（1）有资格获得政策制定补助金的政党；以及

（2）向选举委员会提供的政策制定补助金如何在有资格获得此项补助金的政党之间分配。

5. 选举委员会应持续对根据本条的计划的费用进行审查，并在其认为适当的情况下应向国务大臣推荐对计划进行变更。

6. 当国务大臣根据第5款收到推荐时，经他认为适当的修改后，他应制定一项政令使该推荐具有效力。

7. 当第3款或第6款所提及的修改会导致一项根据该款的政令，使得对选举委员会就第4款中所提及的任一事务的推荐经修改后具有效力时，则未经选举委员会同意对这些事务进行修改之前不得制定政令。

8. 选举委员会应按照根据本条的任何计划规定发放这些补助金，并且在从属于选举委员会认为适当的条件（与计划的费用一致）下，可以发放任意数额的补助金；但是在任何财政年度内授权选举委员会发放超过200

万英镑的政策制定补助金，则任何这样的计划都不应具有效力。

9. 经财政部的同意，国务大臣可以通过政令对第 8 款目前所指定的数额加以修改。

第 13 条　提供对选举制度和民主制度的教育

1. 选举委员会应促进公众懂得：

（1）联合王国现行的选举制度和任何即将实行的选举制度，以及选举委员会可以决定的与现行和即将实行的选举制度相关的选举事务；

（2）联合王国国家政府和地方政府现行和任何即将实行的制度；以及

（3）欧盟的制度。

2. 按第 1 款所指，当使条款生效的安排已经通过成文法完成，但还未生效时，任何第 1 款第（1）项或第（2）项所提及的制度处于即将实行状态。

3. 第 1 款不适用于苏格兰地方政府选举或地方政府，但第 1 款第（2）项所提及的国家政府（除联合王国政府之外）还包括属于联合王国的组成部分，拥有被委任的立法机关的政府。

4. 选举委员会应根据第 1 款以其认为适当的方式履行职责，尤其可以通过以下方式履行其职责：

（1）实施教育或信息计划以促进公众对第 1 款提及的事务的了解；或

（2）向其他人或团体提供资助以使他们能够执行这样的计划。

5. 在满足选举委员会认为适当的条件下，选举委员会可根据第 4 款第（2）项发放资助。

6. 按本款所指，选举委员会在任何财政年度根据第 1 款而履行其职责时所发生的总开支（不管是发放资助或其他）应不超过经财政部同意，由国务大臣通过政令目前所指定的数额。

7. 苏格兰大臣可以通过政令规定，尽管有第 3 款，但选举委员会仍可在涉及苏格兰地方政府选举或地方政府时，履行本条所授予的职责。

8. 第 6 款应不适用于选举委员会依据苏格兰大臣根据第 7 款所制定的政令而履行其职责所发生的开支；但按本款所指，该开支额应不超过苏格兰大臣在其制定的政令中目前所指定的数额。

9. 苏格兰大臣应偿还选举委员会在履行第 8 款提及的职责时所发生的开支。

10. 正如第 156 条第 5 款适用于国务大臣根据本法制定的政令那样，该条款也应适用于苏格兰大臣根据本条制定的政令，并且该条中对文书的提及应包括对任何包含在内的文书或根据苏格兰议会的一项法案而制定的文书的提及。

11. 苏格兰大臣根据本条所具有的制定政令的权力应通过法定文书行使，该政令可依据苏格兰议会的决议加以废除。

第三节 选举委员会的选区划分职责

第 14 条 选区边界委员会

1. 选举委员会应建立四个选区边界委员会，英格兰、苏格兰、威尔士和北爱尔兰各建一个。

2. 每个选区边界委员会应包括由选举委员会任命的：

（1）一名主席；以及

（2）不少于适当人数的其他成员。

3. 按第 2 款所指，选区边界委员会的"适当人数"为：

（1）如果凭借第 18 条第 1 款、第 19 条第 1 款和第 20 条第 1 款，该委员会没有需要行使的职责（视情况而定），则两名；以及

（2）如果凭借该款，该委员会需要行使职责，则四名。

4. 只有选举专员或副选举专员才可以被任命为选区边界委员会委员；只有选举专员才可以被任命为一个选区边界委员会主席。

5. 当如第 3 款所提及的任何职责由选区边界委员会行使时，选举委员会应根据本条和第 15 条来行使其任命的权力以确保：

（1）至少一名委员会成员富有英格兰、苏格兰或威尔士地方政府事务的经验（视情况而定）；以及

（2）在属于威尔士选区边界委员会的情况下，至少一名委员会成员讲

威尔士语。

6. 下列人员应成为选区边界委员会的技术顾问：

（1）在属于英格兰和威尔士的一个选区边界委员会的情况下，英格兰和威尔士户籍总署署长及地形测量局总干事；

（2）在属于苏格兰选区边界委员会的情况下，出生、死亡和婚姻登记总署署长及地形测量局总干事；

（3）在属于北爱尔兰选区边界委员会的情况下，北爱尔兰出生与死亡登记总署署长，北爱尔兰估价官员及北爱尔兰选举事务首席官员。

第 15 条　副选举专员

1. 选举委员会可以任命副选举专员。

2. 经议长委员会同意，副选举专员的人数应不超过选举委员会可以决定的人数。

3.（凭借第 3 条第 4 款）当一个人不能被任命为选举专员时，则该人不能被任命为副选举专员。

4. 副选举专员的职责限于在其被任命的任何选区边界委员会内作为一名成员进行服务。

5. 附件 1 包含对副选举专员作出的进一步规定。

第 16 条　选区边界委员会职责的移交

1. 从属于附件 3 第一部分所指定的修订，1986 年议会选区法［1986 c. 56］应具有效力，凭借这一修订：

（1）根据该法第 3 条第 1 款和第 3 款（检查、报告和选区边界委员会所关注的联合王国各区域在下议院代表的职责），各选区边界委员会的职责移交给选举委员会；以及

（2）涉及下列职责：

(a) 根据该法对联合王国的一个特殊部分实施检查；以及

(b) 在任何这样的检查之后，向选举委员会提交建议，根据以上第 14 条，授予在联合王国的一个区域建立的选区边界委员会。

2. 附件3第二部分所指定的其他法案所做的相应修订应具有效力。

3. 当国务大臣确信选区边界委员会没有进一步的职责需要履行时,应通过政令的指示停止其存在。

4. 本条中的"选区边界委员会"指根据1986年法案设立的其中一个选区边界委员会。

第17条 选区边界委员会资产等的移交

1. 当凭借第16条第1款选区边界委员会的职责移交给选举委员会时,则授予或隶属于选区边界委员会的资产、权利和债务凭借本款一律移交给选举委员会。

2. 任何按照第1款而移交的资产由国务大臣颁发证书,该证书应构成移交的决定性证据。

3. 尽管有任何(无论什么性质的)不同于第1款的规定,该规定会阻止或限制对资产、权利和债务的移交,但第1款对其所适用的资产、权利和债务具有效力。

第18条 英格兰地方政府委员会职责的移交

1. 国务大臣可以通过政令就任何英格兰地方政府委员会(本条称为"英格兰委员会")(任何程度)的职责移交给以下机构做出规定:

(1) 选举委员会;或

(2) 英格兰选区边界委员会。

2. 根据第1款的一项政令可以规定:

(1) 国务大臣(任何程度)的相关职责移交给选举委员会;

(2) 终止国务大臣或英格兰委员会(任何程度)的相关职责,但并未移交给选举委员会或英格兰选区边界委员会;

(3) 修改国务大臣(任何程度)的相关职责;

(4) 防止国务大臣行使任何相关职责(包括一项已经由政令修改的职责),除非如政令可以规定的那样,他已经征求并得到选举委员会的同意,或者授权他就行使这样的职责问题去征求选举委员会的同意;

（5）修改根据第1款的一项政令所移交的任何相关或其他职责，直至该职责由选举委员会或英格兰选区边界委员会行使；

（6）授予选举委员会涉及锡利群岛的选举领域或其他选举安排的职责。

3. 第2款中的"相关职责"（从属于第4款）指根据以下条款的一项职责：

（1）1992年地方政府法［1992 c.19］（英格兰地方政府变更）第13条到15条和第17条的任何职责；

（2）1997年地方政府和房地产税额法［1997 c.29］（地方行政区和地方行政区政务委员会）第13条、第14条和第17条第4款的任何职责，只要该条款在该法案第二部分的意义上对选举安排具有效力；或者

（3）1999年大伦敦机构法［1999 c.29］第2条第4款，或该法附件1（议会选区）。

4. 除在1992年地方政府法［1992 c.19］第二部分的意义上已经生效的选举变更之外，根据第3款第（1）项提及的任何规定都未在第2款中将国务大臣制定政令的权力授权移交给选举委员会；但从属于此，凭借第2款可以移交的职责包括政令的法定文书的起草工作。

5. 正如尊重选举委员会和英格兰选区边界委员会的职责分配那样，在涉及那些团体之间的职责分配时，根据第1款而制定的政令规定应大致符合附件3第一部分所做出的规定。

6. 当国务大臣确信英格兰委员会已没有进一步的职责要履行时可通过政令终止其存在。

7. 根据第1款或第6款而制定的政令可以包含把以下人员、事项移交给选举委员会的规定：

（1）英格兰委员会职员；以及

（2）冠名为或隶属于英格兰委员会的资产、权利和债务；

并且尽管（无论何种性质的）任何规定会阻止或限制除通过政令之外的资产、权利和债务的移交，任何包含第2项所提及的规定的政令尤其可

以规定该政令具有效力。

8. 根据第6款所制定的政令可以包含废除任何与英格兰委员会的成立或组成相适应的职责的规定。

9. 对选举委员会根据第1款的一项政令向国务大臣提供咨询而发生的开支，国务大臣可以通过偿还方式向选举委员会支付一笔其认为适当的钱款。

第19条 苏格兰地方政府选区边界委员会职责的移交

1. 苏格兰大臣可以通过政令就任何苏格兰地方政府委员会（本条称为"苏格兰委员会"）（任何程度）的职责移交给以下机构做出规定：

（1）选举委员会，或

（2）苏格兰选区边界委员会。

2. 根据第1款的一项政令可以规定：

（1）苏格兰大臣（任何程度）的相关职责移交给选举委员会；

（2）终止苏格兰大臣或苏格兰委员会（任何程度）的相关职责，但并未移交给选举委员会或苏格兰选区边界委员会；

（3）修改苏格兰大臣（任何程度）的相关职责；

（4）防止苏格兰大臣行使任何相关职责（包括一项已经由政令修改的职责），除非如政令可以规定的那样，他已经征求并得到选举委员会的同意，或者授权他就行使这样的职责问题去征求选举委员会的同意；

（5）修改通过这样一项政令所移交的任何职责，直至该职责由选举委员会或苏格兰选区边界委员会行使。

3. 第2款中的"相关职责"（从属于第4款）指1973年苏格兰地方政府法[1973 c.65]第13条至21条，附件5和附件6的第1条第2款所列的各项职责。

4. 根据第3款所提及的任何条款，未在第2款第（1）项中将苏格兰大臣制定政令的权力授权移交给选举委员会。

5. 正如尊重选举委员会和苏格兰选区边界委员会的职责分配那样，在涉及那些团体之间的职责分配时，根据第1款而制定的政令规定应大致符合附件 3 第一部分所做出的规定。

6. 当苏格兰大臣确信苏格兰委员会已没有进一步的职责要履行时可通过政令终止其存在。

7. 根据第 1 款或第 6 款而制定的政令可以包含把以下人员、事项移交给选举委员会的规定：

（1）苏格兰委员会的职员；以及

（2）冠名为或隶属于苏格兰委员会的资产（包括任何权利及任何种类的股权）和债务；

并且尽管（无论何种性质的）任何规定会阻止或限制除通过政令之外的资产或债务的移交，任何包含第（2）项所提及的规定的政令尤其可以规定该政令具有效力。

8. 根据第 6 款所制定的政令可以包含废除任何与苏格兰委员会的成立或组成相适应的职责的规定。

9. 正如第 156 条第 5 款适用于国务大臣根据本法制定的政令那样，该条款也应适用于苏格兰大臣根据本条制定的政令，并且该条中对文书的提及应包括对任何包含在内的文书或根据苏格兰议会的一项法案而制定的文书的提及。

10. 苏格兰大臣根据本条所具有的制定政令的权力应通过法定文书行使，该政令可依据苏格兰议会决议加以废除。

11. 对选举委员会依据第 1 款的一项政令向苏格兰大臣提供咨询而发生的开支，苏格兰大臣可以通过偿还方式向选举委员会支付一笔其认为适当的钱款。

第 20 条　威尔士地方政府选区边界委员会职责的移交

1. 威尔士国民议会可以通过法令就任何威尔士地方政府选区边界委员会（本条称为"威尔士委员会"）（任何程度）的职责移交给以下机构做出规定：

（1）选举委员会，或

（2）威尔士选区边界委员会。

2. 根据第1款的法令可以规定：

（1）威尔士国民议会（"议会"）（任何程度）的相关职责移交给选举委员会；

（2）终止威尔士国民议会或威尔士委员会（任何程度）的相关职责，但并未移交给选举委员会或威尔士选区委员会；

（3）修改威尔士国民议会（任何程度）的相关职责；

（4）防止议会行使任何相关职责（包括一项已经由政令修改的职责），除非如法令可以规定的那样，议会已经征求并得到选举委员会的同意，或者授权议会就行使这样的职责问题去征求选举委员会的同意；

（5）修改根据第1款的一项政令所移交的任何相关或其他职责，直至该职责由选举委员会或威尔士选区边界委员会行使。

3. 第2款中的"相关职责"（从属于第4款）指根据以下条款的职责：

（1）1972年地方政府法［1972 c.70］（关于在审核期间和审核之后对社区申请的限制）第30条第3款或第4款，或第31条第3款；或

（2）该法（关于威尔士地方政府变更）第54条至60条，第69条和第71条，或附件11第1A条。

4. 除在1972年地方政府法［1972 c.70］第四部分的意义上所涉及的已经生效的选举安排的变更之外，根据第3款第（2）项提及的任何条款都未在第2款中将该议会制定法令的权力授权移交给选举委员会；但从属于此，凭借第2款可以移交的职责包括法令的法定文书的起草工作。

5. 正如尊重选举委员会和威尔士选区边界委员会的职责分配那样，在涉及那些团体之间的职责分配时，根据第1款而制定的法令规定应大致符合附件3第一部分所做出的规定。

6. 当威尔士国民议会确信威尔士委员会已没有进一步的职责要履行时可通过法令终止其存在。

7. 根据第1款或第6款而制定的法令可以包含把以下人员、事项移交给选举委员会的规定：

（1）威尔士委员会的职员，以及

（2）冠名为或隶属于威尔士委员会的资产、权利和债务；

并且尽管（无论何种性质的）任何规定会阻止或限制除通过法令之外的资产、权利和债务的移交，任何包含第（2）项所提及的规定的法令尤其可以规定该法令具有效力。

8. 根据第 6 款所制定的法令可以包含废除任何与威尔士委员会的成立或组成相适应的职责的规定。

9. 根据本条的一项法令可以包括能产生适当结果的、附属的、补充的，或者是过渡性规定，或者属于弥补性规定（包括修改、废止或废除已有法令的规定）。

10. 本条中任何内容都不能被解读为侵犯第 9 款的一般性。

11. 威尔士国民议会根据本条所拥有的制定法令的权力应通过法令文书行使。

12. 对选举委员会根据第 1 款由执行法令而行使职责所发生的开支应由威尔士国民议会支付。

第四节　附　加

第 21 条　对第一部分的解释

本部分所涉及的选举委员会的"财政年度"指以 3 月 31 日为截止日的十二个月；但选举委员会的第一个财政年度从其成立之日算起至下一个 3 月 31 日为止。

第二部分　政党的注册

第一节　注册要求

第 22 条　政党要进行注册以便在选举中能够推选候选人

1. 从属于第 4 款，除非选举提名是涉及下列各项，否则不可在任何相关选举中进行提名：

（1）个人以一个有资质的注册政党的名义参加选举；或

（2）个人未声称代表任何政党；或

（3）在注册政党可以被提名参加选举的情况下，一个有资质的注册政党。

2. 按第1款所指，（除小型政党之外）一个政党在一次相关选举中是一个"有资质的注册政党"，如果：

（1）选区、地方政府管辖区域、或选举举行的选举区

（a）是在英格兰、苏格兰或威尔士，或

（b）是苏格兰或威尔士的选举区，并且该党在选举通知发布的最后一天已经就涉及大不列颠以上提及区域在大不列颠注册局进行注册，该注册局根据第23条由选举委员会管辖；或者

（2）选区、区级选举区、或选举举行的选举区

（a）是在北爱尔兰，或

（b）是北爱尔兰的选举区，并且该党在选举通知发布的最后一天已经在北爱尔兰注册局进行注册，该注册局根据第23条由选举委员会管辖。

3. 按第1款所指，如果属于下列任一种情况，则个人未声称代表任何政党：

（1）如果在其提名书中给出的对候选人的描述是：

（a）"无党派人士"；或

（b）当其为寻求连任的下院议长时，"寻求连任的议长"；或

（2）在其提名书上没有对候选人的描述。

4. 第1款不适用于任何地方行政区和社区的选举。

5. 按本部分所指，下列选举是相关选举：

（1）议会选举；

（2）欧洲议会选举；

（3）苏格兰议会选举；

（4）威尔士国民议会选举；

（5）北爱尔兰议会选举；

（6）地方政府选举；以及

（7）北爱尔兰地方选举。

6. 按本法所指，如果一个人的提名书上包括一份含有已得到委任的描述的证明，该证明由代表党的已注册的提名官员提供，则该人就是以注册政党的名义参加选举。

第二节 政党注册局

第23条 新的注册局

1. 应成立第2款提及的新的政党注册局以代替根据1998年政党注册法［1998 c.48］由公司注册官管辖的政党注册处。新的注册局：

（1）应归选举委员会管辖，并且

（2）（从属于本条规定）应按选举委员会可以决定的方式加以管辖。

2. 新的政党注册局是：

（1）意图在英格兰、苏格兰和威尔士的一个选区或多个选区竞争相关选举的政党的注册局（本法称为"大不列颠注册局"）；以及

（2）意图在北爱尔兰竞争相关选举的政党的注册局（本法称为"北爱尔兰注册局"）。

3. 在大不列颠注册局注册的每一个政党，应在英格兰、苏格兰和威尔士的一个或多个选区进行注册；并且对每一个按此方法注册的政党的条目都将做出标记，以便指明：

（1）注册涉及大不列颠哪一个或哪些选区；

（2）如果政党是一个小型政党，就是一个非通常的政党。

4. 根据本部分，一个政党可以在两个新注册局注册，但是如果一个政党是这样注册的：

（1）该党在大不列颠注册局注册，并且

（2）该党在北爱尔兰注册局注册；

那么应构成两个独立的政党。

5. 在这种情况下，

（1）按本法所指，该党应分开进行组织和管理以确保该党在大不列颠的财政事务与该党在北爱尔兰的财政事务分开；

（2）正如在大不列颠注册局上注册的那样或（视情况而定）在北爱尔兰注册局上注册的那样，按本法所指，该党在大不列颠的财政事务或（视情况而定）在北爱尔兰的财政事务应相应地构成该党的财政事务；并且

（3）依据第4款，任何政党注册的申请都应相似地通过分别提及该党在大不列颠和北爱尔兰的组织与活动来进行和加以决定。

6. 根据1998年政党注册法[1998 c.48]，国务大臣可以通过法令规定，把在公司注册官掌管下或与其职责相关而由其主管的资产、权利和债务移交给选举委员会；并且尽管有（无论何种性质的）规定会阻止或限制除通过法令之外的资产、权利和债务的移交，根据本款制定的法令尤其可以规定该法令具有效力。

第三节　先决条件

第24条　占据官职者需要进行注册

1. 每一个注册政党应有：

（1）一人注册为党的领袖；

（2）一人注册为党的提名官员；以及

（3）一人注册为党的财务总管；

注册为党的领袖者仍可注册为提名官员和财务总管（或同时兼任两者）。

2. 注册为党的领袖者必须是：

（1）党的总管一切的领袖；或

（2）当没有党的总管一切的领袖时，起某些特殊作用的党的领袖。

3. 注册为党的提名官员者必须对如下安排负责：

（1）为选举目的提交候选人名单中党的代表；

（2）提供第22条第6款所提及的证明；以及

（3）批准选举提名和选票上采用的徽章及描述。

4. 注册为党的财务总管者必须对党要遵守的下列条款负责：

（1）遵守第三部分和第四部分的规定（会计要求和对捐款的限制）；以及

（2）除非根据第 25 条注册为党的竞选官员，否则也要遵守第五部分至第七部分的规定（竞选支出、第三方支出和全民公投）。

5. 当党具有会计单位时，注册为党的财务总管者将对党的中央组织（而不是全党）遵守涉及第三部分的规定负责。

6. 当：

（1）注册为党的财务总管者去世，或

（2）由于任何其他理由对其财务总管的任命终止，

那么，直到依据第 31 条第 3 款第（1）项，申请另一人注册为党的财务总管之前，按本法所指（第 8 款除外），一个适当的人选也应被看作犹如注册的党的财务总管。

7. 第 6 款中的"适当的人选"指：

（1）注册为党的领袖者；或

（2）如果一个人注册为财务总管，但不是党的提名官员，则注册为提名官员者；或

（3）如果一个人同时注册为财务总管和提名官员，则依据附件 4 注册政党的其他官员。

8. 如果出现以下情况，一个人就构成违法：

（1）如果他注册为一个注册政党的财务总管，并且

（2）在注册之日前的五年期间内，根据本法，他被证明有违法行为，或在第七部分的含义上在涉及相关选举或全民公投时被证明有其他违法行为。

9. 当已注册为注册政党的财务总管者被证明犯有第 8 款第（2）项所述的违法行为时，自定罪之日就应终止对其党的财务总管的任命。

10. 关于按照第 23 条第 4 款同时在大不列颠注册局和北爱尔兰注册局注册的政党：

（1）如果一个人在北爱尔兰是政党的领袖（尽管不是以上第2款所提及的政党领袖），他可以在北爱尔兰注册局中注册为已在北爱尔兰注册局注册的独立政党的领袖；并且

（2）以上第3款或第4款提及的一个人的责任应理解为同样适用于涉及在大不列颠注册局或在北爱尔兰注册局中注册的独立政党所应具有的责任。

第25条　拥有竞选官员的政党

1. 在成为注册政党的情况下，一个人：

（1）可以注册为党的竞选官员，并且

（2）不管他是否也注册为党的领袖或提名官员（或同时注册二者），都可以注册为党的竞选官员。

2. 注册为党的竞选官员者应对该党遵守第五部分至第七部分的规定负责。

3. 只要一个政党注册为拥有竞选官员的政党，除第24条第6款提及的适当人选应理解为是对注册政党的财务总管的提及之外，正如第24条第6款、第8款和第9款适用于政党财务总管那样，该条款也应适用于注册政党的竞选官员。

4. 第五部分规定，注册为党的竞选官员者可以按其可以决定的条件，以同样的名称任命一名或多名党的副竞选官员，但得到这样的任命者同时不能超过十二人。

5. 本条规定：

（1）正如第72条第2至10款的规定适用于党的财务总管和对副财务总管的任命那样，该条款也应适用于党的竞选官员和对副竞选官员的任命；并且

（2）那些条款中任何针对财务总管或（视情况而定）副财务总管的提及都应相应地理解为是针对竞选官员或（视情况而定）副竞选官员的提及。

6. 任何时候当一个政党正在注册（或已经注册）为拥有竞选官员的

政党时：

（1）第五部分（第74条除外）以及第六和第七部分的规定就应适用，犹如任何针对党的财务总管的提及就是针对注册的竞选官员的提及一样，任何针对党的副财务总管的提及就是针对党的副竞选官员的提及；并且

（2）按第五至第七部分所指，第十部分（实施）的规定应适用于相关事务，犹如任何针对正在担任或一直担任党的财务总管的提及就是针对正在担任或一直担任已注册的竞选官员的提及。

第26条　注册政党的资金结构：规划的采纳

1. 一个政党除非它已采纳一项规划，否则不予注册，该规划：

（1）按本法所指，陈述对管理该政党财政事务的安排；并且

（2）该规划已经选举委员会书面批准。

2. 按本法所指，该规划必须特别决定该党是否准备接受按以下方式构成：

（1）按第三部分（会计要求）所指，党的财政事务和交易只存在一个单一组织，不存在分割的责任，或

（2）按第三部分（会计要求）所指，存在一个中央机构和一个或多个独立的会计单位，即下属组织或附属组织，每个下属组织或附属组织对其自身的财政事务和交易负责。

3. 在后者的情况下，规划必须：

（1）通过参考该党章程所提及的组织，分别确定哪些组织构成党的中央组织以及哪些组织是会计单位；并且

（2）赋予各类型的组织以名称。

4. 规划在所有情况下都必须包含如可能由选举委员会制定的条例所规定的诸如此类的其他信息。

5. 当一个政党提交一份规划已得到选举委员会的批准时，选举委员会可以任选其一：

（1）批准该规划，或

（2）给该党一份通知，要求该党按选举委员会认为适当的方式向其提

交一份修改后的规划。

6. 根据第 5 款，如果选举委员会要求一个党提交一份修改的规划，选举委员会可以指明以下任一项或同时指明以下两项，即：

（1）在修改的规划中，他们认为应该处理的任何事务；以及

（2）他们认为应该包含在修改后的规划内的任何更改。

7. 根据本条，一个注册政党可以在任何时候通知选举委员会，它在遵从第 1 至 4 款的情况下希望用一个更进一步的规划来替换目前获得批准的规划，当该党通知选举委员会要替换规划时：

（1）该党应为取得选举委员会的批准而提交一份替代规划的草案；

（2）第 5 款和第 6 款适用于选举委员会批准该草案；并且

（3）一旦该草案经选举委员会书面批准，根据本条，该草案应作为党的规划生效。

8. 按本条所指，下列组织应不被接受为与一个政党有关的下属组织或附属组织：

（1）在 1992 年工会与劳工关系（加强）法［1992 c.52］或 1992 年工业关系（北爱尔兰）法令［S.I.1992/807(N.I.5)］含义上的工会；

（2）根据 1974 年互助会法［1974 c.46］注册的一个互助会或根据 1965 年产业与预测协会法［1965 c.12］或根据 1969 年产业与预测协会法［1969 c.24(N.I)］（北爱尔兰）注册的（或被认为要注册的）一个协会；

（3）按选举委员会的推荐，在国务大臣制定的政令中所指出的任何其他特别的，或具有特别描述的组织。

9. 本条中涉及政党的"章程"，指（无论怎样冠名的）决定党的结构和组织的文件。

10. 关于一个政党同时在大不列颠注册局和北爱尔兰注册局注册的问题，第 1 款第（1）项和本条的其他规定分别适用于在大不列颠的政党和在北爱尔兰的政党，并且就此而言：

（1）本条中任何针对政党的下属组织或附属组织的提及应理解为是针对大不列颠的或北爱尔兰的下属组织或附属组织的提及才恰当；并且

（2）本部分中对党的章程的任何提及应理解为在大不列颠的政党或在北爱尔兰的政党的党章才恰当；

并且政党的规划必须表明，党在大不列颠的财政事务将与党在北爱尔兰的财政事务分别管理。

11. 按本法所指：

（1）"会计单位"意味着一个下属组织或附属组织，属于第 2 款第（2）项；

（2）如果根据本条一个政党的规划指明该党属于第 2 款第（2）项，那么该注册政党就是"拥有会计单位的政党"；并且

（3）在成为这样一个政党的情况下，党的"中央机构"就是第（2）项所提及的"中央机构"。

第 27 条 注册政党的资金结构：会计单位

1. 本条适用于一个拥有会计单位的注册政党。

2. 每个会计单位应具备：

（1）一人注册为会计单位的财务主管，该财务主管应代表会计单位一方负责遵守第三部分和第四部分与该会计单位有关的规定；并且

（2）按第 3 款所指，另一人作为会计单位的一名官员需要进行注册。

3. 除了第 24 条第 6 款提到的适当人选按本款所指应理解为注册会计单位的官员之外，犹如第 24 条第 6 款、第 8 款和第 9 款适用于党的注册财务总管一样，该条款也适用于会计单位的财务主管。

第四节 注 册

第 28 条 政党的注册

1. 根据本部分，一个政党可以通过送交选举委员会一份申请而申请注册，该申请：

（1）遵从附件 4 第一部分的要求，并且

（2）附上一份属于第 2 款的声明。

2. 属于本款的声明是：

（1）一项声明表明党：

（a）意图在大不列颠和北爱尔兰竞争一次或多次相关选举；以及

（b）因此（正如第 23 条第 4 款所提及的作为两个独立的政党）正在同时申请在大不列颠注册局和北爱尔兰注册局注册；

（2）一项声明表明党：

（a）意图只在大不列颠（不限于一个或多个地方行政区或社区）竞争一次或多次相关选举；以及

（b）因此正在申请只在大不列颠注册局注册；

（3）一项声明表明党：

（a）意图只在北爱尔兰竞争一次或多次相关选举；以及

（b）因此正在申请只在北爱尔兰注册局注册；

（4）一项声明表明党：

（a）意图只在英国的一个或多个地方行政区或社区竞争选举；以及

（b）因此正在申请只在大不列颠注册局注册。

3. 属于第 2 款第（1）、（2）、（4）项的政党声明必须指明该党在大不列颠的哪一个或哪几个选区正在大不列颠注册局申请注册。

4. 当一个政党按照第 1 款向选举委员会送交声明，选举委员会应批准该申请，除非选举委员会认为该党所建议的注册名称：

（1）属于下列任一种情况：

（a）该党正在申请在注册局注册时与一个已经在该注册局注册的政党的名称相同；或

（b）很可能会引起选民把该党与另一个已经在联合王国的相关选区注册的政党混淆；

（2）包含 6 个以上的字；

（3）是下流或攻击性的；

（4）包含这样的文字，予以发表可能等同于是选举委员会的一种违法；或

（5）包含不是罗马字母的字母；或

（6）包含任何国务大臣在咨询选举委员会后所制定的政令中禁止的字词或表达；

或者在选举委员会看来，根据第26条，该党未能采纳一项得到批准的规划。

5. 第4款第（1）项中"已经在联合王国的相关选区进行注册"指：

（1）涉及提出申请的党在大不列颠注册局注册，已经在英国的任何选区进行注册，而该选区正是提出申请的党正在申请注册的选区；

（2）涉及提出申请的党在北爱尔兰注册局注册，已经在北爱尔兰注册局注册。

6. 在特殊情况下，根据第4款第（6）项而制定的法令可以把使用的一个字或表达归为不在禁止之列。

7. 如果

（1）任何时候，两个或更多的对注册的申请处于悬而未决时，（在其他申请者缺席时）每一项申请都要交由选举委员会批准；但是

（2）提出申请的党提出所建议的名称后，如果其中一个名称在考虑申请的过程中已经加以注册，选举委员会就会被要求凭借第4款第（1）项而拒绝其他的申请，通过参考每一个提出申请的党的历史，选举委员会应决定，在其看来，哪一个党对该党所建议的名称拥有更充分或最充分的要求权，然后，应批准该党的申请并拒绝其他申请。

8. 当选举委员会根据本条批准一个党的申请时，下列事项应包含在注册局的政党条目中：

（1）依据附件4第2至4条、第5条第2款和第6条，除申请中给出的家庭地址之外的其他详情；以及

（2）注册日期。

9. 当选举委员会根据本条拒绝一个党的申请时，他们应通知该党拒绝申请的理由。

10. 本部分的"注册局"指：

（1）涉及在大不列颠注册局注册的党，大不列颠注册局；以及

（2）涉及在北爱尔兰注册局注册的党，北爱尔兰注册局。

第29条　徽章

1. 一个政党根据第28条的申请可以包含在政党采用的选票上最多注册三个徽章的请求。

2. 当一个政党根据本条提出徽章的请求时，选举委员会应将该徽章注册为该政党的徽章，除非选举委员会认为该徽章：

（1）属于下列任一种情况：

（a）该党正在申请在注册局注册时与一个已经在该注册局注册的政党徽章相同；或

（b）很可能会引起选民把该党徽章与另一个已经在联合王国的相关选区进行注册的政党徽章混淆，

（2）是下流或攻击性的；

（3）属于这样一种特点，该党徽章的公布可能等同于是选举委员会的一种违法；或

（4）包含由第28条第4款第（6）项所禁止的字词和表达。

3. 第2款第（1）项中的"已经在联合王国的相关选区进行注册"由第28条第5款给出含义。

4. 一个注册的徽章应在申请书中以黑白颜色呈现出来。

5. 当选举委员会根据本条拒绝一个党对徽章的请求时，他们应通知该党拒绝请求的理由。

第30条　注册的变更

1. 一个政党可以向选举委员会申请更改其在注册局的条目，通过：

（1）更改注册名称；

（2）（如果在大不列颠注册局注册）更改其注册的大不列颠的选区；

（3）增加、替换或取消一个徽章；

（4）增加或取消一项该党注册为拥有竞选官员的政党的声明；或

(5) 增加附件4第6条所规定的信息,自从:

(a) 该党申请注册以来;或

(b) 如果有关党的通知已经根据第32条事先提交,则最后一次通知提交以来。

2. 从属于第3款和第6款,选举委员会应根据本条批准一项申请。

3. 如果选举委员会认为第28条第4款第(1)至(6)项适用于新名称的话,选举委员会应拒绝更改该党注册名称的申请。

4. 选举委员会应拒绝一项更改该党所注册的大不列颠选区的申请,如果选举委员会认为更改可能会引起:

(1) 正如在第28条第4款第(1)项所提到的那样,这样的混淆涉及党的注册名称;或

(2) 正如在第29条第2款第(1)项所提到的那样,这样的混淆涉及党的注册徽章。

5. 选举委员会应拒绝一项增加一个徽章的申请,如果:

(1) 该党已经具有三个注册徽章,或

(2) 选举委员会认为第29条第2款第(1)至(4)项适用于该徽章。

6. 如果选举委员会认为第29条第2款第(1)至(4)项适用于该徽章,选举委员会应拒绝一项替换一个徽章的申请。

7. 按第3款、第5款或第6款所指:

(1) 第28条第4款第(1)项和第28条第5款,或

(2) 第29条第2款第(1)项和第28条第5款(该款凭借第29条第3款而适用),

视情况而定,应每一款项都具有效力,犹如"适用于"一词已被省去一样。

8. 当选举委员会根据本条拒绝一个党的申请时,他们应通知该党拒绝申请的理由。

9. 附件4第二部分适用于根据本条的申请。

第31条 政党官员等的变更通知

1. 任何时候当党在注册局的条目中涉及任何相关事务的细目不再准确时，注册为党的财务总管者必须根据本条向选举委员会提交一份通知。

2. 本条所称"相关事务"指以下事务：

（1）注册政党官员的姓名；

（2）注册政党官员的家庭地址；

（3）党的总部的地址（或者，如果该党没有总部，可以提交与党联络的地址）；

（4）党的会计单位的财务主管的姓名或按第27条第3款所指的注册会计单位的官员的姓名；

（5）党的会计单位的名称；

（6）党的会计单位的总部地址（或者，如果该党没有会计单位总部，可以提交与党的会计单位联络的地址）。

3. 根据本条而提供的通知必须指明某项具体的相关事务，其注册细目已不再准确，并且：

（1）如果该事务是在第2款第（1）项或第（4）项中所指的事务：

（a）指明代替现任注册为有关官员的官员姓名；并且

（b）（如果该官员是按党的官员注册的）包含一项为替换官员进行注册的申请，该申请要遵从附件4第三部分；并且

（2）还要指明与该事务有关的准确的细目。

4. 根据本条而撰写的通知必须在以下时间内送交选举委员会：

（1）当由于党的注册官员死亡或由于其他原因导致任命结束而第1款适用时，在死亡或任命结束日的十四日以内；

（2）当由于其他情况变化的原因而第1款适用时，在变化发生之日起的二十八日以内。

5. 当选举委员会根据本条收到通知时，作为通知的结果，选举委员会应尽快在合理可行的时间内按要求更改该党在注册局的条目。

6. 在党拥有会计单位的情况下，第2款第（3）项中对党的提及应理

解为是对中央组织的提及。

7. 按本条所指，由选举委员会掌握的涉及党的注册官员家庭地址的细目应作为细目包含在注册局的党的条目里。

第 32 条　注册细目等的确认

1. 当根据第三部分党的任何财政年度的账目报表送交选举委员会时，注册为党的财务总管者必须根据本条向选举委员会提交一份通知。

2. 根据本条而撰写的通知必须：

（1）说明注册局中该党条目的细目依然是准确的，并包含自相关时间以来根据附件 4 第 6 条所规定的信息；或

（2）只要有必要以确保细目的准确并涵盖所规定的信息，包含下列一个或一个以上的信息，即：

（a）根据第 30 条的申请；

（b）根据第 31 条的申请；或

（c）任何所规定的信息。

3. 根据本条的通知也必须给出自相关时间以来（在第 26 条的含义上）党的章程所发生变化的细目。

4. 第 2 款和第 3 款的"相关时间"指：

（1）该党申请注册的时间；或

（2）如果有关该党的通知已根据本条事先提交，则最后一次通知提交的时间。

5. 根据本条，提交通知时必须附上国务大臣发布的政令中所规定的费用。

6. 按本条所指，由选举委员会掌握的涉及党的注册官员家庭地址的细目应作为细目包含在注册局的党的条目里。

第 33 条　终止注册的政党

1. 一旦一个政党注册了其条目，只可以依据第 2 款的要求从注册局中注销。

2. 在以下情况下：

（1）当一个党申请从注册局注销其条目时；并且

（2）该申请包含一项代表党的声明，表示该党不打算在任何相关选举中推荐任何候选人，则选举委员会应从注册局中注销该党的条目。

3. 该党条目从注册局注销后应终止其为一个注册政党。

4. 然而，要在该党财政年度截止时才能终止其为一个注册政党，在终止其为一个注册政党后，该党在注册局的条目才被删除：

（1）在考虑其他政党根据本部分提出的申请时，选举委员会应这样对待其条目，犹如它仍旧存在于注册局那样，并且

（2）第三至第五部分的要求都适用于该党，犹如该党仍旧是注册政党一样。

5. 附件4的第四部分适用于根据本条而撰写的申请。

第34条 小型政党的注册

1. 本条适用于履行属于第28条第2款第（4）项的声明后在大不列颠注册局注册的任何政党（本法提及为"小型政党"）。

2. 下列规定不适用于小型政党：

（1）本部分的任何规定只要涉及一个注册政党的财务总管或竞选官员的注册事项，或者涉及一名注册的财务总管或竞选官员（或任何副竞选官员）的事项；

（2）第26条和27条；以及

（3）第36条；

但这要从属于第8款第（1）项。

3. 小型政党的注册领袖必须在每个在注册局注册的周年纪念日时，从周年纪念日的一个月之前开始到三个月之后截止的期间内，根据本款向选举委员会提交通知。

4. 根据第3款撰写的通知必须：

（1）说明该党在注册局的条目的细目依然准确并包含自相关时间以来根据附件4第6条所规定的信息；或

（2）只要有必要以确保细目的准确并涵盖所规定的信息，包含下列一个或一个以上的信息，即：

（a）根据第 30 条的申请；

（b）根据第 31 条的申请；或

（c）任何所规定的信息。

5. 第 4 款的"相关时间"指：

（1）该党申请注册的时间，或

（2）如果有关该党的通知已根据第 3 款事先提交，则最后一次通知提交的时间；

并且按第 4 款所指，选举委员会所掌握的有关党的注册官员的家庭地址的细目应作为细目包含在注册局的政党条目里。

6. 根据第 3 款，提交通知时必须附上国务大臣发布的政令中所规定的费用。

7. 另外，要能够根据第 30 条进行申请，小型政党可以向选举委员会申请使之：

（1）取消以上第 1 款所提及的声明，并且

（2）该党在大不列颠注册局的现存条目被（在大不列颠注册局或北爱尔兰注册局的）新条目替代，该条目与该党向选举委员会新近提供的，属于第 28 条第 2 款第（1）、（2）、（3）项的声明一致。

8. 当一个小型政党根据第 7 款向选举委员会提出申请时：

（1）以上第 2 款第（1）、（2）项提到的规定应适用于该党；

（2）该党必须向选举委员会提供下列信息：

（a）凭借附件 4，要求该党根据第 28 条提供与第 7 款第（2）项提到的新近声明一致的注册申请；并且

（b）目前，还未被提供其作为小型政党的注册；以及

（3）下列条款，即：

（a）第 28 条第 4 至 8 款和第 29 条；以及

（b）附件 4 的第 1 条第 2 款和第 7 条，

应经必要的修改后适用于该党的申请，犹如该申请是根据第 28 条第（2）（a）项所提到的申请那样。

第 35 条　国务大臣的请求

1. 在收到国务大臣的请求时，选举委员会应把一份大不列颠或北爱尔兰注册局的复印件或应请求所指定的部分的复印件，提交给：

（1）国务大臣；或

（2）请求中所指定其他人。

第 36 条　选举委员会对已注册政党的帮助

1. 按本条所指，选举委员会可以依据政党准备的一项规划对现有政党提供帮助，着眼于帮助其满足或减少最初开始时为遵从第三部分和第四部分要求而带来的费用。

2. 能按这样方式对一个现有政党提供的帮助可采取以下形式：

（1）给予政党一笔补助金，或

（2）给政党提供非资金性受益（如提供免费计算机软件）；

或者正如规划可以决定的那样，两者都提供。

3. 规划可以规定，一个现有政党根据本条获取帮助的资格要取决于选举委员会认为，如第 1 款所提到的那样，最初开始时带来的费用超过了规划中所指定的数额。

4. 根据本条而设立的补助金可以在选举委员会认为适当的情况下，服从这样的条件来发放。

5. 根据本条，选举委员会（不管是经补助金还是其他方式）提供补助金的总支出额应该不得超过七十万英镑。

6. 选举委员会应按其认为适当的方式公布该规划。

7. 本条开头中提及的"现有政党"指任何根据 1998 年政党注册法［1998 c.48］注册的政党。

第一部分　宪法、全国性涉党法律

第五节　附　加

第 37 条　政党的政治广播

1. 一个广播电台应不可在其广播服务中含有代表不是注册政党的政党政治广播。

2. 本法中的"广播电台"指：

（1）根据 1990 年广播法［1990 c.42］或 1996 年广播法［1996.c.55］持有许可证者，

（2）英国广播公司，或

（3）威尔士语电视台。

第 38 条　议会选举规则修正案

1. 1983 年人民代表法［1983 c.2］附件 1（议会选举规则）所列出的规则应修改如下。

2. 在第 6 条规则（候选人的提名）中，第 3 款应替换为：

"3. 如果有任何描述，必须包括以下任一项：

（1）正如以下在第 6A 条规则第 1 款所提到的那样，授权有一个（不超过 6 个字长度的）描述；或

（2）'独立'一词，或当候选人是下院寻求连任的议长时，'寻求连任的议长'一词。"

3. 在第 6A 条规则（选举提名书：注册政党的名称）中：

（1）在第 1 条中，在"除非"之后应插入"该党在相关选区中是一个有资质的政党并且"；以及

（2）第 3 款应替换为：

"3. 就在有关选举中实施本规则而言：

（1）"注册政党"指，在第 1 条规则（相关时间）所要求的公布选举通知时间以前，根据 2000 年政党、选举及全民公投法第二部分注册的政党；

(2) 如果符合以下情况，注册政党对一个选区来讲就是一个有资质的政党：

(a) 选区在英格兰、苏格兰或威尔士并且该党在相关时间内，在大不列颠注册局所管辖的大不列颠的有关选区内注册，大不列颠注册局是根据2000年政党、选举及全民公投法第二部分而设立的。

(b) 选区在北爱尔兰并且该党在相关时间内在北爱尔兰注册局注册，北爱尔兰注册局是根据2000年政党、选举及全民公投法第二部分而设立的。"

4. 在格式附录中，提名书格式中的"商人"应由"无党派人士"代替。

第39条　错误说明：违法

1. 一个人如有下列行为即构成违法：

(1) 他有意或无意地向选举委员会做出说明，该说明在重要细目中有误，并且

(2) 按本法本部分所指，代表党或声称代表党做出说明。

第40条　对第二部分的解释

(一) 1. 本部分中：

"指定日期"指根据第163条第2款，为使第23条生效而指定的日期；

"财政年度"，对一个注册政党来讲，应依据第41条第6款予以解释；

"地方行政区或社区选举"指英格兰郡以下的行政区或威尔士社区政务会委员的选举；

"政党"包含任何组织或个人；

"注册局"应依据第28条第10款予以解释；

"注册的"（除非上下文背景有另外的要求）指根据本部分（无论是在大不列颠注册局还是在北爱尔兰注册局）注册的，并且其他对注册的提及都按此予以解释；

"公司注册官"指根据 1985 年公司法[1985 c.6]履行注册公司职责的注册官或其他官员；

"相关选举"应依据第 22 条第 5 款予以解释；

2. 按本部分所指，一个注册政党竞争一次选举：

（1）有一名或多名候选人以党的名义参加选举，或

（2）政党本身被提名参加选举。

第三部分　对注册政党的财务要求

第一节　财务要求

第 41 条　保存财务记录的责任

1. 注册政党的财务总管必须确保保存涉及的党的会计记录，该记录足以显示和解释党的交易行为。

2. 会计记录必须具备如下特征：

（1）能在任何时候以合理的准确度公开党在那时的财务状况；并且

（2）能使财务总管确保他根据第 42 条所准备的账目报表遵从该条第 2 款第（1）项的条例要求。

3. 会计记录尤其必须包含：

（1）显示每天该党所收支的资金额度的条目，以及与所发生的收支相关的事务；并且

（2）该党的资产和债务的记录。

4. 按本条所指，财务总管必须确保在财政年度之内作出的涉及该党的会计记录，自该党财政年度截止日期为始，至少要保存六年。

5. 当一个政党在第 4 款所提到的六年期间内停止注册，正如该款适用于任何会计记录一样，依据该款确保保存会计记录的义务应由最后一名财务总管继续加以履行，除非：

（1）选举委员会书面同意销毁该记录，或

（2）选举委员会书面指示，该记录可以以另外的方式处置并且该记录

按照指示加以处置。

6. 本部分中涉及注册政党的"财政年度"指，选举委员会可根据第7款自行决定的时期，不管涉及：

（1）总体的注册政党，

（2）将该党包含在内的任何种类的注册政党，还是

（3）该党本身。

7. 选举委员会可以自行决定作为一个注册政党的财政年度的时期，该时期应是：

（1）选举委员会指定的十二个月的时期；或

（2）选举委员会为任何过渡目的而指定的更短的时期；并且在涉及财政年度开始的不同日期上，可以根据本条作出不同的决定。

8. 选举委员会应通知注册政党其根据第7款所作出的任何决定，该决定会对该党产生影响。

9. 本部分的任何条款应不适用于小型政党。

第二节 账目报表

第42条 年度账目报表

1. 一个注册政党的财务总管应准备一份涉及该党每一财政年度的账目报表。

2. 根据本条的账目报表必须：

（1）遵从可由选举委员会制定的条例所规定的对格式和内容的要求；以及

（2）得到批准：

（a）如果有的话，经该党管理委员会；以及

（b）要不然，经该党的注册领袖。

3. 根据第2款第（1）项的条例尤其可以：

（1）要求依据条例中所指定或提及的方法和原则准备报表；

（2）指定以账目注释方式需要提供的信息。

4. 在不损害附件1第22条第7款（对不同情况制定不同规定的权力）的情况下，根据第2款第（1）项的条例可以制定不同的要求：

（1）按照一个党无论是总收入或总支出：

（a）不超过五千英镑，

（b）超过五千英镑，但不超过二十五万英镑；或

（c）超过二十五万英镑；

（2）（一方面）涉及在大不列颠注册局注册的政党以及（另一方面）涉及在北爱尔兰注册局注册的政党。

5. 然而，根据第2款第（1）项的条例所制定的涉及在北爱尔兰注册局注册的政党的特殊规定，应只有在根据第70条第1款而制定的一项政令生效期间才能生效，该政令生效期可涉及按这样方式注册的政党的任何财政年度的任何时间段；并且犹如该党在大不列颠注册局注册那样，由条例所制定的涉及在大不列颠政策局注册政党的任何规定应对在北爱尔兰注册局注册的政党的任何其他财政年度有效。

6. 注册政党的财务总管应确保，根据本条所准备的涉及该党的账目报表，从报表所涉及的财政年度截止之时起，至少保存六年。

7. 正如第41条第5款适用于任何会计记录的保存一样，它也应适用于任何这类报表的保存（该条第4款的提及可理解为是对以上第6款的提及）。

8. 本部分的"总收入"指所记录的所有来源的总收入。

第43条　年度审计

1. 当一个注册政党其任何财政年度的总收入或总支出超过二十五万英镑时，该党在当年的账目必须由一名有资质的审计师进行审计。

2. 当：

（1）一个注册政党其任何财政年度的总收入或总支出未超过二十五万英镑时，但

（2）选举委员会认为该党在当年的账目应该受到审计，这样做是可取的，

选举委员会可以（在任何时候）给该党财务总管一项指令，要求其账目由一名有资质的审计师进行审计。

3. 根据本条的审计必须在以下期限内予以执行：

（1）如果审计由第1款所要求，从当年财政年度截止之日起的六个月以内，或

（2）如果审计是根据第2款下达的指令所要求的：

（a）从当年财政年度截止之日起的六个月之后；

（b）从根据第2款下达指令日期开始的三个月之后。

4. 如果在选举委员会看来，任何由于以下原因而被要求审计的账目，

（1）第1款；或

（2）根据第2款的指令，

还没有在第3款第（1）项或第（2）项所提及的时间以前按时审计（视情况而定），选举委员会可以任命一名有资质的审计师加以审计。

5. 由选举委员会任命的审计师在实施审计时的支出，包括审计师的报酬，可以由选举委员会从政党基金中返还，所涉资金应归于选举委员会欠的债务。

6. 选举委员会可以通过条例做出涉及以下问题的规定：

（1）根据本条对实施审计的审计师的任命；

（2）按此方式任命的审计师的责任；

（3）这类审计师的解聘或辞职及与其解聘或辞职相关的事务。

7. 根据第6款第（3）项的条例可以做出规定，当这样一位审计师解聘或辞职时，如在条例中所指定的那样，要求这类人向选举委员会提交一份涉及审计师解聘或辞职文件的复印件；并且如果任何人未能遵从这样的要求即构成违法。

8. 第6款第（1）项不适用于根据第4款由选举委员会对审计师的任命。

第44条 关于审计师的补充规定

1. 根据第43条，被任命从事审计的审计师：

（1）在一切合理的时间内都有权接近党的书籍、文件和其他记录；并且

（2）被授权从党的财务总管或任何其他官员那里，或从党的前财务总管或前官员那里要求得到他认为对履行审计师职责来讲是必要的信息和解释。

2. 如果任何人未能向审计师提供接近的机会、信息或解释，而凭借第1款审计师有权得到这些，选举委员会在认为适当的情况下，可以给此人下达书面指令，以确保违约的情况得到改善。

3. 一个人犯有不服从选举委员会根据第2款所下达的指令的罪行，经选举委员会向高等法院或最高民事法院申请，可以按不服从法院命令论处。

4. 如果一个人有意或无意地向根据第43条被任命从事审计的审计师做出（无论是书面还是口头的）以下说明，此人就构成违法，该说明：

（1）表达或声称表达了审计师凭借第1款有权得到的任何信息或解释，以及

（2）在重要的细目中有误导、错误或欺骗。

第45条　向选举委员会递交账目报表等

1. 如果该党在一个财政年度内的账目没有被要求按第43条第1款或第2款进行审计，注册政党的财务总管司库要在该财政年度截止后的三个月内向选举委员会递交：

（1）根据第42条，为该年度所准备的账目报表；以及

（2）凭借第32条第1款，要求随报表一起送交的通知。

2. 如果凭借第43条第1款或第2款，注册政党在一个财政年度内的账目被要求进行审计，该党财务总管应根据第43条第3款所允许的截止时间之后，不得晚于七日，向选举委员会递交：

（1）第1款第（1）、（2）项所提及的文件；以及

（2）一份审计师报告的复印件（除非根据第43条第4款审计师由选举委员会任命）。

3. 对于任何特殊理由，如果选举委员会认为这样做恰当的话，当属于本条第1款或第2款的情况下，在递交该党任何财政年度的文件所另外允许的时间段截止之前，经向选举委员会申请，通过通知，选举委员会可以按通知所指定的拖延时间延长递交时间。

4. 任何根据本条向选举委员会递交的文件应由选举委员会保存至其认为合适的时间为止。

第46条　对政党账目报表的公共检查

1. 当选举委员会收到根据第45条的账目报表时，他们应：

（1）在收到报表之后，尽快在合理可行的时间内，为公共检查制作一份可使用的复印件；并且

（2）在报表由其保存的期间内，或者如果选举委员会这样决定的话，在其可以指定的更短的期间内，任何所保存的复印件都可供公共检查。

第47条　对不提交准确账目报表者进行刑事处罚

1. 如果已成为注册政党：

（1）不遵从根据第42条第2款第（1）项而制定的条例的要求，该要求涉及根据第45条向选举委员会递交账目报表，或

（2）没有在相关期限截止之前向选举委员会递交根据第45条要求向选举委员会递交的任何账目报表、通知或审计师的报告，

身为该党财务总管者在相关期限截止之前直接构成违法罪。

2. 由根据第1款被指控违法者进行答辩，以证明他采取了一切合理的步骤并尽一切应尽的努力，以确保（视情况而定）：

（1）已遵从第1款第（1）项所提及的涉及账目报表的要求，或

（2）第1款第（2）项所提及的文件本来会在相关时间段截止之前递交给选举委员会。

3. 仍由根据第1款被指控违法者进行答辩，以证明：

（1）未能遵从由第1款第（1）项所提及的要求都归于在他成为党的财务总管之前所做的事情或所忽略做的事情，以及

（2）他采取了一切合理的步骤并尽了一切应尽的努力来克服该行为或忽略所带来的结果。

4. 本条中的"相关期限"指由第 45 条第 1 款或第 2 款中涉及向选举委员会递交报表、通知或报告所允许的期限，或如果根据第 45 条第 3 款该期限已经被延长（或进一步延长），则指按延长的期限。

第三节　账目报表的修改

第 48 条　有缺陷的账目报表的修改

1. 如果在注册政党的财务总管看来，该党任何财政年度的账目报表没有遵从根据第 42 条第 2 款第（1）项而制定的条例的要求（"规定的要求"），他可以准备一份修改的账目报表。

2. 当账目报表已经递交给选举委员会的情况下，修改应限于：
（1）修改报表未遵从规定要求的那些细节，以及
（2）做出任何必要的有重要意义的改动。

3. 如果在选举委员会看来，不管根据第 45 条而递交选举委员会的账目报表是否遵从规定的要求，它存在，或可能存在一个问题，选举委员会可以通知该党的财务总管，指出其认为产生问题或可能产生问题的地方。

4. 通知应指定一个短于一个月的期限，让财务总管向选举委员会做出账目报表的解释或准备一份修改后的报表。

5. 如果在指定的期限截止时，或如选举委员会可能允许的更长的期限截止时，选举委员会认为：
（1）没有提交令人满意的账目报表的解释，以及
（2）报表未做修改以便能遵从规定的要求，
如果选举委员会认为恰当的话，可以根据第 6 款向法院提出申请。

6. 选举委员会可以根据本款向法院提出申请：
（1）一个申报单或申报者，其账目报表未遵从所规定的要求；
（2）一项政令，要求该党财务总管准备一份修改的账目报表。

7. 如果法院命令准备一份修改的账目，法院可以：

（1）在法院认为恰当的情况下达这样的命令；

（2）命令全部或部分费用（或在苏格兰称为开支）以及附属于申请的费用由该党的注册领袖和财务总管负担。

8. 在法院根据第 7 款第（2）项下达命令的情况下，法院应考虑在该项所提及的官员是否知道或应该已经知道那份报表没有遵从规定的要求，并且法院可以：

（1）命令不同的官员支付不同的数额；

（2）在命令中排除其中的一名官员；或

（3）在命令中将两名官员排除，并取而代之，命令由政党基金支付该项所提及的全部或部分费用（或开支）。

9. 选举委员会可以通过条例就与本部分条款有关的，涉及修改账目报表的准备和审计，以及将其提交给选举委员会的事项的申请做出规定，并且尤其可以规定：

（1）根据第 43 条第 6 款，条例可以就任何事务做出规定；

（2）根据本款的条例可以指定在什么样的限度内或情况下（或两者兼而有之），第 47 条第 1 款的规定不适用。

10. 正如第 46 条适用于根据第 45 条而由选举委员会收到的账目报表那样，该条也适用于依据第 9 款所制定的条例而由选举委员会受理的修改的账目报表。

11. 本条规定平等地适用于已经修改的账目报表，在这种情况下，对修改的账目报表的提及应理解为对进一步修改的报表的提及。

12. 本条中的"法院"：

（1）涉及英格兰和威尔士或北爱尔兰时，指一个郡法院；以及

（2）涉及苏格兰时，指县或区的大法官。

第四节 拥有会计单位的政党

第 49 条 拥有会计单位的政党的责任分割

在一个政党拥有会计单位的情况下，依据附件 5，第 41 条至 48 条具

有效力，附件 5 做出规定以确保：

（1）涉及党的财务事务不包括涉及会计单位的财务事务，并且

（2）按本部分所指，涉及任何会计单位的财务事务，都应分别加以处理。

第四部分　对注册政党及其成员等收取捐款的管理

第一章　注册政党收取的捐款

第 50 条　按第四部分所指的捐款

1. 应本部分要求，下列规定具有效力。

2. 涉及对一个注册政党的"捐款"指（从属于第 52 条）：

（1）赠与政党的现金或其他资产的礼物；

（2）（如第 51 条所定义的那样）为政党提供的任何赞助；

（3）为附属于党或成为党的成员而支付的会员费或其他费用；

（4）在支付直接或间接由党产生的费用时（不同于由党或代表党）所花费的资金；

（5）不同于按商业条件而借给政党的资金；

（6）不同于按商业条件而提供资产、服务或设施供政党使用或使党受益（包括任何人员的服务）。

3. 当：

（1）根据涉及由或代表该党提供资产、服务或设施或其他币值补偿的交易或安排，任何资金或其他资产转让给一个注册政党，以及

（2）由或代表该党所提供的补偿以货币价格计算的总价值低于财产的价值或（视情况而定）低于所转让的资产的市场价值，

按第 2 款第（1）项所指，该资金或资产的转让应（从属于第 5 款）构成对该党捐赠的礼物。

4. 在决定下列情况时：

（1）任何借给注册政党的钱是否不是以商业条件借的，而是按第 2 款

第（5）项所指的非商业条件借的，或

（2）任何资产、服务或设施是否不按商业条件而是按第2款第（6）项所指提供给政党使用或使党受益，

在与贷款或资产、服务或设施的提供有关的问题上，必须考虑由党或代表党所提供的按货币价格计算的补偿的总价值。

5.（除本款之外）当凭借第2款第（2）项和凭借本条任何其他规定而构成捐款时，第2款第（2）项（和第51条一起）应适用于该捐款，而本条的其他规定则不适用于该捐款。

6. 任何按其职位，给予或转让给注册政党的官员、党员、受托人或代理人的东西（不是其本人使用或受益）都被视为是给予或转让给党的（并且对党接受捐款的提及相应地包括这样给予或转让的捐款）。

7. 除直至出现相反用意之外，在下列背景下对一个注册政党的提及：

（1）把捐款交给一个注册政党，或由一个注册政党接受捐款，

（2）任何具有效力的规定，该规定涉及决定什么构成对注册政党的捐款，

当一个党拥有会计单位时，应被解释为是对党的中央组织或党的任何会计单位的提及。

8. 在本条中：

（1）任何对给予或转让给党或个人的任何东西的提及都是对直接或间接通过第三者给予或转让的提及；

（2）"赠品"包括遗赠。

9. 本部分的任何规定都不适用于小型政党所接受的捐款。

第51条 赞助

1. 按本部分所指提供给一个注册政党的赞助指，如果

（1）任何资金或资产转让给该党或任何个人，使该党受益；以及

（2）转让的用途（或用途之一）是（或考虑到所有的情况，必须可以被合理地假设为是）：

（a）以会议的方式帮助党，或偿付任何程度上是属于由党或代表党的

已经发生的或即将发生的被限定的费用，或

（b）确保在任何程度上都不出现不用于会议或不属于由党或代表党所发生的被限定的费用。

2. 第1款中"被限定的费用"指与下列有关的费用：

（1）由或代表党组织的会议、集会或其他事件；

（2）任何属于由或代表党的出版物的编制、出品或传播；或

（3）由或代表党组织的读书或研究活动。

3. 然而凭借第1款，下列支付不构成赞助：

（1）涉及以下支付：

（a）任何会议、集会或其他事件的入场费，或

（b）任何出版物的购买费用或其他取得该出版物的费用；

（2）按商业价格支付在出版物中插入广告所应支付的广告费；

并且第1款也在从属于第52条第3款的情况下生效。

4. 国务大臣可以根据选举委员会的推荐下达政令来修改第2款或第3款。

5. 本条中的"出版物"指，一种无论以什么形式以及以什么样的方法（无论是面向广大公众，还是面向部分公众的）可供使用的出版物。

第52条　不算作捐款的支付与服务等

1. 按本部分所指下列支付不算作捐款：

（1）（在第12条含义上的）任何政策制定补助金；

（2）任何根据1994年刑事司法和公共秩序法［1994 c.33］（党的会议上的保安费用）第170条的补助金；

（3）由欧洲议会或代表欧洲议会支付，以资助议会成员履行作为成员的职责；

（4）（在第127条含义上）由广播电台免费播送的党的政治广播或全民公投竞选运动广播；

（5）在选举或全民公投中，依据任何成文法授予候选人或政党的权利而提供的其他设施；

(6) 一个人提供的援助,该人是根据 1989 年地方政府和住房法[1989 c.42]第 9 条予以委任的;

(7) 任何个人在业余时间自愿提供的免费服务;

(8) 注册政党依据第 56 条第 2 款第（1）项或第（2）项对给予该党的捐款加以处理,该捐款所自然增长的利息。

2. 按本部分所指下列情况应予以忽略:

(1) （依照任何成文法）变成纳入返还候选人在一次特定选举中的选举支出的任何捐款;以及

(2) 除作为第 68 条的用途之外,（正如依据第 53 条的决定）任何价值不超过二百英镑的捐款。

3. 按本部分所指,第 50 条或第 51 条应不会导致这样的结果,即:正如考虑租用一个有关摊位是可行的那样,选举委员会测定出在党的会议上租用摊位的合理的最高值,如果或在一定程度上由党或代表党组织的一次党的会议上租用一个摊位的支付没有超过最高收费值时,该笔支付构成对党的捐款。

第 53 条 捐款额

1. 任何属于第 50 条第 2 款第（1）项的（不是现金的）捐款额度应被视为有关资产的市场价值。

2. 然而,当第 50 条第 2 款第（1）项凭借第 50 条第 3 款而适用时,捐款额应被视为分以下两种不同情况:

(1) 有关的货币值,或资产的市场价值,以及

(2) 由党或代表党提供的货币补偿费用的总价值。

3. 任何属于第 50 条第 2 款第（2）项的捐款额度应被视为是如第 51 条第 1 款所提及的转让的货币价值,或（视情况而定）资产的市场价值;并且相应地如果有关赞助应被忽略的话,以货币形式计算的授予个人好处的币值。

4. 属于第 50 条第 2 款第（5）项和第（6）项的捐款额度应视为代表以下两种不同情况的额度:

(1) 涉及贷款或提供资产、服务或设施的问题，本应由党或代表党提供按货币价格计算的补偿费的总价值，如果按商业条件：

(a) 该贷款已经取得，或

(b) 已提供资产、服务或设施；以及

(2) 实际上，（如果有的话）已经由党或代表党不按商业条件提供以货币价格计算的补偿费的总价值。

5. 当第 3 款所提及的捐款使该党在以下整个时期或部分时期持续受益时，则第 6 款适用于：

(1) 根据本部分，一份报告正在准备之中的任何时期；或

(2) 准备两份或两份以上报告的时期。

6. 在这种情况下，由于在准备报告所涉及的整个或部分时期期间捐款还在增长，在任何报告中要记录的数额（正如第 3 款所确定的那样）应是捐款的总额。

第二章 对注册政党收取捐款的限制

第一节 允许的捐款

第 54 条 允许的捐赠者

1. 如果属下列情况，注册政党不许接受交给注册政党的捐款：

(1) 要进行捐款的捐款者在该党接受捐款时不是允许的捐赠者；或

(2)（无论由于捐款是匿名提交的，还是由于欺骗或隐瞒或其他原因）该党不能确认该人的身份。

2. 按本部分所指，下列为允许的捐赠者：

(1) 在选民登记册上登记的个体；

(2) 公司：

(a) 根据 1985 年公司法 [1985 c.6] 或 1986 年（北爱尔兰）公司法令 [S.I.1986/1032(N.I.6)] 注册的，以及

(b) 在联合王国或其他英联邦成员国内的股份有限的，

该公司在联合王国做生意；

（3）一个注册政党；

（4）进入根据1992年工会和劳动关系（统一）法［1992 c.52］或1992年（北爱尔兰）劳资关系法令［S.I.1992/807（N.I.5）］所保存的名单内的一个工会；

（5）（在1986年住宅金融合作社法［1986 c.53］意义上的）一个住宅金融合作社；

（6）根据2000年有限责任合伙法［2000 c.12］或任何相应在北爱尔兰生效的成文法注册的一个有限责任合股公司，该公司在英国做生意；

（7）根据1974年友爱合作社法［1974 c.46］注册的一个友爱合作社，或根据1965年产业福利给付合作社法［1965 c.12］或1969年（北爱尔兰）产业福利给付合作社法［1969 c.24］注册的（或被视为注册的）一个合作社；以及

（8）任何具备两人或两人以上的非法人团体，该团体不属于以上各项，但全部或主要在联合王国做生意或从事其他活动，其主要办事处在联合王国。

3. 涉及以遗产形式的捐款，第2款第（1）项应被理解为针对一个个体，该个体在五年期间，其死亡之日止的任何时间内，在一个选举登记册上登记。

4. 当一个人（"首要的捐赠者"）通过捐款方式导致一个注册政党接受一笔资金（首要捐款）时：

（1）代表本人和一个或更多的人，或

（2）代表两个或更多其他的人，

则按本部分所指，属于第（1）项或第（2）项的一个人的个人捐款超过二百英镑的应视为犹如是从该人那收到的一份单独的捐款。

5. 涉及每一份这样的单独捐款，首要捐赠者必须保证，当首要捐款由该党接收时，该党被给予：

（1）（除当首要捐赠者被视为进行捐款的情况之外）正如凭借附件6

第 2 条所要求提供的关于有可记录捐款的捐赠者的情况那样，所有被视为进行捐款的捐赠者的详细情况；以及

（2）（在任何情况下）正如凭借附件 6 第 4 条所要求的要被给予可记录的捐款的情况那样，有关捐款的所有这些详细情况。

6. 当：

（1）任何个人（"代理人"）以通过代表另一个人（"捐赠者"）进行捐款的方式导致一个注册政党接受一笔资金时，以及

（2）捐款的数额超过二百英镑，代理人必须保证，当政党接受捐款时，如附件 6 第 2 条所要求的要得到有可记录捐款的捐赠者的情况那样，该党已得到所有这些有关捐赠者的详细情况。

7. 一个人未有合理理由的情况下，未遵从第 5 款和第 6 款的要求，即构成违法。

8. 本条中的"选民登记册"指下列任何一种情况：

（1）根据 1983 年人民代表法［1983 c.2］加以保存的议会或地方政府选民登记册；

（2）根据 1994 年欧洲议会选举条例［S.I.1994/342］第三部分（选举权和代表资格的变更）准备的欧盟相关公民的登记册；或

（3）根据 1985 年人民代表法［1985 c.50］第 3 条制定的条例而准备的贵族登记册。

第 55 条　允许的捐赠者提供的被作为（或不被作为）捐款等的付款

1. 按本部分所指，下列条款具有效力。

2. 由注册政党收到的来自公共基金的支付金额［从属于第 52 条第 1 款第（1）项和第（2）项］应被视为是该党从允许的捐赠者那里收到的捐款。

3. 任何由一个注册政党收到的捐款（如果该捐款要不然不会被如此认为的）应被视为该党从一个允许的捐赠者那里收到的捐款，如果并在一定程度上：

（1）捐款的目的是偿付已经发生或即将发生的与党的成员或官员访问

联合王国以外的一个国家或领土有关的限定的费用,并且

(2) 涉及这方面的费用,捐款的数额不超过合理的数额。

4. 第3款中涉及党的成员或官员的"限定的费用"指与该人有关的下列费用:

(1) 联合王国与有关国家或领土之间的旅行,或

(2) 在该国或该领土内的旅行、住宿或生活。

5. 由一个注册政党收到的任何享有豁免权的信托基金的捐款应被视为该党从一个允许的捐赠者那里收到的捐款。

6. 但是,由一个注册政党收到的捐款来自一位资产受托人(以其这样的身份),该资产不是:

(1) 一种享有豁免权的信托基金的捐款;或

(2) 由受托人根据托管而代表受益人向党转交的捐款,该受益人:

(a) 在党接受捐款时是允许的捐赠者,或

(b) 属于非法人团体成员,该团体当时是允许的捐赠者;

应被视为从一个不允许的捐赠者那里由该党收到的捐款。

第56条 捐款的收受或返还:一般性的

1. 当:

(1) 一个注册政党收到一笔捐款,以及

(2) 不能立即决断(无论什么理由)该党应该拒绝该笔捐款,

必须由党或代表党立刻采取一切合理的步骤去核实(或,只要下列任何情况还不清楚、不确定)捐赠者的身份,他是否是一个允许的捐赠者,以及(如果看起来是的话),如附件6第2条所要求的要得到有可记录捐款的捐赠者的情况,一切与他有关的详细情况。

2. 如果一个注册政党收到一笔捐款,凭借第54条第1款禁止接受该捐款,或者由于任何其他理由该党决定应拒绝该笔捐款,那么:

(1) 除非该捐款属于第54条第1款第(2)项,否则该捐款或一笔等额的偿付必须返还捐款人或出面代表他的代理人,

(2) 如果捐款属于以上条款,必须就捐款在该党接受捐款当日起的三

十日内采取所要求的（如第 57 条第 1 款所定义的）步骤。

3. 当：

(1) 第 2 款第 (1) 项适用于捐款时，以及

(2) 该捐款未按该条款处理，该党和该党的财务总管都构成违法。

4. 当：

(1) 第 2 款第 (2) 项适用于捐款时，以及

(2) 该捐款未按该条款处理，该党和该党的财务总管都构成违法。

5. 按本部分所指，一个注册政党收到的捐款应被视为已经收到，除非：

(1) 已经就捐款在第 2 款第 (1) 项和第 (2) 项所提及的三十日之内采取步骤；并且

(2) 可以出示一份捐款收据及以下情况的记录：

(a) 如在第 2 款第 (1) 项所提及的捐款或相等数额的返还，或

(b) 如在第 2 款第 (2) 项所提及的就捐款采取所要求的步骤，视情况而定。

6. 按本部分所指，当一个拥有金融机构的注册政党，以一定数额的资金打入该党所持有的账户的形式收到一笔捐款，当该党按通常方法收到付款存入该账户的通知时就应被视为该党已经收到捐款。

第 57 条　身份不明捐赠者的捐款的返还

1. 按第 56 条第 2 款第 (2) 项所指，所要求的步骤如下：

(1) 如果该款所提及的捐款不是由捐赠者，而是由另一个人转交的，且该人的身份明确，把捐款返还给该人；

(2) 如果第 (1) 项不适用，但很明显，涉及该笔捐款，捐赠者使用了一个可识别的金融机构提供的系统，把捐款返还给该机构；以及

(3) 在任何其他情况下，把捐款送交选举委员会。

2. 第 1 款中任何涉及把捐款返还或送交任何个人或机构的提及包括送交给该人或机构一笔相等数额的付款。

3. 当履行第 1 款第 (3) 项时，送交选举委员会的任何数额的款项应

由选举委员会交纳给统一基金。

第二节　某些捐款的没收

第58条　未得到允许或身份不明的捐赠者的捐款的没收

1. 本条适用于一个注册政党收到的任何捐款：

（1）凭借第54条第1款第（1）项和第（2）项，政党被禁止接受的捐款，但是

（2）政党已经接受了该捐款。

2. 在选举委员会提出申请的情况下，法院可命令没收该党与捐款价值等同数额的资金。

3. 根据本条而提出申请时，诉讼中证据的标准是适用于民事诉讼的标准。

4. 可以根据本条下达命令，无论是否要针对任何人的与捐款有关的违法行为进行诉讼。

5. 本条的"法院"指：

（1）对于英格兰和威尔士，指治安法院；

（2）对于苏格兰，指县或区的大法官；

（3）对于北爱尔兰，指简易司法管辖权的法院；

并且根据本条向县或区的大法官提出申请进行的诉讼属于民事诉讼。

第59条　针对根据第58条所下达的命令的上诉

1. 第2款适用于由治安法院或北爱尔兰的简易司法管辖权的法院根据第58条下达命令（"没收命令"）。

2. 注册政党可以自没收令下达之日起的三十日内向刑事法院或北爱尔兰的郡法院提起上诉。

3. 根据第2款的上诉应以复审的方式进行；并且法院审理这类上诉可以判定法院认为该命令是恰当的。

4. 正如第58条第3款和第4款适用于根据该条的诉讼那样，该条款

也适用于根据第 2 款的上诉的复审。

5. 当县或区的大法官根据第 58 条下达命令时，注册政党可以就该命令向高等民事法院提起上诉。

第 60 条　关于第 58 条所提及的命令的补充规定

1. 可以根据法院规则制定规定：

（1）涉及根据第 58 条或第 59 条向任何法院提出的申请或上诉，

（2）有关向相关人员发出申请或上诉通知事宜，

（3）有关合并审理，或在苏格兰第三方列席的合并审理事宜，

以及总体上根据以上条款所涉及的法院程序。

2. 第 1 款不损害大多数现政权从事制定规则的工作。

3. 根据第 58 条和第 59 条经下达命令所没收的任何额度的资金都应上交统一基金。

4. 第 3 款不适用于：

（1）在上诉作出裁定或被驳回之前，根据第 59 条第 2 款或第 5 款提起的上诉；以及

（2）在任何其他情况下：

（a）在第 59 条第 2 款提及的三十天期限结束之前，由治安法院或北爱尔兰简易司法管辖权的法院命令没收的情况下；或

（b）根据法院规则，根据第 59 条第 5 款提起上诉必须在任何期限结束之前进行，当在此期限之内由县或区的大法官命令没收的情况下。

5. 在注册政党不是一个法人团体的情况下：

（1）根据第 58 条或第 59 条针对党或由党提起的诉讼应采用该党自身的名称（而不是用其成员的名字）；

（2）对于任何此类诉讼，犹如该党是一个法人团体一样，凡涉及适用于法人团体的文件送达的法院规则，也适用于该党；以及

（3）根据第 58 条或 59 条经下达命令而没收的金额应由政党基金支付。

第三节　逃避捐款限制

第 61 条　与逃避捐款限制有关的违法行为

1. 如果一个人有下列行为即构成违法：

（1）有意参与，或

（2）有意作出促进行为，

无论是以隐瞒或掩饰，或其他方式，促使或可能促使作出由一个不是允许的捐赠者的个人或团体向注册政党进行捐款的安排。

2. 如果一个人有下列行为即构成违法：

（1）他故意向注册政党的财务总管提供有关下列信息：

（a）向该党捐款的数额，或

（b）捐款的个人或团体，

在重要的细节上属虚假信息；或

（2）存有欺骗的意图，他扣留给注册政党的财务总管涉及第（1）（a）或（b）项事务的重要信息。

第三章　注册政党收取捐款的报告

第一节　注册政党提交报告

第 62 条　季度捐款报告

1. 注册政党的财务总管应根据本款每年准备一份涉及以下每个季度的报告：

（1）1 月至 3 月；

（2）4 月至 6 月；

（3）7 月至 9 月；

（4）10 月至 12 月。

2. 在本条中：

"捐款报告"指根据第 1 款准备的报告"。

"报告期限"指,对于该份报告来讲,是其所涉及的在第 1 款第(1)至(4)项中所提及的任何一个期限。

3. 当在该年度期间该党接受来自允许的捐赠者的捐款的情况下,只要本条的以下条款要求任何这样的捐款都要在捐款报告中加以记录,则任何年度的捐款报告都应遵从该条款;并且在以下条款中,任何这样的捐款,在涉及允许的捐赠者和该年度时,都称为"相关捐款"。

4. 在没有以前的相关捐款或捐款已经根据本款的要求加以记录的情况下,相关捐款必须做如下记录:

(1) 该捐款是否是超过五千英镑的捐款,或

(2) 如果该捐款与其他相关捐款或捐款合计的情况下,该捐款的总额是否超过五千英镑。

5. 第 4 款适用的捐款必须:

(1)[如果属于第 4 款第(1)项的情况]记录在接受捐款时所涉及的报告期限的捐款报告中,或

(2)[如果属于第 4 款第(2)项的情况](作为该项所提及的总金额的一部分)把在接受捐款时所涉及的报告期限内造成总金额超过五千英镑的捐款记录在捐款报告中。

6. 当任何先前的相关捐款或捐款已经根据第 4 款被要求加以记录时,相关捐款必须记录在已经接受的细目上:

(1) 自从一笔或多笔捐款根据第 4 款被要求加以记录以来,或

(2) 如果任何相关捐款或捐款已经根据本款被要求加以记录,自从一笔或多笔捐款上次被要求按这样的方式加以记录以来,

任何总金额超过一千英镑的相关捐款或捐款。

7. 在任何时候,第 6 款适用的捐款必须:

(1) 如果该捐款是在那时唯一要求加以记录的捐款,记录在接受捐款时所涉及的报告期限的捐款报告中;或

(2) 在任何其他情况下,(作为第 6 款所提及的总金额的一部分)把在接受捐款时所涉及的报告期限内造成总金额超过一千英镑的捐款记录在

捐款报告中。

8. 按第4至7款所指，由于该款适用于任何年度：

（1）第55条第2款适用的每笔支付金额并且该笔支付金额由政党在那一年所接受，应作为那年的相关捐款对待，以及

（2）第55条第3款适用的每笔支付金额，并且该笔支付金额是从一名特别的捐赠者那里收到并由政党所接受，应作为涉及该捐赠者和该年度的相关捐款；并且凭借以上第（1）项和第（2）项使第4至7款生效，该年度的捐款报告就应相应地遵从第4至7款的要求，在捐款报告上记录属于第（1）项或第（2）项的相关捐款。

9. 捐款报告也必须记录属于第54条第1款第（1）项或第（2）项的每笔捐款并按照第56条第2款在报告期限内加以处理。

10. 如果在任何报告期限内：

（1）凭借本条之前的规定，政党没有接受任何捐款的情况被要求记录在该期限的捐款报告中，以及

（2）没有任何捐款如第9款所提及的那样已经进行处理，

则该报告应包含一项对该状况的说明。

11. 当一个注册政党是一个拥有会计单位的政党时，第3至10款应分别适用于党的中央组织和其每一个会计单位：

（1）任何对党的提及也是对中央机构或（视情况而定）这类会计单位的提及；但是

（2）涉及这类会计单位时，在第4款和第5款中出现五千英镑的地方，要用一千英镑加以替换。

12. 然而，按第3至7款所指，凭借第11款而应用于中央机构和任何年度时，任何捐款：

（1）在该年度由任何会计单位接受的来自允许的捐赠者的捐款，但是

（2）根据第4款或第6款（该款凭借第11款而适用），不要求作为会计单位接受的捐款而加以记录，

应被视为由中央机构在该年度接受的来自捐赠者的捐款。

13. 在捐款报告中要提供的信息方面，附件6具有效力。

第63条　大选期间每周一次的捐款报告

1. 从属于第64条，注册政党的财务总管在任何大选期间应根据本条在下列每个期限内准备一份报告：

（1）自大选开始的第一天起的七日的期限；

（2）在大选期间自第一个期限后的每一个七日的期限；以及

（3）在大选期间最后一次少于七日的期限。

2. 在本条中：

（1）"周报告"指根据第1款准备的报告；

（2）"报告期限"，涉及这类报告，指第1款第（1）至（3）项中所提及的与该报告有关的任何期限。

3. 任何期限的周报告应记录在该期限内接受的每笔超过五千英镑的捐款：

（1）（如果该党没有会计单位的话）由该党；或

（2）（如果该党拥有会计单位的话）由该党的中央机构。

4. 如果在报告期限内没有如第3款所提及的属于第3款的捐款被接收，则该报告应包含一项对该状况的说明。

5. 在周报告中要提供的信息方面，附件6具有效力。

6. 本条和第64条中的"大选期间"指以下时期：

（1）与即将到来的议会大选相联系，自陛下解散议会的意图被宣布之日起，以及

（2）投票结束之日止。

第64条　第63条的豁免

1. 如果一个注册政党已经作出涉及有关大选的豁免声明，则在大选期间第63条第1款不适用于该党。

2. 如果一个注册政党发表声明表明该党不打算在一次特定的大选中推举候选人，则该党应被认为已经发表涉及有关大选的豁免声明：

（1）该声明由党的负责官员签署；以及

（2）该声明在第63条第6款第（1）项所提及的日期起的七日内送交选举委员会。

3. 一个注册政党也应被认为已经发表涉及有关大选的豁免声明，如果该党申请注册时伴随一份声明，表明该党不打算在大选中推举候选人，并且：

（1）有关大选发生在自注册之日起十二个月的期限内；或

（2）在该党根据第32条向选举委员会提交的最近一次的通知中确认该声明，并且有关大选发生在自该通知送交之日起十二个月的期限内。

4. 然而，如果有关政党通过通知撤掉其声明，则豁免声明应不涉及一次特定的大选：

在选期开始之前，

（1）该声明由党的负责官员签署，以及

（2）送交选举委员会。

5. 当在下列情况下：

（1）一个注册政党已经作出一项豁免声明，该声明（除去本款之外）涉及一次特定的大选，但是

（2）该党在此次大选中有一名或多名候选人，

该豁免声明应被视为自选期开始起已经撤回（并且第63条的要求从选期开始起相应地追溯适用）。

6. 第3款应适用于刚好在本条生效之前注册的党，假定按第3款提及的条件作出的声明：

（1）已经由该党的负责官员签署，并且

（2）在本条生效日起的六周内送交选举委员会。

7. 按本条所指，"负责官员"是：

（1）注册的领袖；

（2）注册的提名官员；以及

（3）在注册的领袖和提名官员是同一人时，任何其他注册的官员。

8. 按本条款所指，如果任何负责官员不能签署声明或通知时，

（1）党的一些担任其他职务的官员可以代替他签署，并且

（2）该声明或通知必须包括一项说明，声明负责官员为什么不能签署的理由，并声明授权担任其他职务的官员代替其签署。

9. 本条和第65条规定，根据1983年人民代表法［1983 c.2］（议会选举规则）附件1所列出的规则中的第14条规则，如果所发表的与选举有关的声明包含一个以党的名义出现的候选人的名字，一个注册政党应被视为在一次大选中拥有候选人。

第 65 条　向选举委员会提交捐款报告

1. 根据第62条，捐款报告应由相关政党的财务总管在所涉及的报告期限结束之日起的三十日期限内提交给选举委员会。

2. 根据第63条，捐款报告应由相关政党的财务总管司库提交给选举委员会：

（1）在所涉及的报告期限结束之日起的七日内；或

（2）（如果凭借第64条第5款而使第63条第1款适用于该党的情况下，不可能在此期限内提交）自该党在有关选举中拥有候选人的第一天起的七日内。

3. 如果一个注册政党的财务总管在捐款报告问题上未遵从第1款和第2款的要求即构成违法。

4. 如果一个注册政党的财务总管向选举委员会提交捐款报告时未遵从本部分有关在这类报告中记载捐款的要求也构成违法。

5. 一个人根据本条被控违法时，应由被告方证明他已采取一切合理步骤，已尽一切应尽的努力，以确保在相关报告期限内，在涉及党所接受的捐款问题上，遵守任何该等要求。

6. 当法院满意时，通过选举委员会提出申请，在涉及一个注册政党所接受的捐款问题上，未遵守任何该等要求可归因于任何个人方面企图隐瞒捐款的存在或捐款的真实数额，法院可以命令没收该党相当于该捐款数额的资金。

7. 下列条款，即：

（1）第58条第3至5款，以及

（2）第59条和第60条，

正如按第58条所指，以上条款在操作中适用那样，按以上第6款所指，以上条款也在操作中适用。

8. 按本条所指，第64条第9款适用。

第66条 捐款报告中财务总管的声明

1. 根据第62条或第63条，每份捐款报告，在向选举委员会提交时都必须附上一份财务总管的声明，该声明必须遵从第2款、第3款或第4款的规定。

2. 根据第62条撰写的报告（除了撰写零进项的报告之外），声明必须说明，尽财务总管所知所信：

（1）报告中所记录的作为该党所接受的所有捐款都来自允许的捐赠者；以及

（2）在报告期限内：

（a）该党没有接受其他被要求记录在报告中的捐款，以及

（b）该党没有接受来自个人或团体的不是允许的捐赠者的捐款。

3. 按第2款所指，如果根据第62条制作的申报表中包含一项第62条第10款所提及的声明就属于零进项；并且在提交报告的情况下，申报必须说明，尽财务总管所知所信：

（1）声明确凿无误；以及

（2）在报告期限内，该党未接受任何来自个人或团体的属于未经允许的捐赠者的捐款。

4. 根据第63条的报告，申报必须说明，尽财务总管所知所信，在报告期限内，该党或［如果第63条第3款第（2）项适用］该党的中央机构收到的捐款中没有这样的捐款：

（1）被要求记录在报告中，但是

（2）没有加以记录。

5. 一个人如果有意或无意地根据本条做出错误的申报即构成违法。

第二节 报告要求的延伸

第 67 条 属其他选举而非大选时的每周一次的捐款报告

1. 国务大臣可以在咨询选举委员会和所有注册政党之后,通过政令规定:

(1) 第 63 条和 64 条,与附件 6 一起,

(2) 第 65 条和 66 条,以及

(3) 只要适用于第 65 条的第 1 款或第 2 款,则第 147 条,

在出现一次或多次相关选举的情况下,伴随着如政令所指定的更改,上述条款适用于指定的选举时期。

2. 在本条中:

(1) "指定的选举时期",正如可由根据第 1 款的政令所指定,指涉及一次相关选举的时期,至投票开始日结束;

(2) "相关选举"指:

(a) 欧洲议会选举;

(b) 苏格兰议会选举;

(c) 威尔士国民议会选举;或

(d) 北爱尔兰议会选举。

捐赠者提交的报告

第 68 条 多笔小额捐款的报告

1. 本条适用于一个人(捐赠者)在历年期间向一个注册政党提供多笔小额捐款,其总额超过五千英镑。

2. 捐赠者必须就捐款向选举委员会提交一份报告,给出下列细目:

(1) 多笔捐款的总额以及提供捐款的年度;

(2) 收取捐款的注册政党的名称;

(3) (如果是个人)捐赠者名字的全称和地址,以及(其他情况下)

按附件6第2条对可记录捐款的捐赠者的要求提供捐赠者的详细信息。

3. 报告必须在提供捐款年度之后的1月31日之前提交给选举委员会。

4. 提交给选举委员会时，报告必须附有捐赠者的一份声明，说明：

（1）他在指定年度捐给指定的注册政党多笔小额捐款，捐款总额在报告里有详细记载，并且

（2）他在该年度没有给该党提供其他小额捐款。

5. 一个人如果有下列行为即构成违法：

（1）他根据本条提交一份报告，该报告未遵从第2款的规定；或

（2）他未按第3款的规定提交报告，或他提交报告时未按第4款的规定附上一份声明；或

（3）他有意或无意地根据该款附上一份错误的声明。

6. 本条中：

（1）"小额捐款"指不超过二百英镑的捐款；以及

（2）"指定的"指在有关报告中所指定的。

第三节 捐款的登记

第69条 可记录捐款的登记

1. 选举委员会应保存根据本章报告上来的所有捐款的登记。

2. 选举委员会应按他们可以决定的方式保存该登记并且在每笔捐款的名下包含下列细目：

（1）捐款的数额或价值；

（2）（从属于第4款）如按照附件6第2条，第3条，第6条或第7条第1款或第3款的规定就捐款所提供的详细情况那样，诸如此类的其他详细情况。

（3）在附件6第5条含义上的捐款的相关日期，以及（如果捐款属于第5条第2款）按照该款规定提供详细情况。

3. 在根据第68条向选举委员会报告捐款的情况下，登记应包含按照

该条第 2 款所给出的细目。

4. 在由个人提供捐款的情况下，凭借第 2 款或第 3 款的要求，细目不包括捐赠者的地址。

5. 当根据本章任何捐款报告给选举委员会时，应使该捐款按第 2 款和第 3 款所提及的细目尽可能在合理可行的时间内登记在册。

第四章　作出特殊规定的权力

第 70 条　对北爱尔兰各政党的特殊规定

1. 国务大臣可以通过政令规定：

（1）扩大：

（a）涉及北爱尔兰党，以及

（b）在指定的时期内，第 54 条第 2 款所指定的允许捐赠者的范围；

（2）本部分中任何所指定条款在指定时期内不适用于北爱尔兰党。

2. 在涉及执行第 1 款第（1）项或第（2）项的政令而作出的规定时，根据第 1 款的政令可以规定，伴随着可指定的这类修改，本部分中任何指定条款适用。

3. 根据第 1 款的每一项政令应如此制定以至于：

（1）适用于每一个北爱尔兰政党，以及

（2）对每一个北爱党作出同样的规定。

4. 根据第 1 款第（1）项或第（2）项政令所指定的时期不得超过政令生效之日起的 4 年时间，但这不妨碍（在一种或多种特殊情况下）继续制定这样政令，该政令：

（1）延长指定期，不得超过该政令生效之日起的 4 年时间；或

（2）指定一个新的时期。

5. 当：

（1）根据第 1 款的政令生效时，一个在大不列颠注册局注册的政党收到一笔捐款，或

（2）政令规定本款适用于任何这样的捐款，犹如第 54 条第 2 款第

（3）项仅涉及在大不列颠注册局注册的政党那样，涉及捐款，第 54 条第 2 款第（3）项应具有效力。

6. 本条中：

（1）"北爱尔兰党"指在北爱尔兰注册局注册的党；

（2）"指定的"指根据第 1 款的政令中所指定的。

第五章 对个人和会员协会捐款的管理

第 71 条 对个人和会员协会收取捐款的管理

对注册政党党员、会员协会以及特定职位的当选官员收取捐款进行管理，附件 7 的规定应具有效力。

第五部分 对竞选开支的管理

第一节 引 言

第 72 条 竞选开支

1. 按本部分所指，下列条款具有效力。

2. 涉及一个注册政党的"竞选开支"指（从属于第 7 款）由党或代表党所发生的费用，该费用属于附件 8 第一部分所指的费用并且是为选举目的而发生的费用。

3. 涉及一个注册政党的"选举运动"指由党领导为选举目的而开展的运动。

4. 涉及一个注册政党的"为选举目的"指目的是或有关：

（1）促使或获得党在相关选举中的成功，即在选举时候选人当选：

（a）以党的名义，或

（b）被包括在由党提交的与选举相关的候选人名单内；或

（2）要不然与未来相关选举（无论是即将发生的还是相反）相关，提升在全体选民心目中的名望：

（a）党的，或

（b）候选人的。

5. 按第4款所指：

（1）该款第（1）项或（视情况而定）第（2）项所提及的做任何事情包括通过损害其他政党或候选人在选举中的选举前景，或（视情况而定）通过损害其他政党或候选人在选民心目中的名望而使该党获得成功；

（2）领导的过程可以相当于在做以上其中之一的事情，尽管领导并不涉及明示做此事的任何政党名称或候选人的姓名；以及

（3）以党的名义作为候选人，同时也以一个或多个其他注册政党的名义作为候选人，这样的做法无关紧要。

6. "相关选举"与第二部分具有同样的含义。

7. "竞选开支"不包括（依据任何成文法）属于被纳入申报单中的任何涉及一个或多个候选人在一次特定选举中的选举费用。

8. 当一个注册政党拥有会计单位时：

（1）由党的会计单位或代表党的会计单位所已经发生的费用或即将发生的费用应被视为由党或代表党所已经发生或即将发生的费用；以及

（2）凭借第（1）项，对由或代表一个注册政党已经发生或即将发生的竞选开支的提及相应地延伸至构成该党这类竞选开支的费用。

9. 本条的"候选人"包括未来的候选人，无论确定与否。

10. 本部分不适用于由小型政党或代表小型政党所已经发生或即将发生的费用。

第73条　名义上的竞选开支

1. 本条适用于注册政党的下列情况：

（1）下列任一种情况：

（a）资产免费或按市场价值百分之十以上的折扣转移给党；或

（b）资产、服务或设施免费或按商业收费百分之十以上的折扣供该党使用或使党受益；以及

（2）资产、服务或设施由党或代表党在如下情况下加以使用，如果任

何使用费事实上由党或代表党而发生，这些费用就是由党或代表党所发生的竞选开支。

2. 本部分规定，凡本条适用时，根据本条决定的竞选开支的数额（"适当数额"）应被看作为如第1款第（2）项所提及的由党在使用资产、服务或设施期间所发生的费用。

本款在从属于第9款的情况下具有效力。

3. 当第1款第（1）（a）目适用时，适当的数额是以下任一种份额：

（1）资产的市场价值（当资产被免费转移），或

（2）在资产的市场价值与实际由党或代表党在涉及资产方面（当资产是按折扣转移的）所发生的费用之间的差额，如同第1款第（2）项所提及的合理地归于资产使用费。

4. 当第1款第（1）（b）目适用时，适当的数额是以下任一种份额：

（1）（当资产、服务或设施是免费提供的）资产使用、服务或设施提供的商业成本；

（2）（当资产、服务或设施是按折扣提供的）在资产的市场价值与实际由党或代表党在涉及资产使用、服务或设施提供方面所发生的费用之间的差额，如同第1款第（2）项所提及的合理地归于资产、服务或设施的使用费。

5. 当雇主让雇员为一个注册政党提供服务或使其受益时，那么按本条所指，被认为构成提供服务的商业成本的金额应是雇主付给雇员服务期间内的报酬或津贴（但不应包括任何捐款的金额或其他雇主有义务支付给雇员的金额）。

6. 当凭借第2款，一笔竞选开支被视为由党或代表党在按第80条所指的涉及该党的相关竞选时期的整个或部分期间内所发生的费用，那么：

（1）第7款所提及的金额应被视为在相关竞选时期由党或代表党所发生的费用，以及

（2）根据第74条任命的财务总管或副财务总管应就该金额做出声明，除非该金额不超过二百英镑。

7. 正如合理地代表第 1 款第（2）项提及的在相关竞选时期对资产、服务或设施的使用费，第 6 款提及的金额是（依照第 3 款或第 4 款所决定的）适当数额的份额。

8. 如果一个人根据第 6 款有意或无意地做出错误的声明即构成违法。

9. 凭借第 2 款，下列事项不被视为竞选开支的金额：

（1）广播电台播送的政党的政治广播；

（2）依据成文法授予候选人或政党在选举中的权利所提供的设施；或

（3）个人自愿地在其个人时间内提供的免费服务。

10. 在第 1 款、第 3 款、第 4 款和第 5 款中对注册政党所做事情或涉及注册政党的提及都包括对注册政党会计单位所做事情或涉及会计单位的提及；为决定第 1 款所指的资产是转移给该党还是该党的会计单位，第 50 条第 6 款和第 8 款第（1）项在经必要的修改后应适用。

第 74 条　注册政党官员对竞选开支的责任

1. 按本部分所指，一个注册政党的财务总管可以按他可以决定的条件任命一个或更多的副财务总管，但不得同时超过十二人持有这样的任命。

2. 按本部分所指，一旦财务总管提交给选举委员会一份任命通知，任命该人为党的副财务总管即生效，该通知：

（1）包括已被任命者的名字和他办公室的地址；以及

（2）附上一份由接受任命者签名的接受职位的声明。

3. 然而，一个人如果在之前的五年内的任何时候，根据本法被证明违法，或在第二部分的含义上涉及相关选举的违法，或在第七部分含义上涉及全民公投的违法，则没有资格被任命为党的副财务总管。

4. 当一个人由于第 3 款而没有资格被任命为副财务总管，但接受了注册政党的副财务总管职位即构成违法。

5. 当一个注册政党的副财务总管被证明有属于第 3 款的违法行为时，副财务总管的任命应在定罪之日终止。

6. 当一个注册政党的副财务总管的任命已经根据第 2 款而通知选举委员会，如果：

（1）副财务总管死亡或因其他原因任命终止，或

（2）他办公室的地址改变，党的财务总管必须在适当时间内通知选举委员会该事实。

7. 第 6 款中"适当时间"指：

（1）自副财务总管死亡或任命终止起的十四天的期限，或

（2）自地址变更之日起二十八天的期限，视情况而定。

8. 正如依据本条已通知选举委员会那样，一个注册政党的副财务总管的姓名连同他办公室的地址应包含在该党在大不列颠或北爱尔兰注册局的细目中。

9. 当选举委员会根据第 6 款收到通知的情况下，作为通知的结果，选举委员会应尽快在合理可行的时间内按要求在细目中作出更改。

10. 按本部分所指：

（1）一个注册政党的财务总管的地址应被视为该党注册的地址；以及

（2）依据第 8 款，一个注册政党的副财务总管的地址应被视为副财务总管目前注册的地址。

第二节 对竞选开支的总体限制

第 75 条 对发生竞选开支的限制

1. 任何竞选开支都不应作为由党或代表党所发生的开支，除非有下列人员的授权证明：

（1）党的财务总管，

（2）党的副财务总管，或

（3）由财务总管或副财务总管书面授权者。

2. 在缺乏合理理由的情况下，如果一个人所发生的费用违反第 1 款即构成违法。

3. 按第 79 至 83 条或附件 9 所指，当任何费用的发生违反第 1 款时，该笔费用不应计算为是由党或代表党所发生的竞选开支。

第 76 条　对支付竞选开支的限制

1. 对于由或代表一个注册政党所发生的或即将发生的竞选开支不得给予（无论什么性质的）付款，除非由下列人员支付该款：

（1）党的财务总管，

（2）党的副财务总管，或

（3）经财务总管或副财务总管书面授权者。

2. 在第 1 款第（1）至（3）项的范围内，一个人支付的涉及这类开支的付款必须有发票或收据做证明，除非是不超过二百英镑的款项。

3. 当一个人在第 1 款第（1）至（3）项的范围内给予付款，第 2 款适用于该笔付款时，他必须在付款之后尽快向财务总管提交：

（1）他已经付款的通知，以及

（2）发票或收据证明。

4. 一个人在没有合理理由的情况下如果有下列行为即构成违法：

（1）他在违反第 1 款的情况下给予付款，或

（2）他违反了第 3 款。

第 77 条　对要求索取竞选开支的限制

1. 对支付由或代表一个注册政党在党的相关竞选时期内（在第 80 条的含义上）所发生的竞选开支的要求应不予支付，如果该要求未在相关竞选时期结束后的二十一天之内送交：

（1）党的财务总管或副财务总管，或

（2）根据第 75 条被授权可以批准开支的其他人。

2. 依据第 1 款送交的要求应在相关竞选时期结束后的四十二天之内付款。

3. 一个人在缺乏合理理由的情况下如果有下列行为即构成违法：

（1）他支付了第 1 款规定不应支付的所要求的资金；或

（2）他在第 2 款所允许的期限结束之后支付所要求的资金。

4. 当第 1 款适用于所提要求时：

（1）提出要求者，或

（2）授权发生有关开支者，

可以向高等法院或郡法院，或在苏格兰向高等民事法院或县或区的大法官申请准许支付所要求的资金，尽管该要求是在第1款提及的期限结束之后提交的；如果法院确信由于任何特殊理由这样做是适当的话，可以命令批准该请求。

5. 第1款或第2款不适用于遵照许可令所支付的款项。

6. 第2款不损害一个注册政党的债权人有权在第2款所允许的期限结束之前得到支付。

7. 第4款授予高等民事法院、郡或区的大法官的权限可以按民法所规定的方式行使；可以针对郡或区的大法官凭借第4款下达的命令向高等民事法院上诉。

8. 正如1980年（北爱尔兰）郡法院命令[S.I.1980/397（N.I.3）]第60条（来自郡法院的申诉）第1款所提及的该法适用于郡法院所下达的所有命令一样，第60条应适用于凭借第4款北爱尔兰郡法院所下达的所有命令。

9. 当根据第1款或第2款竞选开支的期限（除本款之外）在所允许的以下日期终止时：

（1）星期六或星期日，或圣诞节前夕，圣诞节，濯足节或复活节前的星期五，

（2）公休日，或

（3）指定为公共感恩或哀悼日，

期限终止于不属于以上日期的下一日。

10. 第9款第2项的"公休日"指根据1971年银行金融交易法[1971 c.80]，这一天在英国的任何地方都是公休日：

（1）这些地方指位于在执行第1款时被送交要求的财务总管、副财务总管或（视情况而定）其他被授权人的办公室所在地；或

（2）该开支与提供资产、服务或设施有关，提供者在这些地方经营业

务；或

（3）（如果他在联合王国多处地方经营业务）这些地方指位于该笔开支所涉及的交易的办公室。

第 78 条　有争议的要求

1. 当出现以下情况本条适用：

（1）如第 77 条第 1 款所提及的那样，由或代表一个注册政党所发生的竞选开支的支付要求送交：

（a）该党财务总管，或

（b）任何其他人以其权威称该开支发生于，该款所允许的期限内；以及

（2）被送交要求的财务总管或其他人在第 77 条第 2 款所允许的期限内未能或拒绝支付所要求的款项；该要求在本条中称为"有争议的要求"。

2. 有争议要求的发起者可以就有争议的要求提起诉讼，并且第 77 条第 2 款不适用于在事件过程中遵照法院判决或命令所支付的款项。

3. 正如第 77 条第 4 至 8 款适用于申请准许支付在第 77 条第 1 款所允许的期限之后送交的要求（不管是有争议的还是无争议的），该条款也适用于以上第 1 款第（2）项所提及的个人申请支付有争议的要求。

第三节　资金限制

第 79 条　对竞选开支的限制

1. 附件 9 对在该附件指定期限内，强制限制由或代表在英格兰、苏格兰、威尔士或北爱尔兰的注册政党所发生的竞选开支具有效力。

2. 在任何资金限制适用于一个注册政党的期限内，当由或代表党所发生的竞选开支超过限额时：

（1）如果党的财务总管或任何副财务总管有下列行为即构成违法：

（a）他批准由或代表党所发生的该笔开支，以及

（b）他知道或应该合理地清楚该笔开支会导致超过限额的事情发生；

并且

（2）该党也构成违法。

3. 应由根据第 2 款被控告违法的个人或政党进行辩护以说明：

（1）在决定竞选开支的项目和数额可以列入根据第 80 条的相关申报单方面，遵从了根据附件 8 第 3 条目前颁布的实用法规，以及

（2）根据列入申报单的项目和数额，本来不会出现超限额的情况。

4. 当：

（1）在相关竞选时期（在第 80 条的含义上）开始之前的任何时候，任何属于第 72 条第 2 款的费用是由一个注册政党或代表一个注册政党涉及资产、服务或设施而发生的，但是

（2）资产、服务或设施是在相关竞选时期由党或代表党所使用，所发生的费用是在相关竞选时期之前，凭借第 72 条第 2 款该费用构成由党或代表党在相关竞选时期所发生的竞选开支，第（1）项所提及的费用的适当份额，按本条、第 80 至 83 条和附件 9 所指，应被视为由党或代表党在相关竞选时期所发生的竞选开支。

5. 按第 4 款所指，在该款第（1）项提及的费用的适当份额是合理地归于第（2）项所提及的资产、服务或设施使用费的适当份额。

第四节　申报单

第 80 条　竞选开支的申报单

1. 按本条所指：

（1）由附件 9 施加的限制，"相关竞选时期"是强制限制的时期；以及

（2）由附件 9 施加的限制，如果限制适用于该竞选开支，（在该附件的含义上）该竞选开支在一个地区发生，那么称联合王国的这个地区为"相关"地区。

2. 当：

（1）附件 9 施加的限制适用于由或代表一个注册政党在相关竞选时期所发生的竞选开支，并且

（2）该时期终止时，党的财务总管应根据本条准备一份涉及由党或代表党在相关竞选时期在联合王国的相关地区所发生的竞选开支的申报单。

3. 根据本条的申报单必须指明，为相关选举进行的一次投票（或，视情况而定，为多次相关选举进行的多次投票）发生在相关竞选时期，而且必须包含：

（1）对所有由党或代表党在相关竞选时期在联合王国的相关地区所发生的竞选开支的支付做出说明；

（2）对财务总管所意识到的所有有争议的要求（在第78条的含以上）做出说明；以及

（3）（如果）财务总管已经知道，根据第77条第4款已有或即将有未支付的要求向法院提出申请，对所有未支付的要求做出说明。

4. 根据本条的申报单必须附上：

（1）第3款第（1）项所提及的涉及支付的所有发票或收据；以及

（2）当凭借第73条竞选开支被视为由党所发生时，依据第73条第6款对开支做出声明。

5. 然而当凭借第3款，属于要在申报单上处理的支付或要求已在上一次的申报单上处理过，根据本条：

（1）在下一次的申报单上处理支付或要求时只要指明其总额就足以了；以及

（2）第4款所施加的要求不适用于在上一次申报单上附上的并在下一次的申报单上加以注明的发票、收据或声明。

6. 选举委员会可以通过条例规定为本条所使用的申报单的格式。

第81条 审计师关于申报单的报告

1. 当在相关竞选时期由或代表一个注册政党在联合王国相关地区所发生的竞选开支超过二十五万英镑时，必须就根据第80条准备的涉及竞选开支的申报单由有资质的审计师准备一份报告。

2. 下列条款，即：

（1）第43条第6款和第7款，以及

（2）第 44 条，正如该条款适用于审计师的任命以根据第 43 条施行审计或（视情况而定）适用于按这样方式任命的审计师那样，该条款也应适用于审计师的任命以根据第 1 款准备一份报告或（视情况而定）适用于按这样方式任命的审计师。

3. 正如第 80 条第 1 款按第 80 条所指适用一样，该条款按本条所指也适用。

第 82 条　向选举委员会提交申报单

1. 当：

（1）要根据第 80 条准备申报单，以及

（2）要根据第 81 条第 1 款就申报单准备一份审计师的报告时，

党的财务总管应在相关竞选时期结束后的六个月以内向选举委员会提交该申报单并附上一份审计师的报告的复印件。

2. 当根据第 80 条还有其他申报单需要准备时，党的财务总管应在相关竞选时期结束后的三个月以内向选举委员会提交该申报单。

3. 当根据本条向选举委员会提交申报单的那一日之后法院根据第 77 条第 4 款对所要求支付的资金给予准许，有关党的财务总管应在支付后的七日之内向选举委员会提交遵照准许所支付金额的申报单，并附上法院给予准许命令的复印件。

4. 如果没有合理的理由，一个注册政党的财务总管出现下列行为即构成违法：

（1）在第 1 款或第 2 款适用的申报单或报告的问题上未遵从该条款的要求；或

（2）所提交的申报单未遵从第 80 条第 3 款或第 4 款的要求；或

（3）根据第 3 款提交的申报单未遵从该款的要求。

第 83 条　财务总管就第 80 条的申报单做出声明

1. 每份根据第 80 条制作的申报单在向选举委员会递交时必须附上遵从第 2 款的一份声明并由财务总管签名。

2. 声明必须说明：

（1）财务总管已经检查了有关的申报单；以及

（2）尽其所知所信：

（a）这是一份如法律所要求的完整准确的申报单，以及

（b）申报单上所显示的所有已付款都是由其本人或党的副财务总管，或根据第76条而被授权者付的款。

3. 一个人如果有下列行为即构成违法：

（1）他根据本条有意或无意地做出错误的声明；或

（2）当他是注册政党的财务总管时，涉及该党的申报单违背第1款的要求。

第84条　就第80条的申报单进行公共检查

1. 当选举委员会根据第80条收到申报单时，他们应：

（1）在收到申报单后尽快在合理可行的时间内制作一份申报单和所附文件的副本，供公共检查；并且

（2）在他们保存申报单和所附文件期间，其副本可供公共检查。

2. 选举委员会收到第1款所提及的申报单或其他文件之日起的两年时间结束之后：

（1）他们可以销毁申报单或其他文件；但是

（2）如果有关党的财务总管要求将申报单或其他文件返还给该党财务总管的话，他们应该照做。

第六部分　对涉及第三方的全国竞选的管理

第一章　引　言

第一节　由第三方管理的开支

第85条　由第三方管理的开支

1. 按本部分所指，下列条款具有效力。

2. 涉及第三方的"管理开支"指（从属于第 87 条）由或代表第三方在制作或出版选举资料时所发生的费用，该资料（无论以什么形式和方法）可供广大公众或部分公众使用。

3. "选举资料"是被合理地视为有下列企图的资料：

（1）在相关选举中为下列组织或人员助选或赢得选举成功：

（a）一个或多个特别注册的政党，

（b）一个或多个注册政党，该政党倡导（或不倡导）特别的政策或要不然属于这些政党的特别种类，或

（c）持有（或不持有）特别观点，或倡导（或不倡导）特别政策，或要不然属于特别种类的候选人，或

（2）要不然为在未来相关选举（无论是否是即将发生）中提高下列组织或人员在选民心目中的名望：

（a）任何这类政党，或

（b）任何这类候选人；

并且任何这类资料都属于选举资料，尽管该资料也可以被合理地视为企图实现其他目的。

4. 按第 3 款所指：

（1）对任何相关选举中获得选举成功的提及就是对以下内容的提及：

（a）涉及一个注册政党，在任何选举中以党的名义参选的候选人当选或包含在由党提交的参选的候选人名单内，

（b）涉及候选人，候选人在这类选举中当选。

（2）第 3 款第（1）项或（视情况而定）第（2）项所提及的做一切事情，包括在选举中做损害其他党或候选人的选举前景的事情，或（视情况而定）做损害其他党或候选人在选民中的声望的事情；

以及，要决定任何资料是否是选举资料时，是否明确提及任何政党或候选人的名字无关紧要。

5. "注册的第三方"指根据第 88 条目前被本部分所承认的第三方。

6. "相关选举"与第二部分具有同样的含义。

7. 被承认的第三方的"负责人"指:

(1) 如果第三方是个人,即该个人;

(2) 如果第三方是一个注册政党:

(a) 该党财务总管,或

(b) 属于小型政党的情况下,依据第88条第3款第(2)(c)项,目前由该党通知选举委员会的人;以及

(3) 要不然根据第88条第3款第(3)(b)项,目前由第三方通知选举委员会的人或官员。

8. 涉及任何相关选举的"第三方"指:

(1) 除一个注册政党之外的任何个人或团体;或

(2) 从属于第9款,任何注册政党。

9. 当第2款的适用涉及由或代表第三方所发生的费用,且该第三方是注册政党时,第3款对注册政党或候选人的提及不包括:

(1) 该党本身,或

(2) 任何在相关选举中以该党名义参选的候选人或纳入由该党提交的参选候选人名单,视情况而定。

10. 本条中的"候选人"包括未来的候选人,无论是已确认的还是未确认的。

第86条　名义上的管理开支

1. 当第三方属下列情况时本条适用:

(1) 以下任一情况:

(a) 资产免费或以市场价值百分之十以上的折扣转移给第三方,或

(b) 免费或按资产、服务或设施使用的商业价格的百分之十以上的折扣给第三方提供资产、服务或设施或使第三方受益,以及

(2) 资产、服务或设施由或代表第三方使用,在这种情况下,如果确实是由或代表第三方所发生的使用费,该费用就是由或代表第三方所发生的管理开支。

2. 当本条适用时,依据本条决定的管理开支的数额("适当数额"),

按本条所指应被视为如第 1 款第（2）项所提及的那样是由第三方在资金、服务或设施使用期间所发生的金额。

在从属于第 87 条的情况下本款具有效力。

3. 当第 1 款第（1）（a）项适用时，适当数额是下列任一份额：

（1）资产的市场价值（当资产是被免费转移时）的份额，或

（2）资产的市场价值与实际由或代表第三方所发生的涉及资产的费用（当资产是按折扣转移的）之间的差额的份额，

如第 1 款第（2）项所提及的那样属于合理地归于资产的使用费。

4. 当第 1 款第（1）（b）项适用时，适当数额是下列任一份额：

（1）资产使用、服务或设施的提供的商业成本的份额（当资产、服务或设施是免费提供的），或

（2）商业成本与实际由或代表第三方所发生的涉及资产的使用、服务或设施的提供的费用（当资产、服务或设施是按折扣提供的）之间的差额的份额，如第 1 款第（2）项所提及的那样属于合理地归于资产、服务或设施的使用费。

5. 当雇主让雇员为第三方提供服务或使其受益时，那么按本条所指，被认为构成提供服务的商业成本的金额应是雇主付给雇员服务期间内的报酬或津贴（但不应包括任何捐款的金额或其他雇主有义务支付给雇员的金额）。

6. 根据第 2 款，当一定数额的管理开支被视为在整个或部分管理时期［如第 94 条第 10 款第（1）项所定义的那样］由或代表第三方所发生的，则：

（1）第 7 款所提及的数额应被视为在管理时期由或代表第三方所发生的，以及

（2）如果根据第 96 条要求对由或代表第三方在管理时期所发生的管理开支准备一份申报单，负责人应对该数额做出声明，除非该数额不超过二百英镑。

7. 第 6 款所提到的数额是在管理时期，如第 1 款第（2）项提及的那

样，属于合理地代表资产、服务或设施的使用而发生的（依据第 3 或第 4 款所决定的）一定数额的费用的份额。

8. 一个人如果根据第 6 款有意或无意地做出错误的声明即构成违法。

9. 按第 1 款所指，为决定是否将资产转移给第三方，附件 11 第 2 条第 5 款和第 6 款第（1）项在经任何必要的修正后应适用。

第 87 条　不是管理开支的第三方开支

1. 凭借第 85 条或 86 条，涉及下列情况的任何开支都不应被视为是由第三方所发生的管理开支：

（1）第 2 款所提及的任何事务；或

（2）任何资产、服务或设施是在下列情况下予以使用：

（a）按第五部分所指，一定数额的竞选开支被视为由或代表一个注册政党所发生，或

（b）一定数额的使用费（依照成文法）被归于候选人在一次特别选举中的选举费用予以返还。

2. 第 1 款所提及的事务是：

（1）涉及选举事务而不是广告的出版，在下列媒体上发表：

（a）报纸或刊物，

（b）英国广播公司或威尔士语电视台制作的广播节目，或

（c）节目，该节目含有 1990 年广播法［1990 c.42］第一部分或第三部分或 1996 年广播法［1996 c.55］第一部分或第二部分所许可的服务；

（2）任何在旅行或提供其住宿或其他个人需要时由个人所发生的合理的个人费用；以及

（3）个人在其个人时间内提供的自愿免费的服务。

第二节　被认可的第三方

第 88 条　按本部分所指的被认可的第三方

1. 如果属于下列情况即按本部分所指的被认可的第三方：

（1）第三方已经根据本款向选举委员会递交通知，该通知遵从第3款的要求，以及

（2）该通知目前有效。

2. 如果第三方属下列情况可以根据第1款仅递交一份通知：

（1）居住在联合王国或在选举登记册（如第54条第8款所定义的）上注册的个人，

（2）一个注册政党，或

（3）属于第54条第2款第（2）项和第（4）至（8）项的一个团体。

3. 根据第1款的通知必须：

（1）如果由个人递交，说明：

（a）全名，以及

（b）在联合王国的家庭地址或（如果他在联合王国没有家庭地址）他在其他地方的家庭地址，

并由他签名；

（2）如果由一个注册政党递交，说明：

（a）该党的注册名称，

（b）该党的注册总部的地址，以及

（c）（当是一个小型政党的情况下）负责使党遵从第二章的规定的负责人的姓名，并由（在第64条的含义上）党的负责官员签字；以及

（3）如果由属于第54条第2款第（2）项和第（4）至（8）项的一个团体递交，说明：

（a）提交作为可记录捐款的捐赠者的团体由附件6第2条第4款和第6至10款所要求的所有涉及该团体的详细情况，以及

（b）负责使该团体遵从第二章规定的负责人或官员的名字，并由该团体秘书或由该团体行使相似职责的人签字。

4. 从属于本条的下列规定，根据第1款的通知（"原始通知"）：

（1）从选举委员会收到之日起即生效，但是

（2）从属于第5款，将在生效之日起一年零三个月结束之后失效，除

非第三方通知选举委员会第三方希望原始通知继续生效。

5. 当：

（1）除本款之外，根据第4款第（2）项提及的一年零三个月结束之后原始通知即失效时，但是

（2）该时期结束时属于管理时期，在管理时期结束时应根据第96条就管理时期由第三方或代表第三方所发生的管理开支准备申报单，

由于多数情况下与管理时期所发生的管理开支相联系，原始通知应被视为在管理时期结束时失效。

6. 根据第4款第（2）项的通知（"更新通知"）必须属以下任一种情况：

（1）证实正如目前一直生效的那样，原始通知中的所有说明准确无误；或

（2）指明依照第3款的一直生效的原始通知的一些说明已被其他说明所替代。

7. 根据第4款第（2）项的通知必须使选举委员会在按该款所指的相关周年纪念日之前的一个月至周年纪念日之后的三个月之内收到。

8. 第三方可以在提交原始通知之后的任何时候向选举委员会递交一份通知（"更改通知"），指明目前一直生效的原始通知的一些说明已被其他说明所替代：

（1）包含在更改的通知中，

（2）遵从第3款。

第89条　按第88条所指的通知登记簿

1. 选举委员会应保存一个包括所有根据第88条第1款递交给他们的、目前生效的通知登记簿。

2. 登记簿应由选举委员会以他们可以决定的方式加以保存，每一份这样的通知应包含依据第88条目前生效的通知中所含有的全部信息。

3. 当根据第88条任何通知被递交给选举委员会时，他们应在合理可行的时间内使通知中所含有的全部信息，或（视情况而定）通知中所含有

的新信息录入登记簿。

4. 然而第三方是个人时，登记簿录入的信息不包括其家庭地址。

第二章　资金管理

第一节　对被认可的第三方的管理开支的总体限制

第 90 条　对发生管理开支的限制

1. 不应由或代表允许的参与者发生任何数额的全民公投费用，除非有下列人员授权：

（1）负责人；或

（2）经负责人书面授权者。

2. 在没有合理理由的情况下，如果一个人在违背第 1 款的情况下发生任何费用即构成违法。

3. 在允许的参与者是一个注册政党的情况下，当在违背第 1 款的情况下发生任何费用时，按第 94 至 99 条或附件 10 所指，该费用不应计算为由被认可的第三方或代表被认可的第三方所发生的管理开支。

第 91 条　对支付管理开支的限制

1. 不应由或代表被认可的第三方支付任何数额的管理开支，除非有下列人员授权：

（1）负责人；或

（2）经负责人书面授权者。

2. 一个人在第 1 款第（1）项或第（2）项的范畴内对任何管理开支的支付必须有发票或收据的支持，除非该开支不超过二百英镑。

3. 当一个人在第 1 款第（2）项的范畴内付款，且第 2 款适用于该笔付款时，他必须在付款之后尽可能快地向负责人提交：

（1）他已经付款的通知，以及

（2）作为证明的发票或收据。

4. 在没有合理理由的情况下，如果一个人有下列行为即构成违法：

（1）他在违背第 1 款的情况下付款，或

（2）他违背第 3 款。

第 92 条　对要求索取管理开支的限制

1. 要求支付由或代表被认可的第三方在管理时期［如第 94 条第 10 款第（1）项所定义的］所发生的管理开支时，如果该要求未在管理时期结束后的二十一天以内送交下列人员应不予支付：

（1）负责人，或

（2）根据第 90 条被授权允许发生开支的其他人。

2. 根据第 1 款送交的任何要求应在管理时期结束之后的四十一日之内付款。

3. 在没有合理理由的情况下，一个人有下列行为即构成违法：

（1）他给任一项要求付款，而凭借第 1 款该要求不应予以付款；或

（2）他在第 2 款所允许的期限结束之后给一项要求付款。

4. 在第 1 款适用于一项要求的情况下：

（1）提出要求者，或

（2）授权发生有关开支者，

可以向高等法院或郡法院，或在苏格兰向高等民事法院或县或区的大法官申请准许支付所要求的资金，尽管该要求是在第 1 款提及的期限结束之后提交的；如果法院确信由于任何特殊理由这样做是适当的话，可以命令批准该请求。

5. 第 1 款或第 2 款不适用于遵照许可令所支付的款项。

6. 第 2 款不损害一个被认可的第三方的债权人有权在第 2 款所允许的期限结束之前得到支付。

7. 按本条所指，假定出现以下情况，第 77 条第 7 至 10 款应适用：

（1）对第 77 条第 1 款、第 2 款或第 4 款的提及就是对以上第 1 款、第 2 款或第 4 款的提及；

（2）对竞选开支的提及就是对管理开支的提及；以及

（3）对注册政党的财务总管或副财务总管的提及就是对被认可的第三

方的负责人的提及。

第 93 条 有争议的要求

1. 当出现以下情况本条适用：

（1）涉及如第 92 条第 1 款提及的由或代表被认可的第三方所发生的管理开支，一项索取付款的要求在该款允许的期限内被送交：

（a）负责人，或

（b）其他人，声称经其授权发生该笔开支；以及

（2）负责人或被送交要求的其他人未能或拒绝按第 92 条第 2 款所允许的期限支付所要求的资金；

则该要求在本条中被提及为"有争议的要求"。

2. 发起有争议的要求者可以就有争议的要求提起诉讼，第 92 条第 2 款应不适用于在诉讼程序中依照法院判决或命令所支付的款项。

3. 按本条所指：

（1）正如第 92 条第 4 款和第 5 款适用于申请准许给一项在第 92 条第 1 款允许的期限之后送交的（无论是有争议的还是无争议的）要求付款那样，该条款也应适用于以上第 1 款第（2）项提及的人提出的准许支付有争议的要求的申请；以及

（2）犹如任何对第 77 条第 4 款的提及就是对第 92 条第 4 款的提及那样，当以上第（1）项适用时，第 77 条第 7 款和第 8 款也应适用。

第二节 资金限制

第 94 条 对第三方管理开支的限制

1. 在附件 10 所指定的时期内，对强制由或代表被认可的第三方在英格兰、苏格兰、威尔士或北爱尔兰所发生的管理开支的限制，附件 10 具有效力。

2. 当在管理时期在联合王国的相关地区由或代表被认可的第三方所发生的任何管理开支超过附件 10 对该时期和该地区所强制的限额时，那么：

(1) 如果第三方不是个人：

(a) 如果负责人授权由或代表第三方发生开支并且他知道或应该合理地清楚所发生的开支会超过该限额，即构成违法，以及

(b) 第三方也构成违法；

(2) 如果第三方是个人，他知道或应该合理地清楚所发生的开支会超过该限额即构成违法。

3. 当出现以下情况，第4款适用：

(1) 在管理时期在联合王国的一个地区由被认可的第三方或代表被认可的第三方所发生的任何管理开支超过第5款提及的对联合王国该地区的限额，以及

(2) 第三方不是一个被认可的第三方。

4. 在这种情况下：

(1) 如果第三方不是个人：

(a) 如果该人知道或应该合理地清楚所发生的开支会超过该限额还授权由或代表第三方发生开支即构成违法，以及

(b) 第三方也构成违法；

(2) 如果第三方是个人，他知道或应该合理地清楚所发生的开支会超过该限额即构成违法。

5. 第3款提到的限额如下：

(1) 英格兰的限额是一万英镑；以及

(2) 苏格兰、威尔士和北爱尔兰每个地区的限额是五千英镑。

6. 当：

(1) 在管理时期在联合王国的一个特别地区由或代表一个被认可的第三方发生管理开支时，以及

(2) 开支是依据一项计划或其他安排发生的，由于这样的安排，由或代表以下方面发生了管理开支：

(a) 该第三方，以及

(b) 一个或一个以上的其他的第三方，

（b）一个或一个以上的其他的第三方，

他们分别与选举资料的制作和出版相联系，该选举资料可以合理地被视为企图赢得第 85 条第 3 款所述的共同目标，

按本条和附件 10 所指，第（1）项所提及的开支也应被视为在管理时期在联合王国的有关地区，如第（2）（b）目所提及的由一个其他的第三方或代表一个其他的第三方（或，视情况而定，每一个其他的第三方）所发生的。

7. 无论第三方是否是被认可的第三方，第 6 款都适用。

8. 当：

（1）在管理时期开始之前，由或代表第三方发生属于第 85 条第 2 款的涉及资产、服务或设施的费用，但

（2）由或代表第三方在管理时期使用该资产、服务或设施，在这种情况下，如果由使用而引起的费用发生在管理时期，则凭借第 85 条第 2 款该费用构成由或代表第三方在管理时期所发生的管理开支，按本条、第 96 至 99 条和附件 10 所指，第（1）项所提及的费用的适当份额应被视为由或代表第三方在管理时期所发生的管理开支。

9. 按第 8 款所指，该款第（1）项提及的费用的适当份额是合理归于该款第（2）项提及的资产、服务或设施使用费的适当份额。

10. 按本条、第 96 至 99 条和附件 10 所指：

（1）"管理时期"是附件 10 所强制限制的时期；

（2）任何对由或代表被认可的第三方在管理时期所发生的管理开支的提及都包括第三方在成为被认可的第三方之前在管理时期所发生的管理开支；

（3）如果附件 10 所强制的限制适用于在联合王国的一个地区所发生的管理开支，则该地区是一个"相关地区"；

（4）任何对在联合王国的一个地区发生的管理开支的提及应依照附件 10 第 2 条予以解释。

第一部分 宪法、全国性涉党法律

第三节 被认可的第三方收取捐款

第 95 条 对被认可的第三方收取捐款的管理

附件 11 对被认可的第三方收取捐款的管理具有效力，该第三方或者不是注册政党，或者是小型政党。

第四节 申报单

第 96 条 管理开支的申报单

1. 当：

（1）在管理时期由或代表被认可的第三方在联合王国的相关地区发生管理开支时，以及

（2）该管理时期结束时，

负责人应根据本条就管理时期由或代表第三方在联合王国该地区所发生的管理开支准备一份申报单。

2. 根据本条的申报单必须指明，为相关选举进行的一次投票（或，视情况而定，为多次相关选举进行的多次投票）发生在有关管理时期，而且必须包含：

（1）对所有由或代表第三方在有关管理时期在联合王国的相关地区所发生的管理开支的支付做出说明；

（2）对负责人所意识到的所有有争议的要求（在第 93 条的含义上）做出说明；以及

（3）（如果）负责人已经知道，根据第 92 条第 4 款已有或即将有未支付的要求向法院提出申请，对所有未支付的要求做出说明；以及

（4）当第三方或者不是一个注册政党，或者是一个小型政党时，按照附件 11 第 10 条和第 11 条的要求，对第三方接收的涉及相关选举的相关捐款的说明。

3. 根据本条的申报单必须附上：

（1）与第 2 款第（1）项所提及的支付有关的所有发票或收据；以及

（2）当凭借第 86 条任何管理开支被视为由或代表第三方所发生时，按照第 86 条第 6 款对该开支做出声明。

4. 然而，当凭借第 2 款申报单中要处理的支付或要求已经根据本条在上一次的申报单中处理过：

（1）下一次的申报单在处理支付或要求时只要指明其总额就足矣了；以及

（2）第 3 款所强制的要求不适用于已附在上一次的申报单上并在下一次的申报单上加以注明的任何发票、收据或声明。

5. 第 2 至 4 款不适用于第三方在成为被认可的第三方之前所发生的管理开支，但是，申报单必须附上负责人就之前所发生的开支总额做出的声明。

6. 选举委员会可以通过条例规定为本条所使用的申报单的格式。

7. 当第 1 款第（1）项适用于一个被认可的第三方和任何管理时期时：

（1）尽管由于根据第 88 条第 1 款第三方的通知失效，第三方在管理时期结束时和之后不再属于被认可的第三方，但根据本条就属于第 1 款第（1）项的管理开支准备申报单的要求应对第三方具有效力；以及

（2）为使或涉及负责人根据本条及第 98 条和第 99 条履行对任何这样的申报单的义务，对负责人的提及应理解为是对恰在第三方通知失效之前的那位负责人的提及。

8. 本条中的"相关捐款"与附件 11 具有同样的含义。

第 97 条　审计师关于申报单的报告

1. 当在管理时期由或代表被认可的第三方在联合王国的相关地区所发生的管理开支超过二十五万英镑时，必须由有资质的审计师就根据第 96 条所准备的涉及开支的申报单准备一份报告。

2. 下列条款，即：

（1）第 43 条第 6 款和第 7 款，以及

（2）第44条，正如该条款适用于审计师的任命以根据第43条施行审计或（视情况而定）适用于按这样方式任命的审计师那样，该条款也应适用于审计师的任命以根据第1款准备一份报告或（视情况而定）适用于按这样方式任命的审计师。

第98条　向选举委员会提交申报单

1. 当：

（1）要根据第96条就由或代表被认可的第三方在管理时期所发生的管理开支准备申报单，以及

（2）要根据第97条第1款就申报单准备一份审计师的报告时，负责人应在管理时期结束后的六个月以内向选举委员会提交该申报单并附上一份审计师的报告的复印件。

2. 当根据第96条还有其他由或代表被认可的第三方在管理时期所发生的管理开支的申报单需要准备时，负责人应在管理时期结束后的三个月以内向选举委员会提交该申报单。

3. 当根据本条向选举委员会提交申报单的那一日之后法院根据第92条第4款对所要求支付的资金给予准许，负责人应在支付后的七日之内向选举委员会提交遵照准许所支付金额的申报单，并附上法院给予准许命令的复印件。

4. 如果没有合理的理由，一个被认可的第三方的负责人出现下列行为即构成违法，他：

（1）在第1款或第2款适用的申报单或报告的问题上未遵从该条款的要求；或

（2）所提交的申报单未遵从第96条第2款或第3款的要求；或

（3）根据第3款提交的申报单未遵从该款的要求。

第99条　负责人就第96条的申报单做出声明

1. 每份根据第96条制作的有关由或代表被认可的第三方在管理时期所发生的管理开支的申报单在向选举委员会递交时必须附上遵从第2款和

第 3 款的一份声明并由负责人签名。

2. 声明必须说明：

（1）负责人已经检查了有关的申报单；以及

（2）尽其所知所信：

（a）这是一份如法律所要求的完整准确的申报单，以及

（b）申报单上所显示的所有已付款都是由其本人或经其授权者付的款。

3. 当第三方或者不是一个注册政党，或者是一个小型政党时，声明还必须说明：

（1）申报单上记录的由第三方接受的相关捐款是来自于允许的捐赠者；以及

（2）在管理时期内发生的相关选举中，第三方没有接受其他的相关捐款。

4. 一个人如果有下列行为即构成违法：

（1）他根据本条有意或无意地做出错误的声明；或

（2）当他是被认可的第三方的负责人时，涉及该第三方的申报单违背第 1 款的要求。

5. 本条中的"相关捐款"与附件 11 具有同样的含义。

第 100 条　就根据第 96 条的申报单进行公共检查

1. 当选举委员会根据第 96 条收到申报单时，他们应：

（1）在收到申报单后尽快在合理可行的时间内制作一份申报单和所附文件的副本，供公共检查；并且

（2）在他们保存申报单和所附文件期间，其副本可供公共检查。

2. 如果申报单包含有依据第 96 条第 2 款第（4）项做出的相关捐款的说明，选举委员会应确保，当捐赠者是个人时，供公共检查的说明的副本不包含捐赠者的地址。

3. 选举委员会收到第 1 款所提及的申报单或其他文件之日起的两年时间结束之后：

（1）他们可以销毁申报单或其他文件；但是

（2）如果有关第三方的负责人要求将申报单或其他文件返还给该负责人的话，他们应该照做。

第七部分　全民公投

第一章　引　言

第一节　本部分适用的全民公投

第 101 条　本部分适用的全民公投

1. 从属于本条的下列规定，本部分适用于在遍及以下地区举行的全民公投：

（1）联合王国；

（2）英格兰、苏格兰、威尔士和北爱尔兰的其中一个或一个以上的地区；或

（3）1998 年地区发展署法案［1998 c.45］的附件 1 指定的英格兰的任何地区。

2. 本部分中：

（1）"全民公投"指依据由或根据议会的一项法案做出的规定，就一个或一个以上所指定的问题或依据任何这样的规定，举行全民投票表决或其他种类的投票；

（2）"问题"包括建议（并且"答复"相应地包括回应）。

3. 然而，根据 1998 年威尔士政府法案［1998 c.38］第 36 条举行的一次投票不被视为属于第 2 款的全民公投。

4. 如果国务大臣通过政令这样规定：

（1）第 2 款应适用于任何被指定的，在发布政令之前，犹如法案一样，已经提交议会的议案；以及

（2）从属于任何被指定的修订，本部分的任何被指定的规定应适用于

由议案为该全民做出规定的任何被指定的全民公投。

5. 第 4 款中"指定的"指根据第 4 款所指定的。

第 102 条　全民公投时期

1. 按本部分所指，对于任何本部分适用的全民公投来讲，全民公投时期应依据本条加以决定。

2. 当全民公投是依据 1998 年北爱尔兰法案［1998 c.47］的附件 1 举行，全民公投时期：

（1）始于按照该附件起草的法令提交到议会，待两院依据该法案第 96 条第 2 款予以批准之日；以及

（2）终止于投票日。

3. 当全民公投是由或依据其他法案做出的规定而举行，全民公投时期（从属于第 4 款和第 5 款）应是由或根据该法案所规定的时期。

4. 当全民公投是根据第 101 条第 4 款的政令而举行时，全民公投时期是政令所指定的时期（不超过六个月的时间）。

5. 如果（除本款之外）属于第 4 款的全民公投时期会在投票日结束之后终止，全民公投时期应改在投票之日结束。

第 103 条　投票日

1. 当本部分适用的全民公投投票日由或根据法案的规定确定时，所确定的投票日不应早于第 109 条第 3 款中提及的十四天时期结束之后的二十八天。

2. 如果根据第 109 条第 6 款的政令适用于全民公投，第 1 款应理解为凭借政令所确定的时期适用，而不是十四天的时期。

第 104 条　全民公投议题

1. 第 2 款适用于当议案提交到议会时，议会：

（1）规定举行本部分适用的全民公投的投票，以及

（2）指定全民公投议题的措辞。

2. 选举委员会应考虑全民公投议题的措辞，并应就该议题的清晰度

发表选举委员会的观点说明：

（1）在议案提交后尽可能合理可行的时间内，以及

（2）以他们可以决定的方式。

3. 在举行属于本部分适用的全民公投的投票的情况下，当全民公投议题的措辞在1978年解释法［1978 c.30］含义上的次级立法中被指定时，第4款和第5款适用。

4. 如果有关的文书草案被提交议会，待两院批准，国务大臣：

（1）在草案提交之前应就全民公投议题的措辞咨询选举委员会；以及

（2）在提交草案时，应向两院提交一份报告，就该议题的清晰度说明选举委员会在回应咨询时已经表达的观点。

5. 如果依据议会上院或下院的决定，有关文书宣告无效，国务大臣：

（1）应在起草文书之前，就全民公投的措辞咨询选举委员会；以及

（2）在提交文书时，应向两院提交一份报告，就该议题的清晰度说明选举委员会在回应咨询时已经表达的观点。

6. 当第2款、第4款或第5款适用的任何议案、草案文书或文书不仅指定全民公投的议题，而且还有在议题出台之前所做的印在全民公投选票上的说明时，该款中对全民公投议题的提及应理解为对该议题及一起呈交的对议题说明的提及。

7. 本条中的"全民公投议题"指包含印在全民公投选票上的议题。

第二节　允许的参与者

第105条　允许的参与者

1. 涉及本部分适用的一次特定的全民公投，本部分"允许的参与者"指：

（1）一个注册政党，该党已经根据第106条就全民公投做出声明；或

（2）下列个人或团体，该个人或团体已经根据第106条就全民公投提交通知，即

（a）任何居住在联合王国的个人或在选民登记册上登记的个人（如第58条第4款所定义的），或

（b）任何属于第54条第2款第（2）项和第（4）至（8）项的团体。

2. 本部分中的"负责人"指：

（1）如果允许的参与者是一个注册政党：

（a）党的财务总管，或

（b）在小型政党的情况下，依据106条第2款第（2）项，目前代表党向选举委员会提交通知者；

（2）如果允许的参与者是个人，则该个人；以及

（3）要不然依据第106条第4款第（2）（b）项，目前作为允许的参与者向选举委员会提交通知的人或官员。

第106条　按第105条所指的声明和通知

1. 按第105条所指，如果一个注册政党向选举委员会做出一项声明时指明以下情况，该党就是根据本条向选举委员会做出了声明：

（1）该党与全民公投有关，以及

（2）该党建议为全民公投的结果而开展宣传活动。

2. 根据本条的声明：

（1）必须由该党负责人签署（在第64条的含义上）；以及

（2）如果是由一个小型政党做出，必须附上一份通知，说明负责该党遵守第二章规定的负责人的姓名。

3. 按第105条第1款所指，如果一个人或团体向选举委员会提交一份通知时指明以下情况，该人或团体就是根据本条向选举委员会提交一份通知：

（1）该人或团体与全民公投有关，以及

（2）通知提交者建议为全民公投的结果而开展宣传活动。

4. 根据本条的通知必须：

（1）如果由个人提交，说明：

（a）他的全名，以及

（b）他在联合王国的家庭住址，或（如果他在联合王国没有这样的地址）他在其他地方的家庭住址，并由他签字；

（2）如果由属于第54条第2款第（2）项和第（4）至（8）项的团体提交，说明：

（a）所有附件6第2条第4款和第6至10款对作为可记录捐款的捐赠者的团体所要求提交的涉及该团体的详情，以及

（b）该团体负责遵守第二章规定的负责人或官员的姓名，并由该团体的书记或承担相似职责者签署。

5. 如果在遵守规定时期结束之前，包含在根据本条（当它目前还生效时）的通知里的依据第4款的声明不再准确，曾提交通知的那位允许的参与者应向选举委员会提交一份通知（"一份变更通知"），指明该声明由其他声明所代替，新声明：

（1）包含变更通知，以及

（2）符合第4款的规定。

6. 按第5款所指：

（1）"遵守规定时期"是允许的参与者要遵守第二章的规定的时期；以及

（2）涉及根据第2款的通知，对第4款的提及应理解为是对第2款的提及。

7. 在举行全民公投的情况下，本条中和在第108条及109条中的"结果"指全民公投所问询的议题的一个特殊的结果。

第107条　为第105条而采用的公告和通知登记簿

1. 选举委员会应保存一个关于以下内容的登记簿：

（1）所有根据第106条提交给他们的声明；以及

（2）所有根据第106条提交给他们的通知。

2. 登记簿应由选举委员会按他们可以决定的方式加以保存，应包括依据第106条所提交给选举委员会的每一项这样的声明或通知的所有信息。

3. 当根据106条向选举委员会做出或递交任何声明或通知时，选举委

员会应使：

（1）第2款所提及的信息录入登记簿，或

（2）在根据106条第5款所提交的通知的情况下，作为通知的结果，任何所要求的变更要尽快在合理可行的时间内在登记簿上作出更改。

4. 当允许的参与者是个人时，进入登记簿的信息应不包括其家庭地址。

第三节 对指定机构的资助

第108条 只有受到指定的机构才可获得资助

1. 在涉及本部分适用的全民公投中，选举委员会可以依据第110条指定一些允许的参与者作为可以获得资助的机构。

2. 当本部分适用的全民公投只有两种可能的结果时，选举委员会：

（1）在涉及每一项结果中，可以指定一个允许的参与者作为有关结果的宣传活动的代表；但是

（2）不属于这种情况，在全民公投时不应做出任何指定。

3. 当本部分适用的全民公投有两种以上的可能的结果时，国务大臣在咨询选举委员会之后，可以依据第4款通过政令指定一些允许的参与者作为可能出现的结果。

4. 在这种情况下，选举委员会：

（1）在政令所指定的两个或两个以上的每一项结果中，可以指定一个允许的参与者作为有关结果的宣传活动的代表；但是

（2）不属于这种情况，在全民公投时不应做出任何指定。

第109条 申请获得根据第108条的指定

1. 按选举委员会所指，允许的参与者如果寻求获得根据第108条的指定，必须提出申请。

2. 申请指定必须：

（1）附上指定的信息或说明以显示申请者足以在申请者寻求被指定的

全民公投中代表该结果的宣传活动；以及

（2）自全民公投时期开始第一天起的二十八日之内提出申请。

3. 当按照本条向选举委员会提交获得指定的申请时，选举委员会必须在第2款第（2）项所提及的二十八日的期限结束之后算起的十四日之内就申请做出决定。

4. 如果对于全民公投的一个特别结果只有一份申请，选举委员会应指定该申请者，除非：

（1）他们对申请者能够足以代表该结果的宣传活动方面感到不满意；或

（2）凭借第108条第2款第（2）项或第4款第（2）项，他们不能做出任何指定。

5. 如果对于全民公投的一个特别结果有一份以上的申请，选举委员会应指定，在他们看来能最大程度上代表该结果的宣传活动的申请者，除非：

（1）他们对所有申请者在能够足以代表该结果的宣传活动方面都感到不满意；或

（2）凭借第108条第2款第（2）项或第4款第（2）项，他们不能做出任何指定。

6. 在本部分适用的全民公投中，国务大臣可以通过政令规定，第2款和第3款提及的二十八日和十四日的每一个或任一一个时期可以改为按政令指定的更短或更长的时期，本条按规定生效。

7. 关于全民公投，本条中任何对指定的提及都是根据第108条涉及全民公投的指定。

第110条　指定机构可获得资助

1. 当选举委员会根据第108条做出涉及全民公投的指定时，依据本条而被指定的机构可获得资助。

2. 选举委员会应向每一个被指定机构提供同样数额的补助金，该补助金应由选举委员会决定，数额不超过60万英镑。

3. 根据第 2 款的补助金可以在选举委员会认为适当的条件下提供。

4. 每个被指定机构（或，视情况而定，被机构授权者）由附件 12 授予或凭借附件 12，应有权按附件 12 的规定：

（1）免费寄送全民公投的演说；

（2）免费使用房间以举行公共会议；以及

（3）免费广播以进行全民公投的宣传活动。

5. 涉及一次全民公投，本条和附件 12 中的"指定机构"指选举委员会根据第 108 条指定的与该全民公投有关的个人或团体。

第二章　资金管理

第一节　全民公投费用

第 111 条　全民公投费用

1. 按本部分所指，下列规定具有效力。

2. 涉及本部分适用的全民公投，"全民公投费用"指由或代表任何个人或团体所发生的费用，该费用属于附件 13 第一部分的费用并为全民公投的目的而发生。

3. "为全民公投的目的"指：

（1）与宣传活动的实施或管理有关，该宣传活动由一种观点引领，旨在在涉及全民公投所询问的问题上促进或获得一种特别的结果；或

（2）要不然与促进或获得任何这样的结果有关。

4. "全民公投宣传活动"指如第 3 款第（1）项所提及的宣传活动；以及涉及全民公投费用，"宣传活动的组织者"指个人或团体，由或代表该个人或团体发生全民公投费用。

第 112 条　名义上的全民公投费用

1. 在属于任何个人或团体的情况下，本部分适用于：

（1）属于下列任一情况时：

（a）资产免费或以市场价值百分之十以上的折扣转移给个人或团

体，或

（b）免费或按资产、服务或设施使用的商业价格的百分之十以上的折扣给个人或团体提供资产、服务或设施或使个人或团体受益，以及

（2）资产、服务或设施由或代表个人或团体使用，在这种情况下，如果确实是由或代表个人或团体所发生的使用费，该费用就是由或代表个人或团体所发生的全民公投费用。

2. 当本条适用时，按本部分所指，依据本条决定的全民公投费用的数额（"适当数额"）应被视为如第1款第（2）项所提及的那样，是由个人或团体在资金、服务或设施使用期间所发生的金额。本款在从属于第9款的情况下具有效力。

3. 当第1款第（1）（a）目适用时，适当数额是下列任一份额：

（1）资产的市场价值（当资产是被免费转移时）的份额，或

（2）资产的市场价值与实际由或代表个人或团体所发生的涉及资产的费用（当资产是按折扣转移的）之间的差额的份额，如第1款第（2）项所提及的属于合理地归于资产的使用费。

4. 当第1款第（1）（b）目适用时，适当数额是下列任一份额：

（1）资产使用，服务或设施的提供的商业成本的份额（当资产、服务或设施是免费提供的），或

（2）商业成本与实际由或代表个人或团体所发生的涉及资产的使用，或者服务或设施的提供的费用（当资产、服务或设施是按折扣提供的）之间的差额的份额，如第1款第（2）项所提及的属于合理地归于资产、服务或设施的使用费。

5. 当雇主让雇员为个人或团体提供服务或使其受益时，那么按本条所指，被认为构成提供服务的商业成本的金额应是雇主付给雇员服务期间内的报酬或津贴（但不应包括任何捐款的金额或其他雇主有义务支付给雇员的金额）。

6. 凭借第2款，当一定数额的全民公投费用被视为在整个或部分全民公投时期由或代表个人或团体所发生的与全民公投有关的费用，则：

（1）第 7 款所提及的数额应被视为在全民公投时期由或代表个人或团体所发生，以及

（2）如果根据第 120 条要求对由或代表个人或团体在全民公投时期所发生的全民公投费用准备一份申报单，则负责人应对该数额做出声明，除非该数额不超过二百英镑。

7. 第 6 款所提到的数额是在全民公投时期，如第 1 款第（2）项提及的那样，属于合理地代表资产、服务或设施的使用而发生的（依据第 3 或第 4 款所决定的）一定数额的费用的份额。

8. 一个人如果根据第 6 款有意或无意地做出错误的声明即构成违法。

9. 凭借第 2 款，凡涉及以下内容的，都不被视为发生了任何数额的全民公投费用：

（1）（在 127 条的含义上）广播员播送全民公投宣传活动广播；

（2）提供凭借第 110 条第 4 款和附件 12 而授予指定机构（或由指定机构授予给个人）的权利；

（3）个人在其个人时间内自愿提供的免费服务。

10. 按第 1 款所指，为决定资产是否转移给个人或团体，附件 15 第 2 条第 5 款和第 6 款第（1）项经必要的修正后应适用。

第二节 对允许的参与者发生全民公投费用的总体限制

第 113 条 对发生全民公投费用的限制

1. 不应由或代表被认可的第三方发生任何数额的管理开支，除非有下列人员授权：

（1）负责人；或

（2）经负责人书面授权者。

2. 在没有合理理由的情况下，如果一个人在违背第 1 款的情况下发生任何费用即构成违法。

3. 在被认可的第三方是一个注册政党的情况下，当在违背第 1 款的情

况下发生任何费用时，按第117至123条或附件14所指，该费用不应计算为由或代表允许的参与者所发生的全民公投费用。

第114条 对支付全民公投费用的限制

1. 不应由或代表允许的参与者支付任何数额的全民公投费用，除非有下列人员授权：

（1）负责人；或

（2）经负责人书面授权者。

2. 一个人在第1款第（1）项或第（2）项的范畴内对任何全民公投费用的支付必须有发票或收据的支持，除非该费用不超过二百英镑。

3. 当一个人在第1款第（2）项的范畴内付款，且第2款适用于该笔付款时，他必须在付款之后尽可能快地向负责人提交：

（1）他已经付款的通知，以及

（2）作为证明的发票或收据。

4. 在没有合理理由的情况下，如果一个人有下列行为即构成违法：

（1）他在违背第1款的情况下付款，或

（2）他违背第3款。

第115条 对要求索取全民公投费用的限制

1. 要求支付由或代表允许的参与者在全民公投时期所发生的全民公投费用时，如果该要求未在全民公投时期结束后的二十一日以内送交下列人员，应不予支付：

（1）负责人，或

（2）根据第113条被授权允许发生开支的其他人。

2. 根据第1款送交的任何要求应在全民公投时期结束之后的四十二日之内付款。

3. 在没有合理理由的情况下，一个人有下列行为即构成违法：

（1）他给任一项要求付款，而凭借第1款该要求不应予以付款，或

（2）他在第2款所允许的期限结束之后给一项要求付款。

4. 在第 1 款适用于一项要求的情况下：

（1）提出要求者，或

（2）授权发生有关费用者，

可以向高等法院或郡法院，或在苏格兰向高等民事法院或县、区的大法官申请准许支付所要求的资金，尽管该要求是在第 1 款提及的期限结束之后提交的；如果法院确信由于任何特殊理由这样做是适当的话，可以命令批准该请求。

5. 第 1 款或第 2 款不适用于依据许可令所支付的款项。

6. 第 2 款不损害一个允许的参与者的债权人有权在第 2 款所允许的期限结束之前得到支付。

7. 按本条所指，假定出现以下情况，第 77 条第 7 至 10 款应适用：

（1）对第 77 条第 1 款、第 2 款或第 4 款的提及就是对以上第 1 款、第 2 款或第 4 款的提及；以及

（2）对竞选开支的提及就是对全民公投费用的提及；以及

（3）对注册政党的财务总管或副财务总管的提及就是对允许的参与者的负责人的提及。

第 116 条　有争议的要求

1. 当出现以下情况本条适用：

（1）如第 115 条第 1 款提及的那样，涉及由或代表允许的参与者所发生的全民公投费用，一项索取付款的要求在该款允许的期限内被送交：

（a）负责人，或

（b）其他人，声称经其授权发生该笔开支；以及

（2）负责人或被送交要求的其他人未能或拒绝按第 115 条第 2 款所允许的期限支付所要求的资金；

则该要求在本条中被提及为"有争议的要求"。

2. 发起有争议的要求者可以就有争议的要求提起诉讼，第 115 条第 2 款应不适用于在诉讼程序中依据法院判决或命令所支付的款项。

3. 按本条所指：

（1）正如第115条第4款和第5款适用于申请准许给一项在第115条第1款允许的期限之后送交的（无论是有争议的还是无争议的）要求付款那样，该条款也应适用于以上第1款第（2）项提及的人提出的准许支付有争议的要求的申请；以及

（2）犹如任何对第77条第4款的提及就是对第115条第4款的提及那样，当以上第（1）项适用时，第77条第7款和第8款也应适用。

第三节 资金限制

第117条 对全民公投费用的总体限制

1. 在本部分适用的一次特定的全民公投中，由或代表个人或团体在全民公投时期所发生的全民公投的总费用不得超过一万英镑，除非该个人或团体是允许的参与者。

2. 当：

（1）由或代表个人在全民公投时期所发生的全民公投的费用超过第1款所强制的限度时，并且

（2）他不是允许的参与者，如果他知道，或应该合理地知道所发生的费用超过该限度，即构成违法。

3. 当：

（1）由或代表团体在全民公投时期所发生的全民公投的费用超过第1款所强制的限度时，并且

（2）该团体不是允许的参与者，任何人授权由或代表该团体发生该笔费用，如果他知道，或应该合理地知道所发生的费用会超过该限度，即构成违法。

4. 当第3款第（1）项和第（2）项适用时，有关团体也构成违法。

5. 当：

（1）在全民公投时期开始之前，由或代表个人或团体发生属于第111条第2款的涉及资产、服务或设施的费用，但

（2）由或代表个人或团体在全民公投时期使用该资产、服务或设施，

在这种情况下,如果由使用而引起的费用发生在全民公投时期,则凭借第111条第2款,该费用构成由或代表个人或团体在全民公投时期所发生的全民公投费用,按本条所指,第(1)项所提及的费用的适当份额应被视为由或代表个人或团体在全民公投时期所发生的全民公投费用。

6. 按第5款所指,该款第(1)项提及的费用的适当份额是合理归于该款第(2)项提及的资产、服务或设施使用费的适当份额。

第118条 对允许的参与者的全民公投费用的特殊限制

1. 在全民公投的情况下,涉及本部分适用的全民公投,附件14对强制限制由或代表允许的参与者在全民公投时期所发生的全民公投费用具有效力。

2. 当由或代表允许的参与者在全民公投时期所发生的全民公投费用超出附件14所强制的限制时,则:

(1)如果允许的参与者是属于105条第1款第(1)项的一个注册政党:

(a)如果党的负责人或副财务总管授权由党或代表党发生该笔费用并且他知道或应该合理地知道所发生的该笔费用会超过限制度,即构成违法,并且

(b)该党也构成违法;

(2)如果允许的参与者是属于105条第1款第(2)项的个人,如果他知道或应该合理地知道所发生的该笔费用会超过限制,即构成违法;

(3)如果允许的参与者是属于105条第1款第(2)项的团体:

(a)如果团体的负责人授权由或代表该团体发生该笔费用并且他知道或应该合理地知道所发生的该笔费用会超过限制,即构成违法,并且

(b)该团体也构成违法。

3. 应由根据第2款被控告违法的允许的参与者或其他人进行辩护以说明:

(1)在决定全民公投费用的项目和数额以纳入根据第120条的相关申报单方面,遵从了根据附件13第3条目前颁布的实用法规,以及

（2）根据列入申报单的项目和数额，本来不会出现超限额的情况。

4. 正如按 117 条所指，第 117 条第 5 款和第 6 款适用于不是允许的参与者的个人和团体那样，按本条、第 120 至 123 条和附件 14 所指，第 117 条第 5 款和第 6 款也应适用于已经成为允许的参与者的个人或团体。

5. 按本条、第 120 至 123 条和附件 14 所指，对由或代表允许的参与者在全民公投时期所发生的全民公投费用的提及包括个人或团体在成为允许的参与者之前所发生的全民公投费用。

第四节 对允许的参与者收取的捐款

第 119 条 对允许的参与者收取捐款的管理

附件 15 对不是注册政党，或是小型政党的允许的参与者收取捐款的管理具有效力。

第五节 申报单

第 120 条 关于全民公投费用的申报单

1. 当：

（1）由或代表允许的参与者在全民公投时期发生全民公投费用（在 102 条的含义上），以及

（2）该时期结束时，负责人应根据本条就由或代表允许的参与者在全民公投时期所发生的全民公投费用制作一份申报单。

2. 根据本条的申报单必须指明开支与全民公投有关并且必须包括：

（1）对由或代表允许的参与者在有关全民公投时期所发生的全民公投费用的全部支付做出说明；

（2）对全部有争议的要求（在第 116 条的含义上）的说明。

（3）（如果）负责人已经知道，根据第 115 条第 4 款已有或即将有未支付的要求向法院提出申请，对所有未予支付的要求做出说明；以及

（4）在允许的参与者不是注册政党，或是小型政党的情况下，对涉及

遵从附件 15 第 10 条和第 11 条的要求举行全民公投时接受相关捐款的说明。

3. 根据本条的申报单必须附上：

（1）与第 2 款第（1）项所提及的支付有关的所有发票或收据；以及

（2）当凭借第 112 条任何全民公投费用被视为发生时，依据第 112 条第 6 款对该笔费用做出声明。

4. 第 2 款和第 3 款不适用于个人或团体在成为允许的参与者之前所发生的全民公投费用，但是申报单上必须就该时期所发生的费用总额附上负责人的声明。

5. 选举委员会可以通过条例规定为本条所使用的申报单的格式。

6. 本条中的"相关捐款"与附件 15 具有同样的含义。

第 121 条 审计师关于申报单的报告

1. 当在全民公投时期由或代表允许的参与者所发生的全民公投费用超过二十五万英镑时，必须由有资质的审计师就根据第 120 条所准备的涉及该费用的申报单准备一份报告。

2. 下列条款，即：

（1）第 43 条第 6 款和第 7 款，以及

（2）第 44 条，正如该条款适用于审计师的任命以根据第 43 条进行审计或（视情况而定）适用于按这样方式任命的审计师那样，该条款也应适用于审计师的任命以根据第 1 款准备一份报告或（视情况而定）适用于按这样方式任命的审计师。

第 122 条 向选举委员会提交申报单

1. 当：

（1）要根据第 120 条就由或代表允许的参与者在全民公投时期所发生的全民公投费用准备申报单，以及

（2）要根据第 121 条第 1 款就申报单准备一份审计师的报告时，负责人应在相关全民公投时期结束后的六个月以内向选举委员会提交该申报单

并附上一份审计师的报告的复印件。

2. 当根据第 120 条还有其他的申报单需要准备时，负责人应在相关全民公投时期结束后的三个月以内向选举委员会提交该申报单。

3. 当根据本条向选举委员会提交申报单的那一日之后法院根据第 115 条第 4 款对所要求支付的资金给予准许，负责人应在支付后的七日之内向选举委员会提交依据准许所支付金额的申报单，并附上法院给予准许命令的复印件。

4. 如果没有合理的理由，负责人出现下列行为即构成违法，他：

（1）根据第 120 条的申报单未遵从第 1 款或第 2 款的要求；或

（2）所提交的申报单未遵从第 120 条第 2 款或第 3 款的要求；或

（3）根据第 3 款提交的申报单未遵从该款的要求。

第 123 条　负责人就第 120 条的申报单做出声明

1. 每份根据第 120 条制作的有关由或代表允许的参与者在全民公投时期所发生的全民公投费用的申报单在向选举委员会递交时必须附上遵从第 2 款的一份声明并由负责人签名。

2. 声明必须说明：

（1）负责人已经检查了有关的申报单；以及

（2）尽其所知所信：

（a）这是一份如法律所要求的完整准确的申报单，以及

（b）申报单上所显示的所有已付款都是由其本人或经其授权者付的款。

3. 当允许的参与者或者不是一个注册政党，或者是一个小型政党时，声明还必须说明：

（1）申报单上记录的由允许的参与者接受的相关捐款是来自于允许的捐赠者，以及

（2）允许的参与者没有接受其他的相关捐款。

4. 一个人如果有下列行为即构成违法：

（1）他根据本条有意或无意地做出错误的声明；或

（2）当他是允许的参与者的负责人时，该允许的参与者的申报单违背第1款的要求。

5. 本条中的"相关捐款"与附件15具有同样的含义。

第124条　就第120条的申报单进行公共检查

1. 当选举委员会根据第120条收到申报单时，他们应：

（1）在收到申报单后尽快在合理可行的时间内制作一份申报单和所附文件的副本，供公共检查；并且

（2）在他们保存申报单和所附文件期间，其副本可供公共检查。

2. 如果申报单包含有依据第120条第2款第（4）项做出的相关捐款的说明，选举委员会应确保，当捐赠者是个人时，供公共检查的说明的副本不包含捐赠者的地址。

3. 选举委员会收到第1款所提及的申报单或其他文件之日起的两年时间结束之后：

（1）他们可以销毁申报单或其他文件；但是

（2）如果有关允许的参与者的负责人要求将申报单或其他文件返还给该负责人的话，他们应该照做。

第三章　出版物的管理

第125条　对中央和地方政府等宣传资料的出版物等的限制

1. 本条适用于任何资料，该资料：

（1）提供本部分适用的全民公投的总体信息；

（2）处理由任何全民公投议题所引起的争论点；

（3）提出任何论点以支持或反对对任何这样议题的解答；或

（4）筹划鼓励参加全民公投的投票。

2. 从属于第3款，本部分适用的资料在相关时期不应被下列人员出版：

（1）王国政府大臣、政府部门或地方当局；或

(2) 费用全部或主要由公共基金或地方行政管理部门支付的任何其他人或团体。

3. 第 2 款不适用于：

(1) 在回应对信息的特殊要求时供个人使用的资料，或者供特别寻求查找该信息的个人所使用的资料；

(2) 由或代表选举委员会、或个人、或根据 108 条（可获得资助的机构的指定）所指定的机构所做的事情；

(3) 涉及民意调查信息的发布；

(4) 新闻报道短评的发行；

并且第 2 款第（2）项不应被适用于英国广播公司和威尔士语电视台。

4. 本条中：

(1) "发布"（动词）指无论以什么方式或方法使最广大的公众，或公共部门可获悉［并且"发布"（名词）可做相应的解释］；

(2) 涉及全民公投的"相关时期"指到投票之日止的二十八日。

第 126 条 全民公投资料上所出现的细目

1. 在全民公投时期不得发布全部或主要涉及本部分适用的全民公投的资料，除非：

(1) 在资料是或包含第 3 款、第 4 款或第 5 款所提及的印刷文件的情况下，该款的要求已被遵从；或

(2) 在属于其他资料的情况下，凭借第 6 款的条例，属于该资料需要遵从的要求都已被遵从。

2. 按第 3 至 5 款所指，属于第 1 款第（1）项的资料，下列细目为"相关细目"，即：

(1) 文件印刷者的姓名和地址；

(2) 资料宣传者的姓名和地址；以及

(3) 资料作者的姓名和地址（并且他不是宣传者）。

3. 当资料是（或主要是）由单面印刷资料构成的一份文件时，相关细目必须出现在文件的封面。

4. 当资料不是第 3 款适用的一份印刷文件时,相关细目必须出现在第一页或最后一页。

5. 当资料是包含在报纸或期刊内的广告时:

(1) 报纸或期刊印刷者的名字和地址必须出现在第一页或最后一页;以及

(2) 第 2 款第(2)项和第(3)项所指定的相关细目必须包含在广告中。

6. 国务大臣可以在咨询选举委员会之后通过条例规定强制性要求,属于第 1 款第(2)项的资料要包含下列细目,即:

(1) 资料宣传者的姓名和地址;以及

(2) 资料作者的姓名和地址(并且他不是宣传者)。

7. 根据第 6 款的条例可以特别指定:

(1) 为遵从这些要求起见,这些细目必须包含在资料中的方式和格式;

(2) 有些情况下:

(a) 条例中指定类型的人不必遵从这些要求,或

(b) 根据本条,在选举委员会看来,指定类型的人违反这些要求不导致该人或其他类型的人违法;

(3) 按条例所指,有些情况下,资料被视为或不被视为即将或(视情况而定)已经由一个指定类型的人发布。

8. 在全民公投时期,属于第 1 款第(1)项的资料被违反第 1 款而发布时,则(从属于第 10 款):

(1) 资料的宣传者,

(2) 经手发布资料的其他人,

(3) 文件的印刷者,应构成违法。

9. 在全民公投时期,属于第 1 款第(2)项的资料被违反第 1 款而发布时,则[从属于凭借第 7 款第(2)项而制定的条例和第 10 款]:

(1) 资料的宣传者,

(2) 经手发布资料的其他人，应构成违法。

10. 应由根据本条被指控违法者进行辩护，以证明：

(1) 违反第 1 款源于其无法掌控的情况；以及

(2) 他采取了一切合理的步骤，尽一切所应尽的努力以确保不会出现违反该条款的情况。

11. 本条中：

"印刷"指无论以什么方式进行的印刷，并且"印刷者"应做相应的解释；

涉及属于第 1 款的资料的"宣传者"指使资料得以发布者；

"发布"指无论以什么方式和方法使最广大的公众，或公共部门可获悉。

第 127 条 全民公投宣传广播

1. 一个广播电台应不可在其广播服务中含有代表不是指定个人或团体的全民公投宣传广播。

2. 本条中的"全民公投宣传广播"指任何广播，其目的（或主要目的）是或可以合理地被假定为：

(1) 就本部分适用的全民公投询问议题，用一种观点来引导，推动宣传活动以促进或获得一种特别的结果，或

(2) 要不然促进或获得任何这样的结果。

第四章 全民公投的实施

第 128 条 全民公投的首席计票官和计票官

1. 本条对本部分适用的全民公投具有效力。

2. 应有一名全民公投首席计票官（从属于第 8 款），该人应是：

(1) 选举委员会主席，或

(2) 如果选举委员会主席任命其他人担任全民公投首席计票官，则被任命者。

3. 全民公投首席计票官应为大不列颠的每一个相关地区任命一名计票官。

4. 为协助计票官在该地区履行职责,每一个相关地区的地方行政管理部门应安排其官员提供为计票官支配的服务。

5. 涉及该计票官被任命的那个地区的投票的票数,每位计票官应验明:

(1) 由他清点的选票数,以及

(2) 就全民公投所询问的议题,支持每一项答案的投票数。

6. 首席计票官应在所有全民公投地区验明:

(1) 所清点的选票总数,以及

(2) 就全民公投所询问的议题,支持每一项答案的投票数。

7. 当全民公投使用两种或更多格式的选票时,涉及所使用的每种格式的选票,应根据第5款第(1)项或第6款第(1)项,分别验明每种格式的选票的数目。

8. 当全民公投在北爱尔兰举行时,北爱尔兰首席选举官:

(1) 如果全民公投只在北爱尔兰举行,应是该全民公投的首席计票官,以及

(2) 按第5款所指,其他情况应被视为他是根据本条被任命的负责全部北爱尔兰的计票官。

9. 本条中:

(1) "大不列颠的相关地区"指任何下列地区:

(a) 英格兰的一个区或一个伦敦自治市,

(b) 伦敦市(包括内殿和中殿),怀特岛或锡利群岛,

(c) 苏格兰的一个地方政府区域,或

(d) 包含在全民公投地区内的威尔士的一个郡或郡级自治市镇;

(2) "地方行政管理部门":

(a) 在属于第(1)(a),(c),(d)目的情况下,指该地区的政务委员会,以及

(b) 在属于第 (1) (b) 目的情况下，指伦敦市政务议事厅，怀特岛政务委员会或锡利群岛政务委员会，视情况而定；

(3) "全民公投地区"指联合王国的多个或一个地方，或（视情况而定）英格兰地区，正如第 101 条第 1 款所提及的要在这些地区举行全民公投。

第 129 条　管理全民公投实施的政令

1. 国务大臣在他认为适宜时可以就管理本部分适用的全民公投的实施通过政令做出规定。

2. 根据本条的政令尤其可以：

(1) 创立对违法的规定；

(2) （经或不经修订）使用任何成文法的任何规定；并且根据本条，在涉及联合王国不同区域时可做出不同的规定。

3. 除了在某种程度上（如果任何政令）可能已由其他成文法做出同样的规定之外，根据本条的政令应不适用于其他成文法已经就管理全民公投的实施的事务做出特殊规定的全民公投。

4. 在根据本条制定政令之前，国务大臣应咨询选举委员会。

第八部分　选举运动及其诉讼

第一节　对候选人收取捐款的管理

第 130 条　对候选人收取捐款的管理

1. 1983 年人民代表法［1983 c. 2］应做如下修订。

2. 在第 71 条之后，应插入：

"候选人收取的捐款

第 71A 条　对候选人收取捐款的管理

1. 在候选人参加一次选举的情况下：

(1) 由除候选人或其选举代理人之外的任何人，并且

(2）为了满足由或代表候选人而发生选举费用的要求，（无论是以礼物还是以贷款形式）所提供的任何资金或其他资产都必须提交给候选人或其选举代理人。

2. 以上第 1 款不适用于为满足任何选举费用而提供的任何资金或资产，该资金或资产法律上可以由一个人支付，但不能由候选人、他的选举代理人或（在选举中可以任命下一级代理人的情况下）任何下一级代理人支付。

3. 一个人在违反第 1 款的情况下提供资金或资产即构成非法行为罪。

4. 为对候选人收取捐款进行管理，本法的附件 2A 应具有效力。

5. 本条和附件 2A 中的'资产'包括任何类型的资产，对提供资产的提及相应地包括提供货物。"

3. 附件 16 陈述的规定应插入到本法的附件 2A 中。

4. 本条所做的修订在涉及苏格兰地方政府选举时无效。

第二节　选举费用的管理

第 131 条　非由候选人发生的选举费用

1. 1983 年人民代表法第 75 条（非候选人、选举代理人或经候选人授权的人不得发生选举费用）应做如下修订。

2. 第 1 款第（2）项（个人支持者或批评者发生的总计不超过五英镑的费用除外）中，"可能由个人发生并且不是依照由其他人提出或与其他人有关的一项计划而发生的总计不超过五英镑"应替代为"由个人发生的总计不超过允许的数额（并且不是由该人作为协同行为计划的一部分而发生），"。

3. 在第 1 款之后应插入：

"1ZA. 按以上第 1 款第（2）项所指，'允许的数额'指：

（1）涉及参加议会选举的候选人，五百英镑；

（2）涉及参加地方政府选举的候选人，五十英镑，并对在有关选区地方政府选民登记簿上登记的每个人另加零点五便士，该规定对在选举通知发布前一天登记者有效；

并且如果由该人依据任何计划或其他安排，凭此计划或安排，用一种观点促进或赢得同一候选人的选举，该人与一个或更多的其他人发生费用，且该费用属于以上第 1 款的费用［不管是否属于第 1 款第（2）项的费用］，该费用应被视为由一个人'作为协同行动计划的一部分'而发生。"

4. 在第 1A 款结束之后，应加上"；在实施以上涉及该选举的第 1ZA 款时，对同一候选人的提及包括对同一注册政党的所有或任何候选人的提及"。

5. 第 1B 款和第 1C 款（对大伦敦机构选举的特殊规定）应被删除。

第 132 条　对候选人选举费用的资金限制

1. 1983 年人民代表法［1983 c.2］第 76 条（对选举费用的限制）应修订如下。

2. 第 1 款应替代为：

"1. 由或代表一个候选人在选举中发生选举费用总额不得超过以下第 2 款所指定的最大额，或在以下第 2A 款第（1）至（3）项所提及的任何政府选举中，政令根据该款所规定的最大额。"

3. 在第 1A 款中，自"款"之后的文字应替代为"任何由或代表候选人所发生的选举费用总额不得超过政令根据第 2A 款第（4）项所规定的最大额"。

4. 在第 1A 款之后应插入：

"1B. 当所发生的选举费用超过以上第 2 款或政令根据该款所指定的最大额时，任何候选人或选举代理人，他：

（1）发生或授权发生选举费用，以及

（2）知道或应合理地知道该费用的发生会超过最大额，应构成非法行为罪。"

5. 在第 2 款中，第（1a）项（涉及候选人参加议会补选时的最大额）应被替代为：

"（1a）对于议会补选时的候选人，十万英镑；"。

6. 本条做出的修订对苏格兰地方政府选举无效。

第133条　变更选举费用规定的权力

1. 1983年人民代表法［1983 c.2］第76A条应替代为：

"第76A条　变更选举费用规定的权力

1. 国务大臣可以通过按法定文书制定的政令变更本条适用的任何数额：

（1）当他认为变更作为币值变化的结果是适宜的时候，或

（2）为使选举委员会的推荐生效。

2. 目前本条适用的指定数额在下列条款中出现：

（1）以上第73条第2款；

（2）以上第74条第1款第（1）项、第（2）项、第（3）项或第（4）项；

（3）以上第75条第1ZA款；或

（4）以上第76条第2款。

3. 根据以上第1款第（2）项的政令应在执行议会任何一院的决议时废止。"

2. 由于1983年人民代表法［1983 c.2］第76A条由以上第1款所替代，按1998年苏格兰法［1998 c.46］所指，该款应被视为预先开始制定的法律。

第134条　"选举费用"的含义

1. 在1983年人民代表法［1983 c.2］第90条之后应插入：

"第90A条　"选举费用"的含义

1. 本法本部分中涉及参加选举的候选人的"选举费用"指（从属于以下第2款和第3款以及第90B条和第90C条）涉及下列事项所发生的任何费用：

（1）任何资产的获得或使用，或

（2）在他成为选举候选人之后，由任何人提供物品、服务或设施，这

一切都是为候选人的选举而用。

2. 以上第 1 款适用于无论是在成为选举候选人之前还是之后所发生的费用。

3. 凭借以上第 1 款或第 2 款或以下第 90B 条和第 90C 条，涉及下列事项不应被视为发生选举费用：

（1）本法附件 1 第 9 条规则所要求的保证金的支付；

（2）除广告之外，涉及选举的任何资料按下列方式发布：

（a）报纸或期刊，

（b）英国广播公司或威尔士语电视台的广播，或

（c）根据 1990 年广播法第一部分或第三部分或 1996 年广播法第一部分或第二部分许可的包含在任何服务中的节目；

（3）如果在履行由本法授予参加选举的候选人的权利而提供的任何设施，而不是属于凭借以下第 95 条第 4 款和第 96 条第 4 款而支付费用的设施；

（4）个人在其个人时间内自愿提供的免费服务。

4. 在本条和以下第 90B 条和第 90C 条中，"为候选人的选举目的"指在选举中用一种观点引领以促进或赢得候选人的选举，或与促进或赢得候选人的选举相关。

5. 按本法本部分所指：

（1）如果费用是由下列人员发生的，就是由或代表候选人在选举中发生的选举费用：

（a）由候选人或其选举代理人，或

（b）由候选人或其选举代理人授权的人而发生的费用；以及

（2）任何对由或代表候选人在选举中发生的选举费用的提及都包括他在成为选举候选人之前所发生的在以上第（1）（a）目或第（1）（b）目提及的费用，但该费用是凭借第 1 款和第 2 款而被视为选举费用。

6. 在本法本部分和第三部分中，（无论在何条款中）任何对在选举中促进或赢得候选人的选举的提及都包括在选举中通过损害另一位候选人的

选举前景来促进或赢得该候选人的选举。

第 90B 条　按第 90A 条所指，发生选举费用

1. 被视为按以上第 90A 条第 1 款所指而发生的选举费用应（从属于第 2 款和以下第 90C 条）是涉及资产的获得或使用，或（视情况而定）第 90A 条第 1 款提及的由提供物品、服务或设施所发生的实际费用。

2. 当以上第 1 款提及的资产、物品、服务或设施不是专门用于候选人的选举目的时，按第 90A 条第 1 款所指，被视为发生的选举费用应是合理归于为候选人的选举目的而使用资产，或（视情况而定）物品、服务或设施所发生的涉及其获得、使用或提供（视情况而定）的费用的份额。

第 90C 条　免费或按折扣提供的资产、物品、服务等

1. 当参加选举的候选人属于下列情况时本条适用：

（1）以下任一种情况：

（a）资产或物品免费，或按资产或物品市场价值百分之十以上的折扣转移给候选人或其选举代理人，或

（b）免费或按资产的使用或提供物品、服务或设施的市场价值百分之十以上的折扣给候选人提供资产、物品、服务或设施，供其使用或使其受益；以及

（2）在由或代表候选人发生使用资产、物品、服务或设施的情况下，如果任何涉及资产、物品、服务或设施的使用费实际是由或代表候选人所发生的，该费用就是由或代表候选人所发生的选举费用。

2. 当本条适用时：

（1）按本法本部分所指，依据本条决定的选举费用的数额（"适当数额"）应被视为由候选人发生的数额，以及

（2）候选人的选举代理人应就该数额做出声明，除非该数额不超过五十英镑。

本款从属于以上第 90A 条第 3 款而具有效力。

3. 当以上第 1 款第（1）（a）目适用时，适当数额是以下任一种的

份额：

（1）（当资产或物品是被免费转移时）资产或物品的市场价值；或

（2）（当资产、服务或设施是按折扣提供的）在资产或物品的市场价值与实际由或代表候选人在涉及资产或物品方面所发生的费用之间的差额，如同第1款第（2）项所提及的合理地归于资产或物品的使用费。

4. 当第1款第（1）（b）目适用时，适当的数额是以下任一种份额：

（1）（当资产、物品、服务或设施是免费提供的）资产使用或者物品、服务或设施提供的商业成本，

（2）（当资产、物品、服务或设施是按折扣提供的）在资产的市场价值与实际由或代表候选人在涉及资产使用、服务或设施提供方面所发生的费用之间的差额，如同第1款第（2）项所提及的合理地归于资产、物品、服务或设施的使用费。

5. 当雇主让雇员为一个候选人提供服务或使其受益时，那么按本条所指，被认为构成提供服务的商业成本的金额应是雇主付给雇员服务期间内的报酬或津贴（但不应包括任何捐款的金额或其他雇主有义务支付给雇员的金额）。

6. 本条中涉及资产或物品的"市场价值"指在公开的市场上出售资产或物品时可以被合理期待支付的价格；并且按以上第1款所指，为确定资产或物品是被转移给候选人还是其选举代理人，本法附件2A第2条第6款第（1）项在经任何必要的修订后应适用。

第90D条 涉及伦敦议会中伦敦议员选举时，对第90A条至第90C条的变更

1. 在应用于普通选举中参加伦敦议会的伦敦议员选举的候选人时，以上第90A条至第90C条应在从属于下列修订之后生效。

2. 涉及任何被包括在与该选举有关的由注册政党提交的候选人名单中的候选人：

（1）对由或代表，或关于参加选举的候选人所做事情的提及应被解释为是对由或代表，或关于候选人名单中的所有或任何参加选举的候选人所

做事情的提及；以及

（2）"为候选人的选举目的"应被解释为用一种观点引领以促进或赢得该党选举的成功，或与促进或赢得该党选举成功有关，即名单上的所有或任何候选人在选举中当选。

3. 用以下条款替代第5款之后，以上第90A条应具有效力：

"5. 在本法本部分和第三部分中，任何对在选举中促进或赢得候选人的选举的提及，或对促进或赢得政党选举成功的提及（无论以什么形式）都包括在选举中通过损害其他候选人或政党的选举前景而促进或赢得选举的成功。"

2. 本条所做的修订对苏格兰地方政府选举无效。

第135条 "候选人"的含义

1. 在1983年人民代表法[1983 c.2]第118条中，"候选人"的定义应替代为：

"'候选人'应依据以下第118A条加以解释;"。

2. 在1983年人民代表法第118条之后，应插入：

"第118A条 候选人的含义

1. 在本法本部分中对候选人的提及应依据本条加以解释（除当背景有不同要求之外）。

2. 一个人在一次议会选举中成为一名候选人：

（1）在当天：

（a）议会解散，或

（b）补缺选举情况下的空缺的发生，由于空缺导致发布选举令，如果在选举令发布之日或之前，该人本人或其他人声明该人成为选举候选人；以及

（2）要不然该人本人或其他人声明该人成为候选人之日，或该人被提名为选举候选人之日（以更早之日为准）。

3. 根据地方政府法一个人成为选举候选人：

（1）在选举通知发布的最后一天，如果在选举通知发布之日或之前，

该人本人或其他人声明该人成为选举候选人,以及

(2) 要不然该人被提名为选举候选人之日(以更早之日为准),或者当在普通选举中参加伦敦议会的伦敦议员选举的一个人被纳入由一个注册政党提交的候选人名单中,在党提交名单的那一天。"

3. 本条所做的修订对苏格兰地方政府选举无效。

第三节 舞弊与非法行为

第136条 舞弊与非法行为:被判有这类非法行为人的后果

1983年人民代表法[1983 c.2]第173条应替代为:

"第173条 舞弊或非法行为定罪后权力的丧失

1. 从属于以下第2款,被判有舞弊与非法行为者:

(1) 在以下第3款指定的相关时期应不能:

(a) 注册为选民或参加联合王国议会选举或大不列颠地方政府选举的投票,或

(b) 被选进下议院,或

(c) 担任选举职位

(2) 如果已经当选进入下议院的一个席位或担任任何这样的职位,应从属于或依据以下第4款和第5款,辞去该席位或职位。

2. 由以上第1款第(1)(a)项所强制的丧失权力只适用于根据以上第60条被定为舞弊行为者,或根据以上第61条被定为非法行为者。

3. 按以上第1款第(1)项所指,相关时期指自定罪之日始,终止于:

(1) 被定为舞弊行为者,自定罪之日后五年,或

(2) 被定为非法行为者,自定罪之日后三年,但是,如果(在五年或三年期间内)根据该人就定罪的上诉,法院决定不应坚持,相关时期就应在决定之日终止。

4. 按本条所指,当第1款第(2)项适用于任何人时,他应(从属于以下第5款)在适当时间内辞去有关席位或职位,即:

（1）该时期的终止是法律规定的期限，在该期限之内可以发出上诉的通知，或他可以就定罪问题申请准许上诉；或者

（2）如果（在该期限之内）该期限被延长：

（a）按延长的期限终止，或

（b）自定罪之日始的三个月后终止，以更早的那一个终止期为准。

5. 如果（在以上第4款提及的适当时间之前）发出上诉通知，或他就定罪问题申请准许上诉，他应自定罪之日始的三个月后辞去有关席位或职位，除非：

（1）该上诉在更早时间内被驳回或放弃（在这种情况下，他应在更早时间内辞去该席位或职位）；或

（2）在三个月的时间内，法院就上诉做出该定罪不应被坚持的决定（在这种情况下，他不应辞去该席位或职位）。

6. 当一个人依据以上第4款或第5款辞去一个席位或职位时，法院后续做出该定罪不应被坚持的决定应使他有权恢复该席位或职位。

7. 如果被定为舞弊或非法行为者已经当选进入下议院的一个席位或担任一个选举职位，按以下第8款指定的停职时期，他应被停止行使议会议员或（视情况而定）该职位的任何职责。

8. 按以上第7款所指，停职时期始于定罪之日，终止于：

（1）依据以上第4款或第5款辞去该席位或职位之日，或

（2）当以上第5款第（2）项适用时，法院做出该定罪不应被坚持的决定之日。

9. 另外，凭借以上第1款或第7款，适用于一个人的任何权力的丧失或要求也适用于根据以上第168条或169条所强制的处罚；但从属于以下第174条，每一款都分别生效。

10. 在不损害以下第205条第2款的整体性的情况下，本条不影响涉及北爱尔兰议会或地方选举，或担任北爱尔兰职位的事务。

第173A条　丧失担任苏格兰公职或司法职位的权力

1. 从属于以下第174条，被定为舞弊行为者：

（1）自定罪之日后五年不能在苏格兰担任公共或司法职位，以及

（2）如果已经担任这样一个职位，应自定罪之日辞去该职位。

2. 另外，以上第1款适用于：

（1）凭借以上第173条，适用于该人的权力的丧失或其他要求，以及

（2）根据以上第168条强加给他的处罚。"

第137条 舞弊与非法行为：选举的呈请等

从属于附件17的修订，1983年人民代表法［1983 c. 2］应具有效力，该修订特别修改了下列事项的规定：

（1）选举呈请程序；以及

（2）选举法院报告的结果。

第四节 各类修订

第138条 选举运动及其诉讼：各类修订

1. 从属于附件18指定的修订，1983年人民代表法［1983 c. 2］应具有效力，该修订修改了该法第二部分（选举运动）和该法第三部分（合法程序）的相关规定。

2. 附件18所做的修订对苏格兰地方政府选举无效。

第九部分 公司的政治捐款和开支

第一节 对政治捐款的管理

第139条 对公司政治捐款的管理

1. 附件19所陈述的规定应插入1985年公司法［1985 c. 6］，作为该法的第十一部分。

2. 在1985年公司法附件22中，在第十部分的词条之后，应插入：

"第10A部分 对公司政治捐款的管理 从属于第718条第3款"。

第二节 政治捐款和开支的公开

第 140 条 在经理报告中公布政治捐款和开支

在 1985 年公司法[1985 c.6]附件 7 第一部分（经理报告要处理的总体性质的事务）中，第 3 至 5 条（政治和慈善赠品）应替代为：

"**政治捐款和开支**

第 3 条

1. 如果：

（1）公司（并非在大不列颠注册成立的一家公司的全资子公司）在财政年度中已经：

（a）向任何注册政党或任何其他欧盟政党组织捐款，或

（b）发生任何欧盟的政治开支，以及

（2）属于第（1）项的捐款或开支数额，或（视情况而定）全部捐款和开支总额超过二百英镑，

经理的年度报告应包含第 2 款所指定的细目。

2. 细目是：

（1）属于第 1 款第（1）（a）项捐款的细目：

（a）每个得到捐款的注册政党或其他组织的名称，以及

（b）在该财政年度给该党或组织捐款的总额；以及

（2）属于第 1 款第（1）（b）项开支的细目，该财政年度发生这样的开支的总额。

3. 如果：

（1）在该财政年度末，公司有子公司，如第 1 款第（1）项所提及的，子公司在该年度提供捐款或发生这样的开支，以及

（2）该公司本身不是在大不列颠注册成立的一家公司的全资子公司，

凭借第 1 款，经理的年度报告不要求包含第 2 款指定的细目；但是，如果该年度由本公司和子公司总共的捐款或开支（或两者相加）的总额超

过二百英镑，经理的年度报告应包含每个公司作出捐款或发生开支的那些细目。

4. 本条中采用的措辞在本法第十一部分也采用了，本条的措辞与该部分的措辞具有同样的含义。

第 4 条

1. 如果公司（并非在大不列颠注册成立的一家公司的全资子公司）在财政年度中已经给非欧盟政党提供捐款，经理的年度报告应包含：

（1）捐款数额的说明，或

（2）（如果该公司一年提供两次或两次以上的捐款）捐款总额的说明。

2. 如果：

（1）在该财政年度末，公司有子公司，如第 1 款所提及的，子公司在该年度提供捐款，以及

（2）该公司本身不是在大不列颠注册成立的一家公司的全资子公司，凭借第 1 款，经理的年度报告不要求包含第 1 款所提及的任何这样的说明；但应包含该年度本公司和子公司总共的捐款说明。

3. 本条中涉及对一个组织的"捐款"指：

（1）任何对组织的资金赠品（无论是直接的还是间接的）；

（2）为加盟或成为组织成员而支付的任何会员费或其他费用；或

（3）（并非由该组织或代表该组织行事的人）在支付直接或间接由该组织发生的费用时所花费的资金。

4. 本条中的"非欧盟政党"指任何政党完全在成员国之外开展或打算开展活动。

慈善捐款

第 5 条

1. 如果：

（1）公司（并非在大不列颠注册成立的一家公司的全资子公司）在财政年度中为慈善目的提供资金，以及

（2）所提供的资金超过二百英镑的数额，

在每一项意向的资金已经提供的情况下，经理的年度报告应包含为慈善目的提供资金数额的说明。

2. 如果：

（1）在该财政年度末，公司有子公司，子公司在该年度为慈善目的提供资金，以及

（2）该公司本身不是在大不列颠注册成立的一家公司的全资子公司，第1款不适用于该公司；但是，如果该年度由本公司和子公司为慈善目的提供资金的总额超过二百英镑，在每一项意向的资金已经提供的情况下，经理的年度报告应包含为慈善目的提供资金数额的说明。

3. 按本条所指，为慈善目的给一个人提供资金，当被提供资金时，该人是联合王国以外的普通居民，则该笔资金不予计算。

4. 按本条所指，"慈善用途"指其用途完全属慈善性质，并且作为敬意，苏格兰的"慈善的"被解释为慈善包含在收入税法之中。

第十部分 各类和一般的海外选民

第一节 海外选民

第141条 海外选民获取资格时间的缩短

1. 在下列1985年人民代表法［1985 c.50］的每一项条款中（如经2000年人民代表法修订的那样），即：

（1）第1条第3款和第4款（英国公民作为海外选民要获取参加议会选举的资格需要满足的条件），以及

（2）第3条第3款和第4款（贵族作为海外选民要获取参加欧洲议会选举的资格需要满足的条件），"二十年"应替代为"十五年"。

第二节 预先的联合修正

第142条 预先的联合修正

1. 1978年欧洲议会选举法[1978 c.10]附件1（选举制度等）应做下列修正。

2. 在第5条（取消担任欧洲议会议员职务的资格）中，在第4款第（1）项和第4A款第（1）项中，在"第3条"之后，应插入"或者第3A条"。

3. 在第6条（关于根据第5条取消资格的司法程序）中，在第1款第（2）项中，在"第3条"之后，应插入"或者第3A条"。

第三节 选举材料

第143条 出现在选举材料上的细节

1. 不得发布任何选举材料，除非：

（1）材料是如第3款、第4款或第5款所提及的印刷文件，或包含在印刷文件中，该款的要求被遵从；或

（2）在属于其他材料的情况下，凭借根据第6款的条例，该材料需要遵从的要求都被遵从。

2. 在材料属于第1款第（1）项的情况下，按第3至第5款所指，下列细节是"相关细节"，即：

（1）文件印刷者的姓名和地址；

（2）文件宣传者的姓名和地址；以及

（3）材料作者的姓名和地址（并且他不是宣传者）。

3. 当材料是（或主要是）由单面印刷资料构成的一份文件时，相关细节必须出现在文件的封面。

4. 当材料不是第3款适用的一份印刷文件时，相关细节必须出现在第一页或最后一页。

5. 当材料是包含在报纸或期刊内的广告时：

（1）报纸或期刊印刷者的名字和地址必须出现在第一页或最后一页；以及

（2）第2款第（2）项和第（3）项所指定的相关细节必须包含在广告中。

6. 国务大臣可以在咨询选举委员会之后通过条例规定强制性要求，属于第1款第（2）项的材料要包含下列细节，即：

（1）材料宣传者的姓名和地址；以及

（2）材料作者的姓名和地址（并且他不是宣传者）。

7. 根据第6款的条例可以特别指定：

（1）为遵从这些要求起见，这些细节必须包含在材料中的方式和格式；

（2）有些情况下：

（a）条例中指定类型的人不必遵从这些要求，或

（b）根据本条，在选举委员会看来，指定类型的人违反这些要求不导致该人或其他类型的人违法；

（3）按条例所指，有些情况下，材料被视为或不被视为即将或（视情况而定）已经由一个指定类型的人发布。

8. 属于第1款第（1）项的材料被违反第1款而发布时，则（从属于第10款）：

（1）材料的宣传者，

（2）经手发布材料的其他人，

（3）文件的印刷者，应构成违法。

9. 属于第1款第（2）项的材料被违反第1款而发布时，则［从属于凭借第7款第（2）项而制定的条例和第10款］：

（1）材料的宣传者，

（2）经手发布材料的其他人，应构成违法。

10. 应由根据本条被指控违法者进行辩护，以证明：

(1) 违反第1款源于其无法掌控的情况；以及

(2) 他采取了一切合理的步骤，尽到一切所应尽的努力以确保不会出现违反该条款的情况。

11. 本条中：

"选举材料"与第85条第3款给出的含义相同。"印刷"指无论以什么方式进行的印刷，并且"印刷者"应做相应的解释；

任何选举材料的"宣传者"指使材料得以发布者；

"发布"指无论以什么方式和方法使最广大的公众，或公共部门可获悉。

第四节 选举时期的广播

第144条 选举时期的地方新闻广播

1983年人民代表法[1983 c.2]第93条应被替代为：

"第93条 选举期间的地方新闻广播

1. 各广播机构应对包含在相关服务中的候选人在选举时期在有关选区或选举区内参加议会或地方政府的选举的各条新闻采用实务守则。

2. 根据本条，目前广播机构采用的实务守则应是以下任一种情况：

(1) 由该机构拟定的守则，无论是其自身机构，还是联合一个或其他更多的广播机构，或

(2) 由一个或其他更多的广播机构拟定的守则；

并且广播机构应不时地考虑目前由他们采用的守则是否应由一份属于第1款或第2款的更进一步的守则替代。

3. 按本款所指，广播机构根据本条在拟定守则之前应考虑选举委员会所表达的意见；并且任何这样的守则要对不同情况做出不同的规定。

4. 独立电视委员会和广播管理局应分别做他们可能做到的，在提供相关服务方面，确保根据本条目前由广播机构采用的守则得到遵守。

5. 按第1款所指，涉及一次选举的'选举时期'指开始于：

(1)（如果是一次议会大选）议会解散之日，或更早一点，在女王陛

下要解散议会的意图被宣布之时；

（2）（如果是一次议会补选）选举令发布之日，或更早一点，依据1975年补缺选举法[1975 c.66]空缺证明在伦敦公报上被通告之日；或

（3）（如果是一次地方政府选举）选举通知发布最后一天，并在投票结束时终止。

6. 在本条中：

'广播机构'指英国广播公司，独立电视委员会，广播管理局或威尔士语电视台；

涉及一次选举的'候选人'指在选举中处于被提名的或被列在所提交的与选举有关的候选人名单上的一名候选人；

'相关服务'：

（1）涉及英国广播公司或威尔士语电视台，指由该机构提供的服务广播；

（2）涉及独立电视委员会，指根据1990年广播法[1990 c.42]第一部分或1996年广播法[1996 c.55]第一部分所许可的服务；

（3）涉及广播管理局，指根据1990年广播法[1990 c.42]第三部分或1996年广播法[1996 c.55]第二部分所许可的服务。"

第五节 法案的执行

第145条 在监视遵守法案等强制的管理方面选举委员会的总体职责

1. 选举委员会应在监视遵守以下事项方面具有的总体职责：

（1）由或凭借第三部分至第七部分所强制的限制和其他要求；以及

（2）由其他成文法所强制的关于以下事项的限制和其他要求：

(a) 由或代表候选人在选举中发生的选举费用，或

(b) 提供给选举候选人或其选举代理人的捐款。

2. 第1款第（2）项不适用于苏格兰地方政府选举，除非并在特定程度上苏格兰大臣通过政令做出这样的规定。

3. 按第2款所指，第1款第（2）项中对任何成文法的提及应包括根

据苏格兰议会法制定的包含在一项法律文书内的成文法。

4. 正如第 156 条第 5 款适用于国务大臣根据本法制定的政令那样，该条款也应适用于苏格兰大臣根据第 2 款所制定的政令并且在该条中对成文法的提及应包括根据苏格兰议会法制定的包含在或存在于一项法律文书内的成文法。

5. 苏格兰大臣根据第 2 款而制定政令的权力应通过法定文书行使，从属于执行苏格兰议会的决议而废止。

6. 苏格兰大臣应偿还选举委员会由他们所发生的开支，该开支归于行使凭借第 2 款而制定的政令所授予的职责。

7. 在本条和第 146 及 148 条中：

按第二部分所指，"选举"指的是相关选举；

"选举代理人"包括次级代理人。

第 146 条　选举委员会的监督权

1. 在任何组织或个人受到监督（或任何组织或个人从前受到监督）的情况下，选举委员会可以通过通知要求相关人：

（1）正如选举委员会为履行其职责可以合理要求的那样，为让选举委员会或经选举委员会授权者进行核查，出示与该组织或个人的收入和开支有关的任何书籍、文件或其他记录；或

（2）按选举委员会可以合理地要求的那样，向选举委员会或经选举委员会授权者提供涉及该组织或个人的收入和开支的信息或解释；并且在通知指定的合理的时间内完成此事。

2. 选举委员会或经选举委员会授权者可以：

（1）复制或记录包含在根据第 1 款第（1）项出示的书籍、文件或其他记录内的任何信息；

（2）复制或记录根据第 1 款第（2）项提供的任何信息或解释。

3. 经选举委员会书面授权者，为履行选举委员会的职责，在任何合理的时间内可以进入受监督组织或个人占据的建筑物并在进入之后可以：

(1)检查涉及该组织或个人的收入和开支的任何书籍、文件或其他记录；以及

(2)复制或记录包含在书籍、文件或其他记录内的任何信息。

4. 当第 1 款或第 3 款所提及的记录保存为电子版时，则：

(1)选举委员会根据第 1 款要求出示任何这样的记录以便检查的权力，包括要求以清楚的格式提供记录的复制本以供检查之用［并且第 2 款第（1）项应相应地适用于供检查之用的复制本］；

(2)根据第 3 款，任何人（检察员）检查这样的记录的权力包括当检察员可以合理地要求时，要求有关建筑物内的任何人协助检察员，使他：

(a)检查并制作电子版记录副本或记录包含在电子版记录内的信息，或

(b)检查并核验任何与保存记录有关的正在或曾经使用的计算机的操作，及任何附属器件和材料。

5. 如果一个人在没有合理理由的情况下未遵从本条的要求即构成违法。

6. 如果一个人有意妨碍第 3 款提及的被授权者根据该款履行其职责即构成违法。

7. 从属于第 8 款，第 1 款应适用于：

(1)接受管理的受赠人（或从前接受管理的受赠人），或

(2)（除苏格兰地方政府选举之外的）一次选举中的候选人或该候选人的选举代理人，

正如第 1 款适用于一个受监督的组织或个人（或前受监督的组织或个人）那样；并且第 2 款、第 4 款和第 5 款也相应地适用。

8. 要获取或涉及获取以下资料，凭借第 7 款所授予的权力只可以由选举委员会（或视情况而定，由选举委员会授权者）行使：

(1)当选举委员会为监督接受管理的受赠人遵从由或凭借附件 7 所强制的要求而合理地要求时，涉及与接受管理的受赠人的政治活动有关的收入与开支的信息或解释，或

（2）当选举委员会为监督候选人和其代理人属于第 145 条第 1 款第（2）项的限制和其他要求而合理地要求时，涉及属于第 7 款第（2）项的候选人和其选举代理人的收入与开支的信息或解释，

视情况而定。

9. 在本条中：

"接受管理的受赠者"和涉及接受管理的受赠者的"政治活动"都与附件 7 具有同样的含义；涉及受监督的组织或个人的"相关人"指：

（1）当是一个组织的情况下，该组织的财务总管或另外的官员；

（2）当是个人的情况下，该个人。

"受监督的组织或个人"指：

（1）一个注册政党或（在该党拥有会计单位的情况下）党的中央机构或党的任何会计单位，

（2）（属于第六部分含义的）一个注册的第三方，或

（3）（属于第七部分含义的）一个允许的参与者。

第 147 条　未提交文件等的民事处罚

1. 当出现以下情况时本条适用：

（1）涉及由财务总管或（视情况而定）由注册政党的注册领袖提交的所要求的通知，第 31 条第 4 款或第 34 条第 3 款的要求未被遵从时；

（2）涉及账目说明、通知或审计师关于注册政党或该注册政党会计单位的报告，第 45 条第 1 款或第 2 款的要求未被遵从时；

（3）涉及注册政党的捐款报告，第 65 条第 1 款或第 2 款的要求未被遵从时；

（4）涉及由财务总管提交的所要求的通知，第 74 条第 6 款的要求未被遵从时；

（5）涉及申报单或审计师关于注册政党的报告，第 82 条第 1 款、第 2 款或第 3 款的要求未被遵从时；

（6）涉及申报单或审计师关于（属于第六部分含义的）注册第三方的报告，第 98 条第 1 款、第 2 款或第 3 款的要求未被遵从时；

（7）涉及申报单或审计师关于（属于第七部分含义的）允许的参与者的报告，第122条第1款、第2款或第3款的要求未被遵从时。

2. 在本条适用的情况下，相关组织可能根据本条受到民事处罚。除此之外，根据本法的其他规定，个人还要承担刑事责任。

3. 处罚的数额参考以下不同的时间段：

（1）属于以下事项的时期的终止：

（a）第1款第（1）项或第（4）项中所提及的要求提交给选举委员会的通知，或

（b）第1款第（2）项、第（3）项、第（5）项、第（6）项或第（7）项中所提及的要求提交给选举委员会的文件；或

（2）要求遵从的日期，并应按以下方式确定：

时间段	处罚
不超过三个月	五百英镑
三个月至六个月之间	一千英镑
六个月至十二个月之间	二千英镑

4. 如果第3款第（1）项所提及的期限结束后的十二月终止时该要求未被遵从：

（1）就该十二个月的时期，以及

（2）就顺延的每十二个月的时期内该要求未被遵从，应支付五千英镑的罚款。

5. 本条所强制的任何处罚：

（1）应由选举委员会采取行动，作为欠下选举委员会的债务予以追讨；以及

（2）一旦追讨回来，应由选举委员会存入统一基金。

6. 在相关组织是非法人组织时，任何这样的处罚应由该组织基金支付。

7. 在实施本条时涉及第1款第（2）项所提及的文件：

（1）第3款第（1）项应理解为指的是在第47条的含义上的相关时期

的终止或附件 5 第 8 条第 2 款第（2）项所指定时期的终止（视情况而定）；以及

（2）当文件涉及一个注册政党的会计单位时：

（a）假定附件的第二列的指定数额替代为一百英镑，二百五十英镑和五百英镑时，第 3 款应具有效力，以及

（b）假定指定数额替代为一千英镑，第 4 款应具有效力。

8. 按本条所指，"相关组织"是：

（1）在属于第 1 款第（1）至（5）项的情况下，相关注册政党；

（2）在属于第 1 款第（6）项的情况下，相关注册第三方；以及

（3）在属于第 1 款第（7）项的情况下，相关参与者。

第 148 条　一般违法行为

1. 一个人如果有下列行为即构成违法：

（1）改动、禁止、隐瞒或损毁；或

（2）使或允许改动、禁止、隐瞒或损毁，任何涉及受监督的组织或个人的金融事务或交易的文件及其他记录，而根据第 146 条第 1 款，为进行检查，该文件或记录有义务被要求出示，并且其这样做怀有篡改文件、记录的意图或使该组织或个人逃避本法的规定。

2. 按本法的任何规定所指，当相关人或其代表要求在一个受监督的组织中担任一个职务的人（"担任职务者"）给相关人提供任何他合理地要求得到的信息，如果担任职务者有下列行为即构成违法：

（1）在没有合理理由的情况下未尽快在合理可行的时间内给相关人提供信息，或

（2）在声称遵从要求的情况下，他有意给相关人提供在材料细节上有误的信息。

3. 按本法的任何规定所指，一个人如果怀有蒙蔽的企图而不给以下人员提供该相关人或该受监督的个人所要求的任何信息即构成违法：

（1）一个受监督组织的相关人，或

（2）受监督的个人。

4. 在第1至第3款中，任何对受监督组织或个人的提及包括对从前受监督组织或个人的提及。

5. 第1款和第3款应适用于以下个人：

（1）参加一次选举（苏格兰地方政府选举除外）的候选人，或

（2）这样的候选人的选举代理人，

正如该款适用于受监督的个人（或从前受监督的个人）那样，但是在其应用于个人时，对本法任何规定的提及包括对其他成文法的提及，强制实行属于第145条第1款第（2）项的任何限制和要求则除外。

6. 在本条中：

（1）"受监督的个人"指受监管的受赠者、被认可的第三方或一个允许的参与者；

（2）"受监督的组织"指：

（a）一个注册政党或（在这样的政党有会计单位的情况下）党的中央机构或其任何会计单位，

（b）一个受监管的受赠者，该受赠者是会员社团，

（c）一个被认可的第三方，但不是个人，

（d）一个允许的参与者，但不是个人；

（3）"相关人"指一个人是：

（a）涉及一个注册政党（而不是一个小型政党）或这样政党的中央机构，该党财务总管，

（b）涉及这样政党的会计单位，该会计单位的注册财务主管，

（c）涉及受监管的受赠人，该受赠人是一个会员社团，按附件7所指的负责人，

（d）涉及一个注册的第三方，按第六部分所指的负责人，

（e）涉及一个允许的参与者，按第七部分所指的负责人；

（4）"受监管的受赠人"和"会员社团"与附件7具有同样的含义；

（5）"被认可的第三方"和"允许的参与者"分别与第六部分和第七部分具有同样的含义。

第一部分　宪法、全国性涉党法律

第六节　注册簿等的检查

第 149 条　选举委员会对注册簿等的检查

1. 本条适用于根据以下条款由选举委员会保存的任何注册簿：

（1）第 23 条；

（2）第 69 条；

（3）第 89 条；或

（4）第 107 条。

2. 选举委员会应制作注册簿的副本供在选举委员会办公室或他们指定的一些方便的地方在普通办公时间内进行公共检查。

3. 选举委员会可以做一些其他安排使市民可以访问该注册簿的内容。

4. 如果应任何人的要求要访问该注册簿的内容，选举委员会应给他提供注册簿的副本或注册簿副本的任何部分。

5. 如选举委员会可以决定那样，在涉及下列事项时他们可收取合理的费用：

（1）根据第 2 款或第 3 款允许进行的检查或访问；或

（2）根据第 4 款提供的副本。

6. 正如第 2 款至第 5 款适用于属于第 1 款的任何注册簿那样，该条款也应适用于任何文件，凭借以下条款选举委员会目前被要求使该文件的副本可供公共检查之用：

（1）第 46 条，

（2）第 84 条，

（3）第 100 条，或

（4）第 124 条。

7. 当属于第 1 款的任何注册簿或属于第 6 款的任何文件由选举委员会以电子版保存时，任何副本：

（1）可根据第 2 款进行公共检查，或

（2）根据第 4 款而加以提供，必须以清楚的格式供使用，或（视情况而定）加以提供。

第七节　涉及违法行为的规定

第 150 条　违法的处罚

1. 根据本法，附件 20 对违法行为的处罚做出规定。

2. 该附件第一列涉及根据指定条款的一项违法行为，第二列显示：

（1）该违法行为是否只循简易程序定罪加以处罚，或者在循简易程序定罪和循公诉程序定罪加以处罚之间任选其一；以及

（2）按指定方式，可以以罚款和监禁方式强加给被宣判有违法行为的人的最高处罚（或在循公诉程序定罪予以罚款情况下，处罚）；并且当该列显示可以按指定方式强加给被宣判有违法行为的人两种供选择的处罚时，作为一种进一步的选择，两种处罚都可以强加给他。

3. 在该附件第二列中：

（1）"第 5 级"指按标准等级，不超过第 5 级的罚款；

（2）"法定最高级"指罚款不超过法定最高级；以及

（3）任何对一年或六个月的提及都是对监禁期限不超过一年或六个月的提及（视情况而定）。

第 151 条　简易诉讼

1. 根据本法，在不妨碍行使除本款之外的审判权的情况下，对任何违法行为的简易诉讼可以是针对任何团体，包括非法人的社团，可以在任何其具有业务的地方进行诉讼，也可以是针对个人，在该人目前所在地进行诉讼。

2. 不管 1980 年治安法院法［1980 c.43］第 127 条第 1 款是怎样规定的，根据本法，可由英格兰和威尔士治安法院审理的涉及一项违法行为的起诉书，如果该起诉书在犯有违法行为后的三年之内或相关日期后的六个月之内的任何时间提交即可这样审理。

3. 不管 1995 年（苏格兰）刑事诉讼法 [1995 c.46] 第 136 条是怎样规定的，对一项违法行为的简易诉讼可以在犯有违法行为后的三年之内或相关日期后的六个月之内的任何时间在苏格兰着手；并且正如按该条所指第 3 款适用那样，按本款所指，该条第 3 款应适用。

4. 不管 1981 年（北爱尔兰）治安法院法令 [S.I.1981/1675 (N.I.26)] 第 19 条第 1 款是怎样规定的，可由北爱尔兰简易司法管辖权的法院审理的涉及一项违法行为的投诉，如果该投诉在犯有违法行为后的三年之内或相关日期后的六个月之内的任何时间提交即可这样审理。

5. 本条中的"相关日期"指检举者认为，在这一天有足够的证据证明他所发现的事件。

6. 按第 5 款所指，检举者针对该日期的证明，如该款提及的那样，当天他所发现的证据应是该事实的无可置疑的证据。

第 152 条　法人团体所犯的违法行为

1. 当根据本法由法人团体所犯的一项违法行为被证明是在下列人员的同意或纵容，或归于疏忽：

（1）该法人团体的董事、经理、干事或其他类似的高级职员，或

（2）任何声称具有这样行为能力的人，

他以及该法人团体应构成违法并可能受到起诉和相应的处罚。

2. 当该法人团体的事务由其成员管理时，犹如他是该法人团体的经理那样，第 1 款应适用于一名成员与其管理职责相关的行为和违约。

第 153 条　非法人社团所犯的违法行为

1. 根据本法，被指控由非法人社团所犯违法行为的诉讼应针对其社团名称（不是针对其成员的姓名）进行起诉，并且为进行诉讼，犹如社团是法人那样，任何涉及文件服务的法院规则都应有效。

2. 根据本法，强加给非法人社团的根据其定罪的罚款应由该社团基金支付。

3. 根据本法，正如 1925 年刑事执法法 [1925 c.86] 第 33 条和 1980 年

治安法院法［1980 c.43］附件3（针对法人违法行为的控告程序）对法人在英格兰和威尔士被控告犯有违法行为具有效力那样，以同样的方式，在非法人社团被控告犯有违法行为的情况下，上述法案也应具有效力。

4. 对根据本法声称由非法人社团犯下一项违法行为而涉及任何苏格兰的公诉法律程序，犹如该社团就是法人团体，1995年（苏格兰）刑事诉讼法［1995 c.46］第70条（针对法人的公诉法律程序）应具有效力。

5. 根据本法，正如1945年（北爱尔兰）刑事司法法［1945 c.15(N.I.)］第18条和1981年（北爱尔兰）治安法院法令［S.I.1981/1675(N.I.26)］附件4（针对法人的控告程序）对法人被控告犯有违法行为具有效力那样，以同样的方式，在非法人社团在北爱尔兰被控告犯有违法行为的情况下，上述法案也应具有效力。

6. 当根据本法一个合作伙伴犯有一项违法行为并且该违法行为被证明是在任何合作者的同意或纵容，或归于疏忽的情况下犯的，他以及该合作伙伴应构成违法并可能受到起诉和相应的处罚。

7. 当根据本法任何其他非法人社团犯有一项违法行为并且该违法行为被证明是在下列人员的同意或纵容，或归于疏忽的情况下犯的：

（1）任何社团的官员，或

（2）社团委员会或其他相似领导机构的成员，他以及该社团应构成违法并可能受到起诉和相应的处罚。

第154条　法院向选举委员会报告定罪的责任

一个人在被定有以下罪行之前，法院应尽快在可行的时间内就其定罪通知选举委员会：

（1）根据本法有违法行为，或

（2）在相关选举（在第二部分的含义上）中犯有一项违法行为。

第八节　指定金额的变更

第155条　变更指定金额的授权

1. 国务大臣可以通过政令变更目前在本法任何条款中所指定的任何数

额（第 12 条第 8 款或第 36 条第 5 款所指定的数额除外）。

2. 国务大臣可以制定这样的政令：

（1）当他认为，由于币值变动，适宜这样做时；或

（2）当政令使选举委员会的推荐生效时。

第九节　附　加

第 156 条　政令与条例

1. 国务大臣根据本法制定任何政令或条例的权力应通过法定文书行使。

2. 从属于第 3 款和第 4 款，含有由国务大臣根据本法制定的政令或条例的法定文书应从属于执行上院或下院的决议而废止。

3. 第 2 款不适用于：

（1）根据第 16 条第 3 款，或 163 条第 2 款，或附件 1 第 14 条第 7 款所制定的政令；或

（2）依据第 155 条第 2 款第（1）项制定的政令。

4. 第 2 款也不适用于根据以下条款的政令：

（1）第 18 条第 1 款，

（2）第 51 条第 4 款，

（3）第 67 条第 1 款，

（4）第 70 条第 1 款，

（5）第 101 第 4 款，

（6）第 108 条第 3 款，

（7）第 109 条第 6 款，

（8）第 129 条，

（9）附件 7 第 3 条第 4 款，

（10）附件 8 第 4 条，

（11）附件 11 第 3 条第 4 款，

（12）附件 13 第 4 条，

（13）附件14第2条，或

（14）附件15第3条第4款；

而且，除非一份含有政令的法定文书的草案提交给两院并经两院的决议批准，否则不能制定任何政令（不论是单独的政令还是与其他规定一起的政令）。

5. 国务大臣根据本法制定的任何政令或条例，当他认为适当时可以：

（1）包含重要的、附带的、补充的或过渡性的规定或例外；以及

（2）对不同情况做出不同规定。

6. 本法的任何规定都不应理解为影响第5款的一般性（包括第5款适用于第19条第9款）。

7. 附件1第21至23条包含由选举委员会制定的条例。

第157条　按本法所指的文件

1. 任何根据本法所要求或授权制定或提供的申请、布告或通知单必须是书面的。

2. 任何根据本法所要求或授权提供或送交的文件可以通过邮局送交。

第158条　微小和重大的修正及废除

1. 附件21指定的微小和重大的修正应具有效力。

2. 附件22指定的成文法按指定的限度废除。

3. 然而，以下内容没有废除：

（1）1983年人民代表法［1983 c.2］第二部分或第三部分的规定（涉及选举的选举运动及合法程序），或

（2）经修订的该条款的规定，在涉及苏格兰地方政府选举时仍有效。

第159条　资金规定

1. 应由议会提供资金支付：

（1）由执行本法而由国务大臣发生的费用；以及

（2）根据任何其他法案应由议会支付的金额，由于本法而增加的金额。

2. 根据任何其他法案应向统一基金收费并由统一基金支付的金额，由于本法而增加的金额也应向统一基金收费并由统一基金支付。

第 160 条　总体解释

1. 本法中：

"会计单位"和"拥有会计单位的政党"应依据第 26 条第 11 款予以解释；

"遗产"包括任何形式的遗嘱中写明的赠与；

"团体"仅指一个法人团体，或任何个人或其他非法人社团的联合体；

"广播公司"由第 37 条第 2 款给出含义；

"业务"包括所有交易、职业和工作；

"中央机构"应依据第 26 条第 11 款予以解释；

"委员会"指选举委员会；

"文件"指无论以什么形式保存的文件；

"成文法"包括：

（1）一项法案（包括本法）的任何规定，

（2）根据北爱尔兰法律制定的任何规定或任何文书，以及

（3）（在 1978 年解释法［1978 c.30］的含义上）任何从属的法律规定；

"豁免的信托捐款"由第 162 条给出含义；

"职责"包括权力和责任；

"大不列颠注册局"和"北爱尔兰注册局"指分别在第 23 条第 2 款第（1）项和第（2）项中提到的政党注册局；

"地方选举"涉及北爱尔兰时，指在 1962 年（北爱尔兰）选举法法案含义上的地方选举；

"地方政府选举"指在 1983 年人民代表法［1983 c.2］第 191 条、第 203 条或 204 条含义上的地方政府选举或根据 2000 年地方政府法第二部分为当选市长的连任举行的一次选举；

涉及任何资产的"市场价值"指在公开的市场上销售资产时，可以合理地预期被支付的价格；

"小型政党"（依据第 34 条第 1 款）指在履行属于第 28 条第 2 款第（4）项的声明后，一个在大不列颠注册局注册的政党；

"修改（名词）"包括增加、删除和修正，以及

"修改（动词）"应做相应的解释；

"组织"包括任何法人团体和任何个人和其他非法人社团的联合体；

"资产"包括任何种类的资产，并且对提供资产的提及包括提供产品；

"有资质的审计师"指（从属于第 2 款）依据 1989 年公司法[1989 c.40]第 25 条或 1990 年（北爱尔兰）公司法令[S.I.1990/593(N.I.5)]第 28 条，一个人有资格被任命为公司的审计师；

"记录"指无论以什么形式保存的记录；

"注册政党"指根据本法第二部分注册的政党；

涉及一个注册政党的"财务总管"指一个注册的财务总管。

2. 如果一个人是以下成员，他就不具备资格成为任何注册政党或任何其他团体、个人的审计师：

（1）政党或团体成员，或本人就是该个人，

（2）政党、团体或个人的官员或雇员。

按本款所指，"官员和雇员"不包括审计师。

3. 本法对一个人以一个注册政党的名义参加选举的提及应依据第 22 条第 6 款予以解释。

4. 本法中（无论以什么措辞）对由公共基金支付的提及就是对下列公共基金的提及，即：

（1）出自以下机构的支付：

（a）联合王国统一基金、苏格兰统一基金或北爱尔兰统一基金，或

（b）由议会提供或由北爱尔兰国民议会拨款的资金；

（2）由以下机构支付：

（a）任何王国政府大臣、苏格兰大臣，或在 1998 年北爱尔兰法[1998 c.47]含义上的大臣，

（b）任何政府部门（包括北爱尔兰的一个部门）或苏格兰行政管理机构的任何部门，或

（c）威尔士国民议会；

（3）由苏格兰议会法人团体或北爱尔兰国民议会委员会支付；以及

（4）由选举委员会支付。

并且本法对用公共基金满足该费用或提供物品的提及（无论以什么措辞）就是对无论以什么样的支付手段来满足该费用或提供物品的提及。

5. 本法对条件的提及包括要求在指定情况下偿还补助金的条件。

第161条 解释：捐款

1. 按本法的规定所指，本条对捐款具有效力。

2. 当本法的任何规定提到为满足由一个特殊种类的人或代表一个特殊种类的人所发生的一种特殊种类的费用而进行捐款时：

（1）该提及包括确保捐款不按此方式不得发生费用的提及；以及

（2）考虑到所有情况，在捐款必须被合理地假定为是这样的特殊捐款的条件下，一项捐款应被视为或者为一特殊目的，或者禁止为其他目的的捐款。

3. 第4款和第5款适用于本法的任何规定，本法规定，涉及一个特殊种类的人（受赠人），（不是由或代表受赠人）花费资金用于支付直接或间接由受赠人所发生的任何费用就构成对受赠人的捐款。

4. 在任何这样的规定中，对所花费资金的提及就是对一个不是受赠人的人自己花自己的钱的提及（无权从受赠人那里得到偿付）。

5. 当凭借任何这样的规定，所花费的任何数额的资金构成对受赠人的捐款时，受赠人应被视为就在支付给债权人有关费用的资金的当天接受了相等数额的资金。

6. 按本法所指，一个注册政党或任何其他种类的人是在联合王国还是在其他地方接受捐款并不重要。

第162条 解释：(豁免的信托捐款)

1. 按本法所指，"豁免的信托捐款"指一笔捐款适用于第2款或第3

款，不属于第 5 款的捐款。

2. 本款适用于任何从一家资产信托公司那里依据托管条件所接受的捐款：

（1）该托管创立于 1999 年 7 月 27 日之前，

（2）在 1999 年 7 月 27 日及之后没有资产转让给托管，以及

（3）托管条件在 1999 年 7 月 27 日及之后没有改变，

如果信托公司能提供在该日之前创立托管的写有捐款人全名的收据，以及写有每一位其他人的姓名的收据，通过其他人或根据其他人的意志资产被转让给托管。

3. 本款适用于任何从一家资产信托公司那里依据托管条件所接受的捐款：

（1）该托管由以下人员创立：

（a）在托管被创立时是属于第 54 条第 2 款的允许的捐赠者，或

（b）属于第 54 条第 3 款所指的人的意志，以及

（2）没有资产按不同于以下的方式转让给托管：

（a）由属于第 54 条第 2 款的允许的捐赠者进行转让，或

（b）根据第 54 条第 3 款所指的人的意志，如果在提供捐款收据时或之前，信托公司能提供写有捐款相关信息的收据。

4. 按第 3 款所指，"相关信息"指凭借附件 6 第 2 条所要求的涉及可记录的捐款的信息，第 3 款适用于可记录的捐款。

5. 如果一笔捐款是由资产信托公司接受的，该捐款通过一种托管而授予他或其他任何人以任何自由裁量权，即属本款。

6. 在本条中：

（1）按本法的规定所指，"捐款"指有一次豁免信托捐款的相关参考可以被发现的捐款；

（2）在资产转让给信托的背景下，"资产"不包括任何信托收入；

（3）"信托"包括由遗嘱创立的信托；以及

（4）任何对从信托公司那里接受捐款的提及就是对信托公司以其

这样的身份所接受的捐款的提及，根据信托，代表受益人递交的捐款除外。

第 163 条　简称、生效、过渡性条文及限度

1. 本法可以被引用为 2000 年政党、选举及全民公投法。

2. 从属于第 3 款和第 4 款，本法至国务大臣可以通过政令而指定之日生效；并且为不同的目的可以指定不同的日期。

3. 下列条款在本法被通过之日生效：

（1）第 1 至 3 条和附件 1 及附件 2，

（2）第 156 条、159 条和 160 条，及附件 21 第 12 条第 1 款和第 4 款，

（3）本条和附件 23 第二部分，以及

（4）只要本法授权制定一项政令或条例的任何其他规定。

4. 自本法通过之日起的两周期限结束时下列条款生效：

（1）第 36 条，

（2）附件 23 第一部分，以及

（3）只要对附件 23 第一部分的任何规定的运作是必要的，本法第二部分的任何规定。

5. 在国务大臣认为适当时，根据第 2 款的政令可以包括这样的过渡性条款和例外（包括修改成文法的条款）。

6. 假若任何这样的被强制限制的时期会始于本法做出的规定之前，这样的政令可以就由本法的任何规定所强制的任何资金限制的操作做出特别规定。

7. 附件 23 中包含的过渡性条款应具有效力。

8. 属于第 9 款和第 10 款，本法延伸至全联合王国。

9. 第九部分、附件 12 第 2 条和第 3 条及附件 23 第 12 条和第 13 条延伸至英格兰、苏格兰和威尔士。

10. 从属于本法所包含的表达限度，本法所制定的修正或废止的程度与修正或废止的成文法的程度相同。

附 件

附件 1　选举委员会

第 1 条　选举委员会的地位和资产

1. 选举委员会不应被视为：

（1）王权的仆人或代理人，或

（2）享受王权的地位、豁免或特权。

2. 选举委员会的资产不应被视为王权的资产或代表王权所持有的资产。

第 2 条　权力

选举委员会（除了借钱之外）可以做任何事情旨在有助于或是附带地有利于其履行职责。

第 3 条　选举专员职位的任期等

1. 从属于本条的规定，一名选举专员应作为这样的选举专员保持职位：

（1）在他被任命的时期内，

（2）要不然依据他任命的条件。

2. 选举专员的任期应是在任命他的演讲中所指定的任期。

3. 在发生下列任何事件时，一名选举专员应停止担任该职务：

（1）他同意在一次相关选举中被任命为候选人（在第二部分的含义上）或在相关选举中被纳入一个注册政党的候选人名单；

（2）他担任职务或被雇用：

（a）在一个注册政党或注册政党的会计单位内，

（b）在一个注册的第三方（在第六部分的含义上）内，

（c）一个允许的参与者（在第七部分的含义上）；

（3）他在根据第四部分第三章或第五章所报告的捐款簿上被列为捐赠

者,或在任何根据第98条或122条的捐款声明中被包括在向选举委员会提交的申报单中;

(4) 他成为一名注册政党的党员。

4. 一名选举专员可以依据一次下院的演讲被陛下免职。

5. 除非议长委员会已经向下院提交报告,说明在有关选举专员的事件中,该委员会确信有一个或更多的属于下列的理由被证明,否则不得提出这样的演讲动议:

(1) 他至少连续三个月未履行其职务的职责;

(2) 他未遵从被任命的条件;

(3) 他已经被判有一项刑事犯罪;

(4) 他是一个债务未偿清的破产者或他的个人财产在苏格兰被扣押并且他还未被释放;

(5) 他与其债权人之间已签订协商或组合方式的契约或已同意一项信托契约;

(6) 要不然他不适合于担任该职或不能履行其职责。

6. 如果有关时期结束后又过去三个月时间,这样的演讲动议就不能以第5款第(1)项所提及的理由被提出。

7. 一位选举专员可以根据其本人请求由陛下免除其职务。

8. 按本法第二部分所指,涉及被任命之日以前的时间,本条中的"注册政党"包括根据1998年政党注册法[1998 c.48]注册的政党。

第4条　选举委员会主席的任期等

1. 从属于本条的规定,选举委员会主席应作为这样的主席保持职位:

(1) 在他被任命的时期内;以及

(2) 要不然依据其任命的条件。

2. 选举委员会主席的任期应是在任命他的演讲中所指定的任期。

3. 可以根据选举委员会主席本人的请求由陛下免除其职务。

4. 如果选举委员会主席停止担任选举专员,他也就停止担任选举委员会主席。

第 5 条　选举专员：工资等

1. 应支付给选举专员这样的报酬，以及可以在下院决议中指定的任何津贴或费用。

2. 在任何人是选举专员或前选举专员的情况下，如果下院决议这样规定：

（1）如决议可以指定的那样，这笔数额应提供设立使其受益或由他领取的养老金；

（2）（在是前选举专员的情况下）这样的退休金如可以指定的那样，应支付给他。

3. 按本条所指，一项决议可以：

（1）指定支付的数额；

（2）规定要支付的数额应与在官方指定职位上被雇用的人所应支付给他的数额相同，或与在官方服务的指定职位上按相同的基础进行计算；

（3）指定要支付的数额并规定通过参考如可以在决议中指定的这些变量，为这些数额做好增加的准备；

（4）对不同的选举专员或前选举专员制定不同的规定具有效力。

4. 按本条所指，一项决议可以从通过之日或按决议指定的或早或晚之日生效。

5. 任何根据本条而应支付的数额（不同于以经费的方式）应向统一基金索取并由统一基金发放。

6. 任何根据本条以经费方式应支付的数额应由选举委员会支付。

7. 本条中的"退休金"包括津贴和退职金。

第 6 条　副选举专员：职务任期等

1. 从属于第 2 款和第 3 款，一位副选举专员的任期依据其任命的条件保持和空出职位。

2. 一位副选举专员在发生第 3 条第 3 款第（1）至（4）项所提及的这样的事件后应停止担任该职。

3. 选举委员会可以免去一位副选举专员的职务,但只有当他们确认,他有一个或更多的属于下列的理由被证明:

(1) 他至少连续三个月未履行其职务的职责;

(2) 他未遵从被任命的条件;

(3) 他已经被判有一项刑事犯罪;

(4) 他是一个债务未偿清的破产者或他的个人财产在苏格兰被扣押并且他还未被释放;

(5) 他与其债权人之间已签订协商或组合方式的契约或已同意一项信托契约;

(6) 要不然他不适合于担任该职或不能履行其职责。

4. 如按照或者根据任命条件可以规定的那样,选举委员会应支付给一位副选举专员这样的报酬以及任何津贴或费用。

5. 如果其任命为副选举专员的条件是这样规定的,选举委员会应:

(1) 可以按照或者根据那些条件的规定,这笔数额应提供设立使副选举专员或前副选举专员受益或由他领取的养老金;

(2) 这样的退休金如可以这样规定的那样,支付给前副选举专员。

6. 在第5款中,"退休金"包括津贴和退职金。

第7条 选举专员助理

1. 选举委员会可以任命一名或更多的选举专员助理就选举委员会或选区委员会认为适当的那些事务进行调查或向选举委员会和选区边界委员会报告。

2. 如果(依据第3条第4款)一个人不可以被任命为选举专员,他也不可以被任命为选举专员助理。

3. 一名选举专员助理应:

(1) 或者按固定任期任命,或者为进行一次特别的调查而任命;以及

(2) (从属于第4款)依据其任命的条件保持和空出职位。

4. 在发生第3条第3款第(1)至(4)项的事件后,一名选举专员助理应停止担任该职务。

5. 如可以按照或根据任命条件规定的那样，选举委员会应支付选举专员助理这样的报酬，以及任何这样的津贴或费用。

第 8 条　委员会

1. 选举委员会可以设立（除选区边界委员会之外）任何选举委员会认为适当的委员会。

2. 根据第 1 款设立的选举委员会的任何委员会都可以再设立一个或更多的下属委员会。

3. 一个人不应成为根据本条设立的委员会或下属委员会成员，除非他是选举专员。

第 9 条　委托权限给委员会

1. 选举委员会可以把选举委员会的职能（在选举委员会可以决定的限度上）委托给根据第 8 条第 1 款设立的任何选举委员会的委员会。

2. 第 1 款不适用于依据第 16 条第 1 款或根据第 18 条第 1 款、第 19 条第 1 款和第 20 条第 1 款的政令所移交给选举委员会的职能。

3. 根据第 8 条第 1 款设立的选举委员会的委员会可以把委员会职能（在委员会可以决定的限度上）委托给任何委员会的下属委员会。

第 10 条　程序

1. 选举委员会应管理他们自己的程序，以及（无论是根据附件 1 第 8 条还是根据正文第 14 条设立的）委员会和下属委员会的程序，包括会议的法定人数。

2. 选举委员会、其委员会或下属委员会的程序的有效性应不受以下情况的影响：

（1）选举委员会、其委员会或下属委员会成员的空缺，

（2）在任命其成员中的任何过失。

第 11 条　职员

1. 选举委员会应：

（1）任命一名首席行政官；以及

(2) 在选举委员会认为必要时可以任命其他的职员协助他们和各委员会履行其职责。

2. 一个人不可以被任命：

(1) 为选举委员会的首席行政官，如果［依据第 3 条第 4 款第（1）至（4）项］他是一个不能被任命为选举专员的人；或

(2) 为选举委员会的其他职员，如果［依据第 3 条第 4 款第（1）至（4）项］他是一个不能被任命为选举专员的人。

3. 从属于第 4 款，选举委员会的职员应按选举委员会可以决定的条款和条件被任命；并且如可以规定的那样，选举委员会应按或根据条款支付其职员报酬。

4. 选举委员会职员的任命应终止：

(1) 如果他是首席行政官，在发生第 3 条第 3 款第（1）至（4）项提及的事件时；以及

(2) 在任何其他情况下，在发生第 3 条第 3 款第（1）至（3）项提及的事件时。

5. 在根据以上第 3 款而确定职员的条款和条件时，选举委员会应考虑其雇用的职员领取报酬及其他条款和条件的愿望，即大体上与申请在国家公务机关就业的人员一致。

6. 作为选举委员会的官员和雇员的服务应包括在一项根据 1972 年退休金法［1972 c.11］第 1 条的规划能够适用的雇用种类里；并且相应地在该法案附件 1（该附件列出一项规划能够适用的各种雇用种类）中，在"皇家委员会和其他委员会"的附件的结尾处，应插入下列条目：

"选举委员会"。

7. 选举委员会应可以按文官大臣指示的时间，支付文官大臣一笔资金，该资金额可以由文官大臣决定，涉及任何归于第 6 款的，根据 1972 年退休金法［1972 c.11］由议会提供的应支付的增加的金额。

8. 选举委员会的职员不应被视为：

(1) 王权的仆人或代理人，或

(2) 享受王权的地位、豁免或特权。

9. 国务大臣可以任命一人为选举委员会首席行政官,直至选举委员会任命第一人担任其首席行政官;并且直至选举委员会已经任命其自己的职员时,国务大臣可以任命一些人担任选举委员会的职员。

10. 直至如选举委员会可以决定的时间为止,根据第9款任命的选举委员会的首席行政官可以以选举委员会的名义并代表选举委员会发生开支并做其他事情,不管选举委员会成员是否已依据第1条而构成。

11. 第10款所授予的权力应由该人行使,但要从属于并依据国务大臣给他的指示。

第12条　委托权限给职员

以下所有机构和人员:

(1) 选举委员会,

(2) 选举委员会的任何委员会(无论是根据附件1第8条还是根据正文第14条设立的),

(3) 委员会的任何下属委员会,以及

(4) 选举委员会的首席行政官,

可以(按其可以决定的限度)把其职责委托给选举委员会的职员(或者整体上,或者以其他方式)。

第13条　退休金职责的委托与退出

1. 1972年退休金法[1972 c.11]第1条第2款(涉及由文官大臣把公务员退休金规划的职责委托给其他联合王国官员等)应具有效力,对联合王国官员的提及而不是对大臣的提及包括首席行政官。

2. 正如选举委员会的首席行政官可以被授权那样,任何根据1972年退休金法[1972 c.11]第1条第2款(正如依据第1款生效那样)授予选举委员会首席行政官的行政管理职责可以由该人(或该人的雇员)代表文官大臣行使。

3. 按本条所指,"行政管理职责"是执行规划的职责,该规划:

（1）根据1972年退休金法［1972 c.11］第1条制定，以及

（2）有时生效。

4. 依据第2款所给予的权力可以授权行使行政管理职责：

（1）如可以在授权中指定的那样，或者全部授权，或者一定限度授权；

（2）如可以在授权中指定的那样，或者总体授权，或者在一些事例上授权；

（3）如可以在授权中指定的那样，或者无条件授权，或者从属于满足某些可以指定的条件的授权。

5. 依据第2款所给予的权力：

（1）多数情况下应被视为犹如是依据一项根据1994年退休金和退出法［1994 c.40］第69条（大臣和官员职责的退出）的政令所给予的；

（2）选举委员会（以及首席行政官）可以在任何时候废止该权力。

第14条 选举委员会的融资

1. 依据本条，只要选举委员会所收到的收入不能满足其开支，应由议会提供资金满足其开支，开支属于以下情况除外：

（1）由国务大臣根据第18条第9款或苏格兰大臣依据第13条第9款、第19条第11款或第145条第6款偿还；或

（2）由威尔士国民议会依据第5条第3款或第20条第12款偿还。

2. 选举委员会应就每个财政年度（不是选举委员会的第一个财政年度）准备一份选举委员会收入与开支的估算并提交给议长委员会。

3. 议长委员会应：

（1）审查每份提交给他们的估算；以及

（2）决定他们是否确信收入与开支的估算水平与经济性、效率性以及选举委员会有效履行其职责相一致；以及

（3）如果他们不满意，为取得这样的一致性，应按他们认为适当的水平修改估算。

4. 在决定他们是否满意或做出任何修改之前，议长委员会应：

（1）关注由主审计长根据第 16 条提交给他们的最近的报告及该报告中所包含的推荐；以及

（2）咨询财政部并考虑任何由财政部所给予的劝告。

5. 在结束审查并（如果需修改的话）做出对估算的修改之后，议长委员会应将估算提交给下院。

6. 在根据本条履行其职责时，如果议长委员会：

（1）未采纳主审计长在报告中所包含的推荐，

（2）未采纳财政部给予他们的劝告，

（3）对估算做出任何的修改，

他们应在根据附件 2 第 1 条提交给下院的下一份报告中包含一份他们这样做的理由的说明。

7. 在国务大臣认为适当时，与成立选举委员会相关联，他可以通过政令规定把资产、权利或债务移交给选举委员会：

（1）就他有权处置或归其管辖的资产、权利或债务；

（2）就政令中指定的资产、权利或债务。

8. 这样的政令可以特别规定，除政令之外，尽管有（无论什么性质的）规定，该规定防止或限制任何这样的资产、权利或债务的移交，该政令都具有效力。

第 15 条　五年计划

1. 当选举委员会向议长委员会提交如第 14 条提及的估算时，选举委员会也应向该委员会提交一份由选举委员会准备的计划，阐述选举委员会的：

（1）自估算所涉及的财政年度开始起的五年目标，以及

（2）五年期间按估算对财源的要求。

2. 议长委员会应：

（1）审查每一份提交给他们的计划；

（2）决定他们是否确信计划与经济性、效率性以及选举委员会有效履行其职责相一致；以及

(3) 如果他们不满意,为取得这样的一致性,应对计划做出他们认为适当的修改。

3. 在决定他们是否满意或做出任何修改之前,议长委员会应:

(1) 关注由主审计长根据第 16 条提交给他们的最近的报告及该报告中所包含的推荐;以及

(2) 咨询财政部并考虑任何由财政部所给予的劝告。

4. 在结束审查并(如果需修改的话)做出对计划的修改之后,议长委员会应将计划提交给下院。

5. 在根据本条履行其职责时,如果议长委员会:

(1) 未采纳主审计长在报告中所包含的推荐,

(2) 未采纳财政部给予他们的劝告,

(3) 对计划作出任何的修改,

他们应在根据附件 2 第 1 条提交给下院的下一份报告中包含一份他们这样做的理由的说明。

第 16 条 主审计长对选举委员会的年度检查

1. 为协助议长委员会履行职责,根据第 14 条和第 15 条,主审计长应每年:

(1) 开展对经济性、效率性或效果的检查(或者,如果他这样决定的话,它们的任意组合),选举委员会在履行其职责的过程中已使用的财源具有这些特性(或者,如果他这样决定的话,他们的任何特殊职责);

(2) 将检查结果向议长委员会报告;

(3) 根据检查,在报告中包含他们认为适当的推荐。

2. 正如 1983 年国家审计法[1983 c.44]第 8 条("获得文件和信息权")适用于根据该法第 6 条进行的检查那样,它也应适用于根据本条的任何检查。

第 17 条 账目

1. 选举委员会应妥善保管会计记录。

2. 选举委员会应依据财政部给选举委员会的指导准备账目。

3. 财政部根据第 2 款可以给予的指导尤其包括以下指导：

（1）账目所包含的信息以及账目所呈现的方式，

（2）准备账目所依据的方法和原则，以及

（3）附在账目上的（如果有的话）额外信息。

第 18 条　审计

1. 在财政年度结束之后，在可行的尽快时间内，选举委员会为每个财政年度准备的账目应由其提交给：

（1）主审计长，以及

（2）议长委员会。

2. 主审计长应：

（1）根据本条检查提交给他的账目并证明该账目无误，以及

（2）向议会两院提交他所证明无误的账目副本并附带他本人关于账目的报告。

第 19 条　会计主任

1. 议长委员会应任命一名选举委员会职员为其会计主任。

2. 选举委员会的会计主任应对选举委员会的账目和财务负有由议长委员会不时指定的责任。

3. 本条中对责任的提及特别包括：

（1）账目签字的责任；

（2）对选举委员会财务的适当性和规范性负有责任；以及

（3）对选举委员会财源使用中具有的经济性、效率性和效果负有责任。

4. 根据本条可以被指定的责任包括应对选举委员会、议长委员会，或下院、下院的公共账目委员会负有的责任。

5. 本条中任何对下院公共账目委员会的提及应，如果：

（1）该委员会的名称变更，或

(2) 在通过本法时, 该委员会的职责（或大体上相当于该委员会的职责) 变成下院另外一个委员会的职责, 被视为是对新冠名的委员会的提及或（视情况而定) 是对原委员会的提及, 当原委员会暂时还在行使职责时。

6. 国务大臣可以指定一名选举委员会的职员为其会计主任直至根据第1款的第一任指定生效。

第 20 条 报告

1. 选举委员会应就该财政年度选举委员会履行其职责问题准备并向两院提交一份报告。

2. 选举委员会在提交报告时应按他们决定的方式公布该报告。

第 21 条 选举委员会条例的通知

1. 如果选举委员会制定任何条例, 他们必须给国务大臣一份副本, 不得延误。

2. 如果选举委员会更改或废除任何条例, 他们必须通知国务大臣, 不得延误。

3. 更改的通知必须包括更改的详细内容。

第 22 条 条例制定文书

1. 任何授予选举委员会制定条例的权力以书面方式行使。

2. 选举委员会制定条例的文书（"条例制定文书"）必须指明条例被制定所根据的那个条款。

3. 条例制定文书在一定程度上不遵从第 2 款, 则该文书不具有法律效力。

4. 条例制定文书制作好后, 必须尽快打印, 并提供给公众。

5. 选举委员会提供给一个人条例制定文书的副本, 为此可以收取合理的费用。

6. 依据本条, 如果一个人显示在被指控违法时, 有关的条例制定文书还未供使用, 则不被视为违背选举委员会制定的任何条例。

7. 选举委员会制定条例的权力包括对不同情况制定不同的规定。

第 23 条　条例的验证

1. 出示一份声称由选举委员会制定的条例制定文书的打印副本：

（1）在副本上有被认可的由选举委员会为验证而授权一名选举委员会职员签名的证明，以及

（2）副本上包含所要求的说明，

是在证明中所述事实的证据（或在苏格兰充足的证据）。

2. 要求的说明是：

（1）该文书由选举委员会制定；

（2）该副本是该文书的真正副本；以及

（3）依据第 22 条第 4 款该文书在指定日期提供给公众。

3. 一份声称已经像第 1 款提及的那样有签名的证明被视为已经真正被签名，除非显示出相反的情况。

4. 一个希望在任何合法诉讼中依赖条例制定文书的人可以要求选举委员会给一份文书副本签名，并附上一份第 1 款提及的那种证明。

第 24 条　文件的证据

一份文件，声称是：

（1）根据选举委员会的印章要真正执行的，或

（2）代表选举委员会或选区边界委员会签字的，

应在过目后被接受并应被视为按此执行或签字的，除非显示出相反的证明。

第 25 条　解释

本附件中"委托权限"包括进一步的委托权限。

附件 2　议长委员会

第 1 条　报告

1. 议长委员会应就其履行职责问题每年向下院提交至少一次报告。

2. 按诽谤法所指，议长委员会在做出这样的报告中公布任何事项都享有绝对特权。

第 2 条　委员会成员的任职期

1. 在本条中，"被任命的成员"指议长委员会成员，但不是：

（1）下院议长；

（2）下院民政事务委员会主席；

（3）内政大臣。

2. 被任命的成员应终止成为议长委员会成员，如果：

（1）他终止成为下院议员；或

（2）另一人代替他的位置被任命为议长委员会成员。

3. 被任命的成员可以在任何时候通过给议长递交通知从该委员会辞职。

4. 从属于第 2 款和第 3 款，被任命的成员应在他被任命的该届议会持续的时间内是该委员会成员。

5. 被任命的成员可以被再次任命（或再次任命后又再一次被任命）为该委员会成员。

第 3 条　委员会的程序

1. 议长委员会可以决定其自己的程序。

2. 该委员会程序的有效性不应受到以下事情的影响：

（1）任何委员会成员的空缺，或

（2）任何委员会成员任命中的过失。

3. 在该委员会的任何会议上，当议长缺席时，该委员会可以任命一名成员为该委员会主席。

附件3 选区边界委员会职责的移交

第一部分 1986年议会选区法的修正

第1条 引言

1986年议会选区法修正如下。

第2条 议会代表检查和报告的责任

1. 第3条（委员会的报告）应修订如下。

2. 在第1款中，从"每个选区边界委员会"一词开始到"整个区域"应替代为"选举委员会应持续对下院中每位英格兰、苏格兰、威尔士和北爱尔兰的代表进行检查，并应依据以下第2款就上述每一个区域的全部地区向国务大臣提交分别的报告"。

3. 第2款应替代为："根据第1款涉及联合王国的一个特定区域的报告应自根据该款涉及联合王国该区域的上一报告之日起不少于八年、不超过十二年的时间内由选举委员会呈递。"

4. 在第2A款中，"一个选区边界委员会"应替代为"选举委员会"。

5. 在第3款中：

（1）"选区边界委员会"应替代为"选举委员会"；以及

（2）"被涉及的联合王国的区域"应替代为"联合王国的任何区域"。

6. 在第4款中，"一个选区边界委员会"应替代为"选举委员会"。

7. 第5款应替代为：

"5. 在选举委员会根据本法向国务大臣提交报告之后尽可能快的时间内，他应向议会提交：

（1）该报告；以及

（2）（除了当报告说明所涉及的联合王国的有关区域不要求进行改动之外）可使报告中所含的推荐生效的议会法令草案。"

8. 在第7款中：

（1）"根据以上第1款的一个选区边界委员会"应替代为"根据以上

第 1 款涉及联合王国一个特定区域的一个选举委员会";

（2）"根据以上第 1 款的委员会"应替代为"根据以上第 1 款涉及联合王国的一个区域";

（3）"一个选区边界委员会出版"应替代为"根据以下第 5 款一个选区边界委员会出版"。

9. 第 3 条的旁注应替代为"选举委员会的报告"。

10. 在第 3 条第 2 款和第 7 款中，如本条所修正的那样，任何根据第 3 条第 1 款对上一份报告的提及，该报告涉及联合王国一个特定区域，包括对这样一份报告的提及，该报告是在本条在该部分生效之前的任何时候，由根据本法组成的其中一个选区边界委员会起草，该报告涉及该区域。

第 3 条　选区边界委员会的职责

在第 3 条之后应插入：

"第 3A 条　选区边界委员会的检查和所提出的推荐

1. 当选举委员会打算根据本法考虑拟定一份报告（第 3 条报告），涉及：

（1）联合王国的一个区域，或

（2）任何包括在联合王国的一个特定区域的地区，

联合王国在该区域的选区边界委员会应（从属于以下第 4 款）依据本法施行一次检查，目的是使选区边界委员会能够就包含在第 3 条报告中的推荐向选举委员会提出建议。

2. 一旦选区边界委员会根据以上第 1 款施行过一次检查，他们应相应地向选举委员会提交一份包含有推荐的报告，选区边界委员会根据检查所建议的推荐应包含在第 3 条报告中。

3. 当选举委员会收到选区边界委员会根据以上第 2 款的报告时，他们可以：

（1）接受全部包含在报告中所建议的推荐，并把这些推荐纳入第 3 条报告中；

（2）经选区边界委员会同意，修改后接受所建议的推荐，并把经修改的推荐纳入第 3 条报告中；

(3) 拒绝所建议的推荐，并且在下列选择中任选一项：

(a) 要求选区边界委员会重新考虑他们所建议的推荐以便决定是否根据以上第 2 款提交一份含有不同建议的推荐的追加报告，

(b) 要求选区边界委员会根据以上第 1 款施行一次涉及该地区的整个或特定地域的新的检查，该地区是最初检查的对象，或

(c) （仅只在为第 3 条第 3 款的报告已经施行过检查时）不采取进一步行动。

4. 一个选区边界委员会在根据本法行使或履行其权力或职责时，或与此有关时，应遵从选举委员会给他们的任何指导［直至与本法附件 3 第 1 至 6 条所列出的规则一致（与第 7 条一起理解）］。

5. 在本法中：

(1) '选区边界委员会'指选举委员会根据 2000 年政党、选举及全民公投法第 14 条设立的选举边界委员会；以及

(2) '推荐'包括要求不被更改的推荐（除非背景有不同的要求）。"

第 4 条 选举委员会报告的执行

1. 第 4 条（议会令）应修正如下。

2. 在第 1 款中，从"无论是否有修改"一词开始至"选区边界委员会"为止，应替代为"根据本法选举委员会报告中所包含的推荐"。

3. 第 2 款（执行经修改的推荐的命令草案）应删除。

第 5 条 涉及所建议的报告或推荐的通知

第 5 条应替代为：

"第 5 条　涉及所建议的报告或推荐的通知

1. 当选举委员会打算根据本法考虑拟定一份报告（'第 3 条报告'），他们应相应地通过书面通知告知国务大臣，并且应公布一份通知的副本：

(1) 在伦敦公报上，如果报告涉及英格兰或威尔士（或包含在这两个区域内的地区）。

（2）在爱丁堡公报上，如果报告涉及苏格兰（或包含在这个区域内的地区）；

（3）在贝尔法斯特公报上，如果报告涉及北爱尔兰（或包含在这个区域内的地区）。

2. 当一个选区边界委员会临时决定所建议的影响任何选区的推荐，他们有意将该推荐纳入以上第3A条第2款的报告中去，他们应至少在一份在该选区公开发行的报纸上发布一份通知，说明：

（1）所建议的推荐的后果（除了当涉及该选区的后果是不应做出改变之外）以及一份推荐的副本，在该选区的特定地方供查阅；以及

（2）在通知公布1个月之内，可以向选区边界委员会就所建议的推荐提出陈述；

并且选区边界委员会应考虑依据这样的通知及时提出的陈述。

3. 当选区边界委员会根据以上第2款而公布他们的通知之后修正任何所建议的推荐，涉及修正后的推荐，该委员会应再次遵从该款，犹如先前的通知没有被公布一样。

4. 就选区边界委员会所建议的推荐而言，当选举委员会有意行使任何由以上第3A条第3款第（2）项或第（3）项所授予的权力时，他们应考虑：

（1）依据根据以上第2款所公布的通知，针对推荐所及时提出的陈述；或

（2）（当他们有意遵从该委员会的检查，涉及仅在部分地区行使他们的任何权力时）针对涉及该部分地区的推荐所提出的任何陈述。

5. 当一个选区边界委员会所建议的影响任何选区的推荐已经由选举委员会根据以上第3A条第3款第（2）项加以修改，选区边界委员会应至少在一份在该选区公开发行的报纸上发布一份通知，说明更改后所建议的推荐的后果。"

第6条 地方调查

1. 第六条（地方调查）应修正如下。

2. 在第 1 款中,"一个选区边界委员会"应替代为"涉及根据以上第 3A 条第 1 款实施任何检查的一个选区边界委员会"。

3. 在第 2 款中:

(1)"一个选区边界委员会的推荐"应替代为"一个选区边界委员会所建议的推荐";

(2) 在两个地方使用的"委员会(高级)"应替代为"委员会(下属)";以及

(3)"做出推荐"应替代为"着手所建议的推荐"。

4. 在第 3 款中,"委员会(高级)"应替代为"委员会(下属)"。

5. 在第 4 款之后,应插入:

"4A.当一个选区边界委员会依据本法已经引起举行一次地方调查,该委员会应考虑调查结果。

4B.当一个选区边界委员会依据本法已经促使举行一次地方调查,并且选举委员会有意就该委员会所建议的推荐行使以上第 3A 条第 3 款第(2)项或第(3)项所授予的权力,选举委员会应考虑:

(1) 调查结果;或

(2)(当他们有意仅在属于该委员会检查对象的部分地区行使其任何权力时)涉及该部分地区的调查结果。"

6. 在第 5 至第 7 款中,只要出现"委员会(高级)"应替代为"委员会(下属)"。

第 7 条 席位再分配的规则

1. 附件 2("席位再分配的规则")应修正如下。

2. 在第 1 条第 4 款中,"选区边界委员会(高级)"应替代为"选举委员会或(视情况而定)选区边界委员会(下属)"。

3. 在第 5 条中,"选区边界委员会(高级)"应替代为"选举委员会或(视情况而定)选区边界委员会(下属)"。

4. 在第 6 条中,"一个选区边界委员会(高级)"应替代为"选举委员会或(视情况而定)一个选区边界委员会(下属)"。

5. 在第7条中,"一个选区边界委员会(高级)"应替代为"选举委员会或(视情况而定)一个选区边界委员会(下属)"。

6. 在第8条中:

(1)"为此设立一个选区边界委员会"的词句应删除;以及

(2)"选区边界委员会的报告"应替代为"选举委员会的报告(或由一个选区边界委员会为此目的拟定的报告)"。

第二部分 其他法案的修正

1998年威尔士政府法(c.38)

第8条

1998年威尔士政府法(c.38)附件1(选区议会和地区议会)应修正如下。

第9条

第4条应替代为:

"第4条

1. 当威尔士选区边界委员会('委员会')(依据1986年法案)临时决定所建议的推荐,他们有意把该推荐纳入根据该法第3A条第2款的报告中,并且该推荐在威尔士的任何议会选区内会涉及任何的改动,委员会应考虑是否要求:

(1)按议会选举区,或

(2)按议会选举区的席位分配,

进行任何改动以使第八条所列出的规则生效。

2. 此外,第1款提及的委员会的报告应包含推荐,根据他们对第1款提及的问题的考虑,该委员会所建议的推荐应包含在依据第7条的选举委员会的第3条报告中。

3. 在1986年法案的第3A条中:

(1)正如根据该法第3A条第2款,第3款应适用于选区边界委员会

所建议的任何推荐那样，在涉及任何所建议的推荐上，第3款也应适用于任何必要的更改；以及

（2）在第4款中，第一次对该法的提及应包括对本附件的提及，并且正如本附件提及的那样，对所列出的规则的提及应包括对第8条所列出的规则的提及。

4. 在本条中：

'威尔士选区边界委员会'指选举委员会根据2000年政党、选举及全民公投法设立的该名称的委员会；

'选举委员会的第3条报告'指选举委员会根据1986年法案第3条的报告，按第3条所指，要提出第1款所提及的建议的推荐。"

第10条

1. 第5条（所建议的推荐的通知）应修正如下。

2. 在第1款中，"第4条，委员会已经临时决定要提出"应替代为"第4条第1款，委员会（依据第4条第2款）已经临时决定要提出"。

3. 在第2款中：

（1）"委员会建议推荐"应替代为"它们的结果是"；以及

（2）"委员会（高级）"应替代为"委员会（下属）"。

4. 在第3至5款中，只要出现"委员会（高级）"都应替代为"委员会（下属）"。

5. 在第5款之后应插入：

"5A. 就委员会所建议的推荐，当选举委员会有意行使1986年法案第3A条第3款第（2）项或第（3）项所授予的权力时（如以上第4条第3款适用那样），他们应考虑：

（1）依据根据以上第1款所公布的通知，针对推荐所及时提出的陈述；或

（2）（当他们有意在仅涉及议会选举区的部分地区行使他们的任何权力时）针对涉及该议会选举区的推荐所提出的任何陈述。

5B. 当委员会所建议的推荐已经由选举委员会根据以上第3A条第3

款第（2）项加以修改（如以上第 4 条第 3 款适用那样），委员会应至少在一份在该选举区公开发行的报纸上发布一份通知，说明更改后所建议的推荐的后果。"

第 11 条

1. 第 6 条（地方调查）应修正如下。

2. 第 1 款中的"委员会"应替代为"按本附件所指的委员会"。

3. 在第 2 款中：

（1）只要出现"委员会（高级）"都应替代为"委员会（下属）"；以及

（2）"做出推荐"应替代为"着手建议的推荐"。

4. 在第 3 款和第 5 款中，只要出现"委员会（高级）"都应替代为"委员会（下属）"。

5. 在第 5 款之后应加上：

"6. 当委员会依据本条已经引起举行一次地方调查，该委员会应考虑调查结果。

7. 当一个选区边界委员会依据本条已经引起举行一次地方调查并且选举委员会有意就该委员会所建议的推荐行使 1986 年法案第 3A 条第 3 款第（2）项或第（3）项所授予的权力（如以上第 4 条第 3 款适用那样），选举委员会应考虑：

（1）调查结果；或

（2）（在议会选举区举行调查的情况下，当他们有意在部分议会选举区行使其任何权力时）涉及该议会选举区的部分地区的调查结果。"

第 12 条

在第 7 条（报告）中：

（1）只要出现"委员会（高级）"都应替代为"委员会（下属）"；以及

（2）在第 1 款第（1）项中，在"选区"后应插入"在威尔士"；

以及

（3）在第1款第（2）项中，在结尾应加上"涉及任何选区或威尔士的选区。"

第 13 条

在第8条（规则）中，只要出现"委员会（高级）"都应替代为"选举委员会或（视情况而定）委员会（下属）"。

第 14 条

在第9条第1款（议会令）中，从"，经修改或未经修改"一词开始至"委员会"应替代为"选举委员会报告中所包含的推荐"。

第 15 条

在第10条（解释）中：

（1）只要出现"委员会"都应替代为"选举委员会"；以及

（2）在结尾处应加上：

"3. 第1款和第2款也适用于解释关于委员会为选举委员会的报告而起草的报告中对议会选举区的选民的提及。"

第 16 条

在第11条（定义）中：

（1）对"委员会"的定义应替代为：

'委员会'指威尔士选区边界委员会（如第4条第4款所定义的）；"；以及

（2）在该定义之后应加上：

'推荐'包括要求不被更改的推荐（除非背景有不同的要求）。"

第 17 条

1998年苏格兰法（c.46）

1998年苏格兰法附件1（选区、地区和地区成员）应修正如下。

第 18 条

在第3条（苏格兰选区边界委员会的报告）中，第1款和它前面的小

标题应替代为:

"选举委员会的报告

第3条

1. 当选举委员会('委员会')根据1986年法案第3条第1款或第3款向国务大臣提交报告,推荐对苏格兰议会选区进行任何更改时,本条适用。"

第19条

在第4条之后应插入:

"4A. 苏格兰选区边界委员会所建议的推荐

1. 当苏格兰选区边界委员会(依据1986年法案)临时决定所建议的推荐,他们有意把该推荐纳入根据该法第3A条第2款的报告中,并且该推荐在苏格兰的任何议会选区内会涉及任何的改动,委员会应考虑是否要求进行属于第3条第2款的改动以便使第7条所列出的规则生效。

2. 此外,第1款提及的委员会的报告应包含推荐,根据他们对第1款提及的问题的考虑,该委员会所建议的推荐应包含在选举委员会的第3条报告中。

3. 在1986年法案的第3A条中:

(1) 正如根据该法第3A条第2款,第3款应适用于选区边界委员会所建议的任何推荐那样,在涉及任何所建议的推荐上,第3款也应适用于任何必要的更改;以及

(2) 在第4款中,第一次对该法的提及应包括对本附件的提及,并且正如本附件提及的那样,对所列出的规则的提及应包括对第7条所列出的规则的提及。

4. 在本条中:

'苏格兰选区边界委员会'指选举委员会根据2000年政党、选举及全民公投法设立的该名称的委员会;

'选举委员会的第3条报告'指选举委员会根据1986年法案第3条的

报告,按第3条所指,要提出第1款所提及的建议的推荐。"

第20条

1. 第5条(所建议的推荐的通知)应修正如下。

2. 在第1款中:

(1)"委员会已经临时决定要提出"应替代为"委员会(依据第4条第2款)已经临时决定要提出";

(2)"他们提出推荐"应替代为"它们的结果是";以及

(3)"向委员会(高级)"和"委员会(高级)应"应分别替代为"向委员会(下属)"和"委员会(下属)应"。

3. 在第2款中,只要出现"委员会(高级)"应替代为"委员会(下属)"。

4. 在第2款之后应插入:

"3. 就委员会所建议的推荐,当选举委员会有意行使任何由1986年法案第3A条第3款第(2)项或第(3)项所授予的权力时(如以上第4A条第3款适用那样),他们应考虑:

(1)依据根据以上第1款所公布的通知,针对推荐所及时提出的陈述;或

(2)(当他们有意在仅涉及议会选举区的部分地区行使他们的任何权力时)针对涉及该议会选举区的推荐所提出的任何陈述。

4. 当委员会所建议的推荐已经由选举委员会根据以上第3A条第3款第(2)项加以修改(如以上第4A条第3款适用那样),委员会应至少在一份在该选举区公开发行的报纸上发布一份通知,说明更改后所建议的推荐的后果。"

第21条

1. 第6条(地方调查)应修正如下。

2. 第1款中的"委员会"应替代为"按本附件所指的委员会"。

3. 在第2款中:

（1）只要出现"委员会（高级）"都应替代为"委员会（下属）"；以及

（2）"做出推荐"应替代为"着手建议的推荐"。

4. 在第3款中，只要出现"委员会（高级）"都应替代为"委员会（下属）"。

5. 在第5款之后应加上：

"6. 当委员会依据本条已经引起举行一次地方调查，该委员会应考虑调查结果。

7. 当一个选区边界委员会依据本条已经促使举行一次地方调查并且选举委员会有意就该委员会所建议的推荐行使1986年法案第3A条第3款第（2）项或第（3）项所授予的权力（如以上第4条第3款适用那样），选举委员会应考虑：

（1）调查结果；或

（2）（在议会选举区举行调查的情况下，当他们有意在部分议会选举区行使其任何权力时）涉及该议会选举区的部分地区的调查结果。"

第22条

在第7条（规则）中，只要出现"委员会（高级）"都应替代为"选举委员会或（视情况而定）委员会（下属）"。

第23条

在第8条（地区选民的含义）中：

（1）在第1款中，"委员会"都应替代为"选举委员会"；以及

（2）在结尾应加上：

"3. 按选举委员会的报告所指，涉及委员会的报告，第1款和第2款也适用于解释对议会选举区的选民的提及。"

第24条

在第8条之后应加上：

"第9条 解释

在本附件中：

'1986 年法案'指 1986 年议会选区法。

'委员会'指苏格兰选区边界委员会（如第 4A 条第 4 款所定义的）；

'推荐'包括要求不被更改的推荐（除非背景有不同的要求）。"

附件 4　根据第二部分的申请

第一部分　注册申请

第 1 条　引言

1. 在根据第 28 条进行申请时必须遵从第 2 至 7 条。

2. 进行这样的申请必定伴随着由国务大臣制定的政令所规定的费用。

3. 在本表本部分的下列条款中，"一项申请"指根据第 28 条的申请。

第 2 条　名称

1. 在大不列颠注册局的注册申请必须指明以下任一名称：

（1）作为党的注册名称的名称，或

（2）作为党的注册名称的威尔士语名称和英语名称。

2. 如果不是用英语或威尔士语在大不列颠注册局注册一个名称，申请必须包含一份英文译文。

3. 在北爱尔兰注册局的注册申请必须指明以下任一名称：

（1）作为党的注册名称的名称，或

（2）作为党的注册名称的爱尔兰语名称和英语名称。

4. 如果不是用英语或爱尔兰语在北爱尔兰注册局注册一个名称，申请必须包含一份英文译文。

第 3 条　总部

1. 一项申请必须指明：

（1）党总部地址；或

（2）如果该党没有总部，可以向该党送交书信的地址。

2. 当该党是一个拥有会计单位的党时,以上第 1 款中对党的提及要理解为是对中央机构的提及。

第 4 条　注册官员

1. 一项申请必须给出每位下列人员的姓名和家庭住址:

(1) 注册为党的领袖者;

(2) 注册为党的提名官员者;

(3) 注册为党的财务总管者。

2. 如果要为政党申请注册成为一个拥有竞选官员的政党,申请也必须给出注册为党的竞选官员者的姓名和家庭地址。

3. 如果要注册成为政党领袖者是(如第 24 条第 2 款所提及的)起某些特殊作用的党的领袖,申请必须指明该作用。

4. 如果一个人在申请中被选定为领袖、提名官员和财务总管,该申请也必须给出党内一些担任其他指定官职的人员的姓名和家庭地址。

第 5 条　党的中央机构

1. 申请必须附上:

(1) 一份党的章程的副本(在第 26 条的含义上);以及

(2) 如果经选举委员会根据第 26 条的批准,一份按第 26 条所指的由该党建议采纳的规划草案。

2. 凡是一个拥有会计单位的党,涉及每一个会计单位,申请必须说明:

(1) 会计单位的名称和财务主管的姓名,以及按第 27 条第 3 款所指的注册官员的姓名;以及

(2) 会计单位总部地址,如果会计单位没有总部,可以向该会计单位送交书信的地址。

第 6 条　附加的信息

申请必须包括由选举委员会制定的条例中所规定的任何其他信息。

第 7 条　签名

1. 一项申请必须由以下人员签名：

（1）由所提议的注册领袖或注册提名官，

（2）由所提议的注册财务总管，以及

（3）（如果要为政党申请注册为有竞选官员的政党）由所提议的注册竞选官员；

并且必须包含一项由每一位签署申请书的人的声明，表明他被授权代表党签字。

2. 在一份申请书上可以由同一人依其所提议的注册领袖、注册提名官员以及注册财务总管或注册竞选官员的职位签名，但在这种情况下，必须在申请书上明显表示出他是在两个职位上进行签名。

第二部分　细目更改的申请

第 8 条　引言

1. 根据第 30 条的申请必须遵从第九条和（如果适用）第 10 条。

2. 进行这样的申请必定伴随着由国务大臣制定的政令所规定的费用。

3. 第 9 条和第 10 条的"申请"指根据第 30 条的申请。

第 9 条　签名

1. 从属于第 3 款，一项申请必须由党的负责官员签名。

2. 按本条所指，负责官员是：

（1）注册领袖；

（2）注册提名官员；

（3）凡领袖、提名官员和财务总管为同一人时，任何其他注册官员。

3. 如果任何注册官员都不能签署一项申请：

（1）党内担任其他职务的人可以代替他签名；以及

（2）该申请必须包括一份说明，说明负责人不能签名的理由，以及一份声明，声明担任其他官职者被授权代替他签名。

第 10 条 竞选官员的详情

如果申请附上一份说明,表明该党注册为一个拥有竞选官员的党,则申请必须:

(1) 给出注册为党的竞选官员者的姓名和家庭地址;以及

(2) 附上一份由该人签名的接受该职务的声明。

第三部分 官员替换注册申请

第 11 条 引言

1. 根据第 31 条第 3 款第(1)项的申请必须遵从第 12 条和第 13 条。

2. 在第 12 条和第 13 条中的"申请"指根据第 31 条第 3 款第(1)项的申请。

第 12 条 官员替换等的详情

1. 如果作为申请的结果,一个人将注册为领袖、提名官员和财务总管,则该申请被要求加上在党内担任其他指定职位者的姓名。

2. 如果一项申请要求:

(1) 替换一位领袖、提名官员、财务总管或其他官员的姓名,或

(2) 依据第 1 款增加姓名;

该申请必须给出替换或增加姓名者的家庭地址。

第 13 条 签名

1. 从属于第 3 款,申请必须由以下人员签名:

(1) 每位(除了依据该申请而注册者之外)党的负责官员;以及

(2) 依据该申请而注册者。

2. 按本条所指,"负责人"与第 9 条具有同样的含义。

3. 如果如第 1 款第(1)项所提及的这样的人不能签署一项申请:

(1) 党内担任其他职务者可以代替他签名;以及

(2) 该申请必须包括一份说明,说明有关人员不能签名的理由,以及一份声明,声明担任其他官职者被授权代替他签名。

第四部分 申请删除条目

第 14 条 签字

正如以上第 9 条适用于根据第 30 条的申请那样，它也适用于根据第 33 条的申请。

附件 5 会计单位：会计要求的适用性

第 1 条 引言

1. 本附件规定，当一个注册政党拥有会计单位时，第 41 至 48 条适用。

2. 按本附件所指，以下所有事项或任何事项都是涉及一个党或（视情况而定）会计单位的财务事务，即：

（1）其交易和资金状况；以及

（2）其资产和债务。

3. 按本附件和本附件适用的任何规定所指，会计单位的财政年度与该党的财政年度相同。

4. 在本附件中，一个会计单位的"财务主管"指在大不列颠或北爱尔兰注册局被指定为该会计单位的财务主管的人。

5. 根据本附件，如果出现是由党的财务总管还是由会计单位的财务主管来处理所涉及财务的问题时，应由选举委员会决定。

第 2 条 会计记录

1. 第 41 条：

（1）不应在涉及会计单位的财务事务方面给党的财务总管强加任何职责；但是

（2）经任何必要的修改后，应适用于每一个会计单位的财务主管，以便就关于要求保留涉及该会计单位财务事务的实际会计记录做出规定。

2. 该条在涉及会计单位的适用性上，第 41 条第 5 款应理解为对党的最后一任财务总管的提及就是对会计单位最后一任财务主管的提及。

第 3 条　年度账目说明

1. 第 42 条：

（1）不应在涉及会计单位的财务事务方面给党的财务总管强加任何职责；但是

（2）经任何必要的修改后，应适用于每一个会计单位的财务主管，以便就或关于要求准备每个财政年度的涉及会计单位财务事务的账目说明做出规定。

2. 在该条对账目说明的适用性上，第 42 条第 2 款第（2）项应理解为要求得到以下人员的批准：

（1）如果有的话，由会计单位的管理委员会；以及

（2）要不然由会计单位的不是财务主管的一位官员。

3. 在该条对拥有会计单位的党或（视情况而定）任何会计单位的适用性上，第 42 条第 4 款第（1）项应理解为对党的总收入或总支出的提及就是：

（1）不包括任何会计单位的任何收入或支出的党的总收入或总支出，或

（2）会计单位的总收入或总支出，

视情况而定。

第 4 条　年度审计

1. 正如第 43 条适用于党和党的财务总管那样，它也应适用于任何会计单位和其财务主管。

2. 在该条对拥有会计单位的党或（视情况而定）任何会计单位的适用性上，第 43 条第 1 款或第 2 款应理解为对党的总收入或总支出的提及就是：

（1）不包括任何会计单位的任何收入或支出的党的总收入或总支出，或

（2）会计单位的总收入或总支出，

视情况而定。

第 5 条 对审计师的补充规定

1. 正如第 44 条适用于党和党的财务总管，或党的任何其他官员那样，它也应适用于任何会计单位和其财务主管，或会计单位的任何其他官员。

2. 在第 1 款中对财务总管或其他官员的提及包括对前财务总管或其他前官员的提及。

第 6 条 向选举委员会提交账目说明等

1. 正如第 45 条适用于党和党的财务总管那样，在任何会计单位一个财政年度的总收入或总支出超过二五千英镑的情况下，第 45 条也应（除涉及根据第 32 条的通知之外）适用于该会计单位和该会计单位的财务主管。

2. 在属于其他会计单位的情况下，如果选举委员会在任何时候就任何财政年度通过通知做出这样的要求，会计单位的财务主管应在不迟于相关日期之内向选举委员会提交：

（1）依据第 3 条准备该年度的账目说明；以及

（2）如果该会计单位已经依据第 4 条被审计，一份审计师报告的副本。

3. 在第 2 款中，"相关日期"指：

（1）如果该会计单位在该财政年度没有依据第 4 条要求被审计，从该年度结束起的三个月期限结束时，或（如果更晚一点）当根据第 2 款被强制要求之日起的三十日期限结束时；

（2）如果该会计单位在该财政年度被要求进行这样的审计，从该年度结束起的六个月的期限结束时，或（如果更晚一点）当根据第 2 款被强制要求之日起的三十日期限结束时。

4. 对于任何特殊的理由，如果选举委员会认为这样做合适，在根据本条所另外允许的送交属于第 2 款的该会计单位任何财政年度的文件的期限结束之前,经向选举委员会提交申请,他们可以通过通知按通知指定的拓展期限延长该时期。

5. 在第46至48条中(正如它们依据本附件适用那样),任何对第45条的提及应理解为包括对以上第2款的提及。

第7条 对政党账目说明的公共检查

正如第46条应适用于选举委员会从政党那里收到的任何账目说明那样,它也适用于选举委员会从会计单位那里收到的任何账目说明。

第8条 对未提交实际账目说明等的刑事处罚

1. 从属于第2款,正如第47条适用于政党和政党的财务总管那样,它也应适用于任何会计单位和任何会计单位的财务主管。

2. 当第6条第2款适用时:

(1) 第47条第4款不应适用,以及

(2) 按该条所指,相关时期应是第6条第2款和第3款所允许的向选举委员会送交账目说明或审计师报告的时期,或该时期已经根据第6条第4款被延长,该延长的时期。

第9条 账目说明的修改

1. 从属于第2款,正如第48条适用于政党和政党的财务总管那样,它也应适用于任何会计单位和任何会计单位的财务主管。

2. 在第48条适用于任何会计单位时:

(1) 第48条第7款在删除对政党的注册领袖的提及后应有效;以及

(2) 第48条第8款在删除第(1)项和第(2)项以及所有对政党的注册领袖的提及后应相应有效。

附件6 捐款报告中需要提供的细节

第1条 引言

1. 在本附件中:

(1) "季度报告"指依据第62条所要求准备的报告;

(2)"周报告"指依据第 63 条所要求准备的报告；

以及"可记录的捐款"指涉及季度或周报告中所要求记录的捐款。

2. 在一个政党拥有会计单位的情况下，本附件中对注册政党的提及应理解为对党的中央机构的提及。

第 2 条 捐赠者的身份：季度报告

1. 涉及每一笔可记录的捐款（除了第 6 条或第 7 条适用的捐款之外），一份季度报告必须给出捐赠者的下列信息：

（1）以下第 2 至 10 款、第 12 款和第 13 款所要求的信息；以及

（2）在咨询选举委员会之后，可以由国务大臣制定的条例所要求的其他信息；

或在捐款属于以下第 11 款的情况下，该款所要求的信息。

2. 在是个人的情况下，该报告必须提供他的全名，以及：

（1）在接到捐款之日，如果他的地址显示在选民登记册上（在第 54 条的含义上），该地址；以及

（2）要不然他的家庭地址（无论是在联合王国还是在其他地方）。

3. 第 2 款不适用于以遗产方式的捐款，并且在以遗产方式捐款的情况下，报告必须说明捐款是依据遗产接受的并提供：

（1）提供遗产者的全名；以及

（2）他死亡时的地址，或如果他那时没有在选民登记册上注册该地址（在第 54 条的含义上），则为在他死亡之前的五年期间所注册的最后一个地址。

4. 在属于第 54 条第 2 款第（2）项的一个公司的情况下，该报告必须提供：

（1）公司的注册名称；

（2）公司注册办事处的地址；以及

（3）公司注册号；

5. 在是一个注册政党的情况下，报告必须提供：

（1）党的注册名称；

(2) 党的注册总部的地址。

6. 在属于第54条第2款第（4）项的一个工会的情况下，报告必须提供：

(1) 工会的名称，以及

(2) 工会总部或主要办事处的地址，

如在根据1992年工会和劳动关系（统一）法[1992 c.52]或1992年（北爱尔兰）劳资关系法令[S.I.1992/807（N.I.5）]所保存的名单上显示的那样。

7. 在属于1986年住宅金融合作社法[1986 c.53]意义上的一个住宅金融合作社时，报告必须提供：

(1) 合作社的名称；

(2) 合作社主要办事处的地址。

8. 在属于第54条第2款第（6）项的有限责任合股公司时，报告必须提供：

(1) 合股公司的注册名称；以及

(2) 合股公司注册办事处的地址。

9. 在属于第54条第2款第（7）项的一个友爱合作社或其他的注册合作社时，报告必须提供：

(1) 合作社的名称，以及

(2) 合作社注册办事处的地址。

10. 在属于第54条第2款第（8）项的一个非法人团体时，报告必须提供：

(1) 社团的名称；

(2) 社团在联合王国的主要办事处的地址。

11. 在属于第55条第2款适用的支付金额时，报告必须提供法定的或其他规定，根据该规定而支付此金额。

12. 在属于第55条第3款适用的捐款时，报告必须提供捐赠者的全名和地址。

13. 在属于第 55 条第 5 款适用的捐款时，报告必须说明该捐款是从一个信托基金那里收到的，以及：

（1）当一笔捐款属于第 162 条第 2 款时，提供：

（a）托管创立的日期，以及

（b）创立托管者的全名和每一位其他人的姓名，通过其他人或根据其他人的意志，资产在 1999 年 7 月 27 日之前被转让给托管，以及

（2）当一笔捐款属于第 162 条第 3 款时，提供有关：

（a）创立托管的人，以及

（b）每一位其他人，通过其他人或根据其他人的意志，资产被转让给托管，第 2 至 10 款所要求提供的涉及可记录捐款的捐赠者的信息。

14. 在本法或 1983 年人民代表法 [1983 c.2] 中，任何通过提及本条而表达对一笔捐款的捐赠者的信息的提及（无论如何表达），涉及第 13 款第（1）项或第（2）项中提及的捐款时，就是对该款第（1）项或第（2）项所指定的每一个人的信息的提及。

第 3 条　捐赠者的身份：周报告

一份涉及每一笔可记录的捐款的周报告必须提供该党目前所知晓的所有捐赠者的姓名和地址等细目。

第 4 条　捐款值

1. 涉及每笔可记录的捐款，季度或周报告必须提供下列捐款的细节：

2. 如果捐款是货币捐款（现金或非现金），报告必须提供捐款的数额。

3. 要不然报告必须提供捐款种类的细节以及依据第 53 条决定的捐款的价值。

第 5 条　捐款的情况

1. 涉及每笔可记录的捐款，季度或周报告必须：

（1）提供捐款的相关日期；以及

（2）（季度报告时）：

（a）说明是否是给注册政党的捐款，还是给党的任何会计单位的捐

款；或

（b）在第 62 条第 12 款适用的捐款的情况下，指明依据该条款它被视为给该党提供的捐款。

2. 在第 55 条第 3 款适用的捐款的情况下，报告必须额外提供：

（1）捐款所涉及的访问发生的日期，以及

（2）访问的目的地和目的。

3. 按本条所指，适用于季度报告的捐款的相关日期是：

（1）［如果属于第 62 条第 4 款第（1）项或第 7 款第（1）项］该党或会计单位接受捐款的日期；

（2）［如果属于第 62 条第 4 款第（2）项或第 7 款第（2）项］该党或会计单位接受捐款时，导致有关总额超过该款指定的限度的日期；

（3）（如果属于第 62 条第 9 款）接受捐款的日期。

4. 按本条所指，适用于周报告的捐款的相关日期是党或第 63 条第 3 款提及的党的中央机构接受捐款的日期。

第 6 条　来自未得到允许的捐赠者的捐款

涉及第 54 条第 1 款第（1）项适用的每笔可记录的捐款，季度报告必须：

（1）提供捐赠者的姓名和地址；以及

（2）提供依据第 56 条第 2 款第（1）项处理捐款的日期和方式。

第 7 条　来自不明身份的捐赠者的捐款

涉及第 54 条第 1 款第（2）项适用的每笔可记录的捐款，季度报告必须提供：

（1）捐款方式的细节，

（2）注册政党或党的任何会计单位所知道的捐赠者从事欺骗或隐瞒的细节和欺骗或隐瞒暴露时所采用的手段。

（3）依据第 56 条第 2 款第（2）项处理捐款的日期和方式。

第 8 条　其他细节

季度或周报告必须按选举委员会制定的条例的要求提供其他信息（如

果有的话）。

附件 7　对个人和会员协会收取捐款的管理

第一部分　引　言

第 1 条　附件的执行和解释

1. 本附件对管理以下人员收取捐款具有效力：

（1）注册政党的党员；

（2）会员协会；以及

（3）相关选举办公室的负责人。

2. 按本附件所指，下列条款具有效力。

3."所管理的捐款"：

（1）涉及一个注册政党的党员，指由该人接受的捐款，该捐款是：

（a）提供给他，或

（b）当他接受捐款后，由他保管，

他作为党员在其任何政治活动中使用并受益；

（2）涉及一个会员协会，指由该协会接受的捐款，该捐款是：

（a）提供给该协会，或

（b）当该协会接受捐款后，由其保管，

协会在其任何政治活动中使用并受益；

（3）涉及一个相关选举办公室的负责人，指由该人接受的捐款，该捐款是：

（a）提供给他，或

（b）当他接受捐款后，由他保管，

他（作为相关选举办公室的负责人）在其任何政治活动中使用并受益。

4. 按本附件所指，党员或（视情况而定）会员协会的政治活动尤其包括：

(1) 促进或使任何人赢得选举,提高其在有关党内的地位或进入有关党的委员会;

(2) 促进或使任何人赢得选拔,成为党的相关选举办公室的选举候选人;以及

(3) 用一种观点引领以促进或详细阐述各种政策,使党接纳;并且在第(1)项和第(2)项应用到一位党员时,对任何人的提及包括该党员。

5. "捐款"应被解释为依据第 2 至 4 条的捐款;并且(在缺乏明确表示时)如果考虑到所有情况,捐款一定要合理地假定为已经按这样的方式提交或保管,一笔捐款应被视为如第 1 款第(1)项、第(2)项或第(3)项所提及的已经提交给一个人或机构,或由其保管。

6. "会员协会"指任何组织,其成员全部或主要由一个注册政党的党员构成,以下组织除外:

(1) 属于第 26 条第 2 款第(1)项的一个注册政党;或

(2) 属于第 26 条第 2 款第(2)项的一个组织(那是一个注册政党的中央组织或该党的一个会计单位)。

7. "规定的受赠人"指:

(1) 一名注册政党的党员;

(2) 一个会员协会;或

(3) 一位相关选举办公室的负责人。

8. "相关选举办公室"指以下人员的办公室:

(1) 下院议员;

(2) 在联合王国选出的欧洲议会议员;

(3) 苏格兰议会议员;

(4) 威尔士国民议会议员;

(5) 以下机构成员:

(a) 联合王国任何区域内的任何地方政府

(b) 大伦敦议会;或

(6) 伦敦市长或在 2000 年地方政府法第二部分含义上当选的市长。

9. 涉及会员协会的"负责人"指：

(1) 如果有的话，财务主管，以及

(2) 要不然任何负责处理向协会捐款的人。

10. 当：

(1) 根据第70条第1款的任何政令生效时，由在大不列颠居住或履行活动的规定的受赠人接受的一笔捐款，以及

(2) 政令规定本款适用于任何捐款，

在涉及捐款时，第54条第2款第（3）项应有效，犹如该条款只提及在大不列颠注册局注册的注册政党。

第2条　捐款：总则

1. 涉及规定的受赠人的"捐款"指（从属于第4条）：

(1) 任何以资金或其他资产方式送给受赠人的礼物；

(2) 提供给受赠人的任何资助（如第3条定义的那样）；

(3)（除了由受赠人或代表受赠人之外）在支付任何由受赠人直接或间接发生的费用时所花费的资金；

(4) 不同于以商业价格借给受赠人的资金；

(5) 不同于以商业价格，提供任何资产、服务或设施供受赠人使用或使其受益（包括任何人员的服务）；

(6)（当受赠人是会员协会成员时）为受赠人支付的任何附属费、会员费或其他费。

2. 当：

(1) 在履行任何交易或协商时使任何资金或其他资产移交给一位规定的受赠人，该交易或安排涉及由或代表该受赠人提供任何资产、服务或设施，或其他有货币价值的报酬，以及

(2) 由或代表受赠人按这样方式提供的报酬按货币价格的总价值计算少于其本身的货币值或（视情况而定）少于所移交资产的市场价值，

按第1款第（1）项所指，该资金或资产的移交应（从属于第4款）构成对受赠人的礼物。

3. 在确定：

（1）按第1款第（4）项所指，借给规定的受赠人的资金是否是按这样的方式借出的，而不是按商业价格借出的，或

（2）按第1款第（5）项所指，是否提供任何资产、服务或设施供受赠人使用或使其受益，而不是按商业价格提供的，

涉及贷款或提供资产、服务或设施时，考虑必须落在由或代表受赠人提供的报酬按货币价格计算的总价值。

4. 当（除本款之外）依据第1款第（2）项和依据本条的其他规定任何东西构成一笔捐款时，第1款第（2）项（与第3条一起）应适用于该笔捐款，排斥本条的其他规定。

5. 任何东西提供或移交给会员协会的任何有官员、成员、受托人或代理人身份者（并且不是他本人使用或受益）就被视为提供或移交给协会（并且在是一个会员协会的情况下，对规定的受赠人接受捐款的提及相应地包括这样提供或移交的捐款）。

6. 在本条中：

（1）对任何东西提供或移交给一个规定的受赠人或任何其他人的任何提及就是对通过任何第三者直接或间接提供或移交的提及。

（2）"礼物"包括遗产。

第3条 赞助

1. 按本附件所指，如果属以下情况，赞助就被提供给一个规定的受赠人：

（1）任何资金或其他资产移交给受赠人或其他人，使受赠人受益，以及

（2）移交的目的（或目的之一）是（或考虑到所有情况，应该合理地被假定为）：

（a）以会议或聚会，或在任何程度上被限定发生的费用，或者以由或代表受赠人发生费用的方式帮助受赠人，或

（b）确保在任何程度上不发生任何不属于这样的费用。

2. 在第 1 款中,"限定的费用"指关于以下用途的费用:

(1) 由受赠人或代表受赠人组织的会议、集会或其他事件,

(2) 由或代表受赠人准备、制作或散发出版物,或

(3) 由或代表受赠人组织学习或研究。

3. 然而依据第 1 款,以下用途不构成赞助:

(1) 为以下事项付款:

(a) 参加任何会议、聚会或其他事件的入场费,或

(b) 购买任何出版物所付的价钱或获取任何出版物的其他费用。

(2) 在应按商业价格支付在任何出版物中插入广告的费用的情况下,在任何出版物中插入广告所支付的费用。

4. 国务大臣可以根据选举委员会的推荐通过政令修正第 2 款或第 3 款。

5. 本条中的"出版物"指无论以什么形式和方法供(无论是广大公众还是部分公众)使用的出版物。

第 4 条 不被视为捐款的付款等

1. 下列情况不被视为捐款:

(1) 依据成文法对选举候选人的授权所提供的设施;

(2) 根据 1989 年地方政府与住宅法[1989 c.42]第 9 条所任命的人员提供的赞助;

(3) 个人在其个人时间内自愿提供自己的服务;

(4) 受赠人依据第 56 条第 2 款第(1)项或第(2)项(如第 8 条适用那样)对受赠人接受的捐款进行处理时所增加的利息;

(5) 由公共基金为一个作为个体的规定的受赠人的个人安全提供的任何资金或其他资产、任何服务或设施。

2. 为避免怀疑,以相关选举办公室负责人的身份所付的报酬或津贴应被视为捐款。

3. 还应被忽略的:

(1) 任何(依据成文法)作为候选人在一次特定选举中的选举费用纳

入申报单的捐款；

（2）按第 14 条所指，任何（依据第 5 条确定的）捐款值不超过二百英镑的捐款除外。

第 5 条　捐款值

1. 任何属于第 2 条第 1 款第（1）项的捐款值（除现金之外）应被视为有关资产的市场价值。

2. 然而，当第 2 条第 1 款第（1）项依据第 2 条第 2 款适用时，捐款值应被视为以下两者的差额：

（1）货币值，或有关资产的市场价值，以及

（2）由或代表受赠人所提供的报酬按货币价格计算的总价值。

3. 任何属于第 2 条第 1 款第（2）项的捐款值应被视为如第 3 条第 1 款提及的所移交的货币值，或（视情况而定）资产的市场价值；以及相应地，如果有关赞助应被忽略的话，任何授予该人使其受益的按货币价格计算的价值。

4. 任何属于第 2 条第 1 款第（4）项或第（5）项的捐款值应被视为代表以下两者差额的数额：

（1）涉及贷款或提供资产、服务或设施，由或代表受赠人所必须提供的报酬按货币价格计算的总价值，如果：

（a）已经贷款，或

（b）已经被提供资产、服务或设施，按商业价格，以及

（2）实际（如果有的话）由或代表受赠人所提供的报酬按货币价格计算的总价值。

5. 当第 4 款提及的捐款在一个特定时期授予受赠人得以持续受益时，捐款值：

（1）应在做出捐款时被确定，但是

（2）应参考在该时期受赠人的总受益情况加以确定。

第二部分 捐款的管理

第6条 禁止未获得允许的捐赠者的捐赠

1. 当一位规定的受赠人收到一笔受监管的捐款时,该受赠人不得接受,如果:

(1) 在受赠人收到捐款时,捐款人是未得到允许的捐赠者,或

(2) 受赠人(无论是由于捐款是匿名提供的,还是由于任何欺骗或隐瞒,或者其他原因)不能确认捐款人的身份。

2. 当任何人("主要捐款人")通过捐款方式导致一笔数额("主要捐款")由规定的受赠人收到:

(1) 代表他本人以及一个或更多的其他人,或

(2) 代表两个或更多的其他人,那么,按本附件所指,属于第(1)项或第(2)项的一个人的捐款超过二百英镑就应视为如同由受赠人收到的一笔单独的捐款。

3. 涉及每笔这样的单独捐款,主要捐赠者必须保证,在受赠人收到主要捐款时,负责人被提供:

(1) 依据附件6第2条对向一个注册政党提供可记录捐款的捐赠者的要求,(除主要捐款人的捐款之外)被视为捐款人的所有细节;

(2) (在任何情况下)由附件6第4条所要求的向一个注册政党提供可记录的捐款时,所有这些涉及捐款的细节。

4. 当:

(1) 任何人("代理人")代表其他人("捐赠者")通过捐款方式导致一笔数额由规定的受赠人收到,以及

(2) 捐款数额超过二百英镑,代理人必须保证,在受赠人收到捐款时,负责人被提供由附件6第2条所要求的向一个注册政党提供可记录捐款的捐赠者的所有细节。

5. 一个人如果没有合理理由未遵从第3款或第4款的要求即构成违法。

第一部分　宪法、全国性涉党法律

第 7 条　允许的捐赠者提供的作为（或不作为）捐款的付款等

1. 按本附件所指，下列条款具有效力。

2. 由会员协会作为规定的受赠人收到的公共基金的付款，与其任何政治活动相关，为其使用，使其受益，应被视为由协会从允许的捐赠者那里收到的为其管理的捐款。

3. 任何由一个规定的受赠人收到的任何捐款应（如果不被另外看待的话）被视为受赠人从允许的捐赠者那里收到的为其管理的捐款，如果并限于：

（1）捐款的目的是满足与出访有关的所发生或即将发生的限定的费用：

（a）由受赠人，与其任何政治活动有关，或

（b）在是一个会员协会的情况下，由协会的任何会员或官员，与其任何政治活动有关，

去联合王国以外的一个国家或领土；以及

（2）涉及这类费用，捐款数额不超过合理的数额。

4. 在第 3 款中，涉及受赠人或（视情况而定）受赠人的任何会员或官员的"限定的费用"指涉及该人的以下费用：

（1）在联合王国及有关国家或领土之间的旅行；或

（2）在该国或该领土时的旅行、住宿或生活。

5. 由一位规定的受赠人收到的任何为其管理的捐款，该捐款是享有豁免权的信托基金的捐款，应被视为由受赠人从允许的捐赠者那里收到的一笔为其管理的捐款。

6. 但是，由一个规定的受赠人收到的为其管理的捐款来自一位资产受托人（以其这样的身份），该资产不是：

（1）一种享有豁免权的信托基金的捐款，或

（2）由受托人根据托管而代表受益人向受赠人转交的为其管理的捐款；该受益人不是：

（a）在受赠人接受捐款时是属于第 54 条第 2 款的允许的捐赠者，或

（b）属于非法人团体成员，该团体当时是允许的捐赠者，应被视为从一个不被允许的捐赠者那里由该党收到的为其管理的捐款。

第 8 条 捐款的接受或返还

1. 正如按本部分所指，第 56 条至 60 条适用于一个注册政党和注册政党所收到的捐款那样，按本附件所指，该条款也应适用于一个规定的受赠人和由规定的受赠人收到的任何所管理的捐款。

2. 在依据第 1 款使第 56 至 60 条适用时，第 56 条第 3 款和第 4 款应分别有效，对党的财务总管的提及被解释为犹如：

（1）涉及一个不是会员协会的规定的受赠人，对受赠人的提及；以及

（2）涉及一个会员协会，对负责人的提及。

第 9 条 对捐款限制的逃避

按本附件所指，第 61 条应适用，假定：

（1）任何对捐款的提及就是对受管理的捐款的提及；

（2）任何对一个注册政党的提及就是对一个规定的受赠人的提及；以及

（3）任何对一个注册政党的财务总管的提及按第 8 条第 2 款第（1）项或第（2）项所提及的加以解释。

第三部分 规定受赠人提交的捐款报告

第 10 条 捐款报告：来自允许的捐赠者的捐款

1. 一位规定的受赠人应：

（1）依据本条就受赠人接受的每一笔受管理的、可记录的捐款准备一份报告；以及

（2）自接到捐款之日起的三十日之内向选举委员会提交报告。

2. 按本条所指，受管理的捐款是可记录的捐款：

（1）如果（当受赠人是会员协会时）该笔捐款是超过五千英镑的捐款，或（在任何其他情况下）超过一千英镑；或

(2) 如果当该笔捐款加上任何其他由受赠人收到的受管理的捐款或捐款时：

(a) 该捐款是由同一捐赠者在同一年度提供的捐款，以及

(b) 该捐款以前未根据本条提交报告，

(当受赠人是会员协会时) 该捐款总额超过五千英镑，或（在任何其他情况下）超过一千英镑。

3. 每份依据第1款准备的报告必须：

(1) 提供受赠人的姓名和地址；以及

(2) 如果他是一个相关选举办公室的负责人，指明有关办公室。

4. 每份报告还必须提供：

(1) 在凭借第62条，附件6第2条和第4条而准备报告的情况下，该条款所要求提供的信息；

(2) 受赠人收到捐款的日期，以及

(3) 选举委员会制定的条例所要求的其他信息。

5. 依据以上第4款，在附件6第2条和第4条适用时：

(1) 任何在该附件含义上对可记录的捐款的提及应被解释为在本条含义上对可记录的捐款的提及；

(2) 任何对第55条第2款或第3款的提及应分别被解释为对以上第7条第2款或第3款的提及；以及

(3) 任何对第53条的提及应被解释为对以上第5条的提及。

6. 在属于第7条第2款适用的捐款的情况下，假定"同一允许的捐赠者"替换为"在属于第7条第2款的情况下"，以上第2款第（2）项应具有效力。

7. 在属于第7条第3款适用的捐款的情况下：

(1) 假定"同一允许的捐赠者"替换为"在属于第7条第3款的同一捐赠者的情况下"，以上第2款第（2）项应具有效力；

(2) 任何凭借以上第1款而准备的捐款报告必须提供：

(a) 使用该捐款进行访问的日期，以及

(b) 访问的目的地和目的。

第 11 条 捐款报告：来自未得到允许或身份不明的捐赠者的捐款

1. 一位规定的受赠人应：

（1）根据本条就受赠人收到的每一笔受管理的并属于第 6 条第 1 款第（1）项或第（2）项的捐款准备一份报告；以及

（2）自依据第 56 条第 2 款第（1）项或第（2）项对捐款进行处理之日起的三十日之内向选举委员会提交报告。

2. 每份这样的报告必须：

（1）提供受赠人的姓名和地址；以及

（2）如果他是一个相关选举办公室的负责人，指明有关办公室。

3. 每份涉及属于第 6 条第 1 款第（1）项的捐款报告还必须提供：

（1）捐赠者的姓名和地址；以及

（2）（如果是现金或非现金的货币捐款）捐款数额或（在任何其他情况下）捐款类别及依据第五条确定的价值；

（3）收到捐款日期和依据第 56 条第 2 款第（1）项进行处理的日期，以及处理的方式；

（4）选举委员会制定的条例所要求的其他信息。

4. 每份属于第 6 条第 1 款第（2）项的捐款报告还必须提供：

（1）处理方式的细节；

（2）（如果是现金或非现金的货币捐款）捐款数额或（在任何其他情况下）捐款类别及依据第五条确定的价值；

（3）收到捐款日期和依据第 56 条第 2 款第（2）项进行处理的日期，以及处理的方式；

（4）选举委员会制定的条例所要求的其他信息。

5. 在本条中，对第 56 条任何规定的任何提及都是对第 8 条适用的规定的提及。

第 12 条 未提交捐款报告的违法行为

1. 当根据第 10 条第 1 款或第 11 条第 1 款要求向选举委员会提交的报

告在该款所提及的三十日期限结束时未被提交：

（1）规定的受赠人，或

（2）（如果是会员协会）负责人，即构成违法。

2. 如果在报告中要提供的信息方面，向选举委员会提交的报告未遵从第 10 条或第 11 条的要求：

（1）规定的受赠人，或

（2）（如果是会员协会）负责人，即构成违法。

3. 一个人被控犯有本条所定违法行为时，应由被告方证明他已采取一切合理步骤，已尽一切应尽的努力，以确保遵守涉及捐款或报告的任何要求：

（1）在准备和提交有关捐款报告方面，或

（2）在有关报告中提供信息方面，视情况而定。

4. 经选举委员会提出申请，当法院确信，在涉及规定的受赠人所接受的捐款问题上，未遵守任何该等要求可归因于任何个人方面企图隐瞒捐款的存在或捐款的真实数额，法院可以命令没收该受赠人相当于该捐款数额的资金。

5. 下列条款，即：

（1）第 58 条第 3 至 5 款，以及

（2）第 59 条和第 60 条，正如按第 58 条所指或在操作上，该条款适用于一个注册政党那样，按第 4 款所指或在操作上，该条款也应适用于一位规定的受赠人。

第 13 条　捐款报告中的声明

1. 根据第 10 条或第 11 条的每份报告在向选举委员会提交时必须附上一份由以下人员作出的声明：

（1）规定的受赠人，或

（2）（如果是会员协会）负责人，该声明遵从第 2 款或第 3 款的要求。

2. 在根据第 10 条提交报告的情况下，声明必须说明，尽声明者所知所信，报告中所记录的受赠人所收到的捐款来自于一位允许的捐赠者。

3. 在根据第 11 条提交报告的情况下，声明必须说明，尽声明者所知所信，报告中所记录的受赠人所收到的捐款或一笔相同数额的付款已经返还给捐赠者，或要不然已依据本法第四部分第二章的规定加以处理。

4. 一个人如果有意或无意地根据本条做出错误的声明即构成违法。

第四部分　由捐款人提交的捐款报告

第 14 条　由捐款人提交的捐款报告

1. 本条适用于一个人（"捐赠者"）在历年期间向一位规定的受赠人提供小额捐款，（当受赠人是会员协会时）其总额超过五千英镑，或（在任何其他情况下）一千英镑。

2. 捐赠者必须就捐款向选举委员会提交报告，提供以下细节：

（1）捐款总值和提供捐款的年度；

（2）被提供捐款的规定的受赠人的姓名；以及

（3）（如果是个人）捐赠者的全名和地址以及（在任何其他情况下）依据附件 6 第 2 条涉及捐赠者可记录的捐款所要求的细节。

3. 在提供捐款的下一年度的 1 月 31 日之前必须向选举委员会提交报告。

4. 报告在提交给选举委员会时必须附上捐赠者的一份声明，说明：

（1）报告中指明总额的小额捐款由他在指定年度提供给指定的受赠人，以及

（2）没有其他小额捐款由他在该年度期间提供给该规定的受赠人。

5. 一个人如果有下列行为即构成违法：

（1）他依据本条提交的报告未遵从第 2 款的要求；

（2）他未依据第 3 款提交这样一份报告，或他提交的报告没有附上根据第 4 款的声明；或

（3）他根据该款有意或无意地做出一项错误的声明。

6. 在本条中：

（1）"小额捐款"指所管理的捐款，其价值不超过二百英镑；以及

(2)"指定的"指在有关报告中指定的。

第五部分　捐款的登记

第 15 条　可记录的捐款的登记

1. 正如第 69 条适用于根据本法第四部分第三章向选举委员会报告的捐款那样，该条也应适用于根据本附件向选举委员会报告的捐款（"相关捐款"）。

2. 但在依据第 1 款适用时，第 69 条应在第 3 款罗列的修改之后生效。

3. 修改如下：

（1）第 2 款对一笔相关捐款应具有效力，犹如［不是要求登记包含第 2 款第（1）至（3）项所提及的细节］是要求在履行第 10 条第 3 款、第 10 条第 4 款、第 11 条第 2 款、第 11 条第 3 款、或第 11 条第 4 款时，登记捐款所提供的细节；以及

（2）第 3 款应理解为对第 14 条和对该条第 2 款的提及，而不是对第 68 条和该条第 2 款的提及。

第六部分　制定特殊条款的授权

第 16 条　获豁免而不受已有规定的规限

1. 第 70 条第 1 款第（2）项应包含制定规定的权力，使在涉及以下规定的受赠人时，本法第四部分的指定条款按指定时期不适用：

（1）居住在北爱尔兰的普通个人；或

（2）全部或主要由一个北爱尔兰党的党员构成的会员协会。

2. 根据第 70 条第 1 款第（2）项而制定的每项政令（正如第 1 款适用那样）应依照以下方式制定：

（1）适用于每个人或属于第 1 款第（1）项或第（2）项的会员协会，以及

（2）对每个人或会员协会作出同样的规定。

3. 本条中"指定的"和"北爱尔兰党"与第 70 条具有同样的含义。

附件 8　竞选开支：限定的费用

第一部分　限定的费用

第 1 条　限定为选举目的所发生的费用

按第 72 条第 2 款所指，属于本附件本部分的费用是涉及下列清单中罗列的事务时所发生的费用。

事务清单

1. 党的政治广播

涉及这样的广播费用包括代理费、设计费，以及与准备或制作广播有关的其他费用。

2. 任何种类的广告（无论使用什么样的媒介）

广告费包括代理费、设计费，以及与准备、制作、分发或者与用其他传播广告的方法有关，或与把广告纳入其中的任何事情并打算为传播目的而加以分发有关的其他费用。

3. 发给选民的材料（无论是通过姓名递交还是打算在一个或多个特定的地区内按家庭递交）

涉及这样的材料的费用包括设计费，以及与准备制作或与分发这样的材料有关的其他费用。

4. 党的政策的任何宣言或其他文件

此类文件的费用包括设计费，以及与准备制作、分发，或与用其他方法传播此类材料有关的其他费用。

5. 为确定投票意图而进行的市场研究或详细调查。

6. 在新闻发布会或与其他与媒体打交道时提供的任何服务或设施。

7. 在竞选中，为使一种观点获得宣传，个人去一地或多地（任何方式）的交通费。

涉及这些人的交通费包括在竞选运动进行期间的整个或部分时期租用

一个特定的交通工具所产生的费用。

8. 集会和其他事件,包括为获得关于竞选运动的宣传或为与竞选运动有关的其他目的所组织的公共集会(但不是每年召开的或其他的政党会议)。

这些事件的费用包括与人们出席类似集会,为类似集会租用场地或为他们提供物品、服务或设施所发生的费用。

第2条 不在之列的事务

第1条不应被认为延伸至:

(1)涉及由或代表党就他们的当选代表,现任或预期的候选人的观点和活动及其他个人信息,用一种观点来给一个特定选举地区的选民提供信息而发行的通讯或相似出版物的任何费用;

(2)发给党员的材料所发生的费用;

(3)只要属于由公共基金满足的那些涉及资产、服务或设施的费用;

(4)任何应支付给党的职员(无论是否是长期的)的报酬或津贴所发生的费用;或

(5)任何个人通过旅行费(使用任何交通方式)、给他提供住宿或满足其他任何个人需要时所发生的费用,该费用限于个人从自己的资源中支付,并不付还给他。

第二部分 补 充

第3条 选举委员会的指导

1. 选举委员会可以准备一份不时加以修正的实用守则,就属于或不属于本附件第一部分的费用种类给予指导。

2. 一旦选举委员会根据本条准备了一份守则草案,他们应提交给国务大臣批准。

3. 国务大臣可以不经修改就批准该守则草案,或按照他的决定修改后批准该守则草案。

4. 一旦国务大臣批准了一份守则草案，他应向两院提交守则草案的副本，按以下任一方式：

（1）按其原有的形式，或

（2）包含根据第3款所决定的修改后的形式。

5. 如果草案包含任何这样的修改，国务大臣应同时向两院提交一份他进行修改的理由的说明。

6. 如果在四十日期限内两院任一院决定不批准该草案，国务大臣应不再对该守则草案采取进一步的步骤。

7. 如果在四十日期限内没有做出这样的决定：

（1）国务大臣应以提交议会的草案形式发布该守则，以及

（2）该守则应在国务大臣通过政令指定的日期生效；并且选举委员会应按他们认为适当的方式安排公布该守则。

8. 第6款不妨碍向议会提交一份新的守则草案。

9. 本条中涉及守则草案的"四十日期限"指：

（1）如果该草案提交给一个议院比提交给另一个议院的草案晚一天，四十日期限始于迟送的那一天，以及

（2）在任何其他情况下，四十日期限始于提交给每个议院的那一天；

在议会解散或休会期间，或在两院都休会超过四日以上的期间内，不予考虑。

10. 本条中对守则草案的提及包括一份修正后的守则草案。

第4条 修改第一部分的权力

1. 国务大臣在他认为适当时可以通过政令修改本附件第一部分。

2. 国务大臣可以在以下任一情况下制定政令：

（1）当使选举委员会的推荐生效时；或

（2）在咨询选举委员会之后。

附件9 竞选开支的限制

第一部分 引 言

第1条 解释

1. 在本附件中：

（1）"苏格兰议会的一次普通大选"指根据1998年苏格兰法[1998 c.46]第2条举行的一次选举；

（2）"苏格兰议会的一次特殊大选"指根据1998年苏格兰法[1998 c.46]第3条举行的一次选举；

（3）"威尔士议会的一次普通大选"指根据1998年威尔士政府法[1998 c.38]第3条举行的一次选举；

（4）"北爱尔兰议会的一次普通大选"指根据1998年北爱尔兰法[1998 c.47]第31条举行的一次选举；

（5）"北爱尔兰议会的一次特殊大选"指根据1998年北爱尔兰法[1998 c.47]第32条举行的一次选举。

2. 按本附件所指，一个注册政党：

（1）竞争一个选区，如果任何候选人以该党的名义参加该选区的选举；以及

（2）竞争任何地区，如果该党被纳入该地区的政党声明中并且在该地区提名候选人。

3. 按本附件所指，议会大选持续的时期是：

（1）从王后陛下解散议会的打算被宣布之日起，并伴随着即将到来的议会大选，以及

（2）选举投票之日结束。

第2条 归于联合王国不同区域的开支

1. 按本附件所指：

（1）由一个在大不列颠注册局注册的党或代表一个在大不列颠注册局

注册的党所发生的竞选开支应（从属于本条的以下规定）按目前位于大不列颠该区域的议会选区数目的比例分别归于英格兰、苏格兰和威尔士；以及

（2）由一个在北爱尔兰注册局注册的党或代表一个在北爱尔兰注册局注册的党所发生的竞选开支应仅仅归于北爱尔兰。

2. 影响全部或基本上限于大不列颠几个或一个特定的区域的竞选开支：

（1）应按目前位于大不列颠该若干区域的议会选区数目的比例归于该若干区域，或

（2）应只归于该区域，

视情况而定。

3. 按第2款所指，如果竞选开支在任何其他一个或多个区域没有重大影响，竞选开支的影响就是全部或基本上限于大不列颠任何几个或一个特定的区域。（例如，如果一份报纸在很大程度上不在大不列颠的其他区域公开发行，于是，在威尔士传播的一份报纸上登载广告的开支就只归于威尔士。）

4. 本附件中对"在"联合王国的一个特定区域的竞选开支的提及相应地也是对依据本条归于该区域的竞选开支的提及。

第二部分　总体限制

第3条　议会大选

1. 本条对由或代表一个注册政党所发生的竞选开支实施强制性限制，该党在一次议会大选中竞争一个或多个选区。

2. 当一个注册政党竞争英格兰、苏格兰和威尔士的一个或多个选区时，对适用于由或代表该党在相关时期在大不列颠的该区域所发生的竞选开支的限制是：

（1）三万英镑乘以该党在大不列颠的该区域竞争的选区数；或

（2）如果更多的话，第3款指定的适当金额。

3. 适当的金额是：

（1）涉及英格兰，八十一万英镑；

（2）涉及苏格兰，十二万英镑；以及

（3）涉及威尔士，六万英镑。

4. 当一个注册政党竞争北爱尔兰的一个或多个选区时，对适用于由该党或代表该党在相关时期在北爱尔兰所发生的竞选开支的限制是三万英镑乘以该党在那里竞争的选区数。

5. 第6款适用于在选举中一位候选人以该党和一个或多个其他注册政党的名义在任何选区参加选举情况下的一个注册政党。

6. 在这种情况下，根据第2款第（1）项或第4款（视情况而定），适用于该党在该选区的金额应不是该款指定的金额，而是指定金额除以注册政党数，正如第5款所提及的那样，该候选人以该注册政党的名义参加选举。

7. 按本条所指，相关时期是：

（1）［从属于第（2）项］以选举投票日作为结束的三百六十五日的时期；

（2）当该选举（"有关选举"）跟随另一次议会大选，和上一次选举相距不到三百六十五日，该时期是：

（a）自上一次选举投票日之后那天开始，

（b）在有关选举投票日结束。

第4条　欧洲议会大选

1. 本条对在一次欧洲议会大选中由或代表一个注册政党或（视情况而定）候选人以该党的名义参加选举所发生的竞选开支实施强制性限制。

2. 当一个注册政党在选举中只在英格兰的一个选举区参加选举，对适用于由或代表该党在相关时期在英格兰所发生的竞选开支的限制是四万五千英镑乘以选举中在该选举区当选的欧洲议会议员数。

3. 当一个注册政党在选举中只在英格兰的两个或更多的选举区参加选举，对适用于由或代表该党在相关时期在英格兰所发生的竞选开支的限制是四万五千英镑乘以选举中在那些选举区当选的欧洲议会议员加在一起的总数。

4. 当在选举时：

（1）一个注册政党在苏格兰或威尔士参加选举，或

（2）一个或更多的候选人在北爱尔兰以一个注册政党的名义参加选举，

对适用于由或代表该党在相关时期在联合王国的该区域所发生的竞选开支的限制是四万五千英镑乘以选举中在联合王国的该区域当选的欧洲议会议员数。

5. 按本条所指，相关时期是到选举投票日截止的四个月的时期。

第 5 条　苏格兰议会大选

1. 本条对由一个注册政党或代表一个注册政党所发生的竞选开支实施强制性限制，该党在一次普通或特殊的苏格兰议会大选中竞争一个或多个选区或选举区。

2. 对适用于由该党或代表该党在相关时期在苏格兰所发生的竞选开支的限制是：

（1）该党竞争的每一个选区是一万二千英镑；加上

（2）该党竞争的每一个选举区是八万英镑。

3. 在普通大选的情况下，按本条所指，"相关时期"指自适当之日（如第 4 款所定义的那样）起，至投票日结束。

4. 第 3 款的"适当之日"指投票日的四个月之前的一天，当：

（1）投票日由 1998 年苏格兰法（1998 c.46）第 2 条第（2）款所决定；或

（2）根据该法第 2 条第（2）款会发生投票的那一天之前不少于五个月，而根据该法第 2 条第（5）款投票日被提前；或

（3）根据该法第 2 条第（2）款会发生投票的那一天之前不少于四个月，而根据该法第 2 条第（5）款投票日被推迟；

但是，当投票日不是按以上第（2）项或第（3）项提及的方式被提前

或推迟时,"适当之日"指根据该法第 2 条第 2 款会发生投票的那一天之前的四个月。

5. 特殊大选的情况下,按本条所指,"相关时期"指根据 1998 年苏格兰法[1998 c.46]第 3 条第 1 款自议长提议投票选举的那一天起,至投票日结束。

第 6 条　威尔士议会的普通选举

1. 本条对由或代表一个注册政党所发生的竞选开支实施强制性限制,该党在一次普通的威尔士议会选举中竞争一个或多个选区或选举区。

2. 对适用于由或代表该党在相关时期在威尔士所发生的竞选开支的限制是:

(1) 该党竞争的每一个选区是一万英镑;加上

(2) 该党竞争的每一个选举区是四万英镑。

3. 按本条所指,"相关时期"指自适当之日(如第 4 款所定义的那样)起,至投票日结束。

4. 第 3 款的"适当之日"指投票日的四个月之前的一天,当:

(1) 投票日由 1998 年威尔士政府法[1998 c.38]第 3 条第 2 款所决定;或

(2) 根据该法第 3 条第 2 款会发生投票的那一天之前不少于五个月,而根据该法第 3 条第 3 款投票日被提前;或

(3) 根据该法第 3 条第 2 款会发生投票的那一天之前不少于四个月,而根据该法第 3 条第 3 款投票日被推迟;

但是,当投票日不是按以上第(2)项或第(3)项提及的方式被提前或推迟时,"适当之日"指根据该法第 3 条第 2 款会发生投票的那一天之前的四个月。

第 7 条　北爱尔兰议会大选

1. 本条对由一个注册政党或代表一个注册政党所发生的竞选开支实施强制性限制,该党在一次普通或特殊的北爱尔兰议会大选中竞争一个或多

个选区或选举区。

2. 对适用于由该党或代表该党在相关时期在北爱尔兰所发生的竞选开支的限制来讲，该党竞争的每一个选区是一万七千英镑。

3. 在普通大选的情况下，按本条所指，"相关时期"指自适当之日（如第 4 款所定义的那样）起，至投票日结束。

4. 第 3 款的"适当之日"指投票日的四个月之前的一天，当：

（1）投票日由 1998 年北爱尔兰法[1998 c.47]第 31 条第 1 款和第 2 款所决定；或

（2）根据该法第 31 条第 1 款和第 2 款会发生投票的那一天之前不少于五个月，而根据该法第 31 条第 3 款投票日被提前；或

（3）根据该法第 31 条第 1 款和第 2 款会发生投票的那一天之前不少于四个月，而根据该法第 31 条第 3 款投票日被推迟；

但是，当投票日不是按以上第（2）项或第（3）项提及的方式被提前或推迟时，"适当之日"指根据该法第 31 条第 1 款和第 2 款会发生投票的那一天之前的四个月。

5. 在特殊大选的情况下，按本条所指，"相关时期"指根据 1998 年北爱尔兰法[1998 c.47]第 32 条第 1 款或第 3 款自国务大臣提议投票选举的那一天起，至投票日结束。

第三部分　适用于特殊情况的限制

第 8 条　欧洲议会和地方议会选举的重合

1. 当出现下列情况时本条适用（除本条之外）：

（1）分开限制适用于属于以下由或代表一个注册政党在苏格兰、威尔士或北爱尔兰（视情况而定）所发生的竞选开支，即：

（a）根据第 4 条的一次欧洲议会大选；以及

（b）根据第 5 条、第 6 条或第 7 条属于该条范围之内的一次选举；以及

（2）按第 4 条所指的相关时期的任何部分与按第 5 条、第 6 条或第 7

条所指的相关时期的任何部分重合。

2. 在这种情况下：

（1）无论是第4条还是第5条、第6条或第7条（视情况而定）都不应适用于涉及在任一选举中由该党或代表该党在苏格兰、威尔士或北爱尔兰（视情况而定）所发生的竞选开支；

（2）本条所实施的强制性限制应适用于这种情况。

3. 对适用于由或代表该党在按本条所指的相关时期在苏格兰、威尔士或北爱尔兰（视情况而定）所发生的竞选开支的限制是以下限制的合计：

（1）对适用于凭借第4条（除本条之外）在按该条所指的相关时期在联合王国的该区域所发生的竞选开支的限制；以及

（2）对适用于凭借第5条、第6条或第7条（除本条之外）在按该条所指的相关时期在联合王国的该区域所发生的竞选开支的限制。

4. 按本条所指，"相关时期"是：

（1）始于第1款所提及的任何相关时期开始较早的那一天；以及

（2）截止于任何相关时期结束较晚的那一天。

第9条 在议会选举时期的联合限制

1. 当出现以下情况时本条适用：

（1）分开限制（除本条之外）适用于以下由或代表一个注册政党在英格兰、苏格兰、威尔士或北爱尔兰（视情况而定）所发生的竞选开支，即：

（a）根据第3条的议会大选；以及

（b）根据第4条、第5条、第6条、第7条或第8条的一次选举或在该条范围内的选举；以及

（2）在第5条、第6条、第7条或第8条（除本条之外）所强加的限制适用于该时期，在该时期任意时间内的议会大选时期。

2. 在这种情况下：

（1）无论是第3条还是第4条、第5条、第6条、第7条或第8条（视情况而定）都应不适用于第1款第（1）项中提及的开支；以及

(2) 本条所实施的强制性限制应适用于这种情况。

3. 从属于第 5 至 7 款,对适用于由或代表注册政党在按本款所指的相关时期在英格兰、苏格兰、威尔士或北爱尔兰（视情况而定）所发生的竞选开支的限制是以下限制的合计：

(1) 对适用于凭借第 3 条（除本条之外）在按该条所指的相关时期在联合王国的该区域所发生的竞选开支的限制；以及

(2) 对适用于凭借第 4 条、第 5 条、第 6 条、第 7 条或第 8 条（除本条之外）在按该条所指的相关时期在联合王国的该区域所发生的竞选开支的限制。

4. 按第 3 款所指，"相关时期"是：

(1) 当议会大选的举行同时或晚于以下选举：

(a) 第 4 条、第 5 条、第 6 条或第 7 条适用的选举，或

(b)（视情况而定）第 8 条适用的较晚的选举，

按第 3 条所指，该时期是议会大选的相关时期。

(2) 当议会大选的举行早于第（1）（a）或（b）项提及的选举，该时期是：

(a) 始于第（1）项所提及的时期的开始，以及

(b) 截止于投票结束较晚的那一天，或（当第 8 条适用时）最后一次选举。

5. 当在第 1 款第（2）项提及的任何时期的不同时间段是两次议会大选时期的情况下，第 1 款第（1）（a）项适用时，对适用于由或代表注册政党在相关时期在英格兰、苏格兰、威尔士或北爱尔兰（视情况而定）所发生的竞选开支的限制如下：

(1) 当开支发生在第一个相关时期时，限制是以下限制的合计：

(a) 凭借第 3 条的限制（除本条之外）适用于在按该条所指的相关时期在联合王国的该区域所发生的第一个议会大选的竞选开支，以及

(b) 以上第 3 款第（2）项提及的限制；以及

(2) 当开支发生在第二个相关时期时，按第 3 条所指，凭借第 3 条的

限制（除本条之外）适用于在相关时期在联合王国的该区域所发生的第二个议会大选的竞选开支。

6. 按第5款所指，"第一个相关时期"是这样的时期：

（1）自该时期开始起，除本条之外，按第3条所指，该时期适用于第一次议会大选的发生；以及

（2）截止于女王陛下解散议会的意图被宣布之日，与第二次议会大选的发生相联系。

7. 按第5款所指，"第二个相关时期"是这样的时期：

（1）始于以上第6款第（2）项提及的那一天之后；以及

（2）截止于以下更晚的那个投票日，即：

（a）第二次议会大选发生投票之日；以及

（b）第4条、第5条、第6条或第7条适用的选举投票之日，或视情况而定，第8条适用的较晚的一次投票之日。

第10条　根据第9条的限制和其他限制的重合

1. 当出现以下情况本条适用：

（1）根据第9条的限制（除本条之外）应适用于对由或代表注册政党在以下任一时期在英格兰、苏格兰、威尔士或北爱尔兰（视情况而定）所发生的竞选开支的限制：

（a）按第9条第3款所指的相关时期，或

（b）按第9条第5款所指的第一个相关时期；以及

（2）根据第4条、第5条、第6条、第7条或第8条的其他限制适用于对由或代表该党在联合王国的该区域在一个不是议会大选的时期，而是以下任一时期（"其他竞选时期"）所发生的竞选开支：

（a）全部属于第（1）项提及的时期，或

（b）属于第（1）项提及的时期，但可以在任何时间结束。

2. 在这种情况下：

（1）第9条所实施的强制性限制应不适用于第1款第（1）项所提及的时期；以及

（2）取而代之，按本条所指，本条所实施的强制性限制应适用于这种重合的时期。

3. 对适用于由或代表该党在重合时期在英格兰、苏格兰、威尔士或北爱尔兰（视情况而定）所发生的竞选开支的限制是以下限制的合计：

（1）对适用于凭借第9条（除本条之外）在第1款第（1）项所提及的时期在联合王国的该区域所发生的竞选开支的限制；以及

（2）对适用于凭借第4条、第5条、第6条、第7条或第8条（除本条之外）在按该条所指的相关时期在联合王国的该区域所发生的竞选开支的限制。

4. 按本条所指，"重合时期"是始于以下任一开始更早的那个时期，即：

（1）按第4条、第5条、第6条、第7条或第8条（视情况而定）所指的相关时期开始；以及

（2）第1款第（1）项提及的时期开始，

并且截止于第1款第（1）项提及的时期的结束。

5. 本条的内容不影响凭借第4条、第5条、第6条、第7条或第8条的任何强制性限制在按该条所指的相关时期实施。

第11条 议会大选与其他选举或属于第4条至第8条的选举的重合

1. 当出现以下情况本条适用：

（1）根据第3条的限制（除本条之外）适用于由或代表一个注册政党在英格兰、苏格兰、威尔士或北爱尔兰（视情况而定）所发生的竞选开支；

（2）根据第4条、第5条、第6条、第7条或第8条的另一种限制适用于由或代表该党在以下任一时期（"其他竞选时期"）在联合王国的该区域所发生的竞选开支：

（a）全部属于该时期，或

（b）属于该时期，但可以在任何时间结束，（除本条之外）按第3条所指，该时期是议会大选的相关时期；以及

(3) 第9条不适用于该开支。

2. 在这种情况下：

(1) 第3条所实施的强制性限制应不适用于按该条所指的相关时期；以及

(2) 取而代之，本条所实施的强制性限制适用于按本条所指的重合时期。

3. 对适用于由或代表该党在重合时期在英格兰、苏格兰、威尔士或北爱尔兰，视情况而定，所发生的竞选开支的限制是以下限制的合计：

(1) 对适用于（除本条之外）凭借第3条在按该条所指的相关时期在联合王国的该区域所发生的竞选开支的限制；以及

(2) 对适用于凭借第4条、第5条、第6条、第7条或第8条（视情况而定）在按该条所指的相关时期在联合王国的该区域所发生的竞选开支的限制。

4. 当两个或更多的时期（"其他竞选时期"）是按第4条、第5条、第6条、第7条或第8条所指的相关时期，又：

(1) 全部属于，或

(2) 属于，但可以在任何时间结束，

（除本条之外）按第3条所指的议会大选的相关时期时，则第3款第(2)项应对适用于那些时期的每一项限制起作用，以至于要把产生出的两笔或更多笔的金额加到第3款第(1)项提到的金额上。

5. 按本条所指，"重合时期"是始于以下任一开始更早的那个时期，即：

(1) 以下时期的开始：

(a) 按第4条、第5条、第6条、第7条或第8条（视情况而定）所指的相关时期，或

(b) 当第4款适用时，按第4条、第5条、第7条或第8条所指的相关时期，无论哪一个是第一个开始的时期，以及

(2) （除本条之外）按第3条所指的议会大选相关时期的开始，并截

止于议会大选投票日。

6. 本条的内容不影响凭借第 4 条、第 5 条、第 6 条、第 7 条或第 8 条的任何强制性限制在按该条所指的相关时期实施。

附件 10 对所管理的费用的限制

第一部分 引 言

第 1 条 解释

1. 在本附件中：

（1）"苏格兰议会的一次普通大选"指根据 1998 年苏格兰法［1998 c.46］第 2 条举行的一次选举；

（2）"苏格兰议会的一次特殊大选"指根据 1998 年苏格兰法［1998 c.46］第 3 条举行的一次选举；

（3）"威尔士议会的一次普通大选"指根据 1998 年威尔士政府法［1998 c.38］第 3 条举行的一次选举；

（4）"北爱尔兰议会的一次普通大选"指根据 1998 年北爱尔兰法［1998 c.47］第 31 条举行的一次选举；

（5）"北爱尔兰议会的一次特殊大选"指根据 1998 年北爱尔兰法［1998 c.47］第 32 条举行的一次选举。

2. 按本附件所指，以下期间属于议会大选时期：

（1）始于女王陛下解散议会的意图被宣布之日，与即将到来的议会大选相联系，以及

（2）截止于该选举的投票之日。

第 2 条 归于联合王国不同区域的开支

1. 按本附件所指，由或代表注册的第三方所发生的管理开支应（从属于本条的以下规定）按目前位于联合王国在该区域的选区数的比例分别归于英格兰、苏格兰、威尔士和北爱尔兰。

2. 其影响全部或基本限于联合王国的几个或一个特定区域的管理

开支：

（1）应按目前位于该若干区域的选区数的比例归于该若干区域，或

（2）应只归于该区域，视情况而定。

3. 按第2款所指，如果竞选开支在任何其他一个或多个区域没有重大影响，竞选开支的影响就是全部或基本上限于联合王国任何几个或一个特定的区域。（例如，如果一份报纸在很大程度上不在联合王国的其他区域公开发行，于是，在威尔士公开发行的一份报纸上登载广告的开支就只归于威尔士。）

4. 本附件中对"在"联合王国的一个特定区域的管理开支的提及相应地也是对依据本条归于该区域的管理开支的提及。

第二部分　总体的限制

第3条　议会大选

1. 本条涉及对议会大选实施强制性限制。

2. 适用于由或代表一个注册第三方在相关时期分别在英格兰、苏格兰、威尔士和北爱尔兰所发生的管理开支的限制是：

（1）涉及英格兰，七十九万三千五百英镑；

（2）涉及苏格兰，十万八千英镑；

（3）涉及威尔士，六万英镑；以及

（4）涉及北爱尔兰，二万七千英镑。

3. 按本条所指，相关时期是：

（1）［从属于第（2）项］以选举投票日作为结束的三百六十五日的时期；

（2）当该选举（"有关选举"）跟随另一次议会大选，和上一次选举相距不到三百六十五日，该时期是：

（a）自上一次选举投票日的第二日开始，

（b）在有关选举投票日结束。

第4条 欧洲议会大选

1. 本条涉及对欧洲议会大选实施强制性限制。

2. 适用于由或代表一个注册第三方在相关时期分别在英格兰、苏格兰、威尔士和北爱尔兰所发生的管理开支的限制是：

（1）涉及英格兰，十五万九千七百五十英镑；

（2）涉及苏格兰，一万八千英镑；

（3）涉及威尔士，一万一千二百五十九英镑；以及

（4）涉及北爱尔兰，六千七百五十英镑。

3. 按本条所指的相关时期是到选举投票日截止的四个月的时期。

第5条 苏格兰议会大选

1. 本条涉及对苏格兰议会的一次普通或特殊大选实施强制性限制。

2. 适用于由或代表一个注册第三方在相关时期在苏格兰所发生的管理开支的限制是七万五千八百英镑。

3. 在普通大选的情况下，按本条所指，"相关时期"指自适当之日（如第4款所定义的那样）起，至投票日结束。

4. 第3款的"适当之日"指投票日的四个月之前的一天，当：

（1）投票日由1998年苏格兰法[1998 c.46]第2条第2款所决定；或

（2）根据该法第2条第2款会发生投票的那一天之前不少于五个月，而根据该法第2条第5款投票日被提前；或

（3）根据该法第2条第2款会发生投票的那一天之前不少于四个月，而根据该法第2条第5款投票日被推迟；

但是，当投票日不是按以上第（2）项或第（3）项提及的方式被提前或推迟时，"适当之日"指根据该法第2条第2款会发生投票的那一天之前的四个月。

5. 在特殊大选的情况下，按本条所指，"相关时期"指根据1998年苏格兰法[1998 c.46]第3条第1款自议长提议投票选举的那一天起，至投票日结束。

第6条 威尔士议会的普通选举

1. 本条涉及对威尔士议会的普通选举实施强制性限制。

2. 适用于由或代表一个注册第三方在相关时期在威尔士所发生的管理开支的限制是三万英镑。

3. 按本条所指,"相关时期"指自适当之日(如第4款所定义的那样)起,至投票日结束。

4. 第3款的"适当之日"指投票日的四个月之前的一天,当:

(1) 投票日由1998年威尔士政府法[1998 c.38]第3条第2款所决定;或

(2) 根据该法第3条第2款会发生投票的那一天之前不少于五个月,而根据该法第3条第3款投票日被提前;或

(3) 根据该法第3条第2款会发生投票的那一天之前不少于四个月,而根据该法第3条第3款投票日被推迟;

但是,当投票日不是按以上第(2)项或第(3)项提及的方式被提前或推迟时,"适当之日"指根据该法第3条第2款会发生投票的那一天之前的四个月。

第7条 北爱尔兰议会大选

1. 本条涉及对威尔士议会的一次普通或特殊大选实施强制性限制。

2. 适用于由或代表一个注册第三方在相关时期在北爱尔兰所发生的管理开支的限制是一万五千三百英镑。

3. 在普通大选的情况下,按本条所指,"相关时期"指自适当之日(如第4款所定义的那样)起,至投票日结束。

4. 第3款的"适当之日"指投票日的四个月之前的一天,当:

(1) 投票日由1998年北爱尔兰法[1998 c.47]第31条第1款和第2款所决定;或

(2) 根据该法第31条第1款和第2款会发生投票的那一天之前不少于五个月,而根据该法第31条第3款投票日被提前;或

（3）根据该法第31条第1款和第2款会发生投票的那一天之前不少于四个月，而根据该法第31条第3款投票日被推迟；

但是，当投票日不是按以上第（2）项或第（3）项提及的方式被提前或推迟时，"适当之日"指根据该法第31条第1款和第2款会发生投票的那一天之前的四个月。

5. 在特殊大选的情况下，按本条所指，"相关时期"指根据1998年北爱尔兰法[1998 c.47]第32条第1款或第3款自国务大臣提议投票选举的那一天起，至投票日结束。

第三部分　适用于特殊情况的限制

第8条　欧洲议会和地方议会选举的重合

1. 对在第2款提及的情况下，本条以下选举实施强制性限制：

（1）欧洲议会大选；以及

（2）（除本条之外）第5条、第6条或第7条适用的选举。

2. 按第4条所指的欧洲议会大选的相关时期的任何部分与按第5至7条的任一条所指的在该条中提及的地方议会选举的相关时期的任何一个时期的重合：

（1）无论是第4条还是第5条、第6条或第7条（视情况而定）都不应适用于涉及在任一选举中由或代表一个注册的第三方在第5条第2款、第6条第2款或第7条第2款提及的联合王国的该区域（视情况而定）所发生的管理开支；

（2）本条所实施的强制性限制应适用于这种情况。

3. 对适用于由或代表一个注册的第三方在按本条所指的相关时期在苏格兰、威尔士或北爱尔兰（视情况而定）所发生的管理开支的限制是以下限制的合计：

（1）对适用于凭借第4条（除本条之外）在按该条所指的相关时期在联合王国的该区域所发生的管理开支的限制；以及

（2）对适用于凭借第5条、第6条或第7条（除本条之外）在按该条所指的相关时期在联合王国的该区域所发生的管理开支的限制。

4. 按本条所指,"相关时期"是:

(1) 始于第2款所提及的任何时期开始较早的那一天;以及

(2) 截止于任何时期结束较晚的那一天。

第9条　在议会选举时期的联合限制

1. 本条强制实施:

(1) 在第2款提及的情况下,对以下选举的限制:

(a) 该条提及的议会大选时期,以及

(b) 如在该条提及的那样,由第4至8条中任一条所强加的限制适用的一次选举或多次选举;以及

(2) 在第5款提及的情况下,对以下选举的限制:

(a) 如在该条提及的那样,两次议会选举时期,以及

(b) 如在第2款提及的那样,由第4至8条中任一条所强加的限制适用的一次选举或多次选举。

2. 当在第4至8条中任一条所强加的限制所适用的时期的任意时间内,在联合王国的一个特定区域由或代表一个注册的第三方发生管理开支时,议会大选时期到来:

(1) 无论是该条还是第3条都不适用于这样的管理开支;以及

(2) 取而代之,本条所实施的强制性限制应适用于这种情况。

3. 从属于第5至7款,对适用于由或代表注册的第三方在按本款所指的相关时期在英格兰、苏格兰、威尔士或北爱尔兰(视情况而定)所发生的管理开支的限制是以下限制的合计:

(1) 对适用于凭借第3条(除本条之外)在按该条所指的相关时期在联合王国的该区域所发生的管理开支的限制;以及

(2) 对适用于凭借第4条、第5条、第6条、第7条或第8条(除本条之外)在按该条所指的相关时期在联合王国的该区域所发生的管理开支的限制。

4. 按第3款所指,"相关时期"是:

（1）当议会大选的举行同时或晚于以下选举：

（a）第 4 条、第 5 条、第 6 条或第 7 条适用的选举，或

（b）（视情况而定）第 8 条适用的较晚的选举，按第 3 条所指，该时期是议会大选的相关时期。

（2）当议会大选的举行早于第（1）（a）或（b）项提及的选举，该时期是：

（a）始于第（1）项所提及的时期的开始，以及

（b）截止于投票结束较晚的那一天，或（当第 8 条适用时）最后一次选举。

5. 当在第 2 款提及的任何时期的不同时间内是两次议会大选时期的情况下，对适用于由或代表注册的第三方在相关时期在英格兰、苏格兰、威尔士或北爱尔兰（视情况而定）所发生的管理开支的限制如下：

（1）当开支发生在第一个相关时期时，限制是以下限制的合计：

（a）凭借第 3 条的限制（除本条之外）适用于在按该条所指的相关时期在联合王国的该区域所发生的第一个议会大选的管理开支，以及

（b）以上第 3 款第（2）项提及的限制；以及

（2）当开支发生在第二个相关时期时，按第 3 条所指，凭借第 3 条的限制（除本条之外）适用于在相关时期在联合王国的该区域所发生的第二个议会大选的管理开支。

6. 按第 5 款所指，"第一个相关时期"是这样的时期：

（1）自该时期开始起，除本条之外，按第 3 条所指，该时期适用于第一次议会大选的发生；以及

（2）截止于女王陛下解散议会的意图被宣布之日，与第二次议会大选的发生相联系。

7. 按第 5 款所指，"第二个相关时期"是这样的时期：

（1）始于以上第 6 款第（2）项提及的那一天之后；以及

（2）截止于以下更晚的那个投票日，即：

（a）第二次议会大选发生投票之日；以及

(b) 第4条、第5条、第6条或第7条适用的选举投票之日，或视情况而定，第8条适用的较晚一次投票之日。

第10条　根据第9条的限制和其他限制的重合

1. 当出现以下情况本条实施强制性限制：

（1）第9条（除本条之外）对以下任一时期的管理开支实施强制性限制：

（a）按第9条第3款所指的相关时期，或

（b）按第9条第5款所指的第一个相关时期；以及

（2）任何时期（"其他管理时期"）是按第4至8条中任一条所指的相关时期，但不是议会大选时期，属以下任一种情况：

（a）全部属于第（1）项提及的时期，或

（b）属于第（1）项提及的时期，但可以在任何时间结束。

2. 在这种情况下：

（1）第9条所实施的强制性限制应不适用于第1款第（1）项所提及的时期；以及

（2）取而代之，按本条所指，本条所实施的强制性限制应适用于这种重合的时期。

3. 对适用于由或代表一个注册的第三方在重合时期在英格兰、苏格兰、威尔士或北爱尔兰（视情况而定）所发生的管理开支的限制是以下限制的合计：

（1）对适用于凭借第9条（除本条之外）在第1款第（1）项所提及的时期在联合王国的该区域所发生的管理开支的限制；以及

（2）对适用于凭借第4条、第5条、第6条、第7条或第8条（除本条之外）在按该条所指的相关时期在联合王国的该区域所发生的管理开支的限制。

4. 按本条所指，"重合时期"是始于以下任一开始更早的那个时期，即：

（1）按第4条、第5条、第6条、第7条或第8条（视情况而定）所

指的相关时期开始,以及

(2) 第1款第(1)项提及的时期开始,

并且截止于第1款第(1)项提及的时期的结束。

5. 本条的内容不影响凭借第4条、第5条、第6条、第7条或第8条的任何强制性限制在按该条所指的相关时期实施。

第11条 议会大选与其他选举或属于第4至8条的选举的重合

1. 当出现以下情况本条实施强制性限制:

(1) 任何时期("其他管理时期")是按第4至8条中任一条所指的相关时期,属以下任一种情况:

(a) 全部属于该时期,或

(b) 属于该时期,但可以在任何时间结束,(除本条之外)按第3条所指,该时期是议会大选的相关时期;以及

(2) 第9条不适用于该开支。

2. 在这种情况下:

(1) 第3条所实施的强制性限制应不适用于按该条所指的相关时期,以及

(2) 取而代之,本条所实施的强制性限制适用于按本条所指的重合时期。

3. 对适用于由或代表一个注册的第三方在重合时期在英格兰、苏格兰、威尔士或北爱尔兰,视情况而定,所发生的管理开支的限制是以下限制的合计:

(1) 对适用于(除本条之外)凭借第3条在按该条所指的相关时期在联合王国的该区域所发生的管理开支的限制;以及

(2) 对适用于凭借第4条、第5条、第6条、第7条或第8条(视情况而定)在按该条所指的相关时期在联合王国的该区域所发生的管理开支的限制。

4. 当两个或更多的时期("其他管理时期")是按第4条、第5条、第6条、第7条或第8条所指的相关时期,又:

(1) 全部属于，或

(2) 属于，但可以在任何时间结束，（除本条之外）按第 3 条所指的议会大选的相关时期时，则第 3 款第（2）项应对适用于那些时期的每一项限制起作用，以至于要把产生出的两笔或更多笔的金额加到第 3 款第（1）项提到的金额上。

5. 按本条所指，"重合时期"是始于以下任一开始更早的那个时期，即：

(1) 以下时期的开始：

(a) 按第 4 条、第 5 条、第 6 条、第 7 条或第 8 条（视情况而定）所指的相关时期，或

(b) 当第 4 款适用时，按第 4 条、第 5 条、第 7 条或第 8 条所指的相关时期，无论哪一个是第一个开始的时期，以及

(2)（除本条之外）按第 3 条所指的议会大选相关时期的开始，并截止于议会大选投票日。

6. 本条的内容不影响凭借第 4 条、第 5 条、第 6 条、第 7 条或第 8 条的任何强制性限制在按该条所指的相关时期实施。

附件 11　对注册的第三方收取捐款的管理

第一部分　引　言

第 1 条　附件的操作和解释

1. 本附件对管理或者不是注册政党，或者是小型政党的注册的第三方收取的捐款具有效力。

2. 按本附件所指，以下条款具有效力。

3. 依照第 1 款，"注册的第三方"不包括是一个注册政党，而不是一个小型政党的一个注册的第三方。

4. 涉及一个注册的第三方的"相关捐款"指按满足于由或代表该第三方发生管理开支所指的注册的第三方收取的捐款。

5. "捐款"应依据第 2 至 4 条加以解释。

6. 对属于第 54 条第 2 款的允许的捐赠者的提及不包括一个注册政党。

第 2 条 捐款：总则

1. 涉及一个注册的第三方收取的"捐款"指（从属于第 4 条）：

（1）赠与注册的第三方的现金或其他资产的礼物；

（2）（如第 3 条所定义的那样）为注册的第三方提供的任何资助；

（3）在支付由注册的第三方所发生的管理开支时（不同于由或代表注册的第三方）所花费的资金；

（4）不同于按商业条件而借给注册的第三方的资金；

（5）不同于按商业条件而提供资产、服务或设施供注册的第三方使用或使其受益（包括任何人员的服务）；

（6）在是一个注册的第三方，但不是个人的情况下，为附属于或成为该第三方的成员而支付的会员费或其他费用。

2. 当：

（1）根据交易或安排，任何资金或其他资产转让给一个注册的第三方，涉及由或代表该注册的第三方提供资产、服务或设施或其他币值补偿，以及

（2）由或代表该注册的第三方所提供的补偿以货币价格计算的总价值低于财产的价值或（视情况而定）低于所转让的资产的市场价值，该资金或资产的转让将（在从属于第 4 款的情况下）构成为第 1 款第（1）项用途的对该注册的第三方捐赠的礼物。

3. 在决定下列情况时：

（1）任何借给一个注册的第三方的钱是否不是以商业条件借的，而是按第 1 款第（4）项所指的非商业条件借的，或

（2）任何资产、服务或设施是否不按商业条件而是按第 1 款第（5）项所指提供给一个注册的第三方使用或使其受益，

在与贷款或资产、服务或设施的提供有关的问题上，必须考虑由或代表该注册的第三方所提供的按货币价格计算的补偿的总价值。

4. （除本款之外）当凭借第 1 款第（2）项和凭借本条任何其他规定而构成捐款时，第 1 款第（2）项（和第 3 条一起）应适用于该捐款，而本条的其他规定则不适用于该捐款。

5. 任何按其身份，给予或转让给一个注册的第三方的官员、党员、受托人或代理人的东西（不是其本人使用或受益）都被视为是给予或转让给该注册的第三方的（并且对一个注册的第三方接受捐款的提及相应地包括这样给予或转让的捐款）。

6. 在本条中：

（1）任何对给予或转让给一个注册的第三方的任何东西的提及包括对直接或间接通过第三者给予或转让的提及；

（2）"赠品"包括遗赠。

第 3 条　赞助

1. 按本附件所指提供给一个注册的第三方的赞助指，如果

（1）任何资金或资产转让给该注册的第三方或任何个人，使该注册的第三方受益；以及

（2）转让的用途（或用途之一）是（或考虑到所有的情况，必须可以被合理地假设为是）：

（a）以会议的方式帮助该注册的第三方，或偿付任何程度上被定义为是属于由或代表该注册的第三方的已经发生的或即将发生的被限定的费用，或

（b）确保在任何程度上都不出现不用于会议或不属于由或代表该注册的第三方所发生的被限定的费用。

2. 第 1 款中"被限定的费用"指与下列有关的费用：

（1）由或代表注册的第三方组织的会议、集会或其他事件；

（2）任何属于由或代表注册的第三方的出版物的编制、出品或传播；或

（3）由或代表注册的第三方组织的读书或研究活动。

3. 然而，下列支付不构成凭借第 1 款所指的赞助：

(1) 涉及以下支付：

(a) 任何会议、集会或其他事件的入场费，或

(b) 任何出版物的购买费用或其他取得该出版物的费用；

(2) 按商业价格支付在出版物中插入广告所应支付的广告费。

4. 国务大臣可以根据选举委员会的推荐下达政令来修改第 2 款或第 3 款。

5. 本条中的"出版物"指，一种无论以什么形式以及以什么样的方法（无论是面向广大公众，还是面向部分公众的）可供使用的出版物。

第 4 条　不算作捐款的支付等

1. 下列支付不算作捐款：

(1) 任何个人在业余时间自愿提供的免费服务；

(2) 注册的第三方依照第 56 条第 2 款第（1）项或第（2）项（如附件 7 适用的那样）对给予该第三方的捐款加以处理，该捐款所自然增长的利息。

2. （依照第 5 条所确定的）任何价值不超过二百英镑的捐款应予以忽略。

第 5 条　捐款额

1. 任何属于第 2 条第 1 款第（1）项的（不是现金的）捐款额度应被视为有关资产的市场价值。

2. 然而，当第 2 条第 1 款第（1）项凭借第 2 条第 2 款而适用时，捐款额应被视为分以下两种不同情况：

(1) 有关的货币值，或资产的市场价值，以及

(2) 由或代表注册的第三方提供的货币补偿费用的总价值。

3. 任何属于第 2 条第 1 款第（2）项的捐款额度应被视为是如第 3 条第 1 款所提及的转让的货币价值，或（视情况而定）资产的市场价值；并且相应地如果有关赞助被忽略的话，以货币形式计算的授予个人好处的币值。

4. 属于第 2 条第 1 款第（4）项或第（5）项的捐款额度应视为代表以下两种不同情况的额度：

（1）涉及贷款或提供资产、服务或设施的问题，本应必须由或代表注册的第三方提供按货币价格计算的补偿费的总价值，如果按商业条件：

（a）该贷款已经取得，或

（b）已提供资产、服务或设施，以及

（2）实际上，（如果有）已经由或代表注册的第三方不按商业条件提供以货币价格计算的补偿费的总价值。

5. 当第 4 款所提及的捐款使受赠人在一个特定时期持续受益时，捐款值：

（1）应按捐款时间确定，但是

（2）应参考在该时期增加到受赠人那里的总的受益值。

第二部分　捐款的管理

第 6 条　禁止接受来自未得到允许的捐赠者的捐款

1. 一个注册的第三方不得接受已经收到的一笔相关捐款，如果：

（1）在注册的第三方收到捐款时，提供捐款者不是属于第 54 条第 2 款的允许的捐赠者；或

（2）注册的第三方（无论是由于匿名提供捐款还是由于欺骗或隐瞒，或者其他原因）不能确定提供捐款者的身份。

2. 按本附件所指，任何由一个注册的第三方收到的相关捐款，该捐款是享有豁免权的信托基金的捐款，应被视为该党从一个允许的捐赠者那里收到的捐款。

3. 但是按本附件所指，由一个注册第三方收到的相关捐款来自一位资产受托人（以其这样的身份），该资产不是：

（1）一种享有豁免权的信托基金的捐款，或

（2）由受托人根据托管而代表受益人向注册第三方转交的捐款，该受益人：

（a）在注册第三方接受捐款时是属于第 54 条第 2 款的允许的捐赠者，或

（b）属于非法人团体成员，该团体当时是允许的捐赠者，应被视为从一个不被允许的捐赠者那里由该注册第三方收到的捐款。

4. 当任何人（"首要的捐赠者"）通过相关捐款方式导致一个注册第三方接受一笔资金（"首要捐款"）：

（1）代表本人和一个或更多的其他人，或

（2）代表两个或更多的其他人，则按本附件所指，属于第（1）项或第（2）项的一个人的个人捐款超过二百英镑的将视为犹如是从该人那收到的一份单独的捐款。

5. 涉及每一份这样的单独捐款，首要捐赠者必须保证，当首要捐款由该注册第三方接收时，负责人被给予：

（1）（除当首要捐赠者被视为进行捐款的情况之外）所有被视为进行捐款的捐赠者的详细情况，正如凭借第 10 条第 1 款第（3）项所要求提供的关于有可记录捐款的捐赠者的情况那样；以及

（2）（在任何情况下）正如凭借第 10 条第 1 款第（1）项所要求的要被给予可记录的捐款的情况那样，有关捐款的所有这些详细情况。

6. 当：

（1）任何个人（"代理人"）以通过代表另一个人（"捐赠者"）进行捐款的方式导致一个注册第三方接受一笔资金时，以及

（2）捐款的数额超过二百英镑，代理人必须保证，当该注册的第三方接受捐款时，如第 10 条第 1 款第（3）项所要求的要得到有可记录捐款的捐赠者的情况，负责人已得到所有这些有关捐赠者的详细情况。

7. 一个人在未有合理理由的情况下，未遵从第 5 款或第 6 款的要求，即构成违法。

第 7 条 捐款的收受或返还

1. 按本附件所指，正如第 56 至 60 条适用于一个注册政党和一个注册政党所接受的任何捐款那样，该条也应适用于一个注册的第三方和一个注

册的第三方所接受的一笔相关捐款。

2. 在依据第 1 款而应用第 56 至 60 条时：

（1）假定凭借附件 6 第 2 条（如果捐款是该附件含义上的可记录的捐款）被要求包括在捐款报告内的对捐赠者的详情的提及被解释为是凭借第 10 条第 1 款第（3）项（涉及该条适用的捐款）被要求包括在申报单内的详情的提及，则第 56 条第 1 款应具有效力；以及

（2）假定对党的财务总管的提及被解释为是对负责人的提及，则第 56 条第 3 款和第 4 款应具有效力。

第 8 条　逃避捐款限制

1. 按本附件所指，第 61 条应具有效力，假定：

（1）对捐款的提及就是对相关捐款的提及；

（2）对一个注册政党的提及就是对一个注册第三方的提及；

（3）对一个注册政党的财务总管的提及就是对一个注册第三方的负责人的提及；

第三部分　捐款的报告

第 9 条　相关捐款的说明

注册第三方必须在任何申报单中包含根据第 96 条所要求准备的一份在相关选举（在该条的含义上）时收到的相关捐款说明，且该说明遵从第 10 条和第 11 条。

第 10 条　来自允许的捐赠者的捐款

1. 该说明必须就注册第三方收到的每一笔属于第 2 款的相关捐款记录：

（1）（如果是现金或其他方式的资金捐款）捐款数额或（在其他情况下）捐款类别和依据第 5 条确定的捐款价值；

（2）注册第三方收到捐款的日期；

（3）涉及给注册第三方提供可记录的捐款，凭借附件 6 第 2 条要求在

捐款报告中记录的关于捐赠者的信息。

2. 第 1 款适用于相关捐款，当：

（1）捐款值超过五千英镑，或

（2）当同一捐赠者的捐款数额［不管是否属于第（1）项］相加超过该数额。

3. 说明还必须记录：

（1）一个注册的第三方所接受的不属于第 2 款的任何相关捐款的总价值；以及

（2）选举委员会制定的条例中可能要求的其他信息。

第 11 条　来自未得到允许的捐赠者的捐款

1. 本条适用于属于第 6 条第 1 款第（1）项或第（2）项的相关捐款。

2. 当第 6 条第 1 款第（1）项适用时，说明必须记录：

（1）捐赠者的姓名和地址；

（2）（如果是现金或其他方式的资金捐款）捐款数额或（在其他情况下）捐款类别和依据第 5 条确定的捐款价值；

（3）收到捐款的日期和依据第 56 条第 2 款第（1）项来处理该笔捐款的日期及方式；以及

（4）选举委员会制定的条例中所要求的其他信息。

3. 当第 6 条第 1 款第（2）项适用时，说明必须记录：

（1）关于提供捐款的方式的细节；

（2）（如果是现金或其他方式的资金捐款）捐款数额或（在其他情况下）捐款类别和依据第 5 条确定的捐款价值；

（3）收到捐款的日期和依据第 56 条第 2 款第（2）项来处理该笔捐款的日期及方式；以及

（4）选举委员会制定的条例中所要求的其他信息。

4. 本条中对第 56 条任何规定的提及就是对第 7 条适用的规定的提及。

附件 12 指定机构获得的资助

第 1 条 有权免费邮寄全民公投的演说

1. 正如有关普遍服务提供者可以指定的那样,一个指定机构有权免费邮寄,当属于以下任一情况时,该邮资由普遍服务提供者支付:

(1) 仅包含涉及全民公投的事务并且重量不超过六十克的一份没有地址的邮递书信,要送往全民公投地区的每一个地方,依据条款和条件该地区构成本款所指的递送点;

(2) 寄给有权参加全民公投的每一个人的一份这样的邮递书信。

2. 从属于这样的条款和条件,一个指定机构也有权向每一位由每一项委托而进入全民公投代理权名单的人免费邮寄一份这样的邮递书信。

3. 正如1983年人民代表法[1983 c.2]第200A条(议会选举时普遍服务提供者给予免费邮寄服务的报酬)适用于依据该法由一个普遍服务提供者给予的邮寄服务那样,该条款也应适用于由一个普遍服务提供者依据本条给予的邮寄服务。

4. 在本款中:

"全民公投地区"指举行全民公投的地区。

"普遍服务提供者"与2000年邮政服务法[2000 c.26]具有同样的含义。

5. 当由2000年邮政法对1983年人民代表法第91条进行的修正还未生效时本条开始生效,那么直到那些修正生效为止的那段时间里,从属于根据本法163条的政令可以指定的这样的修正,本条应具有效力,是该法使本条具有效力。

第 2 条 有权使用房间以举行公共会议

1. 从属于本条的规定,由一个指定机构授权的人有权在相关时期的合理时间内为举行促进该机构全民公投宣传活动的公共会议免费使用:

(1) 依据第2款本条适用的学校所在地的适当房间;

（2）依据第 3 款本条适用的任何会议房间。

此处的"相关时期"指到投票日前一天截止的二十八天的时间。

2. 本款适用于：

（1）在英格兰和威尔士，位于全民公投地区的社团、基金会和义务制学校的所在地；以及

（2）在苏格兰，位于全民公投地区的学校所在地，该学校不是 1980 年（苏格兰）教育法［1980 c.44］含义上的自治学校。

3. 本条适用于由公共基金，由任何地方政府，或由公共基金、地方政府支付费用的任何团体来支付维修费的位于全民公投地区的会议房间。

4. 当一个房间依据本条授予的权利由会议使用，召集会议者或其代表者：

（1）应支付在准备、取暖、照明和打扫该房间，以及为会议提供服务和会后把房间恢复到平时状态时所发生的任何费用；以及

（2）应支付对房间或房间所在的建筑物及周边，以及对家具、设备或仪器的毁损费。

5. 除根据合理的通知之外，一个人无权行使由本条授予的权利；并且本条未授权在学校建筑物内的房间为教育目的而使用期间的数小时内进行干扰，或对维修人员使用会议房间或根据先前协议使会议房间用作其他用途进行干扰。

6. 按本条所指［除第 4 款第（2）项之外］，学校建筑物不被视为包括私人住所，并且在本条中：

"住所"包括一个建筑物的任何部分，在该建筑物内，该部分作为住所被独自占有；

"会议房间"指任何可用于会议的房间；

"房间"包括食堂、美术馆或体育馆。

7. 在本条中的"全民公投地区"指举行全民公投的地区。

8. 本条和第 3 条都不适用于北爱尔兰。

第3条 使用房间用于公共会议的补充规定

1. 本条对第2条授予的权利和为行使权利而作出的安排具有效力。

2. 为使用学校建筑物的房间应与以下机构一起作出安排：

（1）主管该学校的地方教育机构（或在苏格兰为教育机构），或

（2）在房间属于一所基金会创办的或自愿资助的学校时，学校的管理机构。

3. 任何涉及一个指定机构授权一个人有权使用学校建筑物内的房间，或涉及他有权有时使用该房间，或涉及通知是合理的争端都应由国务大臣决定。

4. 与行使第2条授予的权利有关，受到一个指定机构授权的任何人都有权在所有合理的时间内检查：

（1）依据1983年人民代表法[1983 c.2]附件5第4条或第6条（用于议会选举会议的房间）所准备的清单，或

（2）任何这样的清单的副本。

第4条 全民公投宣传广播

1. 正如1990年广播法[1990 c.42]第36条第1款和第2款以及第107条第1款（政党的政治广播）适用于政党的政治广播那样，该条款也应适用于指定机构的全民公投宣传广播。

2. 正如该法依据第1款而适用，在不损害该法第36条第1款和第107条第1款的情况下，凭借第1款而发的许可证中所包含的条件，批准机构可以决定包含在许可服务内的广播的时长和频率。

3. 正如该法依据第1款而适用，按1990年法案第36条或第107条所指，由批准机构制定的规则可以对不同的情形或情况制定不同的规定。

4. 按本款所指，在制定任何这样的规则之前，批准机构应考虑选举委员会所表达的意见。

5. 本条实施后，凭借第1款许可条件被包含在许可证里，在每份许可证生效的情况下，批准机构应在本条开始施行后的尽可能快的时间内：

（1）决定包含在许可证里的许可条件；

（2）通知许可证持有者那些条件；以及

（3）送交给许可证持有者一份修改后的许可证，该许可证包含那些条件。

6. 按本款所指，英国广播公司和威尔士语电视台各自在决定其全民公投宣传广播的政策时都应考虑选举委员会所表达的意见。

7. 在本条中：

"1990年法案"指1990年广播法[1990 c.42]；

"许可证"指：

（1）在1990年法案第36条的背景下，一个地区性的频道3的许可证，或一个提供频道4或频道5的许可证（每个许可证都在该法第一部分的含义上），或

（2）在1990年法案第107条的背景下，一个全国性的许可证（在该法第三部分的含义上），并且"得到许可的"应做相应解释；

"批准机构"指独立电视委员会或（视情况而定）广播管理局。

"全民公投宣传广播"与第127条具有同样的含义。

附件13 全民公投的费用

第一部分 符合条件的费用

第1条 为全民公投的目的所发生的符合条件的费用

按第111条所指，属于本附件本部分的费用是涉及以下清单中所列出的任何事务所发生的费用。

事务清单

1. 全民公投宣传广播。

涉及全民公投宣传广播的费用包括与准备或制作这样的广播有关的代理费、设计费和其他费用。

2. （无论采用何种媒介）任何种类的广告。

涉及这类广告的费用包括与准备或制作、分发或传播这样的广告或者

把任何内容插入广告并为传播该广告而加以分发有关的代理费、设计费和其他费用。

3. 写给选民的不请自来的材料（无论是通过姓名写给他们，还是打算递送给特定地区内的家庭）。

涉及这类材料的费用包括与准备、制作或分发这样的材料有关的设计费和其他费用。

4. 任何第 125 条适用的材料。

涉及这类材料的费用包括与准备、制作或分发这样的材料有关的设计费和其他费用。

5. 为查明投票意图而进行的市场研究或调查。

6. 在新闻发布会及与媒体打交道时提供的任何服务或设施。

7. 与全民公投有关，人员（以任何方式）去往任何地方的交通以期用一种观点赢得宣传。

涉及这些人员的交通费包括在全民公投宣传活动正在进行的整个或部分时期租用一种特定交通工具的费用。

8. 与全民公投宣传活动有关或为与全民公投宣传活动有关的其他目的，所组织的集会和其他事件，包括公共会议（但不包括党的年会或其他会议）以便赢得宣传。

涉及这类事件的费用包括与人员出席这类集会有关而发生的费用，为这类事件租用场地的费用，或给他们提供物品、服务或设施的费用。

第 2 条　不符合条件的费用

第 1 条应不被视为延伸至以下费用：

（1）任何由公共基金出资的涉及资产、服务或设施的费用；

（2）涉及支付给属于宣传活动组织者成员（不论是长期的还是不是长期的）的报酬或津贴时所发生的费用；或

（3）任何个人通过（任何交通工具的）旅行费或以提供住宿和其他个人需要的方式所发生的费用，限于由个人从自己资源中支付并且不再偿还给他的费用。

第二部分 补 充

第 3 条 选举委员会的指导

1. 选举委员会可以准备一份实用守则，并不时加以修改，对属于或不属于本附件第一部分的各种费用给予指导。

2. 一旦选举委员会根据本条准备好一份守则草案，他们应提交给国务大臣待批准。

3. 国务大臣可以不经修改或可以按其决定经修改后批准一份守则草案。

4. 一旦国务大臣批准一份守则草案，他应把草案的副本提交给议会两院，按以下任一方式：

（1）按其最初形式，或

（2）按包含根据第 3 款决定的经修改的形式。

5. 如果草案包含任何这样的修改，国务大臣应同时提交给议会两院一份他进行修改的理由的说明。

6. 如果在四十天期限内任何一院决定不批准该草案，国务大臣应不再就该守则草案采取进一步的步骤。

7. 如果四十天期限内没有做出这样的决定：

（1）国务大臣应以提交给议会的那份草案的形式发布该守则，以及

（2）守则应按国务大臣通过政令指定的日期生效；并且选举委员会应按他们认为适当的方式安排出版该守则。

8. 第 6 款不妨碍向议会提交一份新的守则草案。

9. 本条中涉及守则草案的"四十天期限"指：

（1）如果提交给一个议院的草案比提交给另一个议院的草案晚一天，四十天的期限始于两天中较晚的那一天，以及

（2）在任何其他情况下，四十天期限始于提交给每一个议院草案的那一天，

在议会解散或休会期间，或在议会暂停超过四天时间的期间，不算作

该期限之内。

10. 本条中对守则草案的提及包括对修改后的守则草案的提及。

第 4 条　修正第一部分的权力

1. 国务大臣可以在他认为适当的情况下通过政令对本附件的第一部分进行修正。

2. 国务大臣可以在以下任一情况下制定一项政令：

（1）当一项政令使选举委员会的推荐生效；或

（2）在咨询选举委员会之后。

附件 14　对允许的参与者所使用的全民公投费用的限制

第 1 条　对在联合王国举行全民公投的限制

1. 本附件对属于 101 条第 1 款第（1）项的全民公投实施强制性限制。

2. 在全民公投时，对由或代表允许的参与者在全民公投时期所发生的全民公投费用的限制如下：

（1）在根据第 108 条指定的个人或团体的情况下，五百万英镑；

（2）在属于第 105 条第 1 款第（1）项的一个注册政党，但不是根据第 108 条指定的情况下：

（a）如果该党的相关百分比超过百分之三十，五百万英镑，

（b）如果该党的相关百分比超过百分之二十，但不高于百分之三十，四百万英镑，

（c）如果该党的相关百分比超过百分之十，但不高于百分之二十，三百万英镑，

（d）如果该党的相关百分比超过百分之五，但不高于百分之十，二百万英镑，

（e）如果该党的相关百分不高于百分之五，或该党没有相关百分比，五十万英镑；以及

（3）在属于第 105 条第 1 款第（2）项的个人或团体，但不是根据第

108 条指定的情况下，五十万英镑。

3. 按本条所指：

（1）如果在全民公投之前举行的上一次议会大选中，选票被投向授权在选举中使用党的注册名称的一个或更多的候选人时，一个注册政党在涉及一次本条适用的全民公投中就具有相关百分比；以及

（2）该党的相关百分比的值等于在该选举中投给第（1）项提及的候选人的选票总数与投给所有候选人的选票总数相比的百分比的值。

4. 当在任何这样的大选中一位候选人被授权使用一个以上注册政党的注册名称时，那么按第 3 款第（2）项所指，正如该条款适用于每一个注册政党那样，投给该候选人的选票数应被视为投给他的总票数除以政党数。

5. 在本条中任何对议会大选的提及都是指本法通过之后举行的大选。

第 2 条　对在联合王国特定区域举行的全民公投的限制

1. 本条对本部分适用，且不属于 101 条第 1 款第（1）项的全民公投实施强制性限制。

2. 在全民公投时，对由或代表允许的参与者在全民公投时期所发生的全民公投费用的限制是按国务大臣可以通过政令加以规定的数额。

3. 对不同的全民公投或不同种类的允许的参与者可以规定不同的数额。

4. 在根据本条制定政令之前，国务大臣应征求并考虑选举委员会的意见。

5. 当国务大臣提议制定这样的一项政令，而不是依据选举委员会的意见时，他应在向议会两院提交一份包含政令的法定文书草案时，也向议会两院提交一份他背离选举委员会意见的理由的说明。

第一部分 宪法、全国性涉党法律

附件15 对允许的参与者收取捐款的管理

第一部分 引 言

第 1 条 附件的应用和解释

1. 本附件对管理允许的参与者收取捐款具有效力，该参与者或者不是注册政党，或者是小型政党。

2. 按本附件所指，下列规定具有效力。

3. 依据第 1 款，"允许的参与者"不包括是一个注册政党，但不是小型政党的允许的参与者。

4. 涉及允许的参与者在全民公投时的"相关捐款"指为满足由或代表允许的参与者所发生的全民公投费用而向允许的参与者提供的捐款。

5. "捐款"应依据第 2 至 4 条加以解释。

6. 涉及一个允许的参与者而不是一个指定机构所接受的捐款，对属于第 54 条第 2 款的允许的捐赠者的提及不包括一个注册政党。

在本款中，"指定机构"与第 110 条第 5 款所指具有同样的含义。

第 2 条 捐款：总则

1. 涉及一个允许的参与者收取的"捐款"指（从属于第 4 条）：

（1）赠与允许的参与者的现金或其他资产的礼物；

（2）（如第 3 条所定义的那样）为允许的参与者提供的任何赞助；

（3）在支付由或代表允许的参与者所发生的全民公投费用时（除了由或代表允许的参与者）所花费的资金；

（4）不同于按商业条件而借给允许的参与者的资金；

（5）不同于按商业条件而提供资产、服务或设施供允许的参与者使用或使其受益（包括任何人员的服务）；

（6）在允许的参与者不是个人的情况下，为附属于允许的参与者或成为其成员而支付的会员费或其他费用。

2. 当：

（1）根据交易或安排，任何资金或其他资产转让给一个允许的参与者，涉及由或代表该允许的参与者提供资产、服务、设施或其他币值补偿，以及

（2）由或代表该允许的参与者所提供的补偿以货币价格计算的总价值低于财产的价值或（视情况而定）低于所转让的资产的市场价值，

按第1款第（1）项所指，该资金或资产的转让应（从属于第4款）构成对该允许的参与者捐赠的礼物。

3. 在决定下列情况时：

（1）任何借给允许的参与者的钱是否不是以商业条件借的，而是按第1款第（4）项所指的非商业条件借的，或

（2）任何资产、服务或设施是否不按商业条件而是按第1款第（5）项所指提供给允许的参与者使用或使其受益，

在与贷款或资产、服务或设施的提供有关的问题上，必须考虑由允许的参与者或代表允许的参与者所提供的按货币价格计算的补偿的总价值。

4. （除本款之外）当凭借第1款第（2）项和凭借本条任何其他规定而构成捐款时，第1款第（2）项（和第3条一起）应适用于该捐款，而本条的其他规定则不适用于该捐款。

5. 任何按其身份，给予或转让给允许的参与者的官员、成员、受托人或代理人的东西（不是其本人使用或受益）都被视为是给予或转让给允许的参与者的（并且对允许的参与者接受捐款的提及相应地包括这样给予或转让的捐款）。

6. 在本条中：

（1）任何对给予或转让给允许的参与者或个人的任何东西的提及都是对直接或间接通过第三者给予或转让的提及；

（2）"赠品"包括遗赠。

第3条 赞助

1. 按本附件所指提供给一个允许的参与者的赞助指，如果

（1）任何资金或资产转让给该允许的参与者或任何个人，使该允许的

参与者受益，以及

（2）转让的用途（或用途之一）是（或考虑到所有的情况，必须可以被合理地假设为是）：

（a）以会议的方式帮助允许的参与者，或偿付任何程度上是属于由或代表允许的参与者的已经发生的或即将发生的被限定的费用，或

（b）确保在任何程度上都不出现由或代表允许的参与者发生非会议的费用。

2. 第1款中"被限定的费用"指与下列有关的费用：

（1）由或代表允许的参与者组织的会议、集会或其他事件；

（2）任何属于由或代表允许的参与者的出版物的编制、出品或传播；或

（3）由或代表允许的参与者组织的读书或研究活动。

3. 然而，下列支付不构成凭借第1款所指的赞助：

（1）涉及以下支付：

（a）任何会议、集会或其他事件的入场费，或

（b）任何出版物的购买费用或其他取得该出版物的费用；

（2）按商业价格支付在出版物中插入广告所应支付的广告费。

4. 国务大臣可以根据选举委员会的推荐下达政令来修改第2款或第3款。

5. 本条中的"出版物"指，一种无论以什么形式以及以什么样的方法（无论是面向广大公众，还是面向部分公众的）可供使用的出版物。

第4条　不算作捐款的支付等

1. 下列支付不算作捐款：

（1）除凭借第110条第2款提供给一个指定机构的补助金之外，任何公共基金提供的补助金；

（2）凭借第110条第4款和附件12所提供给一个授权的指定机构（或一个指定机构授予给个人）的任何权利；

（3）任何个人在业余时间自愿提供的免费服务；

（4）一个允许的参与者依照第 56 条第 2 款第（1）项或第（2）项（正如第 7 条适用那样）对给予该允许的参与者的捐款加以处理，该捐款所自然增长的利息。

2. 任何价值（正如依据第 5 条所确定的那样）不超过二百英镑的捐款应予以忽略。

第 5 条　捐款额

1. 任何属于第 2 条第 1 款第（1）项的（不是现金的）捐款额度应被视为有关资产的市场价值。

2. 然而，当第 2 条第 1 款第（1）项凭借第 2 条第 2 款而适用时，捐款额应被视为以下两种情况的差额：

（1）有关的货币值，或资产的市场价值，以及

（2）由或代表允许的参与者提供的货币补偿费用的总价值。

3. 任何属于第 2 条第 1 款第（2）项的捐款额度应被视为是如第 3 条第 1 款所提及的转让的货币价值，或（视情况而定）资产的市场价值；并且相应地如果有关赞助应被忽略的话，以货币形式计算的授予个人好处的币值。

4. 属于第 2 条第 1 款第（4）项或第（5）项的捐款额度应视为代表以下两种情况的差额：

（1）涉及贷款或提供资产、服务或设施的问题，本应由或代表允许的参与者提供按货币价格计算的补偿费的总价值，如果按商业条件：

（a）该贷款已经取得，或

（b）已提供资产、服务或设施，以及

（2）实际上，（如果有）已经由或代表允许的参与者不按商业条件提供以货币价格计算的补偿费的总价值。

5. 当第 4 款所提及的捐款使该允许的参与者在一个特定时期持续受益时，捐款值：

（1）应按捐款时间确定，但是

（2）应参考在该时期增加到受赠人那里的总的受益值。

第二部分 捐款的管理

第6条 禁止接受来自未得到允许的捐赠者的捐款

1. 一个允许的参与者不得接受已经收到的一笔相关捐款,如果:

(1) 在允许的参与者收到捐款时,提供捐款者不是属于第54条第2款的允许的捐赠者;或

(2) 允许的参与者(无论是由于匿名提供捐款还是由于欺骗或隐瞒,或者其他原因)不能确定提供捐款者的身份。

2. 按本附件所指,由一个指定机构凭借第110条第2款收到任何付款应被视为该机构从一个属于第54条第2款的允许的捐赠者那里收到的捐款。

3. 按本附件所指,任何由一个允许的参与者收到的相关捐款,该捐款是享有豁免权的信托基金的捐款,应被视为该允许的参与者从一个允许的捐赠者那里收到的捐款。

4. 但是按本附件所指,由一个允许的参与者收到的相关捐款来自一位资产受托人(以其这样的身份),该资产不是:

(1) 一种享有豁免权的信托基金的捐款,或

(2) 由受托人根据托管而代表受益人向允许的参与者转交的捐款,该受益人:

(a) 在允许的参与者接受捐款时是属于第54条第2款的允许的捐赠者,或

(b) 属于非法人团体成员,该团体当时是允许的捐赠者,应被视为从一个不被允许的捐赠者那里由该允许的参与者收到的捐款。

5. 当任何人("首要的捐赠者")通过相关捐款方式导致一个允许的参与者接受一笔资金("首要捐款"):

(1) 代表本人和一个或更多的其他人,或

(2) 代表两个或更多的其他人,则按本附件所指,属于第(1)项或第(2)项的一个人的个人捐款超过二百英镑的将视为犹如是从该人那收

到的一份单独的捐款。

6. 涉及每一份这样的单独捐款，首要捐赠者必须保证，当首要捐款由该允许的参与者接收时，负责人被给予：

（1）（除当首要捐赠者被视为进行捐款的情况之外）所有被视为进行捐款的捐赠者的详细情况，正如凭借第10条第1款第（3）项所要求提供的关于有可记录捐款的捐赠者的情况那样；以及

（2）（在任何情况下）正如凭借第10条第1款第（1）项所要求的要被给予可记录的捐款的情况那样，有关捐款的所有这些详细情况。

7. 当：

（1）任何个人（"代理人"）以通过代表另一个人（"捐赠者"）进行捐款的方式导致一个允许的参与者接受一笔资金时，以及

（2）捐款的数额超过二百英镑，代理人必须保证，当该允许的参与者接受捐款时，如第10条第1款第（3）项所要求的要得到有可记录捐款的捐赠者的情况，负责人已得到所有这些有关捐赠者的详细情况。

8. 一个人在未有合理理由的情况下，未遵从第6款或第7款的要求，即构成违法。

第7条 捐款的收受或返还

1. 按本附件所指，正如第56至60条适用于一个注册政党和一个注册政党所接受的任何捐款那样，该条也应适用于一个允许的参与者和一个允许的参与者所接受的一笔相关捐款。

2. 在依据第1款而应用第56至60条时：

（1）假定凭借附件6第2条（如果捐款是该附件含义上的可记录的捐款）被要求包括在捐款报告内的对捐赠者的详情的提及被解释为凭借第10条第1款第（3）项（涉及该条适用的捐款）被要求包括在申报单内的详情的提及，则第56条第1款应具有效力；以及

（2）假定对党的司库的提及被解释为对允许的参与者的提及，则第56条第3款和第4款应具有效力。

第8条 逃避捐款限制

1. 按本附件所指,第61条应具有效力,假定:

(1) 对捐款的提及就是对相关捐款的提及;

(2) 对一个注册政党的提及就是对一个允许的参与者的提及;

(3) 对一个注册政党的司库的提及就是对一个允许的参与者的负责人的提及;

第三部分　捐款的报告

第9条　相关捐款的说明

一个允许的参与者的负责人必须在任何申报单中包含根据第120条所要求准备的一份遵从第10条和第11条的相关捐款说明。

第10条　来自允许的捐赠者的捐款

1. 该说明必须就允许的参与者收到的每一笔属于第2款的相关捐款记录:

(1) (如果是现金或其他方式的资金捐款)捐款数额或(在其他情况下)捐款类别和依据第5条确定的捐款价值;

(2) 允许的参与者收到捐款的日期;

(3) 涉及给允许的参与者提供可记录的捐款,凭借附件6第2条要求在捐款报告中记录的关于捐赠者的信息。

2. 第1款适用于相关捐款,当:

(1) 捐款值超过五千英镑,或

(2) 当同一捐赠者的捐款数额[不管是否属于第(1)项]相加超过该数额。

3. 说明还必须记录:

(1) 一个允许的参与者所接受的不属于第2款的任何相关捐款的总价值;以及

(2) 选举委员会制定的条例中可能要求的其他信息。

第11条 来自未得到允许的或未确定身份的捐赠者的捐款

1. 本条适用于属于第6条第1款第（1）项或第（2）项的相关捐款。

2. 当第6条第1款第（1）项适用时，说明必须记录：

（1）捐赠者的姓名和地址；

（2）（如果是现金或其他方式的资金捐款）捐款数额或（在其他情况下）捐款类别和依据第5条确定的捐款价值；

（3）收到捐款的日期和依据第56条第2款第（1）项而处理该笔捐款的日期及方式；以及

（4）选举委员会制定的条例中所要求的其他信息。

3. 当第6条第1款第（2）项适用时，说明必须记录：

（1）关于提供捐款的方式的细节；

（2）（如果是现金或其他方式的资金捐款）捐款数额或（在其他情况下）捐款类别和依据第5条确定的捐款价值；

（3）收到捐款的日期和依据第56条第2款第（2）项而处理该笔捐款的日期及方式；以及

（4）选举委员会制定的条例中所要求的其他信息。

4. 本条中对第56条任何规定的提及就是对第7条适用的规定的提及。

附件16 对候选人收取捐款的管理：
1983年人民代表法[1983 c.2]新附件2A

"附件2A 对候选人收取捐款的管理

第一部分 引 言

第1条 附件的应用和解释

1. 本附件对管理选举中的候选人收取捐款具有效力。

2. 按本附件所指，下列规定具有效力。

3. 涉及选举中的候选人的'相关捐款'指为满足由或代表候选人所发生的选举费用而向候选人或其选举代理人提供的捐款。

4. 第 3 款对为满足由或代表候选人所发生的选举费用而提供捐款的提及包括对确保一笔捐款不能由或代表候选人用于非选举费用的提及；并且如果考虑到所有情况，一笔捐款应被合理地假定为是这样的捐款时，该笔捐款应被视为是为以上任一用途的捐款。

5. '捐款'应依据第 2 至 4 条加以解释。

6. '2000 年法案'指 2000 年政党、选举及全民公投法案。

7. 当：

（1）根据 2000 年法案第 70 条第 1 款一项政令生效时，参加大不列颠选举的候选人收到一笔捐款，以及

（2）该政令规定本款适用于任何捐款，

对于属于该法案第 54 条第 2 款的一位允许的捐赠者的提及应被解释为，涉及捐款，不包括在北爱尔兰注册局注册的一个注册政党，该注册局根据该法案第二部分由选举委员会主管。

8. '委员会'指由该法案第 1 条所成立的选举委员会。

9. 对是（或被视为是）自己的选举代理人的候选人收到的捐款的提及包括对在普通选举中在伦敦市议会的伦敦议员候选人名单上的候选人收到的捐款的提及，该候选人是，或被视为是名单上所有候选人的选举代理人。

10. 由以上第 9 款提及的候选人收到的任何捐款应被视为他以其选举代理人身份收到的。

第 2 条 捐款：总则

1. 涉及一个选举中的候选人收取的'捐款'指（从属于第 4 条）：

（1）赠与候选人或其选举代理人的现金或其他资产的礼物；

（2）（如第 3 条所定义的那样）为候选人提供的任何资助；

（3）在支付由或代表候选人所发生的选举费用时（除了由候选人或其选举代理人或任何下级代理）所花费的资金；

（4）除按商业条件而借给候选人或其选举代理人的资金；

（5）除按商业条件而提供资产、服务、设施供候选人使用或使其受益（包括任何人员的服务）。

2. 当：

（1）根据交易或安排，任何资金或其他资产转让给一个候选人或其选举代理人，涉及由或代表该候选人提供资产、服务、设施或其他币值补偿，以及

（2）由或代表该候选人所提供的补偿以货币价格计算的总价值低于财产的价值或（视情况而定）低于所转让的资产的市场价值，

按以上第1款第（1）项所指，该资金或资产的转让应（从属于以下第4款）构成对该候选人或（视情况而定）其选举代理人捐赠的礼物。

3. 在决定下列情况时：

（1）任何借给候选人或其选举代理人的钱是否不是以商业条件借的，而是按以上第1款第（4）项所指的非商业条件借的，或

（2）任何资产、服务或设施是否不按商业条件而是按以上第1款第（5）项所指提供给候选人使用或使其受益，

在与贷款或资产、服务或设施的提供有关的问题上，必须考虑由或代表候选人所提供的按货币价格计算的补偿的总价值。

4.（除本款之外）当凭借以上第1款第（2）项和凭借本条任何其他规定而构成捐款时，第1款第（2）项（和以下第3条一起）应适用于该捐款，而本条的其他规定则不适用于该捐款。

5. 正如在以上第1款第（3）项中提及的那样，该款对所花费资金的提及是对除候选人、其选举代理人或任何下级代理之外的一个人从自己的资源中（无权从任何其他人的资源中得到偿还）所花费资金的提及；并且凭借以上第1款第（3）项，当所花费的资金构成向候选人捐款时，候选人应被视为在支付给涉及有关费用的债权人的同一天接受一笔相等数额的捐款。

6. 在本条中：

（1）任何对给予或转让给一个候选人或其选举代理人的任何东西的提及都是对直接或间接通过第三者给予或转让的提及；

（2）'赠品'包括遗赠或任何其他遗嘱安排的方式。

第3条　赞助

1. 按本附件所指提供给一个候选人的赞助指，如果

（1）任何资金或资产转让给该候选人或任何个人，使该候选人受益，以及

（2）转让的用途（或用途之一）是（或考虑到所有的情况，必须可以被合理地假设为是）：

（a）以会议的方式帮助候选人，或偿付任何程度上是属于由或代表候选人的已经发生的或即将发生的被限定的费用，或

（b）确保在任何程度上都不出现由或代表候选人发生非会议的费用。

2. 以上第1款中'被限定的费用'指与下列有关的费用：

（1）由或代表候选人组织的会议、集会或其他事件；

（2）任何属于由或代表候选人的出版物的编制、出品或传播；或

（3）由或代表候选人组织的读书或研究活动。

3. 然而，下列支付不构成凭借以上第1款所指的赞助：

（1）涉及以下支付：

（a）任何会议、集会或其他事件的入场费，或

（b）任何出版物的购买费用或其他取得该出版物的费用；

（2）按商业价格支付在出版物中插入广告所应支付的广告费。

4. 国务大臣可以根据选举委员会的推荐下达政令来修改第2款或第3款。

5. 根据以上第4款发布的政令应通过法定文书制定；但是，除非政令草案已经提交给议会两院并得到两院决议的批准，否则不能制定这样的政令。

6. 本条中的'出版物'指，一种无论以什么形式以及以什么样的方法（无论是面向广大公众，还是面向部分公众的）可供使用的出版物。

第4条　不算作捐款的支付等

1. 支付不算作捐款：

(1) 依据本法授予给选举中的候选人的任何权利所提供的任何设施；

(2) 任何个人在业余时间自愿提供的免费服务；

(3) 一个候选人或（视情况而定）其选举代理人依照 2000 年法案第 56 条第 2 款第（1）项或第（2）项（正如第 7 条适用那样）对给予该候选人或其选举代理人的捐款加以处理，该捐款所自然增长的利息。

2. 任何价值（正如依据以下第 5 条所确定的那样）不超过五十英镑的捐款应予以忽略。

第 5 条 捐款额

1. 任何属于第 2 条第 1 款第（1）项的（不是现金的）捐款额度应被视为有关资产的市场价值。

2. 然而，当以上第 2 条第 1 款第（1）项凭借以上第 2 条第 2 款而适用时，捐款额应被视为以下两种情况的差额：

(1) 有关的货币值，或资产的市场价值，以及

(2) 由或代表候选人或其选举代理人提供的货币补偿费用的总价值。

3. 任何属于以上第 2 条第 1 款第（2）项的捐款额度应被视为是如以上第 3 条第 1 款所提及的转让的货币价值，或（视情况而定）资产的市场价值；并且相应地如果有关赞助应被忽略的话，以货币形式计算的授予个人好处的币值。

4. 属于以上第 2 条第 1 款第（4）项或第（5）项的捐款额度应视为代表以下两种情况的差额：

(1) 涉及贷款或提供资产、服务、设施的问题，本应由或代表候选人或其选举代理人提供按货币价格计算的补偿费的总价值，如果按商业条件：

(a) 该贷款已经取得，或

(b) 已提供资产、服务或设施，以及

(2) 实际上，（如果有）已经由或代表候选人或其选举代理人不按商业条件提供以货币价格计算的补偿费的总价值。

5. 当以上第 4 款所提及的捐款使该受赠人在一个特定时期持续受益

时，捐款值：

（1）应按捐款时间确定，但是

（2）应参考在该时期增加到受赠人那里的总的受益值。

6. 本条中涉及资产的"市场价值"指该资产在公开市场上出售时可以合理地期待被支付的价格。

第二部分　捐款的管理

第6条　禁止接受来自未得到允许的捐赠者的捐款

1. 一个候选人或其选举代理人不得接受已经收到的一笔相关捐款，如果：

（1）在候选人或（视情况而定）其选举代理人收到捐款时，提供捐款者不是属于2000年法案第54条第2款的允许的捐赠者；或

（2）候选人或（视情况而定）其选举代理人（无论是由于匿名提供捐款还是由于欺骗或隐瞒，或者其他原因）不能确定提供捐款者的身份。

2. 按本附件所指，任何由一个候选人或其选举代理人收到的相关捐款，该捐款是享有豁免权的信托基金的捐款，应被视为该候选人或其选举代理人从一个允许的捐赠者那里收到的捐款；并且按本附件所指，正如2000年法案第162条（解释：有豁免权的信托基金的捐款）按该法所指适用那样，该条款也应适用。

3. 但是按本附件所指，由一个候选人或其选举代理人收到的相关捐款来自一位资产受托人（以其这样的身份），该资产不是：

（1）一种享有豁免权的信托基金的捐款，或

（2）由受托人根据托管而代表受益人向候选人或其选举代理人转交的捐款，该受益人：

（a）在候选人或其选举代理人接受捐款时是属于2000年法案第54条第2款的允许的捐赠者，或

（b）属于非法人团体成员，该团体当时是允许的捐赠者，

应被视为从一个不被允许的捐赠者那里由该候选人或其选举代理人收

到的捐款。

4. 当任何人（'首要的捐赠者'）通过相关捐款方式导致一个候选人或其选举代理人接受一笔资金（'首要捐款'）：

(1) 代表本人和一个或更多的其他人，或

(2) 代表两个或更多的其他人，

则按本部分所指，属于第（1）项或第（2）项的一个人的个人捐款超过五十英镑的将视为犹如是从该人处收到的一份单独的捐款。

5. 涉及每一份这样的单独捐款，首要捐赠者必须保证，当首要捐款由该候选人或其选举代理人接收时，候选人或（视情况而定）其选举代理人被给予：

(1) 正如凭借以下第 11 条第（3）项所要求的那样，（除当首要捐赠者被视为进行捐款的情况之外）所有被视为进行捐款的捐赠者的详细情况；以及

(2) 正如凭借以下第 11 条第（1）项所要求的那样，（在任何情况下）有关捐款的所有这些详细情况。

6. 当：

(1) 任何个人（'代理人'）以通过代表另一个人（'捐赠者'）进行捐款的方式导致一个候选人或其选举代理人接受一笔资金，以及

(2) 捐款的数额超过五十英镑时，

代理人必须保证，正如以下第 11 条第（3）项所要求的那样，当该候选人或其选举代理人接受捐款时，该候选人或（视情况而定）其选举代理人已得到所有这些有关捐赠者的详细情况。

7. 一个人在未有合理理由的情况下，未遵从以上第 5 款或第 6 款的要求，即构成违法。

8. 一个人根据第 7 款犯罪应会受到以下制裁：

(1) 经简易程序定罪，不超过法定最大额度的罚款，或不超过六个月的监禁（或两者兼而有之）；

(2) 经公诉程序定罪，可罚款，或不超过一年的监禁（或两者兼而有之）。

第一部分 宪法、全国性涉党法律

第 7 条 捐款的收受或返还

1. 按本附件所指，正如 2000 年法案第 56 至 60 条适用于一个注册政党所接受的一笔捐款和注册政党那样，该条款也应适用于：

（1）一个候选人或其选举代理人所接受的一笔相关捐款，以及

（2）候选人或（视情况而定）选举代理人。

2. 在依据第 1 款应用该法案第 56 至 60 条时：

（1）假定凭借附件 6 第 2 条（如果捐款是该附件含义上的可记录的捐款）被要求包括在捐款报告内的对捐赠者的详情的提及被解释为凭借以下第 11 条第（3）项被要求包括在申报单内的详情的提及，则第 56 条第 1 款应具有效力；以及

（2）假定对党的提及被删掉，对党的财务总管的提及被解释为对候选人或（视情况而定）其选举代理人的提及，则第 56 条第 4 款应具有效力。

第 8 条 候选人把接受的捐款转移给选举代理人

1. 以下第 2 款适用于在任命一名选举代理人的最后期限之后（除非在收到捐款时，候选人是，或被视为是他自己的选举代理人）候选人所收到的相关捐款。

2. 候选人应在收到以上第 1 款提及的捐款时立刻转交给其选举代理人：

（1）捐款，

（2）当以上第 6 条第 5 款或第 6 款适用于该捐款时，依照该款向候选人提供信息，以及

（3）根据本附件本部分和第三部分，任何候选人掌握的关于捐款和捐赠者的其他信息，该信息可以合理地被期待有助于选举代理人履行加给他的有关捐款的职责。

3. 当一笔捐款依据以上第 2 款移交给选举代理人时，按以上第 6 条第 1 至 4 款所指，捐款应被处理并且在假定属于以下情况下，以上第 7 条的规定适用：

（1）最初由选举代理人接收，

（2）由选举代理人在候选人接收捐款之日接收。

4. 当一位候选人在任命一名选举代理人的最后期限之前收到一笔相关捐款，但任命一人（除候选人本人之外）为选举代理人已经生效时，他应做以下选择：

（1）立刻把捐款和以上第2款第（2）项和第（3）项中提及的信息交给代理人，或

（2）（如果他未这样做）依据2000年法案第56条处理该捐款。

5. 正如以上第3款对依据以上第2款移交给选举代理人的一笔捐款具有效力那样，涉及依据以上第4款第（1）项把任何相关捐款交给一位选举代理人时，以上第3款也应具有效力。

6. 当出现以下情况，以下第7款适用：

（1）在任命一名选举代理人的最后期限之前一位候选人所收到一笔相关捐款已经由该候选人依据2000年法案第56条加以处理，由于以下任一原因：

（a）在候选人收到相关捐款时，任命其他人为其选举代理人还未生效，或

（b）尽管任命其他人为其选举代理人已生效，但该候选人凭借第4款第（2）项被要求处理该笔捐款；以及

（2）任命一人（除候选人本人之外）为其选举代理人已生效，在以下时间点之后：

（a）任命一人为其选举代理人的最后期限，或

（b）如果更晚，该候选人依据2000年法案第56条处理该笔捐款时。

7. 从属于以下第9款，候选人应尽快在合理可行的时间内，在相关时间之后，交给选举代理人：

（1）捐款（如果他收到捐款的话），以及

（2）根据本附件第三部分，任何候选人掌握的关于捐款和捐赠者的其他信息，该信息可以合理地被期待有助于选举代理人履行加给他的有关捐款的职责。

8. 按以上第 7 款所指，相关时间是：

（1）如果任命其他人为选举代理人在第 6 款第（2）(a) 或 (b) 目（视情况而定）所提及的时间生效，该时间，或

（2）要不然任何这样的任命生效之后。

9. 以上第 7 款第（1）项加给候选人的责任不适用于候选人为支付选举费用所合法使用的任何相关捐款。

10. 本条中：

（1）任何对任命一名选举代理人的最后期限的提及就是对最迟时间的提及，在该时间之前，一名选举代理人可以依据本法第 67 条第 1 款或第 1A 款被命名为选举代理人：

（a）由候选人，或

（b）在普通选举中，属于列在由一个注册政党提交的伦敦市议会的伦敦议员候选人名单上的一位候选人的情况下，由该党；以及

（2）任何对 2000 年法案第 56 条规定的提及就是对以上第 7 条适用的规定的提及。

第 9 条　逃避捐款限制

1. 按本附件所指，2000 年法案第 61 条应具有效力，假定：

（1）对捐款的提及就是对相关捐款的提及；

（2）涉及相关捐款，对一个注册政党的提及就是对一个候选人或（视情况而定）其选举代理人的提及；

（3）涉及相关捐款，第 2 款中对一个注册政党的财务总管的提及就或者是对一个候选人，或者是对其选举代理人的提及（或两者兼而有之）。

第三部分　捐款的报告

第 10 条　相关捐款的说明

一个候选人的选举代理人必须在任何申报单中包含根据本法第 81 条所要求提交的一份遵从以下第 11 条和第 12 条的相关捐款说明。

第 11 条　来自允许的捐赠者的捐款

1. 该说明必须就候选人或其选举代理人收到的每一笔相关捐款记录：

（1）（如果是现金或其他方式的资金捐款）捐款数额或（在其他情况下）捐款类别和依据以上第 5 条确定的捐款价值；

（2）候选人或其选举代理人收到捐款的日期；

（3）涉及给注册政党提供可记录的捐款，凭借 2000 年法案附件 6 第 2 条要求在捐款报告中记录的关于捐赠者的信息；

（4）选举委员会制定的条例中可能要求的其他信息。

第 12 条　来自未得到允许的捐赠者的捐款

1. 本条适用于属于以上第 6 条第 1 款第（1）项或第（2）项的相关捐款。

2. 当第 6 条第 1 款第（1）项适用时，说明必须记录：

（1）捐赠者的姓名和地址；

（2）（如果是现金或其他方式的资金捐款）捐款数额或（在其他情况下）捐款类别和依据以上第 5 条确定的捐款价值；

（3）收到捐款的日期和依据 2000 年法案第 56 条第 2 款第（1）项而处理该笔捐款的日期及方式；以及

（4）选举委员会制定的条例中所要求的其他信息。

3. 当第 6 条第 1 款第（2）项适用时，说明必须记录：

（1）关于提供捐款的方式的细节；

（2）（如果是现金或其他方式的资金捐款）捐款数额或（在其他情况下）捐款类别和依据以上第 5 条确定的捐款价值；

（3）收到捐款的日期和依据 2000 年法案第 56 条第 2 款第（2）项而处理该笔捐款的日期及方式；以及

（4）选举委员会制定的条例中所要求的其他信息。

4. 本条中对 2000 年法案第 56 条任何规定的提及就是对第 7 条适用的规定的提及。"

第一部分 宪法、全国性涉党法律

附件17 涉及选举呈请的修正

第1条 引言

1983年人民代表法[1983 c.2]应作如下修正。

第2条 地方选举呈请

在第130条中（负责英格兰和威尔士选举事务的选举法院和审理地），涉及第2款第（2）项（取消构成选举法院的人员的资格），从"地区"一词之后替代为"他居住的地区"。

第3条 所有选举呈请的程序

1. 第137条应替代为：

"第137条 审议中的呈请

1. 正如以下第2款所定义的那样，呈请应从相关时间开始进行审议。

2. 在本条中，'相关时间'指：

（1）当上诉人通过存储所要求的相等数额的治安费而交纳以上第136条所要求的治安费用时，在治安被提供时；以及

（2）在任何其他情况下，在以下时刻：

（a）根据以上第136条第4款规定的提出反对的时间到期，或

（b）如果提出反对，该反对不被允许或被取消，发生更迟的那一项。"

2. 第1款作出的修正对涉及苏格兰地方政府选举的选举呈请无效。

第4条

在第138条第1款（呈请清单）中，从"一份副本"一词开始应被删去。

第5条

1. 第148至153条（呈请的收回或终止）应删除。

2. 第1款的撤销对涉及苏格兰地方政府选举的选举呈请无效。

第6条

在第157条（上诉和审判权）中，第5款（对指定的专业人士的额外

报酬）应被删除。

第7条

由选举法院发现的腐败或非法实践所产生的后果

在第159条（被报告犯有腐败或非法实践罪的候选人）中：

（1）第2款应被删除，以及

（2）第3款应被替代为：

"3. 参加苏格兰地方政府选举的候选人，被报告亲自或由其代理人犯有腐败或非法行为罪，从报告之日起，也不能使用苏格兰地方政府的议员办公室：

（1）如果被报告亲自犯有舞弊行为罪，十年，或

（2）如果被报告由其代理人犯有舞弊行为罪，三年，或

（3）在候选人被推选进行服务期间或已经当选任职期间，如果被报告亲自或由其代理人犯有非法行为罪，如果在报告之日他使用任何这样的办公室，那么从该日起办公室应被清空。"

第8条

在第160条（候选人或其他人被报告亲自犯有舞弊行为或非法行为罪）中，第4款和第5款应替代为：

"4. 从属于第4A款和以下第174条的规定，一名候选人或其他人被一个选举法院报告亲自犯有舞弊或非法行为罪：

（1）应在以下第5款指定的相关时期期间，不能：

（a）注册为选民或在联合王国的任何议会选举中，或在大不列颠任何地方政府选举中投票，

（b）被选进下院，或

（c）占有任何选举办公室；以及

（2）如果已经当选下院的一个席位，或占有任何这样的办公室，应从报告之日起退出该席位或清空该办公室。

4A. 由第4款第（1）（a）目所强制的无行为能力只适用于被报告亲

自犯有根据以上第60条的舞弊行为罪或根据以上第61条的非法行为罪的候选人或其他人。

5. 按以上第4款所指,相关时期始于报告之日,截止于:

(1) 在一个人被报告亲自犯有舞弊行为罪的情况下,起始日之后五年,或

(2) 在一个人被报告亲自犯有非法行为罪的情况下,起始日之后三年。

5A. 从属于第174条的规定,但除由以上第4款所引起的任何无行为能力之外,一名候选人或其他人被一个选举法院报告亲自犯有舞弊行为罪:

(1) 自该报告之日起的五年期间内不能占有苏格兰的公共或司法办公室,以及

(2) 如果已经占有一间办公室,应自该报告之日起清空该办公室。"

第9条

在第166条(舞弊或非法行为的选票被删除)中,在第3款(如果他从属于任何无投票能力,则该人的投票无效)中,"公共办公室"应被替代为"选举办公室或任何苏格兰的公共办公室"。

第10条

在第185条第1款(该法案第三部分的解释)中:

(1) 在"选举费用的声明"的定义之后应插入:

"'选举办公室'指英格兰或威尔士举行地方政府选举的任何办公室";以及

(2) 在"公共办公室"的定义中,"'公共办公室'指任何办公室:"替代为"涉及苏格兰的'公共办公室'指在苏格兰占有的任何办公室"。

附件 18　选举运动及诉讼：多项修正

第 1 条　引言

1983 年人民代表法 [1983 c.2] 应修正如下。

第 2 条　关于选举费用的合同

第 72 条（通过选举代理人的合同）应加以删除。

第 3 条　选举费用的支付

1. 第 73 条（通过选举代理人的费用支付）应修正如下。

2. 第 1 款应替代为：

"1. 从属于以下第 5 款，以下人员不能提供（无论什么类别的）支付：

（1）参加选举的候选人，或

（2）任何其他人，

涉及由或代表候选人所发生的选举费用，除非支付是由或通过候选人的选举代理人提供的。"

3. 在第 2 款中，"并且通过一张收据"应替代为"或通过一张收据"。

4. 第 4 款应加以删除。

5. 第 5 款应替代为：

"5. 本条不适用于：

（1）依据以下第 74 条第 1 款或 1B 款，第 78 条第 5 款或第 79 条第 2 款，由候选人支付的任何费用；

（2）依据以下第 74 条第 3 款，如该款所提及的那样，由被授权者支付的任何费用；

（3）任何包含在一项选举代理人根据以下第 74A 条作出的声明中的费用；或

（4）凭借第 90A 条第 5 款第（2）项，被视为由或代表候选人所发生的费用。"

6. 在第 6 款中：

（1）"任何支付、预付或付保证金"应替代为"（无论任何种类的）任何支付"；以及

（2）从"，或支付"到"如以上提及的"应加以删除。

第 4 条

1. 第 74 条（候选人的个人费用和小费）应修正如下。

2. 旁注应替代为"除由选举代理人之外可以被支付的费用。"

3. 在第 1A 款之后应插入：

"1B. 参加选举的候选人也可以支付由他或代表他所发生的任何选举费用（除属于以上第 1 款的费用之外），并且要在他任命（或被视为已经任命）一名选举代理人之日之前支付该选举费用。"

4. 在第 2 款中，"如以上提及的所支付的个人费用"应替代为"在以上第 1 款或第 1B 款提及的所支付的费用"。

5. 在第 4 款之后应插入：

"5. 以下第 78 条和 79 条不适用于依据本条的任何规定，除由候选人的选举代理人之外所支付的费用。"

第 5 条

在第 74 条之后应插入：

"74A. 除选举用途之外所发生的费用

1. 无论是以上第 73 条，还是以下第 78 条和第 79 条都不适用于以下的选举费用：

（1）由或代表候选人所发生的，除候选人的选举用途之外的费用，但是

（2）由于为候选人的选举用途而发生使用资产、服务或设施的原因，该选举费用凭借以下第 90A 条第 1 款被视为选举费用。

2. 候选人的选举代理人应就属于以上第 1 款（依据以下第 90B 条确定）的选举费用的数额做出声明。

3. 在本条中,'为候选人的选举用途'与以下第 90A 条至第 90C 条具有同样的含义。"

第 6 条

1. 第 78 条(提交时间和支付所要求的资金)应修正如下。

2. 在第 1 款和第 2 款中,只要出现"之内"的地方都应替代为"不迟于"。

第 7 条 选举费用申报单

1. 第 81 条(关于选举费用的申报单)应修正如下。

2. 在第 1 款中,从"按这样的格式"开始应替代为"包含涉及该候选人:

(1) 由或代表该候选人所发生的全部选举费用的声明;以及

(2) 由选举代理人作出的全部支付的声明并附上支付的全部账单或收据。"

3. 第 2 款应替代为:

"2. 根据本条的申报单必须:

(1) 指明该选举投票,由于该选举投票而被要求提交此申报单;

(2) 指明与申报单有关的候选人的姓名和候选人的选举代理人的姓名;以及

(3) 依照分开的标题处理任何费用,由以上第 75 条第 2 款所要求的一份申报单要涉及这些费用。"

4. 在第 3 款中:

(1) 第(1)项应替代为:

"(1) 就全部支付作出一项声明:

(a) 由候选人依据以上第 74 条第 1 款或第 1B 款,或

(b) 由任何其他人依据以上第 74 条第 3 款,并附上与任何这样的支付有关的全部账单或收据,该支付是依据第 74 条第 1B 款或第 74 条第 3 款作出的",以及

（2）第（4）项应替代为：

"（4）任何属于由候选人的选举代理人凭借以上第74A条第2款或以下第90C条第2款作出的价值声明；

（4a）费用数额的声明，该费用凭借以下第90A条第5款第（2）项被视为由或代表候选人所发生的选举费用；

（5）向候选人或其选举代理人捐款的说明，该捐款遵从本法附件2A第11条和第12条的要求；以及

（6）如果有的话，由候选人从自己资源中提供为满足由他或代表他所发生的选举费用，该资金数额的说明。"

5. 第4款应加以删除。

6. 在第7款中，从";和"一词起都应删除。

7. 在第10款之后应插入：

"10A. 选举委员会可以通过条例规定申报单的格式，该申报单的格式可以用于制作本条要求的任何（或任何种类的）申报单。"

8. 第11款应加以删除。

第8条

第82条第4款（可以就选举费用在个人面前做出声明）应加以删除。

第9条

在第87条之后应插入：

"第87A条　适当的官员把申报单和声明转交给选举委员会的责任

1. 当适当的官员根据以上第75条、第81条或第82条收到任何申报单或声明时，涉及：

（1）议会选举，或

（2）伦敦市长选举，在收到申报单或声明之后，他应尽快在合理可行的时间内向选举委员会提交一份申报单或声明的副本，并且如果选举委员会要求的话，他还应向选举委员会提交所附文件的副本。

2. 当适当的官员根据以上第75条、第81条或第82条收到任何申报

单或声明时，涉及除以上第 1 款提及的选举之外的任何选举，如果选举委员会要求的话，他应向选举委员会提交一份申报单和任何所附文件的副本。"

第 10 条

第 89 条第 1 款（申报单和声明的检查）应替代为：

"1. 当适当的官员根据以上第 75 条、第 81 条或第 82 条收到任何申报单或声明时，他应：

（1）在收到申报单或声明之后，尽快在合理可行的时间内制作一份该申报单或声明以及任何所附文件的副本，供在他的办公室或他选择的其他方便的地方进行公共检查之用，自他收到申报单之日起持续两年时间；

（2）如果任何个人要求这样做并支付规定的费用，提供给该人申报单或声明以及任何所附文件的副本。

1A. 如果任何这样的申报单包含一份依据以上第 81 条第 3 款第（5）项的捐款说明，该适当的官员应确保根据以上第 1 款第（1）项，该说明的副本可供公共检查，或（视情况而定）根据以上第 1 款第（2）项，在由个人提供捐款的情况下，所提供的说明不包括捐赠者的地址。"

第 11 条

在第 90 条（当没有选举代理人时选举中的选举费用）中：

（1）在第 1 款第（1）项中，"以上第 76 条具有"应替代为"以上第 76 条第 1B 款、以下第 90A 条第 5 款和第 90C 条具有"；

（2）在第 1 款第（2）项中，"以上第 72 至 75 条和第 78 至 89 条"应替代为"以上第 71A 至 75 条和第 78 至 89 条，以及本法附件 2A"；

（3）第 1 款第（3）项应替代为：

"（3）假定在提到本法附件 4 第 3 条时，用第 1 款第（1）至（3）项列出的规定代替，则第 76A 条第 2 款应具有效力"；以及

（4）在第 2 款中，"第 72 至 89 条"应替代为"第 71A 至 89 条"。

第 12 条 选民前往选举投票的便利

第 101 至 105 条（选民前往选举投票的便利）应加以删除。

第 13 条 非法行为、支付、雇用和租用

第 108 条（不被用于委员会房间的建筑物）应加以删除。

第 14 条 第 110 条应替代为：

"第 110 条

出现在选举出版物上的细目

1. 本条适用于任何资料，该资料可以被合理地视为打算在一次选举中促进或赢得候选人的选举（无论是否也可以被视为还打算赢得其他目的）。

2. 本条适用的资料不应被出版，除非：

（1）在资料是或包含以下第 4 款、第 5 款、第 6 款所提及的文件的情况下，该款的要求必须被遵从；或

（2）在是任何其他资料的情况下，凭借根据以下第 7 款的条例，属于该资料要遵从的要求都已遵从。

3. 按以下第 4 至 6 款所指，在任何资料属于以上第 2 款第（1）项时，下列细目是'相关细目'，即：

（1）文件印刷者的姓名和地址；

（2）资料宣传者的姓名和地址；以及

（3）资料作者的姓名和地址（并且他不是宣传者）。

4. 当资料是（或主要是）由单面印刷资料构成的一份文件时，相关细目必须出现在文件的封面。

5. 当资料是不同于以上第 4 款适用的一份印刷文件时，相关细目必须出现在第一页或最后一页。

6. 当资料是包含在报纸或期刊内的广告时：

（1）报纸或期刊印刷者的名字和地址必须出现在第一页或最后一页；以及

（2）以上第 3 款第（2）项和第（3）项所指定的相关细目必须包含在广告中。

7. 国务大臣可以在咨询选举委员会之后通过条例规定强制性要求，属

于以上第 2 款第（2）项的资料要包含下列细目，即：

（1）资料宣传者的姓名和地址；以及

（2）资料作者的姓名和地址（并且他不是宣传者）。

8. 根据以上第 7 款的条例可以特别指定：

（1）为遵从这些要求起见，这些细目必须包含在资料中的方式和格式；

（2）有些情况下：

（a）条例中指定类型的人不必遵从这些要求，或

（b）根据本条，在选举委员会看来，指定类型的人违反这些要求不导致该人或其他类型的人违法；

（3）按条例所指，有些情况下，资料被视为或不被视为即将或（视情况而定）已经由一个指定类型的人发布。

9. 在全民公投时期，属于以上第 2 款第（1）项的资料被违反第 2 款而发布时，则（从属于以下第 11 款和第 12 款）：

（1）资料的宣传者，

（2）经手发布资料的其他人，

（3）文件的印刷者，

应构成违法并按简易程序定罪会判不超过标准等级五级的罚款。

10. 在全民公投时期，属于第 2 款第（2）项的资料被违反第 2 款而发布时，则［从属于凭借第 8 款第（2）项而制定的条例和以下第 11 款和第 12 款］：

（1）资料的宣传者，

（2）经手发布资料的其他人，

应构成违法并按简易程序定罪会判不超过标准等级五级的罚款。

11. 应由根据本条被指控犯罪者进行辩护，以证明：

（1）违反第 2 款源于其无法掌控的情况；以及

（2）他采取了一切合理的步骤，尽到一切所应尽的努力以确保不会出现违反该条款的情况。

12. 当一名候选人或其选举代理人（除本款之外）根据以上第 9 款或第 10 款犯罪时，他应犯非法行为罪。

13. 本条中：

'印刷'指无论以什么方式进行的印刷，并且'印刷者'应做相应的解释；

涉及属于本条适用的资料的'宣传者'指使资料得以发布者；

'发布'指无论以什么方式和方法使最广大的公众，或公共部门知悉。

14. 为确定任何资料是否是以上第 1 款提及的资料，没有明确提及候选人的姓名并不重要。"

第 15 条　选举费用

在第 118 条（第二部分的解释）中：

（1）"选举费用"的定义应替代为：

"涉及一次选举的'选举费用'应依据以上第 90A 至 90D 条加以解释；"，以及

（2）在"资金"定义中，"以上第 113 条和 114 条"应替代为"以上第 71A 条、第 113 条和 114 条，以及本法附件 2A"。

第 16 条

在附件 3 中：

（1）申报单的格式，以及

（2）在声明的格式中：

(a) 在第 3 条中，"有关我的（候选人的）个人费用"一词，以及

(b) 第 4 条，应加以删除。

第 17 条

在附件 4（与某些地方选举有关的选举费用）第 3 条中，"和收据"应替代为"或通过收据"。

第 18 条　司法和程序

1. 下列条款应加以删除：

（1）第78条第6款；

（2）第79条第3款；

（3）第86条第9款；

（4）第106条第8款；

（5）第122条第8款；

（6）第167条第4款；

（7）第174条第6款。

2. 第78条第7款应替代为：

"7. 在附件4（在英格兰和威尔士的某些地方选举中的选举费用）中，在第4条第3款（对凡未转交申报单和声明的现任者和投票的惩罚）中，'一张传票或其他程序'替代为'合法程序'。"

附件19 对由公司提供的政治捐款的管理：1985年公司法新加的第10A部分

"第10A部分 政治捐款的管理

第347A条 介绍性条款

1. 本部分对以下事务的管理具有效力：

（1）公司向注册政党和其他欧盟政治组织的捐助物和其他捐款；以及

（2）由公司所发生的欧盟政治开支。

2. 按本部分所指，下列条款具有效力，但第4款和第7款的有效性从属于第347B条。

3. '董事'包括影子董事。

4. 涉及向一个组织的'捐款'，指按2000年政党、选举及全民公投法所指，依据该法第50至52条（在该条款中对注册政党的提及被理解为同样地适用于不是政党的一个组织），构成一笔捐款的任何东西；并且：

（1）正如该法第50条第3至8款适用于确定任何东西按该法第四部分所指，是否是给予注册政党的捐款那样，该条款经任何必要的修改应适

用于确定任何东西按该法所指,是否是给予一个组织的捐款;以及

(2)该法第53条应同样地适用于确定按本部分所指的任何捐款的数额。

5. 涉及一个公司的'欧盟政治开支'指由公司发生的任何开支:

(1)涉及任何广告或任何其他推广或宣传资料的编制、出品或传播:

(a)无论什么种类,以及

(b)不过,已出版的或已传播的,在出版或传播时,能够合理地被视为打算影响公众对任何欧盟政治组织的支持,或

(2)涉及任何如第7款第(2)项或第(3)项提及的公司方面的活动。

6. '欧盟政治组织'指:

(1)一个注册政党;或

(2)任何第7款适用的其他政治组织。

7. 本款适用于一个组织,如果:

(1)它是一个政党,该党为使党或关于参与在联合王国之外的一个成员国举行的公共职位的选举而坚持或建议坚持活动;

(2)它坚持或建议坚持活动,该活动能被合理地视为打算影响公众的支持,对:

(a)任何注册政党,

(b)在第(1)项范围内的任何其他政党,或

(c)在第(1)项提及的选举中的那种独立候选人;或

(3)它坚持或建议坚持活动,该活动能被合理地视为打算影响根据任何成员国法律举行的全国性的或地区性的全民公投的选民。

8. '组织'包括任何法人团体,以及法人或其他非法人社团的任意组合。

9. 指根据2000年政党、选举及全民公投法第二部分注册的一个政党。

10. 涉及由一个公司或子公司提供的任何捐款或发生的任何开支的'相关时间'指:

（1）提供捐款或发生开支的时间；或

（2）如果更早一点的话，由公司或企业开始参加合同的时间，依据该合同而提供捐款或发生开支。

11.'子公司'与第七部分具有相同的含义。

第 347B 条　豁免

1. 第347A 条第 4 款不延伸至向一个欧盟行业协会支付的协会会员的会费，并且相应地按本部分所指，这样的支付不是对协会的捐款。

2. 在第 1 款中：

'欧盟行业协会'指为推进以下人员的贸易利益而形成的任何组织：

（1）其成员的，或

（2）由其成员所代表的法人的，该组织坚持全部或主要在一个或更多的成员国进行活动；涉及一个行业协会的'会费'不包括为协会的特定活动而向协会付款。

3. 第 347A 条第 7 款不适用于任何由一个或两个议院的议员组成的（或由议员和其他人组成的）所有的党的议会党团，并且相应地按本部分所指，任何这样的议会党团都不是一个欧盟的政治组织。

4. 按本部分所指：

（1）一个公司不需要如第 347C 条第 1 款或第 347D 条第 2 款或第 3 款提及的那样被授权，以及

（2）一个子公司不需要如第 347E 条第 2 款提及的那样被授权，关于在一个特别限定的时期向任何欧盟的政治组织提供捐款，除了（如果有的话）限于在该时期的捐款数额或总额超过五千英镑之外。

5. 由第 347C 条第 1 款、第 347D 条第 2 款和第 3 款，以及第 347E 条第 2 款所强制实施的限制，在从属于第 4 款的情况下，相应地具有效力；并且当为该条款的目的而已经通过一项决定时，关于决定的任何捐款额，凭借第 4 款，不需要授权相应地不应包括决定中指定的数额。

6. 在第 4 款中，'限定时期'指：

（1）十二个月的时期，始于公司的相关日期或（在是一个子公司的情

况下)母公司的相关日期;以及

(2)每个相关日期随后的十二个月的时期。

7. 按第6款所指,一个公司的'相关日期'是:

(1)如果公司每年一次的全体大会在十二个月的时期内在本条生效后的日期开始举行,该会议日;以及

(2)紧接着该时期结束后的那一日。

8. 按本部分所指:

(1)正如第347C条第1款或第347D条第2款或第3款所提及的那样,一个公司不需要被授权,以及

(2)正如第347E条第2款所提及的那样,一个子公司不需要被授权,关于欧盟政治开支,涉及该政治开支,凭借国务大臣通过法定文书制定的一项政令、一项豁免被授权给一个公司或(视情况而定)子公司。

9. 由第347C条第1款、第347D条第2款和第3款,以及第347E条第2款所强制实施的限制,在从属于第8款的情况下,相应地具有效力;并且当为该条款的目的而已经通过一项决定时,关于决定的任何捐款额,凭借第8款,不需要授权相应地不应包括决定中指定的数额。

10. 按第8款所指,根据第8款的一项政令可以授权一项豁免,涉及:

(1)政令中指定的任何类型或类别的公司或子公司,或

(2)政令中指定的任何类型或类别的开支(不管是所提及的产品、服务,还是其他事务,涉及于此发生了开支),或两者兼而有之。

11. 除非包含政令的一项法定文书草案已经提交给议会两院并得到批准,否则不应根据第8款而制定一项政令。

第347C条 禁止公司的捐款和政治开支

1. 一个公司不准:

(1)向任何注册政党或任何其他欧盟政治组织提供任何捐款,或

(2)发生任何欧盟政治开支,除非捐款和开支凭借一项在相关时间之前由公司全体大会通过的批准决定而得到授权。

本款在从属于第347D条第3款的情况下具有效力。

2. 按本条所指，一项批准决定是一项获取资格的决定，该决定授权该公司做以下任一（或两方面的）事情，即：

（1）向欧盟政治组织提供捐款，总额不超过指定的金额，或

（2）发生欧盟政治开支，总额不超过指定的金额，自决定之日起的必要时期期间。

3. 在第2款中：

（1）'获取资格的决定'指一项普通的决定或，如果董事们这样决定或条款这样要求：

（a）一项特殊决定，或

（b）由任何大于普通决定所要求的成员比例所通过的一项决定；

（2）'必要时期'指四年或如董事们可以决定的或条款可以要求的更短的时期；

并且按以上第（1）项或第（2）项所指，除了任何条款的规定起作用以防止董事们这样做之外，董事们可以做出决定。

4. 该决定必须在遵从第2款的情况下按总费用进行表达，并且不可以声称给予特别捐款或开支的授权。

5. 当一个公司在违反第1款的情况下提供任何捐款或发生任何开支时，公司可以不批准或给予其他方式的不认可，或者公司成员在相关时间后能够起作用，使该违背行为无效。

6. 除了做本条授予的事情之外，本条中的任何内容不能使一个公司被授权去做法律上不允许做的任何事情。

第347D条 对子公司的特殊规则

1. 本条适用于一家公司，该公司是另一家公司（'控股公司'）的子公司。

2. 当子公司不是控股公司的全资子公司时：

（1）不准提供第347C条第1款适用的捐款或发生该款适用的开支，除非在相关时间之前，凭借由控股公司在全体大会上通过的一项子公司的批准决定，捐款或开支得到授权；以及

（2）另外，此要求适用于该条款所强制实施的禁止捐款和发生政治开支。

3. 当子公司是控股公司的全资子公司时：

（1）不准提供第347C条第1款适用的捐款或发生该款适用的开支，除非在相关时间之前，凭借由控股公司在全体大会上通过的一项子公司的批准决定，捐款或开支得到授权；以及

（2）替代该条款所强制实施的禁止捐款和发生政治开支，本要求适用。

4. 按本条所指，一个子公司的批准决定是控股公司的一个获取资格的决定，该决定授权子公司做以下任一（或两方面的）事情，即：

（1）向欧盟政治组织提供捐款，总额不超过指定的金额，或

（2）发生欧盟政治开支，总额不超过指定的金额，自决定之日起的必要时期内。

5. 正如按第347C条第2款所指该条第3款适用那样，按以上第4款所指，第347C条第3款也应适用。

6. 该决定必须在符合第4款的情况下按总费用加以表示，并且不可以声称给予特别捐款或开支的授权。

7. 该决定不可以涉及一个以上的子公司的捐款或开支。

8. 当一个子公司在违反第2款或第3款的情况下提供任何捐款或发生任何开支时，控股公司可以不批准或给予其他方式的不认可，或者公司成员在相关时间后能够起作用，使该违背行为无效。

9. 除了做本条授予的事情之外，本条中的任何内容不能使一个公司被授权去做法律上不允许做的任何事情。

第347E条　对在大不列颠以外拥有子公司的母公司的特殊规则

1. 本条适用于一个公司（'母公司'）拥有子公司，该子公司是在大不列颠以外地区被合并或成立的。

2. 母公司应合理地采取一切可能的步骤以确保，除了在相关时间之前凭借由母公司在全体大会上通过的一项子公司的批准决定，捐款或开支得

到一定程度的授权之外，不准提供第347C条第1款适用的捐款或发生该款适用的开支。

3. 按本条所指，一个子公司的批准决定是母公司的一个获取资格的决定，该决定授权子公司做以下任一（或两方面的）事情，即：

（1）向欧盟政治组织提供捐款，总额不超过指定的金额，或

（2）发生欧盟政治开支，总额不超过指定的金额，自决定之日起的必要时期内。

4. 正如按第347C条第2款所指该条第3款适用那样，按以上第3款所指，第347C条第3款也应适用。

5. 该决定必须在遵从第3款的情况下按总费用进行表达，并且不可以声称给予特别捐款或开支的授权。

6. 该决定不可以涉及一个以上的子公司的捐款或开支。

7. 当一个子公司在不经第2款提及的任何程度的授权的情况下提供任何捐款或发生任何开支时，母公司可以不批准或给予其他方式的不认可，或者公司成员在相关时间后能够起作用，授权该笔捐款或开支。

第347F条　对违反公司捐款等禁令的补救

1. 本条适用于一个公司在违反第347C条和第347D条的任何规定的情况下已经提供捐款和发生开支。

2. 每一位在相关时间任公司董事的人可能会支付公司：

（1）违反有关规定而提供捐款或发生开支的数额；以及

（2）费用，涉及作为违反那些规定而提供捐款或发生开支的后果，公司所承担的任何损失或费用。

3. 每一位董事还可能按第2款第（1）项中提及的数额在以下时期支付给公司利息：

（1）始于提供捐款或发生开支之日，以及

（2）截止于任何董事向公司支付该笔数额之日，并且这笔利息应按国务大臣通过条例规定的利息率支付。

4. 当两个或更多的人同属于凭借本条的任何规定而引起的一项特定的

债务时，每一个人负有共同和各自的债务责任。

5. 当只有一部分已经提供的捐款和发生的开支违反第347C条和第347D条的任何规定的情况下，本条只适用于违反规定的那部分的捐款和开支。

6. 当：

（1）本条适用于第1款提及的捐款和开支时，以及

（2）有关公司是另一家公司（'控股公司'）的子公司时，那么（从属于第7款），涉及子公司提供的捐款和发生的开支，正如第2至5款适用于子公司那样，该条款也应适用于控股公司。

7. 第2至5款不适用于控股公司，如果：

（1）子公司不是控股公司的全资子公司；以及

（2）正如第347D条第2款第（1）项提及的那样，该捐款或开支经控股公司的一项决定而被授权。

8. 第727条应不适用于根据本条引起的个人的债务。

第347G条　对大不列颠以外地区的子公司未经授权的捐款或开支的补救

1. 当出现以下情况时本条适用：

（1）一家公司（'母公司'）拥有属于第347E条第1款的一家子公司；

（2）子公司已经提供第347C条第1款适用的捐款或发生该条款适用的开支；以及

（3）涉及该笔捐款或开支，母公司未能履行根据第347E条第2款的职责，如在该款中提及的那样，采取一切步骤。

2. 涉及子公司提供的捐款或发生的开支，第347F条第2至4款应适用于控股公司，假定：

（1）子公司是属于该条第1款的一家公司，以及

（2）子公司在违反第347C条和第347D条的任何规定的情况下已经提供捐款和发生开支。

3. 当只有一部分已经提供的捐款和发生的开支没有按第 347E 条第 2 款提及的经授权的情况下，那些条款只适用于未授权的那部分的捐款和开支。

4. 凭借本条，第 347F 条第 8 款适用于任何根据第 347F 条而引起的个人债务。

第 347H 条　在未经授权的捐款或开支方面董事的债务的豁免

1. 关于公司提供捐款或发生开支问题，当就根据第 347F 条第 2 款第（1）项而引发的债务，向一名公司董事或前公司董事提起诉讼时，应由该董事作为辩方以显示：

（1）未经授权的数额，连同根据第 347F 条第 3 款该数额应支付的利息已经偿还给公司；

（2）该偿还已得到公司全体大会的批准；以及

（3）在提交给公司全体大会的相关决定的通知中，已经公开：

（a）违反第 347C 条或第 347D 条而提供捐款或发生开支的情况，以及

（b）人员偿还的情况。

2. 关于一家子公司提供捐款或发生开支问题，当就根据第 347F 条第 2 款第（1）项而引发的债务，向一名控股公司董事或前公司董事提起诉讼时，应由该董事作为辩方以显示：

（1）未经授权的数额，连同根据第 347F 条第 3 款该数额应支付的利息已经或者偿还给子公司，或者偿还给控股公司；

（2）该偿还已得到批准：

（a）（如果偿还给子公司）由子公司和控股公司全体大会，或

（b）（如果偿还给控股公司）由控股公司全体大会；以及

（3）在提交给每一个全体大会或（视情况而定）该全体大会的相关决定的通知中，已经公开：

（a）违反第 347D 条而提供捐款或发生开支的情况，以及

（b）人员偿还的情况。

3. 如果子公司是控股公司的全资子公司，按第 2 款所指，没必要显示

（当偿还给子公司时），偿还已经由子公司批准，并且该款第（2）项和第（3）项应相应地适用。

4. 关于一家不是全资子公司提供捐款或发生开支问题，当就根据第347F条第2款第（1）项而引发的债务，向一名控股公司董事或前公司董事提起诉讼时，那么（从属于第5款），应由该董事作为辩方以显示：

（1）子公司已就未授权的数额向所有或任何一个董事提起诉讼；以及

（2）子公司以适当的勤勉正在进行那些诉讼。

5. 除了得到法庭的许可之外，一个人不可以利用第4款所提供的辩护机会；并且在根据本款申请获得许可时，法庭可以做出他们认为适当的指令，包括暂停指令，或按他们认为适当的费用和条件，批准针对申请人的诉讼的继续。

6. 关于一家子公司提供捐款或发生开支问题，当就根据第347F条第2款第（1）项（凭借第347G条而适用）而引发的债务，向一名公司董事或前公司董事提起诉讼时，应由该董事作为辩方以显示：

（1）未经授权的数额，连同根据第347F条第3款（正如所适用的那样）该数额应支付的利息已经偿还给子公司；

（2）该偿还已得到公司全体大会批准；

（3）在提交给该全体大会的相关决定的通知中，已经公开：

（a）第347E条第2款提及的未经授权而提供捐款或发生开支的情况，以及

（b）人员偿还的情况。

7. 在本条中，涉及任何捐款或开支的"未经授权的数额"指捐款或开支的数额：

（1）该数额是违反第347C条或第347D条而提供捐款或发生开支的数额，或

（2）该数额是第347E条第2款提及的未经授权的数额，视情况而定。

第347I条　通过股东行动强化董事的责任

1. 根据第347F条或第347G条，任何人作为一名公司董事或前董事的

法律责任（除了公司提起诉讼而得到强化之外）通过由一家公司成员中被授权的小组根据本条以公司的名义提起诉讼而得到强化。

2. 按本部分所指，涉及公司成员的'被授权的小组'指如在第 54 条第 2 款第（1）项、第（2）项或第（3）项中指定的成员的任意组合。

3. 一个公司成员的被授权小组不可以根据本条提起诉讼，除非：

（1）该小组给公司写出通知，陈述：

（a）该行动的原因和事实概要，诉讼以该事实作为基础，

（b）包含该小组的公司成员的姓名和地址，以及

（c）在此依据的基础上宣称那些成员构成一个被授权的小组；以及

（2）在给公司提交通知之日和提起诉讼之间要留出不少于二十八天的时间。

4. 当这样的通知提交给公司时，任何董事可以在自提交通知之日起的二十八天之内向法院申请一项指令，指示不提起所建议的诉讼。

5. 根据第 4 款的申请可以以下列依据之一或一个以上的依据为根据：

（1）该笔在第 347H 条含义上的未经授权的数额已经如该条（视情况而定）第 1 款、第 2 款、第 4 款或第 6 款提及的那样偿还给公司或子公司并且该款提及的其他涉及偿还的条件已经给予满足；

（2）公司已经提起强化该法律责任的诉讼并且以公司适当的勤勉该诉讼正在进行中；

（3）建议根据本条提起诉讼的该成员不构成一个被授权的小组。

6. 当这样的一份申请以第 5 款第（2）项提及的依据为根据提出时，法院可以做出他们认为适当的指令；并且作为对根据本条所建议的诉讼不予起诉的指示的其他选择，这样的指令可以指示：

（1）该诉讼可以按法院认为适当的费用和条件提起诉讼；

（2）由公司提起的诉讼不再继续；

（3）由公司提起的诉讼可以按法院认为适当的费用和条件继续。

7. 如果一家公司成员的被授权的小组根据本条提起诉讼，如果公司本身正在提起诉讼，则该小组像公司董事们一样对代表公司提起诉讼一事对

公司负有同样的责任；但是除经法院许可之外，不应由公司为强化凭借本款所应负有的任何责任而提起诉讼。

8. 除经法院许可之外，根据本条提起的诉讼不可以由该小组停止或解决；并且法院可以按他们认为适当的费用根据本款批准该许可。

第 347J 条　股东行动的费用

1. 本条适用于由一家公司成员中被授权的小组（'小组'）根据第 347I 条提起的诉讼。

2. 该小组可以向法院申请一项指令，指示公司补偿该小组诉讼时所发生和即将发生的费用；并且根据这样一份申请，法院可以按他们认为合适的费用制定这样的一项指令。

3. 除凭借这样的一项指令之外，该小组不应被给予资格从公司资产中被支付任何这样的费用。

4. 如果：

（1）公司被给予诉讼费用或人们同意诉讼时公司所发生的费用应由被告支付，以及

（2）还没有根据第 2 款而制定出涉及该诉讼的指令，费用应被支付给该小组。

5. 如果：

（1）任何被告被给予诉讼费用或人们同意，任何被告应被支付诉讼时他所发生的费用，以及

（2）还没有根据第 2 款而制定出涉及该诉讼的指令，费用应由该小组支付。

6. 在本条应用于苏格兰时，对成本费用的提及就是对费用的提及并且对任何被告的提及就是对辩护人的提及。

第 347K 条　为股东行动而提供信息

1. 当一个被授权的小组根据第 347I 条已经在该条的意义上提起任何诉讼时，该小组有权要求公司给该小组提供全部公司所掌握的，或公司控

制的，或公司合理地得到的涉及诉讼专题事务的信息。

2. 在该小组已经要求提供第 1 款提到的信息后，如果公司拒绝给该小组提供全部或任何信息，法院可以根据该小组的一项申请制定一项指令，指示：

（1）该公司，以及

（2）申请中指定的任何公司官员雇员，按法院可以指示的方式和方法给该小组提供有关信息。"

附件 20　处　罚

创建罪行规定	处罚
第 24 条第 8 款（"在判有某些罪行时注册为司库"）	循简易程序定罪：五级
第 39 条（"错误说明"）	循简易程序定罪：五级
第 43 条第 7 款（"未提交审计师辞职等的说明"）	循简易程序定罪：法定最高级或六个月的监禁 循公诉程序定罪：罚款或一年监禁
第 44 条第 4 款（"向审计师做出错误说明"）	循简易程序定罪：法定最高级或六个月的监禁 循公诉程序定罪：罚款或一年监禁
第 47 条第 1 款第（1）项（"未提交适当的账目说明"）	循简易程序定罪：五级
第 47 条第 1 款第（2）项（"未在限定时间内提交账目"）	循简易程序定罪：五级
第 54 条第 7 款（"未提供捐赠者的信息"）	循简易程序定罪：法定最高级或六个月的监禁 循公诉程序定罪：罚款或一年监禁
第 56 条第 3 款或第 4 款（"未返还捐款"）	循简易程序定罪：法定最高级或六个月的监禁 循公诉程序定罪：罚款或一年监禁
第 61 条第 1 款（"给未得到允许的捐赠者进行捐款提供便利"）	循简易程序定罪：法定最高级或六个月的监禁 循公诉程序定罪：罚款或一年监禁
第 61 条第 2 款第（1）项（"有意给财务总管提供捐款的错误信息"）	循简易程序定罪：法定最高级或六个月的监禁 循公诉程序定罪：罚款或一年监禁

(续表)

创建罪行规定	处罚
第61条第2款第（2）项（"带着欺骗的企图不给财务总管提供捐款信息"）	循简易程序定罪：法定最高级或六个月的监禁 循公诉程序定罪：罚款或一年监禁
第65条第3款（"未在限定时间内向选举委员会提交捐款报告"）	循简易程序定罪：五级
第65条第4款（"未遵从在捐款报告中记录捐款的要求"）	循简易程序定罪：法定最高级或六个月的监禁 循公诉程序定罪：罚款或一年监禁
第66条第5款（"就捐款报告做出错误声明"）	循简易程序定罪：法定最高级或六个月的监禁 循公诉程序定罪：罚款或一年监禁
第68条第5款（"未报告多笔小额捐款；关于这些捐款的错误声明"）	循简易程序定罪：法定最高级或六个月的监禁 循公诉程序定罪：罚款或一年监禁
第73条第8款（"关于资产价值等做出错误声明"）	循简易程序定罪：法定最高级或六个月的监禁 循公诉程序定罪：罚款或一年监禁
第74条第4款（"接受不合格者担任副财务总管职位"）	循简易程序定罪：五级
第75条第2款（"未经授权发生竞选开支"）	循循简易程序定罪：五级
第76条第4款第（1）项（"未经授权支付竞选开支"）	循循简易程序定罪：五级
第76条第4款第（2）项（"未通知财务总管已支付竞选开支"）	循循简易程序定罪：五级
第77条第3款第（1）项（"未遵从程序支付竞选开支的要求"）	循循简易程序定罪：五级
第77条第3款第（2）项（"在指定时间段之外支付竞选开支的要求"）	循循简易程序定罪：五级
第79条第2款（"超出竞选开支的限额"）	循简易程序定罪：法定最高级 循公诉程序定罪：罚款
第82条第4款第（1）项（"财务总管未向选举委员会提交申报单和审计师的报告"）	循简易程序定罪：五级

（续表）

创建罪行规定	处罚
第82条第4款第（2）项（"未遵从对申报单的要求"）	循简易程序定罪：法定最高级或六个月的监禁 循公诉程序定罪：罚款或一年监禁
第82条第4款第（3）项（"财务总管未向选举委员会提交申报单和法院命令"）	循简易程序定罪：五级
第83条第3款第（1）项（"在提交申报单时向选举委员会做出错误声明"）	循简易程序定罪：法定最高级或六个月的监禁 循公诉程序定罪：罚款或一年监禁
第83条第3款第（2）项（"在向选举委员会提交申报单时未提交签字的声明"）	循简易程序定罪：法定最高级或六个月的监禁 循公诉程序定罪：罚款或一年监禁
第86条第8款（"关于资产价值等做出错误声明"）	循简易程序定罪：法定最高级或六个月的监禁 循公诉程序定罪：罚款或一年监禁
第90条第2款（"未经授权发生管理开支"）	循简易程序定罪：五级
第91条第4款第（1）项（"未经授权支付管理开支"）	循简易程序定罪：五级
第91条第4款第（2）项（"未通知负责人已支付管理开支"）	循简易程序定罪：五级
第92条第3款第（1）项（"未遵从程序支付管理开支的要求"）	循简易程序定罪：五级
第92条第3款第（2）项（"在指定时限之外支付管理开支的要求"）	循简易程序定罪：五级
第94条第2款或第4款（"超出管理开支的限额"）	循简易程序定罪：法定最高级 循公诉程序定罪：罚款
第98条第4款第（1）项（"负责人未向选举委员会提交申报单和审计师的报告"）	循简易程序定罪：五级
第98条第4款第（2）项（"未遵从对申报单的要求"）	循简易程序定罪：法定最高级或六个月的监禁 循公诉程序定罪：罚款或一年监禁

第一部分　宪法、全国性涉党法律

(续表)

创建罪行规定	处罚
第98条第4款第（3）项（"未向选举委员会提交申报单和法院命令"）	循简易程序定罪：五级
第99条第4款第（1）项（"在提交申报单时向选举委员会做出错误声明"）	循简易程序定罪：法定最高级或六个月的监禁 循公诉程序定罪：罚款或一年监禁
第99条第4款第（2）项（"在向选举委员会提交申报单时未提交签字的声明"）	循简易程序定罪：法定最高级或六个月的监禁 循公诉程序定罪：罚款或一年监禁
第112条第8款（"关于资产价值等做出错误声明"）	循简易程序定罪：法定最高级或六个月的监禁 循公诉程序定罪：罚款或一年监禁
第113条第2款（"未经授权发生全民公投费用"）	循简易程序定罪：五级
第114条第4款第（1）项（"未经授权支付全民公投费用"）	循简易程序定罪：五级
第114条第4款第（1）项（"未通知负责人已支付全民公投费用"）	循简易程序定罪：五级
第115条第3款第（1）项（"未遵从程序支付全民公投费用的要求"）	循简易程序定罪：五级
第115条第3款第（2）项（"在指定时限之外支付全民公投费用的要求"）	循简易程序定罪：五级
第117条第2款［（"除允许的参与者之外"）个人超出全民公投限额的费用］	循简易程序定罪：法定最高级或六个月的监禁 循公诉程序定罪：罚款或一年监禁
第117条第3款或第4款［（"除允许的参与者之外"）团体超出全民公投限额的费用］	循简易程序定罪：法定最高级或六个月的监禁 循公诉程序定罪：罚款或一年监禁
第118条第2款（"允许的参与者超出全民公投费用的限额"）	循简易程序定罪：法定最高级 循公诉程序定罪：罚款
第122条第4款第（1）项（"未向选举委员会提交申报单和审计师的报告"）	循简易程序定罪：五级

（续表）

创建罪行规定	处罚
第122条第4款第（2）项（"未遵从对申报单的要求"）	循简易程序定罪：法定最高级或六个月的监禁 循公诉程序定罪：罚款或一年监禁
第122条第4款第（3）项（"未向选举委员会提交申报单和法院命令"）	循简易程序定罪：五级
第123条第4款第（1）项（"在提交申报单时向选举委员会做出错误声明"）	循简易程序定罪：法定最高级或六个月的监禁 循公诉程序定罪：罚款或一年监禁
第123条第4款第（2）项（"在向选举委员会提交申报单时未提交签字的声明"）	循简易程序定罪：法定最高级或六个月的监禁 循公诉程序定罪：罚款或一年监禁
第126条第8款或第9款（"印刷或出版全民公投资料时没有印刷者或出版者的细目"）	循简易程序定罪：五级
第143条第8款或第9款（"印刷或出版选举资料时没有印刷者或出版者的细目"）	循简易程序定罪：五级
第146条第5款（"未遵从监督要求"）	循简易程序定罪：五级
第146条第6款（"故意阻挠个人行使进入权等"）	循简易程序定罪：五级
第148条第1款（"文件等的改动"）	循简易程序定罪：法定最高级或六个月的监禁 循公诉程序定罪：罚款或一年监禁
第148条第2款第（1）项（"未提供相关人的信息"）	循简易程序定罪：五级
第148条第2款第（2）项（"提供相关人的错误信息"）	循简易程序定罪：法定最高级或六个月的监禁 循公诉程序定罪：罚款或一年监禁
第148条第3款（"怀有欺骗的意图而拒绝给予相关人的信息"）	循简易程序定罪：法定最高级或六个月的监禁 循公诉程序定罪：罚款或一年监禁
附件7第6条第5款（"未提供捐赠者的信息"）	循简易程序定罪：法定最高级或六个月的监禁 循公诉程序定罪：罚款或一年监禁

(续表)

创建罪行规定	处罚
附件7第12条第1款("未在限定时间内向选举委员会提交捐款报告")	循简易程序定罪:五级
附件7第12条第2款("在捐款报告中未遵从对记录捐款的要求")	循简易程序定罪:法定最高级或六个月的监禁 循公诉程序定罪:罚款或一年监禁
附件7第13条第4款("对捐款报告做出错误声明")	循简易程序定罪:法定最高级或六个月的监禁 循公诉程序定罪:罚款或一年监禁
附件7第14条第5款("未报告多笔小额捐款;对捐款的错误声明")	循简易程序定罪:法定最高级或六个月的监禁 循公诉程序定罪:罚款或一年监禁
附件11第6条第7款("未提供捐赠者的信息")	循简易程序定罪:法定最高级或六个月的监禁 循公诉程序定罪:罚款或一年监禁
附件15第6条第8款(未提供捐赠者的信息)	循简易程序定罪:法定最高级或六个月的监禁 循公诉程序定罪:罚款或一年监禁

附件21 微小和重大的修正

第1条 1958年公共记录法(c.51)

在1958年公共记录法附件1第3条的结尾处,在图表的第二部分(其记录属于公共记录的机构和组织)中,在适当的地方插入:"选举委员会。"

第2条 1967年议会专员法(c.13)

在1967年议会专员法附件2(受调查的部门等)中,在适当的地方插入:"选举委员会。"

第3条 1975年下议院丧失资格法案(c.24)

在1975年下议院丧失资格法案附件1(取消议员资格的职位)中:

(1)在第二部分(所有议员都被取消资格的机构)中,在适当的地方插入:"选举委员会。";以及

(2)在第三部分(其他取消资格的职位)中,在适当的地方插入:"副选举专员。","选举专员助理。",以及"选举委员会职员"。

第 4 条　1975 年北爱尔兰议会取消资格法案(c.25)

在 1975 年北爱尔兰议会取消资格法案附件 1（取消议员资格的职位）中：

（1）在第二部分（所有议员都被取消资格的机构）中，在适当的地方插入："选举委员会。"；以及

（2）在第三部分（其他取消资格的职位）中，在适当的地方插入："副选举专员。"，"选举专员助理。"，以及"选举委员会职员。"

第 5 条　1978 年欧洲议会选举法(c.10)

1. 1978 年欧洲议会选举法（正如 1999 年欧洲议会选举法[1999 c.1]修正的那样）被修正如下。

2. 在第 3 条第 8 款第（1）项（大不列颠的选举制度："注册政党"的含义）中，把"一个根据 1998 年政党注册法注册的政党"替代为"一个根据 2000 年政党、选举及全民公投法第二部分注册的政党"。

3. 在附件 1 第 2 条第 3A 款第（1）项（欧洲议会选举）中，把"（包括一次大选整体所发生的费用）"替代为"候选人的"。

第 6 条　1983 年人民代表法(c.2)

1. 1983 年人民代表法修正如下。

2. 在第 18 条第 5 款（议会选举中的投票地区和地点）中：

（1）无论哪里出现"国务大臣"都替代为"选举委员会"；以及

（2）把"他认为适当"替代为"他们认为适当"。

3. 在第 29 条（由议会议员选举主持人付款以及付款给议会议员选举主持人）中，第 3 至 9 款替代为：

"3. 在议会选举中，一名议会议员选举主持人应有权找回他实际给予服务的劳务费或实际发生的费用，如果：

（1）该服务或费用是在由选举委员会制定，经财政部同意的条例中所指定的一种服务或费用；以及

（2）该费用是合理的。

4. 根据以上第 3 款的条例可以对所指定种类的服务或费用指定一个最大的可找回的额度，并且从属于以下第 5 款，议会议员选举主持人不可以找回涉及服务或费用的高于该额度的费用。

5. 在特殊情况下，经财政部同意，选举委员会可以授权对指定的服务或费用支付高于指定最大额度的费用，如果满足于以下条件：

（1）对议会议员选举主持人来讲，涉及所提供的服务或所发生的费用是合理的；以及

（2）有关的费用是合理的。

6. 任何根据以上第 3 款指定一种特定种类的服务或费用的最大额度的条例，可以规定在规定的日期或规定的日期之后，正如可以在条例中指定的那样，通过参考这样的公式或其他确定的方法来提高该额度。

7. 任何依据本条可找回的费用额度应由选举委员会根据提交给他们的账目进行支付；但是，如果选举委员会认为合适的话，他们在支付之前可以根据以下第 30 条的规定申请对该账目征税。

8. 当一个地方政府被要求支付的涉及任何人的养老金分摊金，由于根据本条所支付的费用有所提高时，该费用属于作为一名议会议员选举主持人在一次议会选举中的费用的一部分，那么在提交给选举委员会的账目上，选举委员会应支付给该地方政府一笔相等增加额的资金。

9. 在议会议员选举主持人由于其费用而要求预付款时，选举委员会可以按他们认为适当的费用提供这样的一笔预付款。

10. 为了给一名议会议员选举主持人支付费用，关于向选举委员会提交账目的时间、方式和格式问题，选举委员会可以通过条例做出规定。

11. 选举委员会所要求的为根据本条进行支付的数额应向统一基金索取并由统一基金支付。"

4. 在第 47 条第 1 款（"地方选举的设备贷款"）中，把"国务大臣"替代为"选举委员会"。

5. 在第 52 条（"注册责任的履行"）中，在第 1 款之后插入：

"1A. 在保留以上第 1 款的一般性的情况下，根据第 1 款所给予的指导包括要求注册官按指定的格式保存注册簿的指导；并且任何这样的指导可以特别指定：

（1）在该格式下保存注册簿时所使用的软件；

（2）软件被加以保存和升级所依照的标准；

（3）（根据任何成文法）所要求的被包含在注册簿里的信息如何按该格式加以记录和储存。"

6. 在第 175 条（"非法支付等"）中，每当出现"非法支付、雇用或租用"时替代为"非法支付或雇用"。

7. 在第 201 条（条例）中：

（1）在第 1 款中，从"并且除了"到"第 29 条第 8 款"都删除；

（2）在第 2 款中，"第 29 条第 8 款"替代为"第 110 条第 7 款"；

（3）在第 2 款之后插入："2A. 根据以上第 110 条第 7 款的条例应依据议会两院任一院的决定而废止。"；以及

（4）在第 3 款中，在"国务大臣"之后插入"，或选举委员会（在任何条例是由他们制定的情况下）"。

8. 在第 202 条第 1 款（"总定义"）中，"一个根据 1998 年政党注册法注册的政党"替代为"一个根据 2000 年政党、选举及全民公投法第二部分注册的政党"。

9. 在附件 1（"议会选举规则"）中，在第 14 条规则（被提名者声明的公布）的结尾处插入：

"5. 议会议员选举主持人应送交选举委员会：

（1）一份声明的副本；以及

（2）在议会议员选举主持人依据以上第 6A 条规则收到每位被提名的候选人的一份证明的情况下，还有一份证明的副本。"

第7条　1986年人民代表条例(S.I.1986/1081)和1986年(苏格兰)人民代表条例(S.I.1986/1111)

1. 在1986年人民代表条例的第99条和1986年（苏格兰）人民代表条例的第97条（"关于1983年法案中费用规定的更改"）中：

（1）在第1款中，"第29条第3款、第4款、第4A款、第4B款、第5款、第7款和第8款"替代为"第29条第3款、第4款、第5款、第6款、第7款、第9款和第10款"；以及

（2）在第3款中，"国务大臣"替代为"选举委员会"。

2. 第1款所做的修正不应被视为有损于制定条例的权力，以修改或废除已修正的规定。

第8条　1990年广播法(c.42)

在1990年广播法第36条第3款和107条第2款（"政党广播"）中，"从属于1998年政党注册法第14条（'禁止未注册政党的广播'）"替代为"从属于2000年政党、选举及全民公投法第37条（'禁止未注册政党的广播'）"。

第9条　1992年地方政府法(c.19)

1. 1992年地方政府法第13条（英格兰地方政府委员会实施检查的责任）修正如下。

2. 第1款和第1A款（"当被指示这样做时实施检查的责任"）替代为：

"1. 国务大臣可以指示地方政府委员会如指导中所指定的那样或如所指定的一种类型那样，在英格兰实施一项地区检查。

1AA. 根据以上第1款的指导，所涉及的每一个地区，应指定下列哪一种变更，即：

（1）结构性变更，

（2）分界线变更，以及

(3) 选举变更，在对该地区进行检查时，正在被考虑或即将被考虑。

1A. 当国务大臣根据以上第 1 款而给予指导，要求地方政府委员会实施任何检查时，地方政府委员会应依据本部分和根据本部分所给予的指导对所涉及的每一个地区实施检查，并在检查该地区时，在要求考虑的每一种变更的情形下，做出以下任一推荐：

（1）国务大臣应像推荐书中指定的那样做出该种变更；或

（2）他不应做出该种变更。"

3. 在第 1C 款（对第 1A 款和第 1B 款的解释）中：

（1）"第 1A 款和第 1B 款"替代为"第 1B 款"；以及

（2）删除第（2）项和第（2）项之前的"和"字。

4. 删除第 3 款和第 4 款（"定期检查的时间"）。

第 10 条

在该法案第 14 条第 8 款（"可以推荐的变更"）中，"以上第 13 条第 1 款"替代为"以上第 13 条第 1A 款"。

第 11 条　1994 年刑事司法与公共秩序法(c.33)

在 1994 年刑事司法与公共秩序法第 170 条（"政党会议的安全"）中，在第 5 款中的"1998 年政党注册法"替代为"2000 年政党、选举及全民公投法"。

第 12 条　1998 年威尔士政府法(c.38)

1. 1998 年威尔士政府法修正如下。

2. 第 4 条第 8 款（"威尔士国民议会：在普通选举中的投票"）中，"一个根据 1998 年政党注册法注册的政党"替代为"一个根据 2000 年政党、选举及全民公投法第二部分注册的政党"。

3. 在第 11 条第 2 款第（3）项（"做出选举规定的权力"）中，删除"和注册政党"。

4. 在第 34 条之后插入：

"**第 34A 条　对议会党团成员的援助**

1. 正如议会为协助议会党团成员履行其作为议员的职责不时做出决定那样，议会可以支付款项给（或涉及）议会党团成员。

2. 根据本条的一项决定可以规定：

（1）确定款项支付给（或涉及）该党团，

（2）计算给一个党团支付款项的额度，

（3）支付该款项的条件，以及

（4）由负责官员决定根据与议会党团成员有关的决定而产生的问题。

3. 根据本条的决定可以对不同的党团做出不同的规定。

4. 议会不可以根据本条授予做出决定的职责。

5. 根据本条的决定不应被做出，除非一项批准该决定的提案以至少支持该提案的三分之二的议员多数在议会中获得投票通过。

6. 议会的长期自动转账委托必须包括规定公布每一项根据本条的决定。"

第13条　1998年苏格兰法案(c.46)

1. 1998年苏格兰法案修正如下。

2. 在第5条第9款（"大选中的候选人"）中，"1998年政党注册法"替代为"2000年政党、选举及全民公投法第二部分"。

3. 在第12条第2款第（3）项（"制定选举规定的权力"）中，删除"和注册政党"。

第14条　1998年北爱尔兰法案(c.47)

1. 1998年北爱尔兰法案修正如下。

2. 在第18条第13款第（1）项（"北爱尔兰大臣"）中，"一个根据1998年政党注册法注册的政党"替代为"一个根据2000年政党、选举及全民公投法第二部分注册的政党"。

3. 在附件2（例外事务）中，第13条替代为：

"第13条　2000年政党、选举及全民公投法的内容存在第九部分

("公司的政治捐款等")的例外。

本条不包括为资助与这些政党有关的北爱尔兰议会议员履行其议会职责的政党基金。"

第15条 1999年大伦敦机构法(c.29)

在1999年大伦敦机构法第4条第11款("普通选举的投票")中,"一个根据1998年政党注册法注册的政党"替代为"一个根据2000年政党、选举及全民公投法第二部分注册的政党"。

第16条 2000年人民代表法(c.2)

1. 2000年人民代表法第10条修正如下。

2. 在第1款之后插入：

"1A. 第1款适用于由一个相关的地方机构与选举委员会联合提交的属于该款的建议,假定在该款中：

（1）在第（1）项中对任何地方机构的第一次提及,以及

（2）在第（2）（b）目中对该机构的提及,

是对该机构和选举委员会的每一次提及；并且当这些建议不是联合提交的情况下,国务大臣在根据该款制定政令之前必须咨询选举委员会。"

3. 在第5款第（1）项中,在"有关机构"之后插入"选举委员会"。

4. 在第6款中,"有关机构"替代为"选举委员会"。

5. 在第6款之后插入：

"6A. 在咨询有关机构之后应由选举委员会准备该报告；并且当他们可以就报告的准备合理地提出要求时,该机构应向选举委员会提供帮助(报告的准备尤其可以包括由该机构作出安排以查明选民对该计划运作的观点)。"

6. 在第7款中,在"该报告应"之后插入",尤其,"。

7. 第10款替代为：

"10. 一旦选举委员会已经准备好该报告,他们应送交该报告的副本：

（1）给国务大臣,以及

(2) 有关机构，并且该机构应按他们认为适当的方式自有关选举结果宣布之日起的三个月期限截止之前在他们地区公布该报告。"

第 17 条

1. 2000 年人民代表法（c.2）第 11 条（根据试验性计划进行程序的修改）修正如下。

2. 在第 1 款结尾处插入：

"然而，国务大臣制定一项政令的权力应只能根据选举委员会的推荐行使。"

3. 在第 4 款中，从"报告"往后替代为"每份涉及一项计划的根据第 10 条的报告做出与政令制定的规定相似的规定。"

第 18 条　2000 年地方政府法（c.22）

1. 2000 年地方政府法修正如下。

2. 在第 44 条（"当选市长或当选的行政管理人员的选举行为"）中，在第 3 款之后插入：

"3A. 在根据本条制定任何条例之前，国务大臣应咨询选举委员会。

3B. 此外，国务大臣根据本条制定条例的权力只要涉及第 2C 款提及的事务都应根据或依据选举委员会的推荐来行使，除国务大臣认为由于币值变化的结果行使该权力是适宜的之外。"

3. 在第 45 条（"根据本法实施全民公投"）中，在第 8 款之后插入：

"8A. 在根据本条制定任何条例之前，国务大臣应咨询选举委员会，但本款不适用于：

（1）指定在全民公投中要询问的问题的措辞的规定，或

（2）对第 8C 款提及的事务的规定。

8B. 不可以根据第 5 款来制定指定在全民公投中要询问的问题的措辞的条例，除非：

（1）在依据第 105 第 6 款向议会提交该条例草案之前，国务大臣就该问题的可理解性咨询过选举委员会；以及

（2）在向议会提交草案时，国务大臣还要向两院提交一份报告，说明选举委员会在回应该咨询时就该问题的可理解性所表达的观点。

8C. 当任何条例不仅指定在全民公投中要询问的问题，而且指定在全民公投选票上在该问题之前的任何说明时，第8B款中对该问题的可理解性的提及可以被理解为对该问题的可理解性和该说明同时的提及。

8D. 不可以根据第5款来制定对第8C款提及的事务做出规定的条例，除非：

（1）在依据第105条第6款向议会提交该条例草案之前，国务大臣就条例要做出规定的那些事务求教过选举委员会，并已考虑选举委员会的观点；以及

（2）当不是依据选举委员会的观点而对那些事务做出规定的条例草案提交给议会时，国务大臣在提交草案时还应向两院提交一份说明，说明其违反选举委员会观点的理由。"

4. 在第45条第9款中，在"第8款"之后插入"第8C款"。

附件22 废 除

章	简短的标题	废除的限度
1975 c.24.	1975年下院取消资格法	在附件1第三部分中，涉及根据1986年议会选区法附件1任命的边界专员和选举委员会助理专员的细目。
1975 c.25.	1975年北爱尔兰议会取消资格法	在附件1第三部分中，涉及根据1986年议会选区法附件1任命的边界专员和选举委员会助理专员的细目。 第72条。 第73条，第4款，以及在第6款中，从"，或支付"到"如以上提及的，"。 第75条第1B款和第1C款。 第78条第6款。 第79条第3款。 在第81条第4款、第7款中，自"；和"之后，以及第11款。 第82条第4款。

(续表)

章	简短的标题	废除的限度
1983 c.2.	1983 年人民代表法	第 86 条第 9 款。 第 101 至 105 条。 第 106 条第 8 款。 第 108 条。 第 122 条第 8 款。 在第 138 条第 1 款中,从",一份副本"之后。 第 148 至 153 条。 第 157 条第 5 款。 第 159 条第 2 款。 第 167 条第 4 款。 第 174 条第 6 款。 在第 201 条第 1 款中,从"以及除了"一词至"第 29 条第 8 款"。 在附件 1 中,在第 30 条规则第 5 款中,从开始到"代理人,以及"。 在附件 3 中: (1) 申报单的格式,和 (2) 在声明的格式中,在第 3 条中,"涉及我的(候选人的)个人费用"一词和第 4 条。
1985 c.50.	1985 年人民代表法	第 14 条第 3 至 5 款。 在附件 3 中,第 6 条和第 7 条。 在附件 4 中,第 35 条。
1986 c.56.	1986 年议会选区法	第 2 条。 第 4 条第 2 款。 附件 1。 在附件 2 中,在第 8 条中,"为此,存在一个选区边界委员会"一词。
1989 c.28.	1989 年人民代表法	第 6 条第 1 款第 (2) 项和第 2 款。
1991 c.11.	1991 年人民代表法	全部法案。
1992 c.19.	1992 年地方政府法	在第 13 条第 1C 款中,第 (2) 项以及在其之前的"以及" 第 13 条第 3 款和第 4 款。

(续表)

章	简短的标题	废除的限度
1992 c.55.	1992年选区边界委员会法	第1条。 第2条第1至3款。 第3条第2款和第3款。
1996 c.55.	1996年广播法	在附件10中,第29条,以及在第30条中,"或第29条"。
1998 c.38.	1998年威尔士政府法	在附件11条第2款第(3)项中,"以及注册政党"一词。
1998 c.46.	1998年苏格兰法	在第12条第2款第(3)项中,"以及注册政党"一词。
1998 c.48.	1998年政党注册法	全部法案,除第13条、第15条、第24条和第26条以及附件2之外。
1999 c.29.	1999年大伦敦机构法	在附件3中,第16条、第19条第4款、第21条、第24条第5款、第28条、第31条和第35条。
2000 c.2.	2000年人民代表法	在附件6中,第4条。

附件23 过渡性条款

第一部分 现存注册政党注册的转交

第1条 第一部分的解释

在本附件本部分中:

"1998年法案"指1998年政党注册法;

"任命之日"指按本法第二部分所指的任命之日;

"遵守时期"指自最初之日始的六周时期;

"标志"指一个政党在选票上使用的标志。

"最初之日"指本法通过之日后的第十四天;

"新注册局"指大不列颠注册局和北爱尔兰注册局。

第2条 按第28条所指的声明

1. 本条适用于任何根据1998年法案在最初之日注册的政党。

2. 从属于第7款,政党必须在遵守时期向选举委员会送交一份属于第28条第2款的声明。

3. 与任何这样的声明有关,正如依据第4条第2款,对政党根据本法第二部分寻求注册的提及那样,在第28条第2款或第3款中任何对一个政党申请注册的提及应对做出声明的政党具有效力。

4. 当政党送交选举委员会一份属于第28条第2款第(1)项的声明时,为了在北爱尔兰注册局注册一个独立的北爱尔兰政党,该党必须同时送交他们:

(1) 凭借1998年法案附件1,北爱尔兰政党根据该法案申请注册时会被要求提供的信息;

(2) 一份关于该党是否愿意按其现有注册名称或按第5款所另外允许的名称在北爱尔兰注册局进行注册的通知;以及

(3) 一份通知,关于该党是否愿意:

(a) 在北爱尔兰注册局注册北爱尔兰政党时使用已经根据1998年法案注册的标志,

(b) 在北爱尔兰注册局注册北爱尔兰政党时使用未根据1998年法案注册过,但通知上显示出的标志[而且不管是否属于第(a)目的标志]。

5. 按第4款第(2)项所指,下列任何一词,即"北爱尔兰""北爱尔兰的""阿尔斯特""爱尔兰"或"爱尔兰的"都可以如政党在其通知中所指定的那样把这一特点加到政党现有的注册名称中。

6. 按第4款第(3)项所指,根据该款,通知中寻求注册的标志的总数是三个。

7. 如果该政党在遵守时期向选举委员会送交一份声明,表明该党不打算在指定日期或之后角逐任何相关选举:

(1) 第2至6款或第3至5条对该党应不具有效力;以及

(2) 该党根据1998年法案的注册应在指定日期终止。

8. 相应地，第3条第1款、第4条第1款或第5条第1款中对任何类型的一个政党的提及不包括属于第7款的一个政党。

第3条　按第26条所指的规划

1. 本条适用于任何根据1998年法案在最初之日所注册的政党。

2. 该党必须在遵守时期向选举委员会送交：

（1）该党章程的副本（在第26条的含义上）；以及

（2）如果根据第26条已得到选举委员会的批准，按第26条所指的该党建议采纳的一份规划。

3. 该党在遵守时期还必须根据本款向选举委员会提交一份通知。

4. 根据第3款的一份通知必须：

（1）给出以下人员的姓名和地址：

（a）根据本法第二部分注册为党的司库者；以及

（b）（如果该党寻求注册为一个拥有竞选官员的政党）注册为竞选官员者；以及

（2）根据1998年法案注册为领袖或党的提名官员以及第（1）项中提及的建议注册为财务总管和［如果第（1）（b）项适用］所建议的竞选官员的签名。

5. 当政党根据本法第二部分进行注册，想成为一个拥有会计单位的党时，根据第3款的一份通知还必须就每个会计单位提供：

（1）会计单位的名称，以及其财务主管和按第27条第3款所指的会计单位的一名官员的姓名，以及

（2）总部的地址，如果没有总部，或者给该会计单位的讯息可以送交的地址。

6. 根据第3款的一份通知可以由同一人以其注册领袖或提名官员和建议注册为财务总管的身份签名，但在那种情况下，通知上必须明显表明，他以两种身份进行签名。

7. 当政党向选举委员会送交一份属于第28条第2款第（1）项的声明时，第2至6款的规定应被理解为分别适用于：

（1）在大不列颠注册局注册的政党，以及

（2）在北爱尔兰注册局注册的政党。

第4条　根据本法第二部分从指定之日起的注册

1. 本条适用于根据1998年法案注册的政党，且该党遵从只要对该党适用的第2条和第3条的规定。

2. 选举委员会应确保从指定之日起，新注册局之一（或每一个注册局）都如选举委员会认为适当的那样包含能反映出该党（或第3条第7款提及的两个党）以下情况的细目：

（1）根据1998年法案保存在注册局的该党现有的细目和根据该法案该党第一次注册的日期；

（2）该党依据第2条第2款向选举委员会送交的声明；

（3）依据第2条第4款送交选举委员会的任何信息或通知；

（4）依据第3条第3款送交选举委员会的通知。

3. 关于依据第2条第4款第（3）b项一个政党（依据第2款）在北爱尔兰注册局注册通知中所显示出的任何徽章：

（1）正如第29条第2款适用于依据根据第29条的要求而注册任何徽章那样，（经任何必要的修改）该款也应适用，但是

（2）按本项所指，根据1998年法案在最初之日所注册的涉及任何其他政党（除属于第2条第7款的政党之外）的任何徽章应被视为仿佛已经在北爱尔兰注册局注册过。

4. 从指定之日起，依据第3条第2款向选举委员会送交的规划，按本法所指应被视为仿佛它是已经由选举委员会批准的一份规划并且由该党根据第26条采纳，直到以下时间为止：

（1）根据该条第6款提交给选举委员会的规划或任何修改过的规划根据该条事实上得到选举委员会的批准时，或

（2）自遵守时期（或如选举委员会决定给该党更长的时期）终止后立即开始的9个月的时期结束，

以更早一点的那个时间为准。

5. 如果规划或修改过的规划在按第 4 款第（2）项所指的时期结束时没有得到选举委员会的批准：

（1）选举委员会应立刻送交该党包含选举委员会认为适当的改动的一份规划副本；以及

（2）经改动的规划，按本法所指应被视为仿佛已经根据第 26 条得到选举委员会的批准并由该党采纳。

6. 第 30 条第 1 款第（5）项应适用于依据第 2 款而注册的一个政党，假定对该党申请注册的时间的提及是对指定之日的提及。

第 5 条 未遵从第 2 条或第 3 条

1. 本条适用于根据 1998 年法案注册的政党，且该党在最初之日未在遵守时期结束之前向选举委员会送交或提供以下东西，即：

（1）根据第 2 条第 2 款所要求的任何声明；

（2）根据第 2 条第 4 款所要求的任何信息或通知；

（3）根据第 3 条第 2 款所要求的任何文件；

（4）根据第 3 条第 3 款所要求的任何通知。

2. 在本条中：

（1）"未交付的资料"指第 1 款中所提及的东西在遵守时期结束之前未送交或提供给选举委员会。

（2）"过渡时期"指遵守时期终止后立即开始的三个月的时期；

（3）"受保护时期"指始于指定之日，终止于：

（a）过渡时期结束，或

（b）在第 4 款适用时，由选举委员会根据第该款所确定的日期。

3. 在指定之日之前的过渡时期，涉及选举或全民公投，在多数情况下，政党应被视为犹如未根据 1998 年法案进行过注册；并且如在第 4 条第 2 款提及的那样，在没有根据本法第二部分的注册加以替代的情况下，该党根据该法案的注册应在指定之日终止。

4. 然而，如果选举委员会在过渡时期结束之前收到未交付的资料，第 4 条第 2 款应具有效力，以至于要求选举委员会确保，该款所提及的任何这样的细目在新注册局之一（或每一个注册局）都被加以制作，自选举委员会可以决定的日期（不能早于指定之日）起生效。

5. 在受保护时期，第28条第4款和第29条第2款应具有效力，假定：

（1）在最初之日，根据1998年法案注册的政党名称和根据该法注册的该党的任何徽章已经使其在每个新注册局给以注册，以及

（2）在大不列颠注册局的任何这样的注册分别涉及英格兰、苏格兰和威尔士。

6. 在第4款适用的情况下：

（1）与选举委员会批准该党的规划相联系，第26条第5款和第6款应适用；以及

（2）以上第4条第4款和第5款应也适用，除了在第4条第4款第（2）项中，对遵守时期终止之后立即开始的九个月的提及应被理解为对自保护时期结束之后立即开始的六个月的提及。

第6条　被任命为选举委员会首席行政官者职责的行使

当选举委员会接受根据本附件需送交或提供给选举委员会的文件或信息的职责正在由一位根据附件1第11条第9款而被任命为首席行政官行使时，本附件对选举委员会的提及应被解释为对如此任命者的提及。

第7条　公司注册官的注册职责的终止

1. 根据1998年法案注册官的注册职责应在最初之日终止。

2. 相应地，从该日起，注册官不应：

（1）在其注册簿制作任何新的细目，或

（2）改动或取消已经在其注册处保存的任何细目，并且不能根据该法案的任何规定提交或提供给他任何申请或通知。

3. 当一份申请已经根据任何规定在最初之日之前提交给注册官并且针对该申请在最初之日之前还未做出决定，注册官不应在最初之日或之后采取任何步骤（或，视情况而定，任何进一步的步骤）来处理该申请。

4. 1998年法案第七条在最初之日或之后应不再适用于根据该法案注册的一个政党；并且尤其是根据该法，一个政党的注册凭借该条不应在最初之日之前的任何时候终止。

5. 当选举委员会根据第4条第2款为履行其职责而合理地提出要求时，注册官应向选举委员会提供信息和帮助；当涉及一个根据1998年法案注册的政党的任何信息：

（1）与根据该法案的政党注册相联系，由注册官掌握，但是

（2）没有包含在该党在其注册簿的细目中，

注册官应向选举委员会提供该信息以便选举委员会掌握该信息，从指定之日起，在一个或另一个新注册局中把该信息与政党注册联系起来。

6. 在本条中，"注册官"指公司注册官（在本法第二部分的含义上），并且任何对"他的"注册簿的提及就是对注册官根据1998年法案所保存的注册簿的提及。

第二部分 其他过渡性条款

第8条 选举专员的任命

（1）下院议长在本法通过之日之前表示同意根据第3条第1款所提议的演讲动议应具有效力，犹如是在本法通过之日或之后表示的一样；以及

（2）任何在本法通过之日之前就这一动议向第3条第2款第（2）项提及的人员的咨询应具有效力，犹如是在本法通过之日或之后进行的一样。

第9条 指定特定组织不算作会计单位的政令

第26条第8款第（3）项中对根据该款按选举委员会的推荐制定政令的要求应不适用于自本法通过之日起的三个月时期结束之前制定的政令。

第10条 禁止在政党注册名称中使用某些文字的政令

第28条第4款第（5）项中对根据该款咨询选举委员会之后制定政令的要求应不适用于自本法通过之日起的三个月时期结束之前制定的政令。

第11条 注册细目的确认

1. 本条适用于自指定之日起的九个月时期时已经根据本法第二部分注册的一个政党。

2. 该党财务总管应向选举委员会提交一份通知，该通知：

（1）遵从第32条第2款和第3款的要求（如第3款和第4款所修改的那样），以及

（2）附上国务大臣制定的政令中所规定的费用，自指定之日一周年之前的一个月起至指定之日一周年之后的三个月结束的时期内。

3. 在第32条第2款第（1）项依据第2款适用时，对相关时间的提及应被理解为该党申请注册的时间或在属于凭借第4条第2款而注册的一个政党的情况下，指定之日。

4. 在第32条第3款依据第2款适用时，对相关时间的提及应被理解为该党申请注册的时间或在属于凭借第4条第2款而注册的一个政党的情况下，根据第3条第2款所要求的文件送交选举委员会的时间。

5. 如果凭借第2款所要求的通知没有在该款提及的期限结束之前提交给选举委员会，担任该党财务总管者在该时期刚刚结束之前应构成犯罪并且就像根据第47条第1款第（2）项的犯罪那样，应可能受到同样的处罚。

6. 一个人根据第5款被控有违法行为时，应由被告方证明他已采取一切合理步骤，已尽一切应尽的努力，以确保凭借第2款所要求的通知在该款提及的期限结束之前提交。

7. 按第32条第4款第（2）项所指，根据第2款提交的任何通知应被视为根据第32条提供的一份通知。

8. 在本条中，"指定之日"指按本法第二部分所指的指定日期。

第12条 对公司政治捐款的管理

1. 本法案第139条第1款插入1985年公司法第11部分的规定后应不适用于在时间上属于公司相关之日之前的一个（在该法案的含义上的）

公司。

2. 按本条所指，一家公司的相关之日是：

（1）如果公司在第一个开始之年举行年度全体大会，该会议之日；以及

（2）要不然第一年结束之后的那一日。

3. 在第 2 款中，"第一个开始之年"指自第 139 条第 1 款开始之日起的十二个月的时期。

第 13 条 在经理报告中公布政治捐款和开支

在属于（本法含义上的）任何公司的情况下，由本法第 140 条代替 1985 年公司法附件 7 的规定应只适用于经理的财政年度报告，该财政年度始于按第 12 条所指的公司相关之日的第一个周年纪念日或之后的那一天。

（陈露 译）

第二部分
主要政党内部规章制度

工党章程全编（2010年）[1]

第一部分 章程修改概述（略）

第二部分 工党全国章程

第一章 宪 章

第一条 名称与目标

一、本组织正式名称为"工党"（以下简称为"党"）。党的宗旨是在议会和英国境内组织并保持一个政治性的工人政党。

二、党在尽量可行的范围内，落实由党的代表大会所批准的原则。

第二条 党的组织结构与附属组织

一、全国执行委员会为党的行政管理机关，受党的代表大会控制和指导。

二、党的组织结构如下：

（一）根据全国执行委员会决定，在全国议会的每一个选区建立一个党的单位，称为"选区工党"。

（二）每个选区工党成员组成支部，支部成员数量和覆盖地区须经选区工党和全国执行委员会同意。

---

[1] 原文参见 http://www.labourcounts.com/constitution.htm#1。

（三）各选区工党成立一个妇女论坛，成员包括该选区工党的全体妇女个人党员。成立一个少数族群论坛，成员包括选区工党内的全体非裔、亚裔和各少数族裔的个人党员。

（四）在苏格兰、威尔士和各英格兰统计区成立苏格兰工党、威尔士工党或地区工党党部；成立苏格兰执行委员会、威尔士执行委员会或统计区委员会；以及欧盟选区工党。另可成立苏格兰、威尔士以及统计区的非裔、亚裔和各少数族裔妇女委员会和一个地区非裔、亚裔和各少数族裔党员支部。

（五）经特定的全国执行委员会代表批准，在大于教区和社区议会区域的直选地方政府的区域，可以成立地方政府委员会。

（六）工党地方政府成员在地方一级组成地方工党团体，在全国一级组成全国议员协会。

（七）凡15岁至26岁的党员同时也是青年工党党员，并可以在英格兰、苏格兰和威尔士成立地方青年工党团体。

（八）学生党员在全国组织成学生工党。

（九）建立全国工会与工党联络委员会，接纳已加入党组织的工会，该委员会包括全国工会、工党联络委员会以及苏格兰、威尔士及英格兰各统计区建立的地区联络委员会。

（十）工党财产部（有限责任）和工党托管部（有限责任）作为掌管工党资产的公司，完全以有益于或受信于党的方式运作。

三、经全国执行委员会最终并有约束力的批准，以下各类组织可以加入本党：

（一）工会代表大会的下属工会或全国执行委员会认定的工会；

（二）合作协会；

（三）社会主义协会；

（四）全国执行委员会认为与工党利益一致的其他组织；

四、加入工党的组织必须

（一）接受党的纲领政策和原则；

（二）同意遵守党的章程和常设制度；

（三）向全国执行委员会提交其组织的政治规章。

五、余项

（一）未与本党达成作为党的下属和联合组织的全国性协议，拥有明确且独立的宣传政纲领、原则和政策，或者在各选区拥有支部，或者独自参与全国议会或地方政府竞选活动，或者对任何国外政治组织保持忠诚，——凡属这类政治组织，没有资格成为党的下属组织。

（二）负责审议社会主义协会附属申请的全国执行委员会议事小组应遵循全国执行委员会确定的程序指导方针。

六、下属团体的党费

（一）工会

1. 每个附属工会按每名会员三英镑交纳下属团体费。

2. 在与下属组织协商后，全国执行委员会决定下属团体党费的数额，必要时由党的年会批准。

3. 依照本党章第八条第三款第十一项之规定，该笔下属团体党费按一定比例用于党的全国竞选基金。

4. 下属团体党费按季度，每年1月、4月、7月、10月的第一天交纳，并且必须在当年12月31日前全部交清。

（二）社会主义协会

1. 每个下属的社会主义协会或其他组织将按每人一点二五英镑交纳团体党费。

2. 依照本党章第八条第三款第十一项之定，该笔下属团体党费中的十便士用于全国竞选基金。

3. 所有下属团体费必须在当年12月31日前付清。

（三）党的代表大会有权更改下属团体党费数额及分配方式，上述第六款第（一）至（三）项和第七款第（一）至（三）项可作相应改动。

七、个人党费及保险

（一）按党员条例（第二章第三条）之规定，每名党员的个人党费由工党总部或以工党总部的名义收取,并在总部、相关地区党部、或苏格兰、威尔士党部以及相关选区工党中间分配。

(二)全国执行委员会作为全部选区工党的代表,制定保障金制度,用于补缺选举的费用、公共债务以及全国执行委员会认定的其他合法的不时之需。该保障金在下一年度的预估数额应提交党的年会,并通知各选区工党在该数额中的份额,这一份额必须在下一年度4月15日之前交付,并尽量从选区工党每年第一季度的党费中扣除。

第三条　党的财政体系

一、党设立和维持经由选举委员会批准的财政体系,该财政体系由党的中央组织和各会计单位组成。

二、经全国执行委员会批准,以下单位可以注册为党的财政体系内的会计单位:

(一)选区工党;

(二)苏格兰工党;

(三)威尔士工党;

(四)学生工党;

(五)工党议员协会;

(六)工会与工党联络委员会以及全国和地区工会联络委员会;

(七)议会工党;

(八)地方政府委员会;

(九)全国执行委员会随时同意具有注册资格的其他单位。

三、所有会计单位具有法定义务,按工党总部的要求提供全部相关信息。不履行该项义务,全国执行委员会可以对个人成员给予纪律处分,中止相关单位的资格,或同时采取以上两种措施。

第四条　目标与价值

一、工党是一个民主社会主义的党。它相信依靠共同努力的力量,能够达到比个人所能达到的更多的成就,从而为我们每一个人创造实现真正潜力的手段，为我们全体人民创造这样一个社会，权力、财富和机会掌握在多数人而不是少数人手中；我们享有的权利反映着我们应承担的责任，我们以团结、包容和尊重的精神自由地生活在一起。

二、为达上述目标我们的工作方向是：

（一）服务于公共利益的富有生机的经济。在这种经济中，市场化企业及所带来的激烈竞争与伙伴关系及合作的力量相辅相成，从而创造国民所需要的财富以及全体人民的工作，发达的私营部门和高质量的公共服务共存共荣，所有从事公益事业的部门或者为公众所有，或者对公众负责。

（二）公正的社会。这个社会的强大，是既依据弱者也依据强者的状况来加以判断的，它提供对抗恐惧的保障，提供有实效的公正；它培育家庭，促进机会平等，使人民摆脱穷困和歧视的肆虐以及权力的滥用。

（三）开放的民主制。政府由人民进行评判，决策要在受其影响的人群中尽量具有可行性，并使基本人权得到保护。

（四）健康的环境。我们要共同保护和改进，并对后代负责。

三、工党致力于英国人民的防务与安全，并在欧盟机构、联合国、英联邦和其他国际机构中展开合作，以保障全体人民的和平、自由、民主、经济安全和环境。

四、工党在追求这些目标时，要与工会、合作社团开展合作，也要与志愿组织、消费团体和其他有代表性的团体展开合作。

五、在这些原则基础之上，工党寻求人民的信任以获得治理权。

第五条　党的纲领

一、党保证所有层次的党员、当选议员、下属组织以及——在可能的情况下——基层社区都能参与政策的酝酿和制定过程。

二、党的代表大会将随时决定是否把特定的立法、财政和行政改革的建议纳入党的纲领，这些建议一般由全国政策论坛向代表大会提交。任何建议只有在党的代表大会上以一人一票方式，经具有资格的全体成员的三分之二以上多数同意，方可纳入党的最终纲领。

三、在执政期间，全国执行委员会、议会工党党团七名后座议员及议会党团主席、内阁成员、全国政策论坛主席和三名副主席、由全国政策论坛中的选区工党代表选出的全国政策论坛的两名选区工党成员以及工会联络员小组的八名工会成员，决定党的纲领中的哪些条款纳入全国执行委员会大选前发布的宣言。该联席会议还决定党对大选中出现的、宣言中没有包含的主要问题的立场。

四、在野期间，全国执行委员会、议会工党议会委员会和全国政策论坛的主席及三名副主席，决定党的纲领中哪些条款纳入全国执行委员会在每次大选前发布的宣言。该联席会议还决定党对选举中出现、在宣言中没有包含的主要问题的立场。

五、在与欧盟议会工党党团以及欧洲社会党中的兄弟党协商之后，全国执行委员会决定纲领的哪些条款纳入欧盟议会选举宣言。

第六条 工党代表大会

一、党的工作受全国代表大会的领导和控制，代表大会本身要遵守党章和常规制度。代表大会每年定期举行一次，也可由全国执行委员会在其他时间召集。

二、召集和组织党代表大会的规章，见本章程全编第三章，这些规章可以由全国执行委员会的决定进行修改，提交党代表大会批准。党代表大会和党代表大会的特别会议在这些规章中称为"党代表大会"，这些规章对其同样适用（除非情况另有所需）。

第七条 党的官员和常设官员

一、党的官员

（一）领袖和副领袖

1. 党设立领袖和副领袖各一名，他们同时也担任工党议会党团的领袖和副领袖。

2. 党的领袖和副领袖，在根据本规章第六条召开的选举大会上，遵照程序条例（第四章第二条）之规定，从工党议会党团的下院成员中选举产生，可连选连任。在领袖和副领袖选举方面，工党议会党团的规则应当自动地与这些条例保持一致。

（二）主席和副主席

根据程序条例（第四章第二条第三款）之规定，党的全国执行委员会设立主席和副主席各一名，由该委员会从其内部成员中选举产生。

（三）总书记

1. 设党的总书记一职，根据程序条例［第四章第二条第四款第（一）项］之规定，党的总书记同时担任全国执行委员会书记。

2. 对本章程或对全国执行委员会及其下属委员会的指示和代表的质疑，总书记有责任予以澄清。总书记亦可将这一澄清的职责委托给其认为适当的党的官员或指定的代表。

（四）党的司库

设司库一名，根据程序条例［第四章第二条第五款第（一）项］之规定，在党的代表大会的年会上选举产生。

（五）审计员

设审计员两名，根据程序条例（第四章第二条第六款）之规定选举产生，他们负责审计提交给他们当选后的下一年度党代表大会的财务报告。

二、常设官员

（一）根据法规的要求：

1. 党通告选举委员会对以下官员进行登记：

（1）一名党的领袖；

（2）一名党的提名官员；

（3）一名党的司库。

2. 党还可以通告选举委员会登记如下官员：

（1）一名或数名党的副司库；

（2）一名党的竞选主管。

3. 各会计单位须向党通告以下官员的任命，再由党通告选举委员会予以登记：

（1）一名会计单位的司库；

（2）一名会计单位的副司库；

（二）在以上 1（2）（3）和 2（1）（2）的条款中的人员登记为常设官员，须提交全国执行委员会批准。

第八条　全国执行委员会

一、全国执行委员会成员包括：

1. 按本章程全编第三章第三条和第四章第三条所规定的比例和条件选举产生的二十四名成员；

2. 党的领袖和副领袖；

3. 欧盟议会工党党团的领袖；

4. 党的司库；

5. 由内阁（或反对党影子内阁）指定的三名前座议员，其中至少有一名女性；

6. 在全国青年工党代表大会选举产生的一名青年党员，至少隔年是一名女性；

7. 由工党黑人社会主义协会在其根据社会主义协会规章所规定之代表大会上选举产生的一名成员。该成员产生的条件是，社会主义协会的个人成员达到两千五百名，并且至少有三分之一符合条件的工会加入了社会主义协会。

二、全国执行委员会的首要目标是，为全党提供战略指导，使党在国内作为一个活跃的政党得到保持和发展，与党在议会和欧洲议会的代表、相关的行政机构和地方政府密切合作，以保证实现党的目标。

全国执行委员会的主要责任是：

（一）致力于党的政策的发展；

（二）赢得选举，保持选民的支持；

（三）在各个层次上维护党的健康，积极参与社区工作，在公共生活中保持最高水准；

（四）通过与党员的交往沟通，保证高质量的服务；

（五）履行本条所规定之工作责任和根本责任；

（六）维护党的所有利益持有者之间的平衡的伙伴关系；

（七）保证党切实履行 2000 年政党、选举及全民公投法和其他立法所规定的法律责任和财务责任。

三、为促进党的宗旨和主要职能，全国执行委员会的责任和权力还包括：

（一）维护并加强党的章程、条例和常规制度，为此目的采取它认为必要的任何措施，包括责令退党、开除、停职，或者其他方式，处分任何下属组织和党的单位。为强化这些责任，根据本章程第六章列明的纪律条例之规定，全国执行委员会有权对党的个人党员采取停职或其他纪律措施。

（二）在遵守上述条款 1 的情况下，经全国执行委员会决定，依靠全国和地方党的官员，依照党代表大会制定的规则成立以下机构并使之保持活力：

——由全国执行委员会指定的每个地区成立地区委员会，在苏格兰和威尔士，成立苏格兰和威尔士执行委员会；

——在英国议会和欧洲议会每个选区成立选区工党；

——在教区和社区以上的各级地方政府成立地方政府委员会，在有工党代表的地方政府成立工党地方议员团体。

（三）鼓励创建地方青年工党团体，定期举行青年工党会议，根据党的代表大会制定的规则建立一个全国性委员会，以推动青年工党的建设和发展。

（四）鼓励妇女论坛的创建，根据党的代表大会制定的规则定期举行全国妇女代表大会，以推动工党妇女组织的建设和发展。

（五）确保党的会议和党的重大活动以友好和有序的方式进行，会议的组织方式要使党员能够最大程度地参与，不使党员因任何原因不能参会而被排斥在外。任何党员不应因性别、性倾向、残疾和种族等任何原因而受到任何形式的歧视或威胁。全国执行委员会应随时公布会议举办和妇女代表名额分配的指南。

（六）在每届议会会期开始时与工党议会党团协商，全国执行委员会和工党议会党团认为有必要时，就有关党的工作和发展的事务召开委员会会议。工党执政时期，应当在为下次议会会期提出的立法建议形成之前与政府代表协商。

（七）向党代表大会的定期年会提交任期内党的工作与进展的报告，以及全国执行委员会内各委员会的工作报告、财务报告和相应的审计报告。这些报告必须在党的代表大会召开两周之前送交选区工党和党的下属组织。

（八）在认为必要时，向党的代表大会提出对章程、条例、常规制度的修改建议；也可以在认为政治形势需要时，按规定向党代表大会提出有关党的纲领、原则和政策具有影响的决议和声明。

（九）成立联合政策委员会以监督全国政策论坛和各政策委员会制定提交全国代表大会的滚动性纲领，该纲领要提交每届议会期间有资格的党员按一人一票制进行表决。全国执行委员会也为地方政策论坛的建立和运作制订指南。

（十）要求选区工党就他们其适当的问题举行个人党员的投票；全国执行委员会认为必要时，或者根据本章程的规定，这种投票按全国执行委员会所规定的时间表和程序，使用全国执行委员会提供的选票，以一人一票的方式进行。

（十一）在认为必要的情况下，为了党的某个目标或全部目标，设立并维持一个或多个基金，包括资助议会补缺选举的基金，弥补大选中负责选举的官员之储蓄损失的基金。也可设立由全国执行委员会从下属工会中任命的托管人管理的特殊基金，专用于全国性选举的准备、组织和竞选开销，该基金称为工党全国竞选基金。

（十二）随时提供预付款保障；在方便时也可以采用抵押等方式贷款；可动用其支配下的基金的任何部分，购买不动产或供租赁的建筑物或建筑物内的房屋，用于房屋的建筑、租赁、持有或出租，用于房屋的装修或维护。在认为适当时，将非急需的资金用于诸如证券之类的投资，并可进行套现和改变投资方式。也可以依照互助组织法或公司法，指定代理人或设立社团、协会、公司或企业从事以上活动，并界定这些代理人、社团、协会、公司或企业的权限以及它们行使权力的方式。

（十三）发布指导意见，给出指令或向党的代表大会提出修改规则的意见，以确保党履行其法律的和财务上的责任；根据总书记的建议，采取行动使党免于受到那些违反或不能与党合作以遵循这些法定要求的组织和个人的危害。

（十四）确保平等机会的程序得到切实遵守，使之覆盖所有党的活动中的党员的权利。全国执行委员会应努力使工党代表其所服务的社区，并确保政策、实践和程序都奉行平等、包容和多样性的原则。全国执行委员会通过消除缺乏代表权的现象和因性别、种族、性倾向、残疾或宗教信仰而受到的不公正的歧视，促进平等的政策。全国执行委员会应在党的各个方面，如英国议会、欧盟议会、苏格兰议会、威尔士议会的选拔，下放权力地区的权力机关，直选市长和重要机关的市政委员的候选人的推选，提出促进平等的指导意见。全国执行委员会负责监控和促进平等的政策。

四、全国执行委员会将有权对党内任何层面中出现的争端做出裁决，这包括在选区工党、附属组织与其他党的各类组织之间出现的争端，在选区工党、其他党的各类组织与这些组织内的个人之间出现的争端，以及在党员个人之间和党的组织之间出现的争端。在正式条例对解决争端不适用的特殊情况下，全国执行委员会可采用全国和地方的习惯和前例予以解决。全国执行委员会的决定对相关的所有组织、单位和个人具有最终和强制的约束力。

五、在全国执行委员会认为适当的情况下，全国执行委员会的一切权力可以通过其当选的官员、委员会、下属委员会、总书记和其他全国与地区官员以及由全国执行委员会或总书记所任命的指定代表来行使。

为了避免引起争议，在此特别指出，全国执行委员会在认为适当的情况下，有权将其权力委托给全国执行委员会的官员、委员会和下属委员会行使。全国执行委员会始终享有此项权力。

第九条　全国党章委员会

一、根据程序条例［以下第四章第三条第（三）项］，党的年会选举产生全国党章委员会。全国党章委员会包括11名党员，这些党员在其直接当选之前其党龄不少于五年。

二、全国党章委员会的职责与权力包括：

（一）根据纪律条例（第六章）的条款，以听证会或其他方式对选区工党提交给全国党章委员会的纪律问题做出处理决定。

（二）以听证会或其他方式，对由党的官员根据全国执行委员会的指示提交给全国党章委员会的纪律问题，做出处理决定。

（三）在对以上1、2款所列举的纪律问题而做出决定之后，全国党章委员会可采取适当的方式予以执行，如进行谴责，或者停止党内职务或党内的代表权，或者停止或撤销对其候选人或后备候选人的提名，或者开除出党或其他处罚。对于提交给全国党章委员会的纪律问题的处理及其必要的执行措施，全国党章委员会具有最终的决定权。

三、

（一）全国党章委员会每年在党的年会之后即刻召开其第一次会议，在其成员中选举其主席。

（二）全国党章委员会全体会议的法定人数和全国党章委员会举行的听证会的法定人数不少于四人，他们必须出席涉及任何个人的听证会的全部过程。

（三）为更好地安排工作，全国党章委员会在认为适当的情况下，可以分为不少于三人的小组，各小组拥有全国党章委员会的全权。若情况需要，每个小组可选举一名主席。依据程序条例第四章第三款第（一）3项之规定，每个小组包括至少一名来自于分组①和分组3②的成员。若小组的一名成员不能出席听证会，全国党章委员会主席可以指定另外一名全国党

---

① 附属工会。——译者注
② 选区工党。——译者注

章委员会成员代替其参加该小组。

（四）全国党章委员会或其小组会议应在所涉及的个人、全国党章委员会成员或全国党章委员会小组成员、证人都方便以及确保能够有效和顺利进行审理的情况下召开。

四、全国党章委员会或其小组在审理和决定对个人的指控时，应遵循全国党章委员会制定的程序准则。全国党章委员会有权增补和修改其程序以便适应特殊情况的需要，从而确保对个人及对党的公正。

五、全国党章委员会或审理有关案件的小组，若以多数票认定提交给全国党章委员会的案件是草率的、无根据的，或违背了党章委员会的程序，或认为无须作出进一步的决定，有权不经充分审判，在案件处理的任何阶段予以驳回。

第十条　章程适用的范围

一、本章程规定适用于党的所有组织，附在章程之后的条例和议事规则适用于：

（一）选区工党；

（二）选区工党下属的党支部；

（三）妇女论坛；

（四）青年工党和工党青年团体；

（五）地方政府委员会；

（六）地方政府工党党团；

（七）包括欧盟选区的工党苏格兰执行委员会、威尔士执行委员会和英格兰地区委员会；

（八）少数民族论坛。

二、全国执行委员会在认为某一地方形势必要时，有权为特定的党组织对党代表大会通过的规章作出灵活的安排。但这种安排须符合党的代表大会所通过的规章的精神与宗旨，不能改变党的目标、主要原则或联合的基础、条件以及党员资格的条件，不能改变议会和地方政府候选人的推选程序（章程规定的除外），不能造成选区工党与党之间的关系的变化。

三、党的各类组织可在章程之外附加额外条款，但这些附加条款不能与党的代表大会所通过的章程包含的条款相抵触，而且必须在最后采纳和施行之前提交全国执行委员会批准；在附加条款未获批准或被拒绝的情况下，附加条款不得施行。

四、依照附在后面的党代表大会程序条例的规定，党代表大会可以集团投票的方式做出决定，对现有的党章与条例或其中的任何一部分进行修正、改动或添加。任何关于党章修正案的提议也应依照程序条例规定的方式向党的总部的总书记进行通报。

五、为避免造成争议，所有就党的章程、议事制度和规则条例的涵义、解释及其适用范围产生的争端，都必须提交全国执行委员会决定，全国执行委员会依照党代表大会的修订就这一章程的任何部分和任何条款的涵义与效力做出的决定，是最终和决定性的。

第二章 党员条例

第一条 党员的条件

一、按以下第三条的规定，至少支付最低限额党费就将成为工党的个人党员。

二、以下"党的个人党员"的措辞将包括以下第三条所规定的所有级别的党员；除本条例所规定的之外，所有这些党员在党的所有单位内拥有同等的权利。

三、个人党员将是大不列颠及北爱尔兰联合王国的国民/居民或爱尔兰的居民，或其他居住在大不列颠及北爱尔兰联合王国一年以上的人。他们：

（一）不低于15岁；

（二）按本条款规定的党员条件支付党费；

（三）不是下列政党或附属组织的成员，即党的会议或全国执行局依据党的会议的决定宣布该党或附属组织没有资格附属于工党。

四、开除

（一）根据以下第六章纪律条例第一款第二项之规定，作为选举竞选人的一名党员，如果同意一项任命书或作为选举竞选人的代理人，与工党候选人对立，则自动取消其党员资格。

（二）根据以下第六章纪律条例第一款第二项之规定，一名党员加入并且/或支持工党官方团体或党的其他单位之外的一个政治组织，或支持任何反对一名工党官方候选人或公开宣称企图反对一名工党候选人的候选人，将自动取消党员资格。

（三）根据以下第六章纪律条例第一款第二项之规定，一名正式同意为工党候选人的党员，自愿描述成为不代表工党候选人的候选人并在任命截止前的十四天内就此书面通知地方党，将自动取消其党员资格。

（四）当一名党员被认定有严重犯法行为并被判入狱，全国执行委员会有权按下列选择实施适当的惩处行为：

1. 在服刑期间，中止党籍或官职以及党代表的身份；

2. 把惩处案例移交给全国党章委员会；

3. 根据以下第六章纪律条例第一条第二款之规定，当全国执行委员会查明开除是适当的，并且确信这是一种严重犯法行为时，将自动取消其党员资格。

五、国外居民

（一）只要他们接受本条款中党员的条件，大不列颠及北爱尔兰联合王国的国民、爱尔兰的居民或英吉利海峡岛屿和马恩岛的居民，通过在领导办公室的注册并交纳符合标准费率的党费，就可以成为个人海外党员。海外党员可以建立注册的海外支持者团体，设领导办公室。

（二）暂时居住在国外的大不列颠或北爱尔兰的国民，只要通知他们的地址所在地的领导办公室并交纳符合标准费率的党费并接受本条款中党员资格的条件，就可以保留他们现有的党员身份。

（三）本条款所提及的个人党员和支持者团体被认定为工党国际，工党国际将遵循全国执行委员会批准的规制进行运作，但不包括工党国际党员代表在工党会议上享有第三章第三条第（一）项第2目所提及的选区工党投票权的规定。

六、要具备党员资格，每位党员必须：

（一）接受并服从党的宪章、纲领、原则和政策；

（二）如果适用的话，是一名附属于工会代表大会的会员，或者是被全国执行委员会列为真正的工会的会员，并对其政治基金给予捐助（不捐助其工会政治基金者不能成为工党个人党员）。

（三）是一名在她或他居住的地址上（存在）的选区工党党员并登记为选民，除非自登记限定的日期以后已经移居，暂时居住在国外，或者由于其他情况不能登记，在这种情况下，她或他必须居住在选区。

（四）在当选为公众代表时（例如：众议院、苏格兰或欧洲议会、大伦敦议会、威尔士国民议会或地方政府团体的成员），以直接借记方式支付党费。

七、当有证据表明，相关者既不居住并/或不列在选举登记册上，因此，［遵照以上第五款的规定］没有资格成为党员；或者当有证据表明相关者已经要求降低费率，或根据以下第三条第一款之规定，没有资格降低费率，但已经登记为党员时，全国执行委员会可以废除其有全权的党员的资格。

八、任何党员都不能从事在全国党章委员会看来不利于，或在全国党章委员会看来明显错误的有害于党的行为。涉及一名党员是否违反这一条款规定的争论，由全国党章委员会根据以上第一章第九条（在第一章中）和纪律条例与指南（在以下第六章中）查明。在适当情况下，根据第一章第二条第五款或以上第三款第（三）项之规定，全国党章委员会将关注卷入给予没有资格附属于党的组织和/或组织活动以资金支持；或者关注违反官方授予的工党候选人的那些党员候选人的资格，或者对这样的候选人资格的支持。全国党章委员会将不会只关注信念和观点的坚持或表达。

第二条　获得党员资格的程序

一、依据这些条例和任何不时发行给党的单位和附属组织的适用的全国执行委员会的指南，党的个人成员将具备党员资格。

二、在不损害这些条例的其他规定的情况下，在不损害宪章第八条规定的权力的情况下，在党员资格方面，全国执行委员会将被授权对可能产生的任何争执和问题做出决定，或者全国执行委员会自己考虑这件事情，或者把此事提交给全国执行委员会争议小组来处理。在这些案例中，全国执行委员会的决定，或全国执行委员会批准的争议小组的决定具有最终约束力。

三、为避免不确定性和不损害本章程其他规定，任何违反这些程序、全国执行委员会的指南或全国执行委员会的行为准则，将受到全国党章委员会以纪律犯规为名的处理。

四、全国执行委员会将不时出版与党员资格有关的程序指南，包括吸收党员的行为准则。全国执行委员会特别希望强调以下党员资格条例可能出现滥用的方面：

（一）一个人或一个派别为其他人或个人的团体"购买"党员资格，而这些人并不愿自己支付其党费，这是滥用党员资格条例。

（二）一个人或一个派别为人们提供降低费率的党员资格，而他们明明知道这些人没资格获取这一档的党员资格，这是滥用党员资格条例。

（三）一个人或一个派别吸收不在所声称的地址居住的党员以便操纵地方党的会议或投票结果，这是滥用党员资格条例。

（四）党的条例要求党员要有资格进行投票，需在声称具备党员资格的那个住址上注册。允许那些不愿注册而为党投票的人成为党员，这是滥用党员资格条例。

（五）拒绝递交地方收集的党费被认为是不可原谅的有损于党的行为。党的官员和党员应该明白，卷入这样的滥用被认为类似于把党卷入丧失信誉，并且掌握这类行为的未经调查的证据就可以根据宪章导致开除的惩处行动。

第三条 党员的党费

一、每位个人党员将交纳年度最低限度党费。党费的档次按以下公式设立。

（一）无工资者、从工作上退休的领养老金者、一周工作十六小时以下者和参与政府培训计划者将允许在交纳年度最低额度的减免党费的档次上具备个人"减免"的党员资格。

（二）支付政治捐金的附属工会的会员和支付政治性会员费的附属社会主义协会会员，他们已经不是拥有全部权利的党员，将允许在交纳年度最低额度的减免党费的档次上具备个人"注册"的党员资格。

（三）众议员、欧洲议会议员、苏格兰议会议员、威尔士国民议会议员以及上院工党议会党团成员将交纳议员的年度党费。

（四）十九岁以下的新党员和工党学生可以每年交纳一英镑的党费，并在全日制学习期间持续按这个费率交纳，以后转为标准费率。为了向所有党员提供高质量的成员资格服务并赢得工党的目标，鼓励党员按其年收入交纳党费。

二、每年的1月1日，党费将按通货膨胀率加以提高（使用上年10月份的通货膨胀率）。按减免和注册收费的党费将设定在每年满额费率的百分之五十，大约接近五十便士。议员费率将设定在每年标准费率的两倍。如果全国执行委员会认为必要的话，它有权向党的会议推荐把党费的提高设定为高于通货膨胀率的费率。

三、为了发展党员，当党的会议上原则同意时，选区工党可以为特殊目的而调整党费。

四、资格与拖欠

（一）一名党员只有同意并已向领导办公室支付适当党费后才能在党的会议上参加投票。任何有关资格的争议都由统计区主管或苏格兰/威尔士总书记（或他们指定的代表）参考全国党员系统记录来解决。当要求时，个人党员有责任出示有效的党证。

（二）一名党员要参加任何层次的候选人的选举，都必须在通知的相关日期截止前全额付清党费。一名党员，如果她/他没有全部或部分拖欠党费，就被认为是"全额付清"。

（三）一名党员从她/他党员资格到期开始，直到她/他更新党费为止，被认为是拖欠。

（四）一名党员，如果她/他拖欠六个月党费并没有回应要求支付的请求，就被认为党员资格失效。

五、将出版全国执行委员会指南来处理党员拖欠的支付问题并保证在特殊情况下，给已经支付未清的拖欠党费的失效的党员延续党员资格。

第三章　党的会议

第一条　代表

一、党的会议由以下人员构成：

（一）根据每五千人一个代表名额或根据附属组织附属费的份额的规则，在会议召开之前一年的12月31日前支付选举保证金或任何应支付的费用，由每个附属工会或其他附属组织正式任命其代表。对附属组织发出一项要求，他们的代表至少要包括女性代表，比例与其组织内女性所占的比例一致。当附属工会或其他组织的会员少于五千人时，如果女性会员在四百人以上时，可以任命额外的一名女性代表。

（二）根据选区第一批七百四十九名党员选派一名代表或根据上年12月31日以来应支付的党费的份额，由选区工党正式任命其代表。在选区内，每增加二百五十名个人党员或根据二百五十人的党费额度就增加一名代表。只有在支付未清的保证金和其他应支付的费用后，选区工党的委派才能被接受。要增加党的会议上的女性代表，至少选区工党每隔一名代表就应该是女性；当只任命一名代表时，至少每隔一年就应是一名女性。在上一年是男性代表的情况下，本年度选区工党被要求选派一名女性代表，如果找不到的话，不允许选派一名男性代表。在下一年，如果他们向会议筹备委员会证明他们已经尽了所有努力仍找不到女性代表时，可能被允许选派一名男性代表。

（三）当选区的女性党员在一百人以上，可以额外任命一名女性代表。当一个选区的个人青年工党党员在三十人以上，可以额外任命一名二十七岁以下的代表。

（四）以下是党的会议的当然成员：

1. 全国执行委员会成员；

2. 议会工党成员；

3. 欧洲议会工党成员；

4. 全国执行委员会同意的英国议会和欧洲议会选举的工党候选人；

5. 工党总书记；

6. 由党雇佣的得到授权的组织者；

7. 全国执行委员会普通成员；

8. 青年工党全国委员会主席；

9. 全国党章委员会成员；

10. 全国政策论坛成员；

11. 地方政府联合会工党议会党团官员和苏格兰地方政府会议工党议会党团召集人；

12. 苏格兰议会和威尔士国民代表大会工党议会党团成员；

13. 工党议员协会成员的当然与会者没有投票权，除非如在党的领袖和副领袖的选举条例中所规定的那样，或当他们被通知成为附属组织或选区工党委派的成员；

14. 非裔社会主义协会执行委员会成员。

（五）所有党的会议的特别会议将按上年党的会议的年会同样的代表基础召开。

二、按照本条款以上第一款第（一）项之规定，如果其中任命的一名代表由于那年再次当选而成为司库、全国执行委员会成员、会议筹备委员会成员或全国党章委员会成员，附属组织或选区工党可以有权额外任命一名代表。

三、附加在这些条例（以下第三条）上的党的会议的程序条例在一切情况下上都被认为是宪章的组成部分，将产生相应的效果。

四、所有代表必须满足以下任命的条件：

（一）除了被正式任命为附属工会的代表，他个人接受并遵守党的宪章、纲领、政策和原则，除居住在北爱尔兰者之外，每位代表都必须是党员条例所描述的党的个人党员。

（二）代表必须是真诚的党员或任命他们的组织的领薪的常任官员，或者如果是选区工党代表，除了议会工党成员，或按照以下第（三）项的规定被正式同意任命为选区工党的议会工党候选人之外，他们需居住在选区内而被任命为此选区的代表。

（三）议会工党成员或被正式同意的议会工党候选人可以被任命为选区工党的代表，承担候选人身份的责任；否则，选区工党任命的代表必须是居住或注册为他们所代表的选区的选民。

（四）任何人都不能成为一个以上组织的代表。

（五）不是议会工党成员的议员没有资格成为代表。

（六）在接受代表名单截止日期内，所有代表都必须至少是年满十二个月的党的个人党员［见以下第三条第一款第（五）项］。

第二条 会议筹备委员会

一、根据以下第四章程序条例第三款第（一）2项之规定，将为下一年党的年会期间，或任何两次代表大会之间召开的特别会议期间，选举一个七人组成的会议筹备委员会。其中的一名成员担任委员会书记。

二、筹备委员会的职责是：

（一）安排党的会议的议事日程。

（二）作为常设的规则委员会。

（三）当可能被要求时，从代表中选择监票员和计票员，这些代表的名字在任命任何会议代表的截止日期内已经被党的领导办公室所接受，并把所选择的人选提交给会议批准。

第三条 党的会议的程序规则

一、会议规则一——党的年会

（一）根据宪章和条例规定之条件，全国执行委员会（每当可行时）在每年的九/十月份召开党的年会。在它认为必要时，可以召开党的特别会议。

（二）当党的会议在短时间内通知召开，附属组织和选区工党的书记在接到召开会议的通知之后，立即根据宪章和条例，采取步骤以确保其组织的代表。

（三）任何在通知下达十天以内召开的党的会议将严格限制在那些涉及紧急情况而导致召开特别会议的难题。

（四）每位代表的代表团费应由派代表参加党的会议的附属组织和选区工党支付。按职务出席党的会议的成员也要付费。这笔费用在分发证件之前交给党的领导办公室。每次会议应支付的代表团费的数额将由全国执行委员会确定并通知到所有附属组织和选区工党。对每次的工党年会将在上年的12月31日前确定。

（五）全国执行委员会确定接受附属组织和选区工党任命的代表的名字和地址的时间表并附带召开会议的通知提交给附属组织和选区工党。在按宪章第六条召集特别会议的情况下，全国执行委员会将确定提交代表名字和地址的日期。

（六）全国执行委员会可以安排每年选区工党任命的参加会议的代表团共同的铁路交通费。

二、会议规则二——议事日程

（一）全国执行委员会将向会议提交全国执行委员会报告，包括：上年工作概述；全国执行委员会的委员会工作和下年所建议的计划。所有这些文件在全国执行委员会确定的日期之前，分发给所有的附属组织和选区工党。

（二）全国执行委员会将向会议提交全国政策论坛的报告，包括：上年的工作概述；政策委员会的工作；草案和最后文件；全国政策论坛的意见、选择或少数人的报告和下年所建议的计划，要在全国执行委员会确定的日期之前，分发给所有的附属组织和选区工党。

（三）所有的附属组织和选区工党可以将全国执行委员会或全国政策论坛基本上没有涉及的一个当代的重要问题提交给会议。会议筹备委员会将决定这些问题是否满足这一标准,并把收到的所有问题提交给会议,在其开始时,进行优先投票表决。投票分为两部分。一部分针对选区工党,一部分针对工会和其他附属组织。无论如何,选区工党选择的四个优先问题将按照时间表的安排在会议上讨论。工会和其他附属组织选择的四个优先问题也一样。问题必须书面提出,只能有一个主题且不得超过十个单词,并可以由一个为什么这个问题具有优先地位的解释来支持。或者,一项关于一个主题的宪章修正案只能以书面方式提交。当代问题和宪章修正案必须在全国执行委员会确定的截止日期以前由总书记在党的办公室收讫。

(四)所有附属组织和选区工党可以就竞选和组织问题向全国执行委员会提交提案,可以就政策问题全年向全国政策论坛和其政策委员会提交提案。全国执行委员会和全国政策论坛将考虑这些提案并在向会议提交的年度报告中汇报所采取的行动。

(五)在全国执行委员会同意的截止日期内,全国执行委员会、司库、审计员、会议筹备委员会、全国政策论坛和全国宪章委员会对领袖和副领袖的提名,将以规定的格式书面送到党的办公室所在地的书记那里。正如在这些条例所规定的那样,每个附属组织和选区工党将有权进行提名并且这些提名将列入最后的议事日程中。

(六)只有当附属组织和选区工党满足其对党的经费义务,包括上年的附属费、补缺选举和其他保证金以及任何应交纳的费用,宪章修正案、当代问题、紧急决议案和提名才会被接受。

(七)会议将把政策报告和草案报告视为以下报告的一部分,包括滚动方案、全国政策论坛的报告、全国执行委员会的年度报告、全国执行委员会的声明和发展战略、所提交并接受的宪章修正案和紧急问题或紧急决议案。除非有全国执行委员会或会议筹备委员会的推荐,否则会议不考虑任何需要处理的事务。在党的任何特殊会议上,全国执行委员会决定要处理的问题。

(八)当党的会议就宪章修正案做出决定时,自决定之日起的三年内,修改那部分宪章或党的条例的决定都不能出现在议事日程上。

三、会议规则三——投票

（一）在党的会议上就决议、报告、修正案、建议和对推荐信支持的投票时，将实行举手投票，或者当会议筹备委员会规定的条件要求时，用选票投票。当用选票投票时，分为以下两组：

1. 附属组织遵照以下第4目之规定，将按宪章第二条规定的在会议前的上年12月31日前交纳附属费的党员数额的基础投等于总票数一定比例的票。由此，每个附属组织的票将在全国执行委员会确定的日期内任命生效的所登记的附属组织的代表中间平等地分配；这些票将分配给每位代表以便分别进行投票。

2. 选区工党遵照以下第4目之规定，将按在会议前的12月31日前付清全额党费的实际党员数额的基础投等于总票数一定比例的票。由此，每个选区工党的票将在全国执行委员会确定的日期内任命的登记为选区工党的代表中间平等地分配；这些票将分配给每位代表以便分别进行投票。

3. 按以上第1目和第2目规定的比例票将计算总数并把每组所占的百分比的总计报告给会议。

4. 在两组之间投票的平衡为：百分之五十给附属组织（如以上第1目）；百分之五十给选区工党（如以上第2目）。

（二）在任何特别会议上的投票将根据上次工党年会同样的投票基础进行投票。

第四章　官员和全国委员会的选举

第一条　总原则

根据党的宪章和相应的全国执行委员会的指南之规定，党对官员职务和全国委员会成员的内部选举将以公正、公开、透明的方式进行。

第二条　党的全国官员选举的程序规则

一、总规则

（一）除经全国执行委员会同意可以进行修改之外，下列程序规定了一个在党的官员选举时将被遵循的规则框架。

二、党的领袖和副领袖的选举

（一）根据以下第（三）项规则之规定，领袖和副领袖的选举分别进行，除非适用于第（四）项。

（二）提名

1. 当党的领袖和副领袖的职位空缺时，只有征集到议会工党中八分之一的下院议员的选票，提名才能有效。提名没有达到这个门槛线无效。

2. 在没有空缺的情况下，每年在党的年会之前征集提名。在这种情况下，任何提名需得到议会工党中五分之一的下院议员的支持。提名没有达到这个门槛线无效。

3. 附属组织、选区工党和欧洲议会议员也可以就领袖和副领袖的每个官职进行提名。所有被提名者必须是议会工党下院议员。

4. 被提名人将至少在按以下第（三）项规定的投票开始整整两周以前书面通知总书记接受或不接受提名。除非书面同意提名信被收到，否则，提名将被视为无效。

5. 生效的提名将打印在党的会议的议事日程上，同时还打印出提名组织的名称和支持提名的议会工党众议员的名字。当出现以下第（五）项所指的职务空缺时，这一信息将包含在与任何投票一起分发的文件中。

6. 不出席党的相关会议的被提名人将被认为已经撤销其提名。除非他们在会议召开时或之前向书记书面提交一份解释书，注明能让会议筹备委员会满意的不能出席的理由。

（三）投票

1. 将举行选举领袖和副领袖的投票并在党的年会上宣布选举结果；除非发生以下第（五）项所指的职务空缺的情况，那时投票的时间表将由全国执行委员会决定。

2. 将按如下规定分三组举行连续投票：

（1）组1将由议会工党众议员和欧洲议会议员组成。每次按组的规则举行投票时，这些议员每人都有一票。

（2）组2将由党的所有有资格的个人党员以一人一票为基础的投票组成。这一投票将在全国基础上举行并按选区工党分类进行统计和登记总票。有资格的党员是指那些被认可并且党员资格没有失效的目前还列在全国党员名单上的人。

（3）组3由表明支持工党，不是其他政党成员或支持者，或者相反，不是没有资格成为工党成员或支持者的附属组织的会员构成。将按每个附属组织规定的程序进行投票，但要以一人一票为基础，由附属组织进行登记并合计为全国总票数。如果事先没有发表声明的话，选票上提供支持的声明和本规则所要求的资格。

3. 在每个组内对被提名人的投票数将被计算为在那个组的投票总数的百分比，然后将按以下规定分配：

（1）组1（议会工党的下议员和欧洲议会议员）——三分之一。

（2）组2（工党个人党员）——三分之一。

（3）组3（附属组织会员）——三分之一。

4. 按以上第3目规定分配的票数将计算总数。按此分配规则得到一半以上票数的候选人将宣布为当选。如果在第一轮投票中没有人得到这样的票数，将以淘汰制为基础举行下一轮投票。根据选票上所指明的优先选择重新分配选票。

5. 在每次选举之后，根据全国执行委员会确定的格式，每组内投给被提名人的选票将尽可能快地登记并公布。

（四）选举的时间

1. 当议会工党是下议院的反对党时，领袖和副领袖的选举在党的年会上举行。

2. 当议会工党执政时，领袖和/或副领袖成为首相和/或内阁成员时，只有当在党的会议上按选票投票的方式、多数要求时，才会进行选举。

3. 在其他情况下，只有当按以下第（五）项规定的职位空缺时才举行选举。

（五）职位空缺时的程序

1. 当工党执政，党的领袖成为首相，并且党的领袖不管什么理由长期无法担任工作时，在咨询全国执行委员会后，内阁将任命一名成员作为党的领袖，直到按这些条例规定可以举行选举为止。

2. 当工党执政时，按以上第1目的规定，党的副领袖成为党的领袖时，内阁在咨询全国执行委员会之后，可以任命其一名成员为党的副领袖，直到下次党的会议为止。或者，在咨询全国执行委员会后，内阁可以任其空缺，直到下次党的会议为止。

3. 当工党执政时，并且党的副领袖不管什么理由长期无法担任工作时，在咨询全国执行委员会后，内阁可以任命其一名成员作为党的副领袖，直到下次党的会议为止。或者，在咨询全国执行委员会后，内阁可以任其空缺，直到下次党的会议为止。

4. 当党处于反对党时，并且党的领袖不管什么理由长期无法担任工作时，党的副领袖将自动成为党的临时领袖。全国执行委员会将决定是否按以上第（五）项的规定直接举行一次投票，还是在下次党的年会上选举一名新的领袖。

5. 当党处于反对党时，并且党的领袖和副领袖不管什么理由长期无法担任工作时，全国执行委员会将指示按以上第（五）项的规定进行一次邮寄投票。在咨询"影子内阁"后，全国执行委员会可以选择任命一名"影子内阁"成员作为党的领袖，直到邮寄投票结果出来为止。

三、主席、副主席的选举

（一）全国执行委员会将在每年第一次会议上选举其本身的主席和副主席。当选者在全年都将行使其职权并且还将是下年党的年会上和这一年中党的特别会议的主席和副主席。

（二）在这一年中，全国执行委员会还要选举一个三人小组作为主席助理，他们与副主席一起协助主席组织会议。在全国执行委员会五个组中，由每个组曾任过主席或副主席的资深成员选拔一名代表。这些主席助理由全体全国执行委员会成员从这五名代表中选举产生。在咨询主席助理小组成员后，全国执行委员会主席决定将主持会议特别会期的人选。

四、总书记的选举

（一）总书记将在全国执行委员会的推荐下由党的会议选举并且是当然党的会议成员。她/他将把全部时间投入到党的工作中去，并没有资格成为议员候选人。只要她/他的工作使全国执行委员会和党的会议满意，将一直保持其职位。在党的会议之间，当不管什么理由而出现总书记职位空缺时，全国执行委员会将具有全权来填补这一空缺，并提交给党的会议批准。

五、党的司库的选举

（一）每个附属组织和选区工党都可以提名一位党的有资质的党员为司库。

（二）在全国执行委员会制定的指南的指导下，选区工党的比例票以全国一人一票邮寄的方式由全体具备资格的个人党员进行投票。附属机构的比例票将在附属组织中以同选区工党相同的时间表进行投票。

（三）党的司库的职位任期为两年。

六、审计员的选举

（一）正如这些规则规定的那样，两名审计员以用选票投票的方式进行选举。

（二）每个附属组织和选区工党可以提名一位党的有资质的党员担任审计员。

（三）正如在以下第三条第（二）项第3目会议筹备委员会的情形那样，倘若一名审计员不能履行职责，将按同样的程序填补空缺。

七、苏格兰议会和威尔士议会工党议会党团领袖的选举

（一）根据以上第四章第二条第二款之规定，并服从由全国执行委员会不时出版的指南，苏格兰议会工党党团领袖和威尔士议会工党党团领袖的选举按照党的领袖和副领袖的选举规则进行。

第三条　全国委员会选举的程序规则

当就党的全国决策委员会的职位进行选举时，下列程序提供一个需遵循的规则框架。全国执行委员会将就提名、时间表、候选人的行为准则和

其他与选举实施有关的事务出版程序指南。

（一）全国执行委员会的选举

1. 任何当选下议员、欧洲议会议员、苏格兰议会议员、威尔士议会议员或上院议员的人都没有资格进入全国执行委员会第一、二、三或四组。任何第一、二、三或四组的成员，如果他们当选为下议员、欧洲议会议员、苏格兰议会议员、威尔士议会议员或被任命为上院议员时，都将不再是全国执行委员会成员。由此引起的空缺将根据以下第（4）目之规定进行填补。为了提名和选举的目的，全国执行委员会分为五个组。

第一组（工会）：将包括十二名成员，至少六名为女性，由工会进行提名，由工会在党的会议上的代表进行选举。

第二组（社会主义和合作协会）：将包括一名代表，由社会主义和合作协会以及其他组织提名，由其代表在党的会议上选举。

第三组（选区工党）：将由本选区工党和至少两个其他选区工党提名的六名代表组成，其中至少三名为女性。根据全国执行委员会制定的指南的指导，对这些职位的投票将以全国一人一票邮寄的方式在全党有资格的党员中进行。

第四组（地方政府）：将由工党议员协会的两名成员组成，至少一名为女性，由工党议会党团进行正式提名。根据全国执行委员会制定的指南的指导，对这些职位的投票将以全国一人一票邮寄的方式在工党议员协会全体个人党员中进行。

第五组（议会工党）：将由三名议会工党的下议员或欧洲议会工党的欧盟议员组成，至少其中一名为女性。这些成员由工党后座议员和（除欧洲议会工党领袖之外的）全体欧盟议员提名并由全体工党下议员和欧盟议员选举产生。投票在全国执行委员会制定的指南的指导下进行。

2. 所有附属组织和选区工党对被提名人的投票都将登记并在会议之后公布。

3. 对全国执行委员会的提名要根据以下条件进行：

（1）（除了支持提名之外）被提名者必须是提交提名的附属组织/选区

工党的真诚纳费的成员。

（2）除非一个选区工党支持另一个选区工党党员的提名，否则，这个选区工党的被提名人必须在提交提名的选区工党的辖区内注册为选民（除非没有资格进行注册，在这种情况下，必须是这个辖区内的居民）。

（3）议会工党的下议员和欧洲议会工党议员没有资格被提名进入全国执行委员会第一、二、三、四组。

（4）工会代表大会总委员会成员没有资格被提名进入全国执行委员会。

（5）根据全国执行委员会确定的时间表，被提名者将书面通知总书记接受或不接受提名。如果书面同意接受提名书没有在全国执行委员会指南所确定的时间内被收到，提名将被认为无效。

（6）每个附属组织可以为进入全国执行委员会适当的组而从其正式任命的代表中提名一人。当工会按五十万名以上会员付费时，这个工会将可以再加一个进入第一组的提名。

（7）当在党的年会之间出现全国执行委员会成员的空缺时，将由全国执行委员会在空缺之前的上一次年会上宣布的相关组的未成功当选的得票最高的被提名人中进行增补。

4. 当在党的年会之间出现全国执行委员会成员的空缺时，正如全国执行委员会在空缺之前的党的年会上宣布的选举结果所显示的那样，全国执行委员会在相关组的未成功当选的得票最高的被提名人中进行增补（服从至少保持百分之五十的女性代表的规则）。

5. 全国执行委员会五个组的每个官职的任期为两年。

（二）会议筹备委员会的选举

1. 会议筹备委员会将包括七名成员，至少三名为女性。

（1）正如在这些条例中所规定的那样，五名成员，至少两名是女性，由附属组织或选区工党提名，将在党的会议上以用选票投票的方式进行选举。

（2）正如在第三章第三条第三款第（一）项中规定的那样，其他两名成员，至少一名是女性，由选区工党提名，在党的会议上以用选票投票的方式由选区工党的代表进行选举。

2. 每个附属组织和选区工党可以提名一名有资格的党员占据会议筹备委员会的一个席位。

3. 当在党的会议之间出现会议筹备委员会成员的空缺时，会议筹备委员会将在上次会议上适当的投票组中未当选的且得票最高的代表中或从当然参会的成员（但还不是会议筹备委员会成员）中增补一人。如果投票名单已经没有可供选择的剩余人选，最初当选这个空缺位置的附属组织或选区工党可以提名一名替代者接任余下的任期。

4. 会议筹备委员会成员官职的任期为两年。

（三）全国党章委员会的选举

1. 仅仅为了提名和选举的目的，全国党章委员会分为以下三个组：

（1）第一组将包括六名成员，至少三名为女性，由附属工会提名，在党的会议上工会代表团以用选票投票的方式进行选举。

（2）第二组将包括一名成员，由社会主义组织、合作组织和其他组织提名，其代表团在党的会议上以用选票投票的方式进行选举。

（3）第三组将包括四名成员，至少二名为女性，由选区工党提名，其代表团在党的会议上以用选票投票的方式进行选举。

2. 所有附属组织和选区工党对被提名人的投票都将登记并在会议之后公布。

3. 对全国党章委员会的提名要根据以下条件进行：

（1）被提名者必须是提交提名的附属组织或选区工党的真诚纳费的成员。

（2）全国执行委员会成员、下议员、欧洲议会议员、党的雇员或五年以下连续党龄的党员没有资格被提名。

（3）被提名者将在会议召开前整整十二周内书面通知总书记接受或不接受提名。除非这份书面同意接受提名书被收到，否则提名将被认为无效。

（4）每个附属组织/选区工党可以向全国党章委员会适当的组（一组、二组或三组）提名一人。

4. 全国党章委员会每三年在党的年会上进行选举，并由全国执行委员会决定轮换连任事宜。

5. 在任职期间，全国党章委员会成员发生空缺时，将在空缺发生后的党的下次会议上通过选举进行增补。任何当选的增补者的任期将延续造成空缺者的原任期，并且新成员将服从在党的会议上谋求连任。这样的选举将根据以上第三款之规定进行。

（四）全国政策论坛的选举

1. 为了选举的目的，全国政策论坛分为以下八组：

（1）第一组包括五十五名成员，由选区工党提名，在全国执行委员会制定的指南的指导下，以统计区为基础，一人一票邮寄的投票方式，在全体有资格的个人党员中进行投票。每五人中就要有一人从苏格兰、威尔士和英格兰地区当选。每五人中一个名额保留给青年工党代表。另外四个名额中至少要包含两名女性代表。青年工党代表中每隔一年应有一名女性代表。

（2）第二组包括三十名成员，至少十五名为女性，由附属工会提名和选举。

（3）第三组包括来自苏格兰、威尔士和英格兰地区会议或地区政策论坛的二十二名代表。有两人，至少其中一名是女性，应从苏格兰、威尔士和每个英格兰的统计区中当选。

（4）第四组包括九名地方政府代表。每四人就有一人由地方政府协会工党党团和工党议员协会选举，其中至少两名为女性。有一名来自苏格兰地方政府大会工党党团的代表。

（5）第五组包括三名成员，至少一名为女性，由附属社会主义协会提名和选举。

（6）第六组包括四名工党非裔社会主义协会的代表，至少两名为女性。

（7）第七组包括九名议会工党下议员的代表，至少四名是女性。

（8）第八组包括六名欧洲议会工党成员，至少三名是女性。

（9）第九组包括一名成员，由工党学生成员提名和选举。

（10）第十组包括两名上院工党党员，由上院议员提名和选举。

2. 另外，四名威尔士政策论坛和四名苏格兰政策论坛的官员将成为全国政策论坛成员。

3. 另外，内阁或反对党的"影子内阁"将任命八名前座议员为代表，至少三名为女性。合作党将被同意任命二名代表，至少其中一名为女性。合作党的总书记也当然成为代表。

4. 所有组的选举都在全国执行委员会制定的指南的指导下进行。职务任期为两年。全国执行委员会成员当然成为全国政策论坛成员。

5. 没有人有资格被提名到一个以上的职位上，从而在党的会议上通过选举被任命到全国执行委员会、会议筹备委员会、全国党章委员会、司库、审计员的职位上；在特定的时间内也不能服务于一个以上的机构。如果出现一个人被提名到一个以上职位时，可以要求这个人选择哪一个是她或他想保留提名的职位。在做出选择后，这个人的名字就在其他职位的提名上被删去。在会议召开前的整整六周内不允许选择职位，由此，所有对相关者的提名都被认为无效。

第五章 对选举的公共职务的选拔

工党党员的权利包括有机会在一个地区内选择公共职务的候选人，全国执行委员会决定在地方、地区、全国和欧盟这样的每一个层面上建立选区工党。核心原则将适用于这些选拔，选拔将使党员能够选择代表我们社会的工党的候选人，他们在公共生活中能够坚持最高标准的正直与诚实。

第一条 公共职务选拔的总原则

一、在选拔所有预期要经过选举的代表时，下列原则需要遵守：

（一）党员参与选拔过程的权利

1. 所有工党有资格的个人党员，至少在相关党的机构内（此人居住在相关的选区内）保持六个月的连续党龄者被授权参与选拔会议。任何例外必须经全国执行委员会批准。

（二）对担任公共职务的党员的提名标准

除了满足对相关公共职务的法规要求之外，那些希望成为工党候选人者必须具备连续十二个月的党龄。他们还必须是附属于工会总会的工会会员，或者是全国执行委员会认为的一个真诚的工会的会员，并对工会的政治基金做出贡献者。任何对这些条件的例外都必须经全国执行委员会或经全国执行委员会授权的官员的批准。

（三）选拔过程中的被提名权

1. 在所有有资格的党员拥有公正和平等的机会被选拔的基础上，被提名者将被给予一个行为的法规，这部法规指明一名潜在的候选者在选拔中所具有的权利。

（四）候选人对党的责任

1. 所有被提名人，如果被选拔上后，将以全国执行委员会规定的格式，书面保证遵守工党的章程和办事规则。

（五）代表我们社会的候选人

1. 工党将在所有选举中采取行动鼓励更高水平的代表性和在我们民主制中社会中代表比例偏低的人民团体的参与。特别是党将采取积极行动以确保在相当程度上有更多的女性和少数族裔的候选人选拔上来。

（六）高质量的候选人

1. 工党候选人必须满足全国执行委员会不时确定的最低标准。要保证这些标准已经达到并得以保持，才能获得对候选人的支持。

（七）参与其中的程序

1. 选拔过程必须使所有党员在一个平等的基础上参与进来并考虑到代表比例偏低的团体面临的参与的障碍。一人一票制在合理可行的所有选举中，包括采用选举团制的选举中都被采用。

（八）程序的透明性

1. 针对这些选举的程序条例和指南将尽量做到清楚、简明并使党的单位容易执行。将对执行选拔程序的党的单位给予支持。

二、党的单位将依据指南行事，在这些条例的实际操作中，全国执行委员会将出版指南。当需要满足特殊情况或进一步说明这些条例的目标和原则时，全国执行委员会有权修改这些条例和任何程序条例以及指南。此外，全国执行委员会在认为情况需要时有权指定候选人。

第二条 地方政府候选人的选拔

一、全国执行委员会将为地方政府候选人的选拔出版程序条例和指南。根据本条例第十二章建立的地方政府委员会将负责贯彻这些指南，要与以上第一款和以下详述的条例保持一致。地方政府委员会将在程序问题上与适当的地区主管或经全国执行委员会批准的指定官员的意见保持一致。

二、所有被提名人必须满足以上第一条第一款第（二）项所详述的担任未来地方政府候选人的标准。另外，根据党的宪章的规定或根据党的会议的决定没有资格成为下议员候选人的人不能被提名或选拔为任何地方政府选举的候选人。

三、所有被提名者按全国执行委员会规定的格式书面承诺，一旦当选，将接受并服从适当的工党党团的办事规则并成为工党全国议员协会成员。

四、地方政府委员会将依据全国执行委员会批准的指南确定并支持一个未来地方政府候选人小组。地方政府委员会将小组的详细情况告知预期要进行选举的全部选举区域的支部。

五、工党个人付清党费的党员，居住在进行选拔的选举区域内并且在地方政府委员会确定的日期上至少有六个月的党龄，应被邀请参加决定地方政府候选人小名单和选拔程序。

六、将按一人一票制，经选区/选举组全体有资格的党员的淘汰性投票来确定列入小名单并进行候选人的选拔。

七、由不同意被提名人进入未来地方政府候选人小组而引发的任何争执将提交到适当的统计区上诉委员会。关于列入小名单或选拔会议上的争执将提交给适当的地方政府委员会。全国执行委员会将出版指南提供给相关的党的单位和要求处理任何有争执的问题的上诉人。

八、以上第一至第七款条例的任何例外都只能经全国执行委员会或由其授权的官员的批准。

第三款 全国议会候选人的选拔

一、全国执行委员会将就全国议会选举的候选人选拔出版程序条例、指南和时间表。选区工党将负责贯彻这些指南，并与以上第一条第一款和以下详述的条例保持一致。选区工党必须在程序和时间表上与适当的统计区主管或经全国执行委员批准的其他官员的意见保持一致。

二、所有被提名人必须满足以上第一条第一款第（二）项所详述的担任全国议会候选人的标准。另外，根据党的宪章的规定或根据党的会议的决定没有资格成为一个地方政府候选人的人不能被提名或选拔为全国议会候选人。欧洲议会议员、苏格兰议会议员和威尔士国民议会议员可以寻求作为英国议会工党候选人的提名，但必须获得全国执行委员会的明确许可，全国执行委员会具有最终决定权。

三、所有被提名人将承诺，一旦当选，要接受并遵守议会工党的办事规则。

四、全国执行委员会将成立一个全国议会候选人小组。对感兴趣的被提名人进行培训并将采取行动，寻找要选择的目标以增加女性、少数族裔和残疾人以及来自手工业和宗教背景的人进入此全国小组。通过一个评估程序，那些在资质上达到全国执行委员会所规定的最低标准的人可以纳入议会小组。在全国执行委员会与附属机构之间达成附属机构设立相似的资质标准的协议之后，通过全国附属组织自己的程序而推荐的候选人将自动纳入议会小组。被提名人不一定必须是全国议会小组成员才能试图得到选拔。

五、如果议会工党的议员作为选区工党的代表进入议会：

（一）如果在任议员希望再次当选，就可以根据全国执行委员会的指南，在党的单位和附属机构中进行一次激活性投票。如果此议员赢得激活投票，经全国执行委员会的同意，就可以成为选区工党未来的议会候选人。

（二）如果此人没有通过激活投票，她/他将有资格被提名为未来议会候选人并被纳入进行选拔的候选人小名单中。

（三）如果此人没有被选择为未来议会候选人，她/他有向全国执行委员会上诉的权利。只能在条例和宪章总条款规定的程序，在条例以及办事规则没有正确贯彻的基础上进行上诉。上诉必须赶在全国执行委员会考虑同意选区议员候选人的日期之前令其收到。

（四）当在激活投票之前，或在选区选举会议召开之前，正式宣布女王解散议会的公告，将暂停这一条款的规定（除了这一段之外），并且经全国执行委员会同意后，此议员将再次被选择为未来议员候选人。

（五）如果此议员宣布打算退休，此条款的规定将不适用。

六、在所有情况下（例如，没有议员，议员宣布打算退休，争取连任的议员未通过激活投票），选区工党小名单委员会根据以上第一条第一款第（一）项，将起草一份感兴趣的候选人小名单提交给选区工党有资格投票的全体党员。

七、按一人一票制，经选区全体有资格的党员的淘汰性投票，进行候选人的选拔。

八、全国执行委员会的认可

（一）议会候选人的选拔到此并不视为结束，直到把所选择的党员名字置于全国执行委员会会议面前并得到其认可为止才算完结。在受到全国执行委员会认可之前，这名党员不能作为未来的候选人推荐给公众。当成功的候选人不是全国推荐小组的成员时，或者当由党鞭办公室提供的在任议员被接受时，每种情况下，在推荐给全国执行委员会之前，都应进行一次获取认可的面试。

（二）如果全国执行委员会确信，根据最初的印象，一个人有违背条例的迹象，全国执行委员会在经过调查和与此人面谈之后，当全国执行委员会认为合理、可行且适当时，有权婉拒认可；或已经认可时，有权解除对此人作为未来议会候选人的认可。

九、根据本条例，一个已经完成其未来议会候选人的选拔的选区工党将接受为所选择的候选人支付选举费用的责任。与全国执行委员会对候选人的认可相联系，接受这样的提供资金的责任就成为强加于选区工党的义务。

十、当没有接到有效提名时，或出现一种紧急情况，或当全国执行委员会认为暂停由全国执行委员会公布的程序可以最大程度上服务于党的利益时，正常的程序可以被全国执行委员会免除。

十一、由选拔程序引发的争执将由全国执行委员会任命的官员进行斟酌，并向全国执行委员会汇报。全国执行委员会根据报告做出的决定具有最终效力并对争执各方都具有约束效力。

十二、对以上条例（一）至（十一）项的任何例外都需经全国执行委员会的批准或由全国执行委员会授予行使权力的官员批准。

第四节 欧洲议会候选人的选拔

一、全国执行委员会将为欧盟选举的候选人选拔出版指南和时间表。统计区委员会和苏格兰、威尔士执行委员会负责在与以上第一条第一款和以下详述的条例保持一致的情况下，贯彻这些指南。统计区/全国机构必须在程序和时间表问题上与全国执行委员会批准的指定官员达成一致意见。

二、所有被提名人都必须满足以上第一条第一款第（二）项详述的作为欧洲议会候选人的标准。此外，根据党的条例或党的会议的决定，没有资格成为地方政府候选人和全国议会候选人者也没有资格被提名或选拔为欧洲议会候选人。

三、所有的被提名人都将承诺，一旦当选，接受并遵守欧洲议会的办事规则。

四、全国执行委员会将建立一个欧洲议会候选人小组。对感兴趣的被提名人进行培训并将采取选择目标的行动以增加女性、少数族裔和残疾人以及来自手工业和宗教背景的人进入此全国小组。通过一个评估程序，那些在资质上达到全国执行委员会所规定的最低标准的人可以纳入议会小组。在全国执行委员会与附属机构之间达成附属机构设立相似的资质标准的协议之后,通过全国附属组织自己的程序而推荐的候选人将自动纳入议会小组。

五、统计区委员会/全国主管将按照全国执行委员会确定的方式任命一个代表地方选区工党和附属组织的选拔委员会。这个选拔委员会将通过附属组织和选区工党投票的方式掌管欧洲议会议员再次选拔的程序。采用选票投票的方式,欧盟议员至少得到附属组织/选区工党百分之五十的票就将纳入再次选拔的欧洲议会议员的小名单中。没有得到百分之五十票支持的欧洲议会议员拥有与其他议员同样的被提名权。随后,根据全国执行委员会批准的程序指南,选拔委员会将征求提名并为统计区(或苏格兰和威尔士)空缺的席位确定一个新候选人小组。

六、根据以上条例第一条第一款第(一)项,选拔委员会将把一份希望再次当选的欧盟议员小名单和为空缺席位确定的一份感兴趣的新候选人小名单提交给统计区/全国选举范围内有资格投票的全体党员。

七、全体有资格的个人党员通过邮寄投票(通过简单的优先选择投票)确定候选人的排列。这样就分别确定两份名单的排列次序。

八、欧洲议会候选人的选拔人直到被选择的党员的名字放在全国执行委员会会议面前并且她或他的选拔被同意后,选拔程序才被视为结束。在接到这样的同意之前,此党员不能向公众推荐为未来的候选人。

九、根据本条例,一个已经完成其未来欧洲议会候选人的选拔的统计区(或苏格兰和威尔士)将接受为所选择的候选人支付选举费用的责任。与全国执行委员会对候选人的认可相联系,接受这样的提供资金的责任就成为强加于相关统计区/全国机构的义务。

十、当没有接到有效提名时,或出现一种紧急情况,或当全国执行委员会认为暂停由全国执行委员会公布的程序可以最大程度上服务于党的利益时,正常的程序可以被全国执行委员会免除。

十一、由选拔程序引发的争执将由全国执行委员会任命的官员进行斟酌,并向全国执行委员会汇报。全国执行委员会根据报告做出的决定具有最终效力并对争执各方都具有约束效力。

十二、对以上条例（一）至（十一）项的任何例外都须经全国执行委员会或由全国执行委员会授予行使权力的官员批准。

十三、在欧盟选举期间，选区工党每月将支付二十五英镑用于这些选举的费用。这笔资金将由直接借记方式支付或者由中央党部从收取的党费中直接扣取。2014 年欧盟选举以及后续的选举之后，全国执行委员会有权根据通货膨胀率来提高这笔经费的数额。

第五条 委任机构候选人的选拔

一、在尊重对苏格兰议会和威尔士议会候选人选拔的情况下，在以上第一款和第三款详述的原则的基础上，经与苏格兰和威尔士执行委员会协商认为恰当之后，全国执行委员会将起草一份详细的程序文件。

二、在以上第一条详述的原则的基础上，在尊重对大伦敦政府或其他英格兰统计区机构候选人选拔的情况下，全国执行委员会将起草一份详细的程序指南。代表特定区域并反映选区工党与附属机构平衡的统计区选拔委员会将掌管这一程序。统计区/全国机构必须与全国执行委员会批准的指定官员就程序和时间表问题达成一致意见。

三、在以上第一款详述的原则的基础上，在尊重对统计区和地方政府领导人直接选举选拔的情况下，全国执行委员会还将起草一份详细的程序指南。代表特定区域并反映选区工党与附属机构平衡的统计区（或苏格兰，或威尔士）选拔委员会还将掌管这些程序。

四、对以上第一至第三款的任何例外都须经全国执行委员会或由全国执行委员会授予行使权力的官员批准。

第六章 纪律条例

第一条 由党发起的全国性诉讼

一、全国执行委员会在它认为必要时将采取以下纪律措施以确保全体党员和官员遵守党的宪章、条例和办事规则。

第二部分 主要政党内部规章制度

这些权力将包括：

（一）涉及任何一名个人党员或一部分党员被指控违反宪章、条例或党的办事规则时，全国执行委员会可以在任何调查和控告（如果有的话）的最后结果出来以前，停止某个人或某些人的职务或党的代表的身份，尽管事实上相关的个人已经或可以有资格在任何选举和补缺选举中被选拔为候选人。总书记和其他全国官员将进行调查并就调查结果向全国执行委员会报告。全国执行委员会可以就所提交的报告指示总书记或其他全国官员针对相关个人或多个人起草一份控告书，并提交给全国党章委员会以便根据其规则做出决定。

（二）涉及任何一个党团成员或多个成员被指控违反宪章、条例或党的办事规则时，全国执行委员会可以在任何调查和控告（如果有的话）的最后结果出来以前，暂时停止某个人或某些人在涉事党团中的活动。总书记和其他全国官员将进行调查并就调查结果向全国执行委员会报告。全国执行委员会可以就所提交的报告指示总书记或其他全国官员针对相关个人或多个人起草一份控告书，并提交给全国党章委员会以便根据其规则做出决定。

（三）根据以上第一款和第二款之规定，当全国执行委员会认为出现有正当理由行使其权力的情况时，它可以对党的任何个人党员发布书面警告，令其注意到全国执行委员会认为其行为已经不再适合保留党籍，或者也许已经或将导致违反宪章、条例或党的办事规则。在全国执行委员会根据以上第一款和第二款之规定行使后续权力之后，按照这一条款所发布的任何书面警告都不得妨碍这样的行为，即对发布警告的理由报以怀疑，并且把警告的发布和可以当作证据的发布警告的理由作为两大事实提交给全国党章委员会。

二、无论以什么依据而被全国党章委员会开除，或根据以上第二章党员条例第一条第四款之规定被开除之后，当个人申请重新入党时，申请书将提交给全国执行委员会加以考虑并做出决定。全国执行委员会对被开除五年以内的申请一般不予考虑。全国执行委员会的决定对当事人和与申请相关的选区工党具有约束力。

三、除非由其他决定而予以界定，无论是被全国执行委员会根据以上第（一）项之规定而被"停职"的党员，还是全国党章委员会施以纪律惩罚而被"停职"的党员，将规定把行使个人党员的党员权利限定在仅作为普通党员参与本支部会议和活动以及适用于参加全体个人党员参与的投票。一名被停职党员没有资格谋求党的官职，也没有资格被提名作为任何分组的未来的候选人，并且不能在党的任何一级岗位上代表党。除了按照要求参加投票之外，当事人没有资格出席选区工党会议。

第二条　由选区工党发起的诉讼

一、一个选区的总委员会/全体党员会议有责任在选区内采取所有步骤来执行工党的宪章、办事规则和条例并在选区内捍卫党的纲领、政策和原则。为达此目的，一个选区将根据以下规定，采取其认为必要的行动：

（一）党的支部、党的附属组织或选区工党的党员可以就选区内出现的违反党章、条例或党的办事规则的纪律问题书面向选区工党书记投诉和指控。这样的投诉和指控将说明投诉者希望考虑采取哪些纪律行动。

（二）当所在的选区没有执行委员会时，此事直接提交给总委员会或全体党员会议，由其通过决议决定是否要对投诉进行调查。

（三）由于此案可能涉及选区工党，在接到投诉后，书记把投诉书提交给执行委员会、总委员会或全体党员会议，由其通过决议决定是否进行调查。

（四）在执行委员会做出决定后，书记立即与党的地区党部联系以确保各阶段的程序的正确实施，包括提出任何控告。

（五）执行委员会的决议将上报给总委员会/全体党员会议，由其决定是否授权实施所建议的调查。

（六）任何建议成为调查对象的人必须在选区内居住或登记为选民，在涉及投诉的诉讼时间内都须一直在选区内居住或登记为选民。如果此人是总委员会或执行委员会成员，在考虑投诉时，她/他将有充分的权利在其所在的委员会内参与投票。

（七）当总委员会/全体党员会议授权进行调查之后，执行委员会将任命三人小组作为"调查员"。调查员可以由最初的执行委员会会议表示同意，有待于总委员会/全体党员会议后续的认可。任何调查员不得是诉讼的一方或是最初投诉的对象。

（八）"调查员"将按他们认为适当的方式对此事的投诉或指控进行调查，包括从原告、投诉者和其他党员那里接受书面证据。

（九）"调查员"将决定最初的案件是否属实。如果属实，可以提出控告并上报给总委员会/全体党员会议。提交给总委员会/全体党员会议的报告限于他们是否发觉一个最初未经证实的案件，如果是这样，限于所建议的控告。控告必须明确违反党的哪条条例。在这个阶段，总委员会/全体党员会议决定，如果有的话，提出哪些控告。

（十）在这个阶段，除了仅调查小组一名成员提交报告并随即回答问题，但仍旧不能参与投票之外，任何调查员都不得参与总委员会/全体党员会议的投票。

（十一）如果总委员会/全体党员会议决定应提出控告，将通知调查员提交这些控告，一并附上证据；如果已经做出决定，也把所推荐的纪律措施附上。调查员将任命其中一人为案件"指控者"，案件将提交到全国党章委员会以便做出决定。在呈递案件时，所依据的所有证词和文件证据必须伴有所提出的控告。

（十二）控告将递交给位于党的总部的全国党章委员会书记，由其联络指控者和委员会主席以便安排把案件提交给委员会或其小组，在适当的时候，安排日期和地点进行听证。通过听证会，或者在尊重其程序指南的情况下，党的全国党章委员会查明控告真相。不管全国党章委员会认为是否构成一个案件，控告是否成立，以及强制的纪律措施，其决定都将具有最终效力。

（十三）提交给全国党章委员会的纪律案件的程序指南附在工党章程全编后面的附录六中，可以从党部的纪律部那里获取。调查队在开始调查前应熟悉文件的内容。

第三部分　党组织的部门条例

第七章　选区工党的条例

第一条　名称

（某）选区工党，以下称"本选区工党"。

第二条　目标与价值

一、全国

（一）以上第一章全国宪章第四条概括的工党的目标与价值适用于本选区。

二、选区

（一）在选区内团结工党力量并确保在全选区内建立支部并保持积极的运作，以及协调其活动。

（二）在着眼于在地方社区提高工党的影响力并获得其支持以及从中吸收党员的情况下，通过在选区内宣传工党的政策与原则，争取使工党代表返回全国议会和地方政府机构。

（三）通过规划党的地区发展行动计划，在选区内宣传工党的政策，并确保党的所有单位的采纳与实施。

（四）在选区内，向党的所有个人党员提供机会，通过确保让他们能够参加党的一系列活动，包括地方政策论坛，通过确保他们充分参与讨论以扩大对党员的政治教育并增加他们对党的纲领的制定的影响力，从而对目标和政策的形成做出贡献。

（五）在适当的地区主管授权与支持下，根据全国执行委员会出版的指南进行运作，有可能的话与相邻的选区工党合作，建立地方政策论坛。党的宪章赋予选区工党以义务，与工会、合作协会和其他附属组织一起为追寻我们的目标而工作，并且选区工党必须咨询党员、当选代表、附属组织以及可行的话，咨询更广泛的社区。在社区里，选区工党在政策制定的创意的基础上，将这些创意转交给全国政策论坛以便纳入党的纲领。

第三条 附属组织

一、如果组织属于下列范畴之内，可以在选区一级附属于党：

（一）工会或附属于工会总会的支部，或全国执行委员会认为是真诚的工会，在全国一级附属于党。由附属组织的结构所决定，在得到适当的附属工会的领导的同意下，党的统计区主管负责决定，支部的下属组织可以独立地附属于党。

（二）合作协会、合作党的支部和其他合作组织。

（三）在全国一级附属于工党的社会主义协会的支部。

（四）全国执行委员会认为有资格附属的其他组织或其支部。

二、每个附属组织必须：接受党的纲领、原则和政策；同意遵守党的宪章、条例和办事规则；拥有在选区内登记为选民的会员。

第四条 附属费

一、对本选区工党的附属费和应支付的捐款为：

（一）工会、工会的支部、社会主义协会的支部和其他组织；在选区内居住或注册为选民，每人每年六便士，每个支部最低交纳六英镑。

（二）尽管最低附属费与其他附属组织处于同一基础，但合作协会和其他合作组织可以以本选区与各自的合作组织之间达成的一致意见作为基础。

（三）合作党依据目前生效的工党与有限合作联盟达成的协定。

（四）所有的附属费不得迟于相关年度的12月31日交付。

第五条 个人党员

一、党员的条件，入党的程序，选区内党的个人党员应支付的党费正如在第二章党员条例中所规定的那样。

二、选区内党的个人党员所拥有的符合宪法的权利将只在支部中起作用，在这个支部中，他们注册为选民并居住于此，或者在特殊情况下，如果他们没有资格注册并参与投票，他们仅居住于此。

三、本选区的女党员，如果她们想要的话，可以组织妇女论坛，根据全国执行委员会批准的规制进行活动并经统计区主管批准设定分界线。

四、年龄在十五至二十六岁之间的党的个人党员,包括十五岁和二十六岁,如果他们想要的话,可以组织青年工党支部,根据全国执行委员会批准的规制进行活动并经统计区主管批准设定分界线。

第六条 组织的程序

一、总体程序

(一)以总委员会/全体党员会议的决定为基础,并经全国执行委员会批准,在整个选区建立支部。支部的边界最大以地方政府的边界为准。

(二)根据这一规则建立的支部只包括本选区内党的个人党员,他们居住在支部所覆盖的区域内并登记为选民。

(三)支部将根据党的支部条例和其他全国执行委员会批准的规制进行运作。一个支部尤其应保持区域内必要的选举机构。一个支部可以从事其他活动以促进党在此区域内的发展和个人党员参与到为本选区达成的发展行动计划中去。支部的公共活动将由选区工党执行委员会批准。

(四)当总委员会/全体党员会议认为可以成立一个跨支部的合作组织时,要经统计区党部批准。

(五)总委员会/全体党员会议可以寻求全国执行委员会批准新的组织方法以满足其目标,这个目标是所达成的发展计划的一部分,而该计划坚持履行党的宪章义务。全国执行委员会鼓励选区工党请求把全体党员会议作为新的组织方法。

二、可以成立妇女论坛以协调女党员之间的工作,依据妇女论坛条例和其他全国执行委员会批准的规制进行运作。

三、可以在工作场所建立支部,覆盖一个或多个选区,根据全国执行委员会批准的规制进行运作。

四、可以建立少数族裔论坛以协调非裔、亚裔和少数族裔党员之间的工作,根据少数族裔论坛条例和其他全国执行委员会批准的规制进行运作。

五、将成立竞选委员会以协调选区工党的公共活动。

（一）作为一个工作委员会的竞选委员会将包括来自党的支部的竞选组织者和其他合适的党员。本选区的主席和司库，如果合适的话，全国议会议员以及/或被选拔的全国议会候选人或其任命的代理人将是竞选委员会当然成员。

（二）竞选委员会选举一名竞选协调人，他作为本选区的职能官员将：协调选区范围内的竞选；正如可能发生的情形那样，在宣传党的竞选活动中，联络总部或者苏格兰工党、威尔士工党、英格兰统计区党部；在地方议会、被授权的机构、全国议会和欧洲议会层面，就竞选战略联络合适的选举代理机构。

（三）当竞选协调人不是选举代理人时，竞选委员会将确保任命一名选举代理人，负责选区内所有地方选举。当选区工党只覆盖议会区域的一部分时，此代理人将联络议会区域内的其他代理人以便保证统一和协调的竞选活动。对于全国议会选举和苏格兰、威尔士议会选举，在咨询未来的候选人和适当的统计区主管之后，委员会将寻求在最早的时机内任命一名选举代理人，并且这一任命将服从于全国执行委员会的批准。

第七条　管理

一、本选区的管理掌握在执行委员会手中，执行委员会由总委员会/全体党员会议任命并向其提交报告，总委员会由按以下方法选举的代表组成：

（一）根据本条例第三条之规定的附属组织。当附属组织有一千名会员居住在本选区时，在与附属组织商定后，除了经全国执行委员会批准的苏格兰总书记、威尔士总书记或英格兰统计区主管可以不受此限之外，每个附属组织在本选区最多有五名代表。

（二）根据本条例第六条建立的支部，其支部书记将是具有投票权的当然成员。支部党有三名以上低于二十三岁的党员可以从中增选一名代表。

（三）已经建立的妇女论坛。

（四）已经建立的工作场所支部。

（五）已经建立的少数族裔论坛。

二、在总委员会/全体党员会议上的代表的基准如下：（这里插入由全国执行委员会批准的总委员会/全体党员会议的代表的基准）如果：

（一）只有一名成员，他上一年全年，或如可能出现的情况那样，其会员资格期间不足一年的附属费或党费在12月31日前已经支付给本选区，才可以计算在代表名额之内。

（二）一个少于十人的党的单位，其代表名额不能超过一人，不管是书记还是其他党员。

（三）在确定党支部在总委员会/全体党员会议的代表名额时，应付欠款的党员不予计算。

（四）一个组织在它成为附属组织的年度里，或一个党的单位在它成立的年度里将有权任命代表参加年会之后的总委员会/全体党员会议，代表名额的计算以上述年度支付的附属费和党费为计算基础。

三、本选区采用为选区和支部制定的条例及任何可能为党的会议同意或由全国执行委员会根据宪章第一章第十条的授权而做出的附加的修改。只要经过全国执行委员会的书面批准，并且这些变更不违反党的会议所采纳的条例的精神与意图，或不改变党的宗旨、原则以及附属的和个人党员的条件，或（除了条例规定的之外）不改变选拔全国议会候选人的程序，或不对本选区与全党的关系产生影响，本选区将有权对这些条例进行变更或删除。

四、只有在全国执行委员会事前书面特别批准的情况下，总委员会/全体党员会议才有权代表党参与涉及财产方面的交易。如果总委员会/全体党员会议如此授权的话，这样的权力也可以由执行委员会行使，或由总委员会/全体党员会议的官员行使。

（一）在所有情况下，全国执行委员会的同意都将是获得工党托管部（有限责任）向相关选区工党，或诸如此类的其他信托公司向全国执行委员会指定的选区工党授予的合法财产所有权的条件。

（二）总委员会/全体党员会议和执行委员会应促使所有现在由选区工党掌握的租赁和永久财产的合法所有权立即转交给工党托管部（有限责

任），由其作为受托人，根据全国执行委员会不时批准的信托标准费用为相关选区工党掌管这笔财产。

五、在全国执行委员会事前书面特别批准并且费用和条件也经全国执行委员会批准的情况下，总委员会/全体党员会议将有权代表党雇用雇员。这一权力也可以由执行委员会，或者如果总委员会/全体党员会议如此授权的话，由总委员会/全体党员会议的官员行使。在一切情况下，选区工党将承担为这些雇员出资和其他义务的最初责任。

第八条 向本选区任命代表的条件

一、正如在党员条例中所指出的那样，每名代表必须是本选区工党个人党员。

二、来自支部的代表必须居住在任命他们的支部内。附属组织的代表必须是真正的会员或任命他们的组织的领薪的长期官员。

三、任何人不得作为一个以上组织/党的单位的代表。

四、代表必须或者居住在选区，或者注册为选区的选民。

五、全国议会议员可以被任命为他们所代表的选区的代表进入总委员会/全体党员会议，只要他们满足以上标准。他们不能被选派进入执行委员会或在执行委员会供职，或在选区工党担任任何官职。全国议员有权接受通知，并参加他们所代表的选区工党的执行委员会、总委员会/全体党员会议并报告他们的工作。

六、代表职务的任期将以任命后本选区年会的召开作为开始，或如果在年会之后任命，就以任命日作为开始。除非由于辞职、死亡或者由任命他们的附属组织或党的单位提出的任何其他原因而结束任期，代表职务的任期将延伸到本选区工党下届年会结束后截止，但他们不被授权参加下届年会，除非作为本选区工党执行委员会成员向会议提交报告，但不参加投票，除非再次被任命为是年代表。所有满足这些条件的代表可以被再次任命。邀请附属组织和党的单位在年会之前选举其代表并及时召集参加年会是选区工党书记的责任，并且为了有助于此，执行委员会可以设定一个合理的截止期限来任命代表参会。

第九条 官员

一、本选区工党、执行委员会的官员、职能官员和两名审计员将在总委员会/全体党员会议的年会上选举产生并且任期持续到被替代或再次被任命。官员、审计员、职能官员和执行委员会成员必须是总委员会/全体党员会议的代表。

二、本选区的官员是：主席、副主席、副主席/成员、书记、司库、妇女官员、青年/学生官员和少数族裔官员。至少三名以上的全职官员应为女性。官员团队以及未来的全国议会候选人（见以下第十四条）将对党在选区的发展进行战略引导。候选人在被全国执行委员会授权之后，将有权参加本选区工党的总委员会、执行委员会和支部会议并报告她/他的工作。

三、此外，还有被任命的职能官员，包括一名竞选协调人、一名政治教育和培训官员、一名信息技术官员、一名残疾官员、一名工会联络官员和一名筹款官员，他们可以参加执行委员会会议，但无投票权。全国议会候选人的代理人也可以参加执行委员会会议，但无投票权。

四、经本选区工党决定、全国执行委员会批准，执行委员会应包括官员和按照全体党员的比例为基础的若干名成员组成。当一个选区的方案协议已经由本选区工党和党的附属组织送交全国党并得到全国执行委员会的批准，这个相关的附属组织可以任命本选区工党的一名会员进入执行委员会以代表他们的利益；这名成员应是执行委员会和总委员会/全体党员会议的当然委员，拥有投票权。执行委员会将包括（这里插入经全国执行委员会批准的构成）。

五、正如所要求的那样，执行委员会将集合并负责检查发展行动计划的落实情况并监督选区内支部和其他党的单位的工作。执行委员会还将尽可能多地处理选区内的日常事务以便确保总委员会/全体党员会议把时间用于对选区的政策和党的目标的讨论。

六、司库应负责确保选区工党根据2000年政党、选举及全民公投法，在捐款报告、账目归档以及如果可行的话，账目审计方面履行法律和财政责任，并正如党部通知选举委员会的那样，将是会计单位的注册司库。

七、正如党部通知选举委员会的那样，选区工党还将任命其中一名官员，除非有特殊情况，否则他应该是选区工党主席，为注册会计单位的副司库。

八、当出现司库或副司库辞职或替换的情况时，选区工党书记应立即通知党的总部以便使党能够履行其通知选举委员会这类变更的法定责任。

第十条 总委员会/全体党员会议召开的会议

一、普通会议

（一）总委员会/全体党员会议的年会应在每年的某月召开。倘若年会由于任何理由没有按月召开，要尽快之后召开。

（二）应向本党支付的上一年12月31日截止的附属费必须在年会召开前的整整三十五日之内支付。

（三）年会召开二十八日之前将通知下发给授权任命代表参加本选区工党总委员会/全体党员会议的所有附属组织和党的单位。

（四）年会召开七日之前将通知下发给在约定时间内任命的代表。

二、特别会议

（一）总委员会/全体党员会议的特别会议可以由执行委员会自由决定召开，并且当有资格派代表参加本选区工党的至少三分之一的附属组织和党的单位发出书面请求时，也可以召开。

（二）除紧急情况外，特别会议召开七日之前将通知下发给代表，会议只办理具有紧急重要性的事务。

三、总委员会/全体党员会议的一般会议将按本选区工党制定的办事规则规定的间隔召开，也可以由总委员会/全体党员会议的决议来确定。

四、总委员会/全体党员会议的会议通知在七日之前下发给代表。

五、召集总委员会/全体党员会议的年会、特别会议或一般会议的通知应尽可能详细地说明要处理事务。

六、根据这些条例，任何所要求下发的通知将以书面形式通过邮局或亲手递交到以书面方式最后一次通知给本选区工党书记的地址。发送给附属组织和党的单位的通知要注明其书记的地址、姓名。

七、党员和资金

（一）在任何吸收新党员的会议之后，负责党员的书记将按要求向党的总部和统计区党部提交一份党员名单。

（二）在每次本选区工党的年会之后，书记将转交一份选区年度报告的复印件，随附按所要求的格式并遵守根据 2000 年政党、选举及全民公投法所规定的选区工党的法律和财政责任，提供本选区工党的选区和支部的账目的细节和其他全国执行委员会可能要求的诸如此类的信息。

第十一条　党的会议

一、遵从党的会议条例和宪章规定的条件，本选区工党可以向根据党的全国条例第六条规定召集的会议任命代表。选区工党的前七百四十九名有资格的党员，或未满这个数额，可推举一名代表，然后按每增加二百五十名有资格的党员，或未满这个数额，可增加一名代表的比例任命。

有资格的党员应按以上条例第七条第二款第（一）项来界定。

二、当任命代表时，本选区工党通过至少每隔一名代表为女性的办法，将寻求增加会议的妇女代表；当只任命一名代表时，至少每隔一年为女性。

三、当本选区工党的女性个人党员达到一百名或以上时，可以增加任命一名妇女代表。

四、当本选区工党的个人青年党员达到三十名或以上时，可以增加任命一名二十七岁以下的代表。

五、如果选区工党正式任命的代表那年连任为全国司库、全国执行委员会成员、会议筹备委员会成员或全国党章委员会成员，本选区工党可以额外再任命一名代表。

第十二条　总委员会/全体党员会议的职责

一、工党的宪章、条例和办事规则应在本选区工党内应用，而且总委员会/全体党员会议有责任在规定范围内行事并坚持这些规定。

二、总委员会/全体党员会议应通过政治辩论和政策讨论为选区内的党确立目标，为本区域党组织的发展和竞选设定目标并促进与更广泛的社区保持联系。

三、总委员会/全体党员会议的责任是确保选派到党的其他机构的代表（超过一人时）至少百分之五十是女性。

四、本选区工党和本选区工党的单位都不得在资金和其他方面与由党的会议或由全国执行委员会遵从会议的决定而宣布为没有资格附属于党的任何政党和组织（或其附属组织或附属机构）进行合作或给予其支持。它们也不会给予没有资格成为党员的个人以任何的支持。

五、本选区工党将与党的全国执行委员会合作组织全体有资格的党员进行投票以便选举全国议会候选人、工党的领袖和副领袖、全国司库和审计员、全国执行委员会适当的分组和全国党章委员会。投票将按全国执行委员会规定的指南进行并遵从全国条例第四章（程序条例）的规定。

六、倘若本选区工党解散或由于任何原因不复存在，其资产（在支付未付清的债务之后）转移给党的全国执行委员会。

七、根据2000年政党、选举及全民公投法，本选区工党将在法律和财政义务方面与全国执行委员会进行充分的合作。如果在履行本法案的义务方面，本选区工党未能与全党合作，全国执行委员会将毫不迟疑地采取针对个人党员的适当的纪律措施或暂时停止本选区工党的活动。

第十三条　纪律

总委员会/全体党员会议的责任是采取一切必要的步骤以便在选区内强化工党宪章、办事规则和条例并在选区内捍卫党的纲领、政策和原则。为达此目的，本选区工党将根据以上全国条例第六章（纪律条例）安排的规定，采取他们认为一切必要的行动。

第十四条　全国议会候选人

本选区工党的全国议会候选人将根据全国条例第五章制定的全国议会

候选人选拔条例和附在其后的指南以及全国执行委员会批准的规制进行选拔。

第十五条 地方政府候选人

地方政府候选人将根据全国条例第五章制定的全国议会候选人选拔条例和附在其后的指南以及全国执行委员会批准的规制进行选拔。

第十六条 条例的变更

这些条例和其任何部分可以根据总委员会/全体党员会议年会上三分之二以上出席会议的代表投票通过的决定,并按以上第七条第三款规定,经全国执行委员会批准,而加以稍微修改、变更或在其上附加内容。为党的会议制定的标准的程序条例适用于本选区工党,同时地方上的附加条款和修改,如果合适的话,可以由党的苏格兰总书记、威尔士总书记和统计区主管代表全国执行委员会加以批准。

第七章(1) 当选区和区/郡的行政区划有共同边界时的选区工党条例的修改

第一条 目标与价值

附加新的条目:

三、根据党的全国条例第十三章工党党团的办事规则,确保议会党团的建立。

第七条 管理

在第一款的结尾处附加一个条目:

(五)工党党团的领袖和书记应是总委员会/全体党员会议的当然成员,拥有投票权。

第九条 官员

在第九条第四款的第二行的"官员"之后附加一句话:

工党党团的领袖和书记,

第十二条　总委员会/全体党员会议的职责

附加新的条目：

八、在咨询工党党团之后，选举政策和（适当的地方政府的）选举纲领将由总委员会/全体党员会议决定。

第八章　支部的条例

第一条　名称

（某）选区工党的（某）支部（本支部）。

第二条　目标

一、本支部的目标是为党员提供参加本区域工党活动的机会；维持必要的选举机构；在本选区工党执行委员会的批准下并与达成的发展行动计划相一致，从事宣传和其他活动。

二、根据以上本选区工党条例第七章第六条第一款的规定，经本选区工党决定，并经全国执行委员会的批准，本支部将涉及这些领域。

第三条　党员

一、党员将只包括在本支部覆盖的区域内居住并注册为选民的工党的个人党员，那些没有资格注册投票，但居住在此区域内的党员例外。

二、党员条件、入党程序和本支部个人党员应支付的党费的标准将按工党党员条例制定的规则办理（第二章）。

三、根据本选区工党总委员会/全体党员会议的决定，或者如果总委员会/全体党员会议授权给执行委员会，则根据执行委员会的决定，党员党费的一定比例拨给本支部。

第四条　官员和执行委员会

一、本支部的官员应是主席、副主席、书记和司库。至少两名官员应是女性。支部将任命两名审计员和其他所要求的职能官员。

二、本支部的执行委员会将由官员构成，如果要求的话，不超过四名其他党员。

三、这些职位的选举在年会上举行。

第五条　会议

一、本支部的年会将在每年的（1月）举行。倘若由于任何原因年会不能在那个月份召开，要尽可能快地在其后召开。

二、年会召开的十四天前通知选区工党和本支部全体个人党员。

三、本支部将筹集并掌握基金以支持本支部目标内的活动。本支部的财政年度在每年的12月31日结束。本支部被审计的财政状况的复印件和年度报告将在选区工党年会之前提交给选区工党。

四、派往选区工党总委员会的代表将在年会上选举，但可以在以后的一般会议上变更。最低百分之五十的女性配额适用于这些当选的代表。除非另有决定，在年会上当选的总委员会的任期将从本选区工党每年的全体会议开始。

五、当有三名以上的低于二十三岁的青年党员时，本支部可以从中额外选派一名青年工党代表参加选区工党总委员会。

六、一般会议应按照办事规则所做的规定举行，或由本支部不时决定，在一定的间隔内和预先通知下举行。特别会议由支部执行委员会自由决定，或由百分之二十的党员书面请求下召开。

七、一般会议和特别会议的通知至少提前七日送交全体党员。

第六条　地方政府候选人

地方政府候选人将根据党的全国条例制定的地方政府候选人选拔条例和附加的选拔指南以及其他全国执行委员会批准的规制进行选拔。

第七条　其他

一、工党宪章和条例的总体规定适用于本支部。

二、本支部将不得在资金和其他方面与由党的年会或由全国执行委员会宣布为没有资格附属于党的任何政党和组织或其附属组织、附属机构进行合作或给予其支持。

三、本支部的职责是在本区域内采取一切必要的步骤来维护工党的宪章、纲领和原则。根据本条而采取的任何建议开除个人党籍的决定将以推荐的形式提交给选区工党,由其根据工党全国条例制定的纪律程序决定此问题(见第六章)。

四、为避免怀疑,工党财政计划承认本支部的资产为其所属的(某)选区工党的资产。本支部的责任是根据2000年政党、选举及全民公投法的规定在选区工党的义务方面与选区工党合作。如果本支部不能与选区工党合作,全国执行委员会将毫不犹豫地针对个人党员采取适当的纪律措施和/或暂时停止本支部的活动。本支部的官员将尽一切明智的努力促使所有现在由本支部掌握的租赁和永久财产的合法所有权和由私人信托公司为支部托管的合法所有权立即转交给工党托管部(有限责任),由其作为受托人,根据全国执行委员会不时批准的信托标准费用为相关选区工党掌管这笔财产。

五、本支部将无权参与和资产有关的交易及雇佣雇员。

六、如果本支部解散或由于任何原因而不复存在,在支付未清的债务后,其资产将移交给选区工党。

七、本支部将采纳标准的程序,在征得选区工党的同意后,如果合适的话,可以征得党的苏格兰总书记、威尔士总书记和统计区主管的同意,可以对程序条例及其他条例加以修改。这些修改将不违反由党的会议或全国执行委员会接受的原条例的精神和意图。

第九章 统计区委员会和欧盟党的单位的条例

一、英格兰统计区委员会的条例和苏格兰以及威尔士执行委员会的条例,包括会议的程序条例和委员会或执行委员会成员、常设委员会成员和审计员的选举条例将由统计区委员会/苏格兰或威尔士执行委员会决定并由全国执行委员会批准。

二、已经得到批准的英格兰每个统计区和苏格兰、威尔士工党的条例和办事规则的全部复印件可以从列在第十五章信息部分的各自统计区主管或总书记那里获取。这些条例不能与会议批准的原型条例相冲突。当出现全国执行委员会批准的程序条例没有涉及的问题时,应参照适当的全国指南（如第三章的会议条例）。

三、统计区委员会/苏格兰或威尔士执行委员会将承担欧盟选区工党的作用并根据全国执行委员会出版的程序指南，每年至少组织一次欧洲论坛。

四、统计区委员会/苏格兰或威尔士执行委员会将针对议会党团撤销党鞭的行为提起上诉，并针对排斥地方政府候选人小组的行为提起上诉。统计区委员会/苏格兰或威尔士执行委员会将保留一个上诉小组，小组中可以包括不是统计区委员会/苏格兰或威尔士执行委员会的当选成员。

五、当存在统计区/苏格兰/威尔士妇女委员会或统计区非裔、亚裔和各少数族裔的党员支部时，统计区委员会/苏格兰或威尔士执行委员会将负责管理其运作并起草条例和办事规则，并须得到全国执行委员会的批准。

第十章　妇女论坛条例

第一条　名称

（某）选区工党妇女论坛。

第二条　目标与价值

一、全国

（一）以上全国宪章第一章第四条概括的工党的目标与价值将适用于本妇女论坛。

二、选区

（一）本妇女论坛的目标是：

1. 特别是通过促进培训、网络和指导，鼓励和支持妇女党员在一切党的活动中起到充分和积极的作用，并鼓励妇女竞选选举职位。

2. 通过与社区组织和个别妇女的接触、咨询、竞选活动和共同工作，在社区内建立与妇女的联系。

3. 鼓励妇女入党并确保新的妇女党员受到欢迎。

4. 通过密切注视妇女对活动的参与和培育妇女对党及政策制定者的关注，确保在党内能听到妇女的声音。

5. 在实现以上目标过程中，与相邻选区的工党妇女一起工作。

第三条　成员

一、妇女论坛成员将由（某）选区工党的个人女党员构成。选区书记应向妇女官员提供选区内女党员的联系详情。每年至少一次用电子邮件通知所有女党员关于妇女官员和/或论坛的活动。

第四条　管理

一、妇女官员将负责协调选区内妇女论坛的工作已协助它提出组织的目标。妇女官员是此团体的当然主席/协调人。

二、妇女官员和论坛将起草一份年度计划和活动大纲。这份计划须得到选区内总委员会/执行委员会的同意。准备计划时须考虑：

（一）地方妇女组织的目标；

（二）通过调查女党员确定地方妇女特别的利益和需要；

（三）不时由党的总部，或者合适的话，苏格兰、威尔士或统计区党部下传的指南和优先考虑的事宜。

三、妇女论坛可以任命其他官员协助完成工作。

四、妇女官员将把年度目标纳入其计划，然后可以对这一计划进行监督和检查以便有助于制定下一年度计划。

五、妇女论坛将由适当的地区主管（或者苏格兰或威尔士的总书记）进行登记，并以年度为基础再次登记。

第五条　会议

一、如果在十四天前以书面方式发给全体选区内的女党员会议通知并且就一些问题进行讨论，且至少有十名有资格的女党员参加，则妇女论坛会议才具有正式地位。

二、在正式会议上，如果愿意的话，妇女论坛可以就对支部开放的提名职位向选区工党提出提名（例如选区工党官员、全国/欧洲议会候选人、全国执行委员会成员和全国政策论坛成员等等）并选举两名代表参加选区总委员会。正式会议也可以达成一致意见，向总委员会/全体党员会议提交提案。

三、妇女论坛在认为有利于实现其目标的情况下，也可以召开各种非正式会议或集会。

第六条　活动

一、妇女论坛把支持女党员在党的所有活动中发挥积极作用作为其优先工作，特别是在妇女中间进行培训、指导和建立网络联系进行工作以鼓励妇女：

（一）在党内担任选举职务（例如担任支部或选区主席，政治教育官员，等等）。

（二）担任地方议会议员、全国议会议员、欧盟议员和其他形式的党的当选代表。

（三）参与社区工作，例如，学校的理事/董事会成员，作为地方法官、社区健康理事会成员参与地方组织委员会工作。

（四）参加党的各种形式的活动，特别是竞选、吸收党员的活动、党的委员会、会议和政策论坛。

二、妇女论坛还将寻求在社区内与妇女建立联系，例如通过：

（一）通过信息交流、个人接触、联合办会、联合办事和联合竞选，与妇女自愿组织、租房者团体、工会和其他妇女在其中起积极作用的组织建立关系。

（二）与党、地方工党议员和全国议会议员一起工作，通过咨询会议、政策论坛、调查、倾听竞选运动和其他技术，在社区咨询妇女的意见和关切。

（三）和妇女一起进行定向的竞选运动和吸收党员的活动，包括就妇女特殊利益问题的竞选运动，如妇女健康、照顾孩子和对妇女的暴力。

三、妇女论坛将寻求确保党能真正听到妇女的声音，通过以上的活动和通过，例如：

（一）在政策问题上向地方和全国政策论坛并向选区总委员会/全体党员会议提供妇女的观点。

（二）鼓励妇女在本机构和其他机构中发挥积极作用，密切关注妇女的参与情况，并与党的其他机构一起工作以培育让妇女参与最大化的措施。

（三）将妇女参与问题，包括布置配额问题引起选区书记、其他官员或统计区党部的关注。

（四）为妇女举办地方政策论坛。

第七条 资金

一、妇女论坛的资金应由捐款、募捐、出售的利润和论坛从事活动的收入构成。倘若妇女论坛解散，其资产将属于（某）选区工党。

二、通过协议，选区工党将允许妇女论坛（如果成功运作的话）使用选区工党的资源，以便使其有效地运作。工党的财政计划把本妇女论坛的资产和资金交易看作是其所属的（某）选区工党的资产和资金交易。本妇女论坛的责任是按照2000年政党、选举及全民公投法规定的选区工党的义务，与选区工党，特别是选区工党的司库合作。如果本妇女论坛不能与选区工党合作，全国执行委员会将针对个人党员采取适当的纪律措施，暂时停止本妇女论坛的活动，或同时采取这两项措施。

第八条 总体性的条款

一、工党宪章的总体规定适用于妇女论坛。

二、妇女论坛将不得在资金和其他方面与由党的年会或由全国执行委员会宣布为没有资格附属于党的任何政党和组织、其附属组织或附属机构进行合作或给予其支持。

三、本妇女论坛将无权参与和资产有关的交易及雇用雇员。

四、本妇女论坛将采用由适当的统计区主管同意的办事规则和程序条例。

第九条 条例的修改

对这些条例的任何修改和增加都只能在（某）选区工党妇女论坛年会

上进行，但在实行之前必须提交给适当的统计区主管批准。这些变更不能违反党的会议或全国执行委员会所接受的原条例的精神和意图。

第十一章 青年工党条例

第一条 名称

（某）青年工党。

第二条 目标与价值

一、协助青年工党党员在工党内发挥充分和积极的作用。

二、培训和在政治上教育青年工党党员。

三、协助青年工党党员组织社会活动。

四、在支部和选区层面改变工党的文化，特别是会议文化，并在每个层面上组织更多的社会活动。

五、在特别涉及英国青年人的问题上以及与党的青年党员有关的问题上向工党提出忠告。

六、吸收并维持大量和更多的青年成为工党党员。

七、参加反对一切形式的歧视运动，特别是在种族、肤色、宗教、残疾、性别身份或性取向方面的歧视。

八、在一切选举中，劝导青年人投工党的票。

九、改变青年人注册投票人数下降的状况。

十、使青年人邮寄投票的人数达到最大限度。

十一、与兄弟党的青年组织、社会党青年国际联盟和欧洲青年社会党组织保持良好的关系。

第三条 成员

十五岁至二十六岁，包括十五岁和二十六岁在内的所有工党个人党员将自动成为青年工党党员。

第四条 组织

一、青年工党将设立一个全国委员会和一个执行委员会已确保有效的管理和组织。

二、青年工党党员可以在英格兰、苏格兰和威尔士建立地方青年工党团体。

三、青年工党将确保在每个层面上与工党学生和青年工会会员的紧密合作与联系。

第五条 统计区委员会

统计区主管（或苏格兰和威尔士总书记）可以召集统计区或苏格兰威尔士委员会会议以便在青年工党的协调与工作方面在其区域内给予协助。当苏格兰、威尔士和统计区委员会存在时，它们将定期就其工作和进展向青年工党全国委员会和全国执行委员会的青年委员会提交报告。

第十一章（A） 青年工党团体

第一条 名称

（某）青年工党。

第二条 目标与价值

一、协助青年工党党员在工党内发挥充分和积极的作用。

二、为青年工党党员和社区内的青年人组织地方社会活动。

三、培训和在政治上教育青年工党党员。

四、在支部和选区层面改变工党的文化，特别是会议文化，并在每个层面上组织更多的社会活动。

五、在一切选举中，劝导更多的青年人投工党的票。

六、吸收并维持大量和更多的青年成为工党党员。

七、参加反对一切形式的歧视运动，特别是在种族、肤色、宗教、残疾、性别身份或性取向方面的歧视。

八、改变青年人注册投票人数下降的状况。

九、使青年人邮寄投票的人数达到最大限度。

第三条 成员

一、十五岁至二十六岁，包括十五岁和二十六岁在内的所有工党个人党员，居住在青年工党团体区域内，将自动成为此团体成员。

第四条 建立一个团体

一、青年工党党员可以通过向统计区主管（或苏格兰、威尔士总书记）申请，建立一个青年工党团体，给出团体所覆盖的详细的地理边界，如按工党支部或选区。其成员还要与所建议的青年工党团体辖区内的选区工党书记接触，通知他们建立地方团体的意图。其成员还要向位于工党总部的青年工党总部发出通知，告知其建立地方团体的意图。

二、然后，适当的统计区主管或总书记可以同意建立一个地方团体并进行注册。

三、适当的统计区主管（或总书记）通知工党总部已经注册一个地方团体时，一个青年工党团体就被认为是一个真诚的团体。

第五条 地理边界

一、青年工党团体的地理边界由统计区主管（或苏格兰、威尔士总书记）决定。

二、统计区主管（或苏格兰、威尔士总书记）有权改变青年工党团体的地理边界。

三、青年工党团体将通知工党总部其地理边界或任何地理边界的改变。

第六条 会议

一、青年工党团体应避免会议上的官僚作风。凡有计划的活动、团体成员中职责和责任的分配或一项行动计划需要进行官方登记。

二、伴随青年工党的其他目标，政治教育性的讨论、演讲者、竞选和选举以及社会活动应是会议日程的主要项目。

三、青年工党全国委员会可以不时出版举办青年工党团体会议的指南。

四、(在全国党员系统上确认的)工党所有十五岁至二十六岁,包括十五岁和二十六岁在内的个人党员,并且居住在青年工党团体覆盖的区域内的,都将被邀请参加团体会议。

五、任何打算进行选举的青年工党团体的会议,其书面通知至少在七日之前通知位于工党总部的青年工党总部。

第七条 官员

一、青年工党团体的年会召开时,将选举一名主席、一名书记、一名竞选成员和官员以及一名妇女官员。这些人将形成正式的官员团体。其他"职能性"官员可以在年会上任命。青年工党团体的名字和地址及以后的变化将通知工党总部。

第八条 资金

一、如果正如本条例和全国执行委员会决定的那样,青年工党团体的支出是促进实现青年工党的目标的话,它可以筹集并消费自己的基金。青年工党团体书记负责团体的资金。

二、青年工党团体将向适当的统计区主管或苏格兰、威尔士总书记,或应位于工党总部的青年工党总部的要求,提交其账目。

三、在青年工党团体和适当的选区工党之间可以安排一定比例的青年工党党员的党费交给青年工党团体支配。

四、倘若青年工党团体解散,其基金和财产属于青年工党全国委员会所有。

五、工党的财政计划把本青年工党团体的资产和资金交易看作是其所属的工党统计区或全国的资产和资金交易。本青年工党团体的责任是按照2000年政党、选举及全民公投法规定的义务,与统计区或全国党部合作。如果本青年工党团体不能与统计区或全国党部合作,全国执行委员会将针对个人党员采取适当的纪律措施,暂时停止本青年工党团体的活动,或同时采取这两项措施。

第九条 与选区党的关系

一、青年工党团体将在其地理边界内与选区工党保持良好关系。青年工党团体特别要通知选区工党在其地理边界内举办、组织或协助的任何竞选运动、活动或事件。青年工党团体也将接受支部、选区工党和其官员的合作、鼓励和协助。

第十条 总体关系

一、青年工党团体将与地方青年工会会员和由工党全国执行委员会决定其目标与工党的目标相协调的其他是涉及单一问题的团体建立联系。在这些问题上，全国执行委员会的决定具有最终约束力。

二、通过位于工党总部的青年工党总部，青年工党团体将至少一个季度向青年工党全国委员会就其活动和问题及所经历的困难提交一份报告。

第十一条 解散

一、统计区主管（或苏格兰、威尔士总书记）将有权解散、重组或改变青年工党团体的地理边界。

二、一名青年工党党员，其团体被统计区主管或总书记解散或重组，他可以就此决定向全国执行委员会青年委员会进行上诉。全国执行委员会的决定具有最终约束力。

第十一章（B） 青年工党全国委员会

第一条 目标与价值

一、就青年工党的管理与组织问题向全国执行委员会提出建议；就有关青年人的一切问题提出建议；就全国执行委员会所要求的任何问题提出建议。

二、与其目的和活动同工党党员身份相协调的英国青年组织建立关系。

三、通过附属于社会党青年国际和欧洲青年社会党组织，与海外社会主义青年运动保持合作。

四、向任何青年工党全国会议提交年度工作报告。

五、从青年工党团体那里接受报告，并对青年工党团体给予指导以便使其能够得到有效的管理。

六、组织统计区的人员队伍，他们将为地方青年工党团体提供帮助、协助和信息。

七、组织青年党员队伍协助竞选补缺选举和协助进行其他竞选并帮助组织吸收青年党员的队伍。

第二条 成员

1. 青年工党全国委员会成员将包括：

（1）来自工党每个英格兰统计区和苏格兰、威尔士工党各一名代表；

（2）来自附属于工党的工会的五名代表；

（3）来自工党学生的三名代表；

（4）来自青年费边社的一名代表；

（5）来自全国执行委员会的青年党员代表；

（6）全国政策论坛的青年党员代表中经全国执行委员会任命的一名全国官员将成为常务书记和当然的全国委员会成员。

（7）在青年会议上经其自己定义的成员选举产生的四名平等的（妇女、同性恋、非裔、亚裔和少数族裔、残疾）官员。

第三条 主席

1. 青年工党代表在青年会议上将选举一名主席，至少隔年必须是一名女性。

2. 候选人必须是青年工党全国委员会成员才有资格当选主席。

第四条 执行委员会

一、全国委员会将选举其他执行委员会成员（至少其中一名是女性），执行委员会成员将包括：

（一）负责竞选的副主席；

（二）负责政策的副主席；

（三）副书记。

二、全国执行委员会的常务书记和青年党员代表也是执行委员会成员。此外，全国委员会如果愿意的话，将任命两名其他人进入执行委员会。除非全国执行委员会不坚持这一要求，否则执行委员会的全体成员也是全国委员会成员。

第五条 全国政策论坛代表

一、全国政策论坛的青年党员代表将召集一个委员会以促进青年运动中健康的政策讨论。本委员会将选举一名代表担任青年工党全国委员会副主席（负责政策问题）。

第六条 会议

一、委员会会议

青年工党全国委员会将至少一季度召开一次。青年工党执行委员会将根据需要经常召开。常务书记将召集全国委员会和执行委员会的所有会议。全国委员会的年会上选举青年工党执行委员会和青年工党官员。

第七条 资金

一、全国委员会可以筹集和消费其自有基金，只要支出是为了实现本条例所确定的以及不时由全国执行委员会所确定的工党的目标。全国委员会的常务书记将作为全国委员会的司库。全国委员会将每年向全国执行委员会青年委员会提交其账目。

第八条 会议

一、根据党的会议批准的条例之规定，由全国执行委员会决定不时召开青年工党会议。

第十二章 工党地方政府委员会条例

注：本条例适用于（遍及英格兰、苏格兰和威尔士的）所有地方政府委员会，在高于行政区政务委员会的直接选举的地方政府层面运作。当行政区议会存在工党党团时，这些行政区议会工党党团将与覆盖其区域的支部或选区工党存在本条例所概括的那种相似的关系。当正式的安排要开始运作时，要在代表全国执行委员会的适当的统计区主管（苏格兰和威尔士的总书记）批准后，经相关的选区工党加以授权。

第二部分 主要政党内部规章制度

第一条 名称

(某) 行政区/管辖区/苏格兰或威尔士单位/区/郡行政区/郡工党地方政府委员会。

第二条 目标

一、为确保工党代表在行政区/管辖区/单位/郡行政区/郡议会连任的目标，在所辖区域内协调选区工党和支部的活动。

二、与所辖区域内的选区工党合作，着手宣传、教育和其他与地方政府有关的活动。

三、根据党的全国条例第五章之规定，规划一份选举纲领并编制一组候选人名单。

四、根据党的条例第十三章关于党团之规定，确保在议会建立工党党团。

五、仅英格兰的郡地方政府委员会也将成立一个机构，其目的是为在郡议会所辖区域内提供郡议会工党党团与其他地方政府工党党团之间的联系。

第三条 管理

一、本地方政府委员会的管理掌握在管理委员会手中，包括按以下规则任命的代表：

(一) 仅英格兰非城市的诸郡：

1. 来自每个选区工党的代表将包括来自工会的代表，如果合适的话，还包括选区内来自其他附属组织的代表。代表由选区工党总委员会/全体党员会议任命并且百分之五十的配额分配给妇女；

2. 两名代表由相关选区的妇女论坛任命；

3. 两名代表由合作党任命。

(二) 当一个区仅构成选区的一部分时，管理委员会可以由选区工党总委员会/全体党员会议任命的代表构成，他们是地方政府委员会所辖区域内的登记选民，否则就按以下全国执行委员会批准的代表权的原则构

成：（插入）

（三）仅大伦敦区地方政府委员会：

1. 选区工党，按所辖区域内行政区选民的比例选派包括进入总委员会/全体党员会议的党的单位和附属组织的代表。每个代表团将包括相关选区的主席和书记（如果在行政区内不是登记的选民，他们将作为当然成员，没有投票权）。代表们将在相关的地方政府辖区内登记为选民并且百分之五十的配额将分配给妇女；

2. 全国执行委员会批准的代表的基准如下：（插入）

（四）代表必须是工党个人党员。

二、工党议会党团的领袖和书记将是管理委员会的当然成员，拥有投票权。

三、本区域内得到授权的党的组织者将是管理委员会的当然成员，没有投票权，除非被任命为授权的代表。

第四条　官员和执行委员会

一、官员和执行委员会将在管理委员会年会上选举。

二、官员将包括主席、副主席、书记和司库。至少两名官员为女性。

三、执行委员会将包括官员、工党议会党团领袖和书记以及若干名按全国执行委员会批准的基准当选成员。在辖区内被授权的党的组织者可以列席执行委员会会议，没有投票权。

四、官员和执行委员会成员必须是正式任命的管理委员会的代表。

第五条　会议

一、年会将在每年的（某）月召开，或者会议没有召开的话，要尽可能快地在其后召开。

二、在任何年度，管理委员会将至少召开若干次和不多于若干次会议。

三、执行委员会将按需要召开会议。

四、会议应在同志般的气氛中进行，在这样的方式下，应鼓励代表和议员最大程度地参会。（其他观察员不允许参加本地方政府委员会的商务会议。）被授权参会的人不得由于任何原因无法进入会场而被排除在会议之外。不允许以性别、性别取向和性别身份、残疾或种族为由而对成员进行骚扰和恐吓。

第六条　资金

一、本地方政府委员会的管理支出将来自相关选区工党按所同意的比例给予的捐助。

二、选区工党将负责辖区内竞争性选举的支出和补缺选举的支出。选区工党也将满足经其同意的一定比例的地方政府委员会在竞争性选举中带来的支出。

三、仅覆盖选区一部分的地方政府委员会，其管理和选举费用可以替代地由所涉及的支部来满足。

第七条　大体上的规定

一、对适合于各类选举的选举政策和纲领，在咨询议会工党党团后，将由本地方政府委员会决定。

二、在咨询选区工党后，本地方政府委员会的执行委员会将在每个选区区域内寻求竞争全部席位。

第八条　候选人

一、适合于各类选举的候选人将根据党的全国条例第五章制定的地方政府候选人选拔条例和其后附的选拔指南以及其他全国执行委员会批准的规制进行选拔。

二、倘若出现补缺选举，执行委员会将咨询选区工党执行委员会和相关支部以确保候选人尽可能按照以上提及的程序进行选拔。当出现紧急情况时，执行委员会将采取任何必要的行动来应对形势并确保党竞争这一空缺席位。

第九条　与工党党团的关系

一、为了实现保持党团与适当的地方政府委员会之间接触的目的，六人以下的地方政府委员会的代表（"党团观察家"）可以参加党团会议，有权就党团面对的所有问题发言（遵从以下党团条例第十三章第九条和第十三章第十三条之规定），但不是为了提出建议、提交第二提案、进行修改和投票。当工党党团少于十六人时，党团观察家的人数不能超过党团人数的三分之一。

二、工党党团的全体成员可以经常参加适当的管理委员会会议。党团领袖、委员会主席或发言人可以参加会以，就党团或议会委员会的工作向地方政府委员会汇报或咨询地方政府委员会。

第十条 余项

一、党的宪章和条例的总体规定将适用于本地方政府委员会。

二、当本地方政府委员会按 2000 年政党、选举及全民公投法属于党的统计单位时，本地方政府委员会应在法律和财政义务方面给予充分的协作。当本地方政府委员会按 2000 年政党、选举及全民公投法不属于党的统计单位时，地方政府委员会可与统计区总部联络和协作以确保在地方政府委员会中拥有地域利益的选区工党能够履行其法律和财政义务。如果本地方政府委员会不能在履行法案义务方面与全国党合作，全国执行委员会将毫不犹豫地针对个人党员采取适当的纪律措施并且/或暂时停止本地方政府委员会的活动。

三、任何对本地方政府委员会条例的附加和修改都遵从全国执行委员会的批准。

四、全国执行委员会将有权决定本条例如何应用于特殊情况并做出必要的改动以适应所出现的地方政府的不同层面和新的层面。

第十三章 涉及主要机关的地方政府工党党团条例

第一条 地方政府工党党团的总条例和规定

一、本条例适用于遍及英格兰、苏格兰和威尔士的所有地方政府工党党团，在高于行政区政务委员会的直接选举的地方政府层面运作。当在行政区议会存在工党党团时,这些议会工党党团与覆盖其区域内的支部和选区工党之间具有工党党团与地方政府委员会之间那种相似的关系。当正式的安排要开始运作时,要在代表全国执行委员会的适当的统计区主管(苏格兰和威尔士的总书记)批准后,经相关的选区工党加以授权。下列条例适用于所有工党党团。但是,考虑到不同的治理方式可以适用于不同的地方政府,工党针对地方政府工党党团的办事规则和指南也因而不同。工党党团可根据地方治理的安排,采纳不时由全国执行委员会批准的适合自己的一套标准办事规则。工党党团将根据不时由全国执行委员会在应用本条例过程中出版的指南行事。

第二条 目标与价值

一、工党党团

(一)在地方政府中,为他们所代表的社区和地方人民在经济、社会和环境的福祉方面的真正和持续的改善而进行建设性的工作。

1. 工党党团将推动采取措施以确保能给地方人民带来更长远更安全的社区、更高质量的生活和提供有效、负责的服务,并且这一运动将给社区提供领导人才。

(二)永远在有效的同志般的气氛中以一个团体进行运作。

1. 工党党团将在同志般的气氛中,依照最大程度地让全体成员参与并促进对核心政策和政治问题讨论的方式处理其事务。全体成员参加党团会议对于听取全部观点来讲是很重要的,并且才有可能进行充分的内部讨论。内部讨论的内容并不传递到党外,并且在公共范围发表内部争论将受到纪律诉讼。

(三)确保每位党团成员能充分地做出贡献。

1. 所有成员和联系成员将能够进入会议室并参加一切党团会议(除非被党鞭暂时停止活动)。以任何理由,或以性别、性别取向和性别身份、种族、宗教或残疾为由而对成员进行骚扰和恐吓是不可接受的行为并要受到纪律诉讼。

(四)与地方党和更广泛的社区并肩战斗。

1. 工党党团将参加并鼓励与地方党员一起就地方政府事务进行积极和建设性的讨论和政策开发。工党党团在地方社区内应是外向型的和积极的,与租户和居住者协会、商务团体、工会和所有其他利益相关者维持伙伴式的工作关系,在其地方政府中支持咨询机制。

二、工党党团的个人党员和党团观察员

(一)坚持最高标准的正直和诚实。

1. 工党要求其代表坚持最高标准的正直与诚实,并且在那些标准方面,他们将得到来自全国执行委员会的忠告的引导。

2. 议员个人、党团观察员有义务负责坚持那些标准。具体而言,党团的党鞭有责任按全国执行委员会规定的格式,建立一份权益登记簿,详细记载每位党团成员和党团观察员,他(她)的雇佣情况,在公司的财务权益,工会会员和其他协会或组织会员的状况。

3. 在一切情况下,工党议员和党员必须不仅要避免错误行为,而且也要意识到什么是错误行为。因此,如果对一份权益声明是否适当存有不确定性时,工党议员和党员必须采取最公开的行动进程并申报一份权益或公开全部有关的情况,如果必要的话,采纳忠告。

4. 如果存在有损于个人权益申报的法规条款,应向全体党团会议或其他全体或部分党团会议提出请求(例如,会前)。议员和党团观察员被要求在所有上述会议上,就任何权益问题采取适当的行动(例如,一个人在某条目上其权益受到损害,值得商榷,他必须申报那项权益,并且在考虑那个条目时必须离开会场)。

(二)完全服从法规上的道德基本准则。

1. 工党党团成员必须签署并遵守可以不时由地方政府同意的一切行为准则。所有成员必须在地方行为准则采纳的两个月之内签约受雇,否则他们就不再是议会议员。工党党团成员还必须签署其他与接受官职有关的法律要求。党团成员必须向党团的党鞭和英格兰准则委员会、威尔士地方政府调查官或苏格兰准则委员会,以及/或地方准则委员会报告其他成员的错误行为,并且如果任何工党议员被报告给准则机构时,党团党鞭应立即考虑适当的诉讼。

2. 当准则机构对一名成员进行判决时，党团党鞭应立即暂时被停职，并启动一项调查来决定适当的内部惩罚。

（三）接受工党党团的条例和办事规则。

1. 根据1990年地方政府（委员会和政治团体）规制之规定，工党党团成员必须登记为工党党团成员。如果经党团官员书面要求，十四天内没有进行登记者，将在多数情况下视为自动脱离党团，并没有资格成为党员（遵从以上党的纪律条例第六章第一款第二项之规定）。

2. 工党党团成员必须书面同意遵守在党团年会上同意的工党党团条例和办事规则。

（四）寻求成为最有效率和最有影响力的议员。

1. 工党期待其议员至少具有最低限度的能力以履行其公共职责，并且当政治管理导致在公共服务和政府工作方面失灵时，以及在改进要做的事情方面缺乏领导成员展现的承诺时进行干预。

2. 正如全国执行委员会不时出版的指南中安排的那样，工党党团成员本身也必须承诺作为议员要承担的某些最低限度的职责和活动。这包括参加属于其成员的议会会议和其他会议，接见市民、听取意见，参加选区的咨询会，以及定期与地方居民进行交流。

3. 对于可能由议会、党团或党提供的培训和开发的机会，工党党团成员有责任参与这项活动，以便作为有效率和有影响力的议员，更好地体现其能动性。通过他们的议会职责和在社区的活动，工党党团成员应寻求促进工党的政策，代表地方人民和社区，赋予地方人民和社区以权力以及以不给党的名誉带来损害的方式进行活动。

第三条　党团成员

一、工党党团成员必须是工党的个人党员，享有由持续管理机构支付的定期捐助，而且必须是被选举为并有资格成为地方政府成员。

二、工党党团成员必须是工党全国议员协会的个人成员，并如党的条例所要求的那样，已经支付适当的年费。工党议员协会的会费通过党团捐助款来交纳,并从党团基金中以一种持续的支付方式交纳给工党议员协会。党团司库或书记在每年 9 月 30 日以前通知党要扣除的数额并在每年的 11 月份把这笔数额算进去。

三、根据党的条例,工党党团成员如果未能按以上第一和第二款之规定而保留党员资格,工党议员协会将自动被责令暂停其工党党团成员和工党党团官员与代表资格,直到他们的党员和/或工党议员协会成员的身份被恢复原职。

四、工党党团成员将向工党党团交纳捐款以便够支付工党议员协会的会费、党团管理、通讯和其他适当活动的费用。经党团年会上同意的数额和预算并在达成这一协议的三十日之内支付或按月支付。遵从年会上同意的提案的规定,工党党团成员将给予其议会以必要的权威,通过议会支付滚动系统,如果议会提供这一便利条件的话,向议会支付他们应支付的数额。

五、为保持工党党团与适当的党的地方政府委员会之间的接触,不超过六名的党的地方政府委员会的代表("党团观察员")可以参加党团会议;当工党党团少于十六名成员时,党团观察员的人数不得超过工党党团成员的三分之一。观察员将有权就摆在党团面前的所有问题发言 [遵从以上第二条第一款第(二)项第 1 目之规定],但不能提建议,或在提案上附议,或加以修改,或进行投票。当工党党团成员少于十六人时,党团可以决定不任命党团执行委员会。在遵从赋予议会或议员个人的法规或其他条件的情况下,党团观察员可以获取党团正在思考的所有信息。

六、被委任为党的本区域内的组织者可以成为党团的当然成员,除非符合以上第一款,否则没有投票权。

七、除受到党团的特别邀请之外,参加党团会议限于本条例提及的党员。

八、所有参加党团会议者必须遵守以上第二条第一款第(二)项制定的道德行为要求。

第四条 党团会议

一、工党党团的一般会议将在议会议事日程的发表和议会全体会议之间按同意的时间举行，并按年会上同意的非常规的其他日期举行。

二、工党党团选举官员和进行其他任命的年会将在议会法定的年会之前按所决定的日期举行。

三、超过十人的党团将分两部分举行年会，第一部分选举党团官员，第二部分任命文职官员、议会领袖、执行委员会和审查职位、委员会主席和副主席，并分配成员参加各委员会。所有党团在举行年会时，在令人满意的实践上，必须按全国执行委员会的指南行事（请参阅年会工具包）。

第五条 党团官员

一、工党党团将根据党团办事规则在年会上任命党团官员并在确保机会平等和鼓励代表比例低的团体踊跃竞选的方式下进行。作为最低限度，官员团体的性别平衡将反映工党党团整体的性别平衡。任何偏离此平衡的行为须得到统计区主管的同意。

第六条 党团执行委员会

一、当工党党团选择任命一个党团执行委员会时，党团将根据党团办事规则在年会上任命并在确保机会平等和鼓励代表比例低的团体踊跃竞选的方式下进行。作为最低限度，工党党团执行委员会的性别平衡将反映工党党团整体的性别平衡。任何偏离此平衡的行为须得到统计区主管的同意。

第七条 偶然的空缺

一、党团官员或执行委员会中间偶然的空缺将在党团一般会议或其他会议上补选。将提供适当的选举通知。

第八条 党团政策和行动的决策

一、根据全国执行委员会批准的宪章条款之规定，地方政府选举的竞选战略将由地方党决定，通常由地方政府委员会决定。党团将以适当的地方政府委员会规定的方式，协作并参与选举政策的制定（包括战略和宣言）。

二、工党党团办事规则将明确哪些问题属于党团负责做出决策。当讨论政策实施出现的进展或选举宣言提出后出现新的进展时，党团和地方党将安排年度的政策讨论和有关发展的滚动计划。根据条例和办事规则，这样的计划方式需经工党党团和地方党的一致同意。

三、工党党团的政策经执行委员会的推荐或以另外的方式，将由党团会议决定。当出现紧急情况时，当提议要求或以其他方式要求采取行动时，执行委员会可以采取这样的行动并向下一次党团会议汇报求得认可。当出现更加紧急的情况、不允许拖延时，党团领袖（没有党团领袖时，副领袖），只要有可能，在咨询其他官员后，有权采取行动；这样的行动要向下一次党团会议或党团执行委员会会议汇报以求得认可。

第九条 对文职官员、议会领袖和其他议会委任的职位的选拔

一、对文职官员、议会领袖、委员会主席和副主席、分配成员进入各委员会的提名选拔将根据党团办事规则，以确保机会平等和鼓励代表比例低的团体踊跃竞选的方式进行。工党期待工党内阁尽可能反映由地方政府所代表的地区的差异性并对任何有关未能达到这个目标的问题与统计区主管进行讨论。当有必要对提名进行投票时，将实行秘密投票。党的适当的地方政府委员会将有权并有机会提出名单予以考虑，但正式的提名和选拔将根据党团办事规则明确的规定进行。

第十条 与其他党的协议

一、当没有一个党在议会中占有绝对多数时，党团将根据全国执行委员会不时出版的指南进行运作。在未遵从全国执行委员会批准的选择的情况下，或事先未经全国执行委员会特别批准的情况下，工党党团不许与其他党签署协议来决定政治统治和地方政府的治理。经与全国执行委员会讨论之后，在统计区主管的指示下，党团和其成员必须退出多党协议。

第十一条 个人党员的行动

一、工党党团个人党员的行动必须符合党团的办事规则。工党承认个人党员为完成他们的代表职责，可以代表其选民或其他社区利益，在未咨询的情况下，在议会会议上发言和提问。当这种介入的倾向可能与党团政策发生冲突时，个人党员有责任确保向党团的相关领导成员请教。

二、党团个人党员受工党政策和价值观约束，应具有同志般的举止。他们不应该以出版刊物、拥有网站，或以反对党的政策，或攻击党团其他成员，或攻击友邻党团成员，或攻击其他第三方政府成员的方式向报界发表言论。

三、当出现是非观念问题时（例如，宗教、戒酒），只要他们是第一次在党团会议上提出问题者，党团的个人党员可以投弃权票，以便查明党团的看法。

四、当议会或其委员会，或其下属委员会以准司法资格行事时（例如，对酒吧、剧院和电影院的许可或计划适用性的思考），或在审查过程中，每名党员可根据证据形成自己的判断，而不必受党团党鞭的约束。然而，党员应注意到其党员身份，并寻求与工党政策和价值观保持一致。

五、现代地方政府的要求需要党在考虑其议员表现时，特别是处于领导地位的议员表现时，注意到能力问题，并可以通过全国执行委员会地方治理咨询小组来采取行动，介入和确保有效的政治管理和领导，并承诺对要做的事情加以改进。

第十二条　党团委员会

一、党团办事规则将明确本条例如何适用于工党党团、党员、议会委员会、下属委员会，包括合作成员。

第十三条　违反条例

一、（正如全国执行委员会所批准的那样）接受本条例是成为工党议会党团成员的条件。

二、当工党议员被指控违反条例时，将根据全国执行委员会提供的指南采取诉讼。主要的党鞭将负责在地方上落实这一指南。

三、在最初的调查之后，如果党鞭发现严重违反条例问题，作为党鞭，他将有能力在最长六个月的特定期限内或在一个无限定的期限内，撤

销违反本条例成员其党团成员资格。这一诉讼由党鞭发起,他将:

(一)向党团官员和适当的党的地方政府委员会汇报,党团官员和地方政府委员会确保就所建议的诉讼在党内的讨论在本程序废止之前不会逾越本条例规定的程序。

(二)召集党团和适当的地方政府委员会执行委员会联席会议,在预先通知的会议上,此问题将在工党党团主席在场,并带有书面证据的情况下,包括被告的证词和必要时证人的证词,做出决定。

四、当全国执行委员会确定出现特殊情况时,全国执行委员会纠纷小组将承担负责实施违反本条例的程序的责任,因此,在这种情况下,解除工党党团和地方政府委员会执行委员会这一权力。

五、党鞭的撤销

(一)撤销党鞭的决定将立即生效,但可以在十四天内向统计区执行委员会上诉小组上诉,上诉小组在接到上诉的十四天内听取上诉,其判决具有最终效力。

(二)当撤销党鞭的决定由全国执行委员会的一个小组做出时,可以在十四天内向工党总书记提出上诉。不少于三人的全国党章委员会的听证小组将在二十八天之内听取上诉,其判决具有最终效力。

六、党团党鞭被撤销后,将同时通知党团所有成员,他们拥有上诉权。如果出现上诉的话,一旦这样的上诉程序坚持没有时限的撤销党鞭的判决,只要她/他/没有获得党鞭的职务,当事人将没有资格被提名为工党候选人或作为任何选举层面的公共代表(当暂停职务有确定的期限时,不适用于这一条款)。一名被撤销党鞭职务的成员必须根据以上第二条第二款第三项之规定,继续登记为工党党团成员。

七、任何在没有确定期限之内被撤职的党鞭,将在六个月后有资格向工党党团申请重新承认其党鞭职务。在这种情况下,工党党团将负责恢复党鞭职务。当党鞭是由全国执行委员会撤销时,六个月后须向全国执行委员会提出恢复党鞭职务的申请。

八、当工党党团成员被指控违反任何法规的基本道德准则时,如果需要的话,主要的党鞭将根据不时由全国执行委员会出版的指南决定,工党党团要采取怎样的诉讼。

第十四条 向党汇报和咨询

一、工党党团成员被授权并被鼓励参加适当的地方政府委员会会议。党团的办事规则将明确党团和议会领袖须定期向适当的地方党汇报和咨询;分别为了报告和联络的缘故,工党党团领袖和书记是当然的地方政府委员会和其执行委员会成员。党期待党团领袖给以最低限度的报告并在年度内举行数次政策咨询以便使党能够得到预算、所提供的服务的问题和其他政策领域的信息。

二、本条例和范例的办事规则所制定的党与党团之间的咨询条款是所要求的最低限度的安排。鼓励党和党团在涉及其区域内的地方治理的所有问题上尽可能最大限度地进行合作和咨询。

第十五条 党团办事规则

一、根据在地方政府运作的政治管理安排,在咨询党的地方政府单位后,工党党团将采纳并遵循不时由全国执行委员会出版的原型条例和办事规则。这些办事规则可以由全国执行委员会不时地加以改变。

二、对工党党团条例和办事规则的附加内容或改变要事先得到全国执行委员会的批准。

第十六条 服从 2000 年政党、选举及全民公投法

一、工党党团是以落实 2000 年政党、选举及全民公投法为目的的党员的社团。它们不构成党的中央组织的一部分,或其统计单位的一部分,包括以此为目的的地方政府委员会。党团成员将确保遵从个人义务,并且党团还根据 2000 年政党、选举及全民公投法,遵从其集体义务,特别是在政治支出和捐款报告方面的义务。党团成员将与其他党的单位的官员合作以使这些官员能够遵从 2000 年政党、选举及全民公投法所规定的义务,特别是在党团和/或党团成员,还有其他党的单位之间的资金转让方面的义务。如果党团或任何党团成员在履行 2000 年政党、选举及全民公投法义务方面不能与相关党的单位合作，全国执行委员会将针对个人采取适当的纪律措施并暂停党团活动，或同时采取两方面的措施。

第十七条　余项

一、在联合委员会、委员会、统计区机构和地方政府协会的工党党团在向党的地方政府单位咨询后并事先得到全国执行委员会的批准，将采纳适当的条例和办事规则。

二、第十三章所包括的条例是对工党党团运作和工党议员行为的最低限度的要求。要适当考虑党员发展的资源、全国执行委员会批准的指南和不时由全国执行委员会出版的忠告。

三、工党党团办事规则的范例

（一）全国执行委员会已经出版了一套工党党团办事规则范例，包括从十三章第二条到十三章第六条记载的以前采用的不同套的办事规则。办事规则范例可以通过一些不同路径获得：（略）

第十四章　少数族裔论坛条例

第一条　名称

（某）选区工党少数族裔论坛。

第二条　目标与价值

一、全国

（一）工党全国宪章第一章第四条所概括的目标与价值适用于本少数族裔论坛。

二、选区

（一）本少数族裔论坛的目标是：

1. 鼓励非裔、亚裔和少数族裔党员在党的所有活动中发挥积极作用，特别是通过促进培训、网络和辅导鼓励非裔、亚裔和少数族裔党员竞争选举职位。

2. 在社区通过与社区组织、个别非裔、亚裔和少数族裔选民的接触、咨询和竞选活动及联合工作，与非裔、亚裔和少数族裔选民建立联系。

3. 鼓励非裔、亚裔和少数族裔选民入党并确保新的非裔、亚裔和少数族裔党员受到欢迎。

4. 通过密切注视非裔、亚裔和少数族裔党员参与活动的情况，培育他们对党和政策制定者的关注来确保党听取非裔、亚裔和少数族裔党员的声音。

5. 在实现以上目标时，与相邻选区工党非裔、亚裔和少数族裔党员联合工作。

第三条 会员

一、少数族裔论坛会员包括（某）选区工党全体非裔、亚裔和少数族裔个人党员。选区书记向少数族裔官员提供联系选区内非裔、亚裔和少数族裔党员的详细信息。至少每年向所有非裔、亚裔和少数族裔党员发出电子邮件，通知他们少数族裔官员和/或论坛的活动。

第四条 管理

一、少数族裔官员将负责协调选区内少数族裔论坛，帮助他们提出组织的目标。她/他是这一团体的当然主席/协调人。

二、少数族裔官员和论坛将起草一份年度计划和活动方案。这份计划需获得选区总委员会/执行委员会的同意。准备这份计划时要考虑到：

（一）地方少数族裔论坛的目标；

（二）通过调查非裔、亚裔和少数族裔党员所确认的地方非裔、亚裔和少数族裔党员的特殊利益和需要；

（三）不时由党的总部或适当情况下由苏格兰、威尔士或统计区党部分发的指南和优先考虑的事项。

三、少数族裔论坛可以任命其他官员以协助实施工作。

四、少数族裔官员将在其计划中建立年度目标，此目标可以被监测和检查以便于下年度的规划。

五、少数族裔论坛将以适当的统计区主管（或苏格兰、威尔士总书记）进行登记并以年度为基础再次登记。

第五条 会议

一、如果选区的全体非裔、亚裔和少数族裔党员在会议召开的十四天前得到书面通知，并且就一些问题进行讨论，至少有十名非裔、亚裔和少数族裔党员参加，少数族裔论坛会议就具有正式地位。

二、在正式会议上，少数族裔论坛，如果愿意的话，可以就向支部提名开放的职位向选区工党提交提名（例如，选区工党官员、全国/欧洲议会候选人、全国执行委员会成员、全国政策论坛成员等等）并选举两名代表进入选区总委员会，其中至少一名为女性。正式会议也可以同意一份提案送交总委员会/全体党员会议。

三、少数族裔论坛认为对实现其目标适宜的话，可以举行任何非正式会议或集会。

第六条 活动

一、少数族裔论坛优先工作的目标是支持党的非裔、亚裔和少数族裔党员在所有党的活动中发挥积极作用，特别是在非裔、亚裔和少数族裔党员中的培训、辅导和网络以鼓励他们：

（一）占据党内经选举的职位（例如，支部或选区的主席、政治教育官员等）；

（二）成为地方议员、全国议会议员、欧洲议会议员和党的其他形式的选举代表；

（三）例如，以学校理事/董事会成员介入社区事务，以法官、社区卫生委员会成员介入地方组织委员会事务；

（四）参加党的所有形式的活动，特别是竞选、吸收党员的活动、党的委员会、会议和政策论坛。

二、少数族裔论坛也寻求在社区内建立与非裔、亚裔和少数族裔选民的联系，例如，通过：

（一）通过信息交流、个人接触、联合办会、联合办事和联合竞选，与非裔、亚裔和少数族裔自愿组织、租房者团体、工会和其他非裔、亚裔及少数族裔在其中起积极作用的组织建立关系。

（二）与党、地方工党议员和全国议会议员一起工作，通过咨询会议、政策论坛、调查、倾听竞选运动和其他技术，在社区咨询非裔、亚裔和少数族裔选民的意见和关切。

（三）和非裔、亚裔和少数族裔选民一起进行定向的竞选运动和吸收党员的活动，包括就非裔、亚裔和少数族裔选民特殊利益问题的竞选运动。

（四）少数族裔论坛将寻求确保党能真正听到非裔、亚裔和少数族裔党员的声音，通过以上的活动和通过，例如：

1. 在政策问题上向地方和全国政策论坛并向选区总委员会/全体党员会议提供非裔、亚裔和少数族裔党员的观点。

2. 鼓励非裔、亚裔和少数族裔党员在本机构和其他机构中发挥积极作用，密切关注非裔、亚裔和少数族裔党员的参与情况，并与党的其他机构一起工作以培育让其参与最大化的措施。

3. 将非裔、亚裔和少数族裔参与的任何问题引起选区书记、其他官员或统计区党部的关注。

4. 为非裔、亚裔和少数族裔党员和社区党员举办地方政策论坛。

第七条　资金

一、少数族裔论坛的资金应由捐款、募捐、出售的利润和论坛从事活动的收入构成。倘若少数族裔论坛解散，其资产将属于（某）选区工党。选区工党将根据协议允许少数族裔论坛（如果成功运作的话）使用选区工党的资源，以便使其有效地运作。工党的财政计划把本少数族裔论坛的资产和资金交易看作是其所属的（某）选区工党的资产和资金交易。本少数族裔论坛的责任是按照2000年政党、选举及全民公投法规定的选区工党的义务，与选区工党，特别是选区工党的司库合作。如果本少数族裔论坛不能与选区工党合作，全国执行委员会将针对个人党员采取适当的纪律措施，暂时停止本少数族裔论坛的活动，或同时采取这两项措施。

第八条 总体性的条款

一、工党宪章的总体规定适用于少数族裔论坛。

二、少数族裔论坛将不得在资金和其他方面与由党的年会或由全国执行委员会宣布为没有资格附属于党的任何政党和组织或其附属组织、附属机构进行合作或给予其支持。

三、本少数族裔论坛将无权参与和资产有关的交易及雇用雇员。

四、本少数族裔论坛将采用由适当的统计区主管同意的办事规则和程序条例。

第九条 条例的修改

对这些条例的任何修改和增加都只能在（某）选区工党少数族裔论坛年会上进行，但在实行之前必须提交给适当的统计区主管批准。这些变更不能违反党的会议或全国执行委员会所接受的原条例的精神和意图。

第四部分 程序条例

第十五章 程序条例范例

第一条 党的单位办事规则的范例

一、设计这些程序条例的范例是为党的会议有一个良好的秩序而提供一个框架。党的单位总是想采用地方办事规则以反映他们特别的运作方法；然而，地方安排不得与本条例范本的规定发生冲突，本条例范本拥有全国执行委员会充分的权威性，并构成工党章程全编的一部分。

二、本条例所有的"A"选择代表拥有代表组织的党的单位（例如，选区工党、地方政府委员会）；"B"选择代表个人党员会议（例如，支部、妇女论坛、青年工党）。

第二条 年会

一、（本机构）年会于每年（某）月举行。

二、（A 选择：）至少在二十八天之前，由书记向所有党的单位和有资格派代表的组织发送正式的年会通知。至少在七天之前,将详述年会要讨论的问题的通知递交给所有正式任命的代表。

(B选择:) 至少在十四天之前,由书记向所有有资格参会的党员发送正式年会的通知。

第三条　一般会议

一、一般会议将按(某)时间段为基础定期举行。在全国选举竞选期间,不召开办理普通事务的会议。

二、至少在七日之前,所有会议的正式通知由书记发送给全体有资格参会的人。这样的通知要尽可能包括明确会议要办理的事务。

三、要保留参会记录并且参会者可能被要求出示证件和/或党证证明以便能够进入会议室。

第四条　会议时间

一、会议将于(几点)开始。如果在指定时间的三十分钟内没有得到法定人数,不得召开业务会议;只有在特殊情况下,出席会议者才可以同意处理紧急事务,但要得到下一次够法定人数的会议对此做法的批准。除了特别会议可以在出席会议者三分之二多数支持下暂时延长特定的时间之外,会议将在通知开始时间的两小时后结束。

第五条　法定人数

一、本机构的业务会议的法定人数为有资格参会投票者的百分之二十五(或由党的统计区党部同意的固定人数)。

二、任何够法定人数的会议的公报和决议不得简单地以未通知到有资格参会者,或未收到会议通知为由而被认为无效。

第六条　参会资格

一、(A选择:) 所有代表必须是当前被认可的工党个人党员,居住在本党的单位所覆盖的区域内或注册为选民。代表的详细信息已经由其组织通知本党的单位的书记者有资格参会并投票。只有当选为执行委员会成员的正式任命的代表有资格参加执行委员会会议并投票。

（B 选择：）所有成员必须是完全付清党费的工党个人党员，居住在本党的单位所覆盖的区域内或登记为选民。只有那些已经被选区工党认可并通知书记的成员可以参会并投票。其他成员，包括临时成员可以参会，但不能投票。只有当选为执行委员会成员者有资格参加执行委员会会议并投票。

（包括两种选择：）当年会或特别会议由于任何原因没有举行或被放弃而未完成议事日程要处理的事务时，这样的会议必须再次召集，以便处理那些必须处理还未处理的事务。不管是否举行，只有那些有资格参加第一次召集的会议者有资格参加再次召集的会议。

第七条 主席

一、除党的单位条例另有规定之外，本机构当选的主席将主持所有会议。

二、当主席缺席时，副主席主持。当二者都缺席时，书记或其他官员号召出席者选举一名成员作为会议主席。假设主持者随后到场，一旦一名成员已经当选，在她或他的位置上主持会议，如果大家愿意的话，只要当前这项事务已经被处理，她/他就可以有权主持会议。

三、在年会上，除主席不是正式任命的参会代表之外，主席将主持会议，直到选举出一名接替者；在这种情况下，选举主席应是会议的第一项议事日程。新主席将即刻接手会议的管理并着手其他官员的选举和进一步的事务。

第八条 党务

一、党的会议的首要功能是给代表和党员提供机会，通过社会接触、政治辩论和政策讨论来参加党的活动；并在竞选区域内为党建立目标，发展党的组织以及在更广泛的社区里促进与同情党的个人和机构建立联系。

二、起草所有党的会议的议事日程时，应适当把新党员和/或代表的认可与引荐，决议、党的政策条目和其他关系到党员利益问题的讨论，以及接受公共代表的汇报放在优先位置。

三、代表以及派往其他机构的代表的提名要尽可能广泛地在党员中间寻找。只要可行，出现任何需要填补的空缺时都要向全体党员公布，并且除非条例另有陈述，否则对任何职位，所有表示愿意接受提名的党员都要得到考虑。

四、总体讲，在本机构所有业务会议上，党务具有优先权。只要可能，官员和/或执行委员会应处理信函、资金和来自其他党的机构或职能官员的报告这些例行项目，但以全体会议有机会对提交的推荐进行质询、修改和批准为条件。

第九条　提案的通知

一、（A 选择：）只有来自党的单位和有资格任命代表参会的组织提交给本机构全体会议的原始提案才能被接受并且必须至少在会议召开的十四天之前由书记书面签收为会议准备的提案。

（B 选择：）只有有资格出席会议并参加会议的党员提交给本机构全体会议的原始提案才能被接受并且必须至少在会议召开的十四天之前由书记书面签收为会议准备的提案。

（包括两种选择：）用于讨论的提案提交给有资格参会的人，同时附上相关会议的通知和议事日程，紧急提案除外，紧急提案须在会议开始之前按紧急性所允许尽快书面提交给书记。在主席的推荐下，他将以真诚的态度解释"紧急"措辞的含义，紧急事务可以由会议多数人所接受。

第十条　提案的讨论

一、提案未经提出和得到支持不得在会议上讨论。当党的单位或组织提出一项提案时，必须由党的单位或组织的代表提出这项提案。

二、演讲者将面向主席发言并且只能就任何提案发言一次，除经主席允许之外，以提案的提议人或一项修正案可以对讨论给予答复，而以不引入要讨论的新问题为条件；且这样的答复将结束讨论。任何演讲人都不允许超过五分钟的发言，除非会议同意在特定时间内"进一步听取"意见。

三、任何提案的修正案可以被提出并需得到与会者的支持，但必须以书面形式递交给书记。修正案可纳入程序，在一项修正案处理完之后，再提出下一项修正案。如果一项修正案获得通过，这项修正决议就变为一项提案，还可以对此提案提出进一步的修正案。

第十一条　程序提案

一、一项提案的提议者和支持者未经听取其意见时，不得处理"下一项事务"的提案。任何"下一项事务"的提案，如果主席采取推迟、不信任态度，不经讨论就可进行提议、附议和投票；投票之后，主席在20分钟内不必接受更多的程序提案。

第十二条　撤销决议的动议

一、任何撤销本机构决议的动议将不得在决议通过日的三个月内生效。撤销动议的通知必须书面提交给有资格参加相关会议者，须与以上第八条保持一致。

第十三条　对提案进行投票

一、除党的宪章规定用选票投票或本机构另做决定之外，投票将以举手方式进行。一旦出现就任何要决定的问题举手投票的赞成与反对票数相等时，主席可以投决定性的一票，条件是她/他未使用过普通选票。如果主席不愿投决定性的一票，则此提案未获得通过。

第十四条　选票投票

一、官员和本机构的代表的选举以秘密的数轮淘汰投票方式或偏好投票方式进行。执行委员会成员的选举或大的代表团的选举可以采用秘密的选票投票方法，在一张选票上投多人的票，但党员投票的数额不能超过要填补的职位的数额。党的宪章上规定的适用于本机构的妇女配额将包含在秘密投票的安排里。

二、选拔候选人和在宪章规定的情况下，以及有一人要求、另外两人支持的情况下，将在会议上以选票进行投票。

三、如果秘密投票时出现平局，主席没有决定性投票权。在适当的情况下，将再次投票，并且如果再次出现平局，可以抽签。在偏好投票中，通过确定哪个人在第一偏好中得到最高票数，或在重新分配票数时最早得到最高票数，平局就可以被打破。

第十五条　主席的裁决

一、上升到规则的核心问题时，任何对条例和办事规则的违反和质疑都可以由一名成员提出。主席对由条例和办事规则引起的具体情况的裁决具有最终效力，除非受到不少于四名成员的挑战；这样的挑战将不经讨论就被提交到会议上并且只有得到三分之二与会者的支持才能获得通过。

第十六条　余项

一、确保党的会议和党的重大活动以友好和有序的方式进行，会议的组织方式要使党员能够最大程度地参与，不使党员因任何原因不能参会而被排斥在外。任何党员不应因性别、性倾向、性别特征、残疾和种族等任何原因而受到任何形式的歧视或威胁。工党任何会议上不允许吸烟。

二、任何以不守秩序或扰乱方式行动或违反办事规则的党员可以经主席的行动被驱逐出会议，要采取驱逐行动须得到与会者三分之二多数的支持并进行投票。任何党员在十二个月之内被驱逐出两次会议，经适当的统计区主管的批准，将在以后的十二个月内没有资格参加本机构的会议。

三、本工党单位接受党内各级代表的最低限度的妇女配额原则并将采取措施确保妇女在代表团内占有百分之五十的比例并且当只任命一名代表时，至少隔年为女性。

四、工党宪章的总规定适用于本机构。除了在年会上和在为此目的召开的特别会议上得到与会者三分之二多数通过之外，不得对本组织的条例和办事规则进行更改。任何更改在未经工党全国执行委员会的适当官员的批准之前不得生效。

第五部分 联系与词汇表

第十六章 党的联系方式和词汇表

第六部分 附 录

第十七章 附录一 全国执行委员会关于党员重要性的声明

工党是一个民主社会主义的党，它相信社会变革来自于中央政府和社区行动的结合。我们不相信社会变革仅由自上而下的方法就可以实现。

这意味着我们珍视党员和附属组织成员作为进步运动参加者、社区活动者和社会企业家的作用，他们在自己的居民区锻造积极的变革，也塑造和推进全国的政策。

正是我们的党员，他们可以激励和吸引地方人民和社区。

我们的党员和附属组织一起可以缔造一个党，它是我们所服务的社区的真正的反映；它能够对外开放并找到创新和灵活的方法以鼓励接触和来自社区的支持，把那些分享工党价值观的人吸引进来，从而也把一系列的技能和经验带进工党的工作中来。我们的党员和附属组织成员作为工党的活动者在申辩我们的理由以培育选举上的支持、确保地方工党出现在每个选区以及给地方、全国和国际上带来变革方面都是非常宝贵的财富。

党员享有条例中所陈述的党员正式的民主权利。正如在条例中所陈述的那样，党员有权参与党的正式程序、在会议上投票和竞选党的官员和选举官员。

许多工党支持者也是进步运动的参加者、社区活动者和社会企业家，他们在自己的居住区内锻造积极的变革。我们珍视这一贡献并应该接受他们的活动。我们需要对话并与工党支持者以伙伴式的关系一起工作。工党组织需要与人民生活的方式相匹配并深入到党员之外的工党支持者当中去。长期与我们的支持者、我们的社区和我们寻求为其服务的选民保持接触将意味着我们留在政府内并永远是参政的竞争者。

因此,我们的党员将确保我们拥有强大的地方党,地方党将:

- 在我们现存的党员基础之上,深入到我们的社区;
- 与地方工会和社区团体一起,深入到支持者和潜在的新党员当中去;
- 授予地方领导以关键角色来引领变革;
- 被视为社区变革的引擎;
- 以开放的方式工作并欢迎党员和支持者;
- 以更好地反映作为我们基础的社区的优先事务的方式进行工作;
- 确保工党成为地方竞选运动和社区活动的聚焦中心;
- 确保在每个地区都有工党的出现;
- 接受跨区域存在的社区活动;
- 通知并鼓励对进步政治与政策的支持;
- 积极地与分享我们价值观并为改进而工作的人结合在一起;
- 被地方人民视为可以讲述地方关注的地方,以及人民可以帮助地方党赢得变革的地方。

工党支持者可以享有非正式的介入和参与:可以得到信息,在选举时期与我们一起促使工党候选人的当选,受邀参加地方和全国的重大活动,聆听演讲者的演讲并对政府部长提出质疑,在适当的地点参与我们政策制定的过程。鼓励工党支持者成为工党党员。

第十八章　附录二　全国执行委员会关于吸纳党员和保持党员身份的程序指南

2007年工党章程全编第二章的补编

(2006年7月全国执行委员会同意做出修改)

本行为准则涉及工党党员的吸纳和保持党员身份的问题以及需要遵循的程序和实践。要结合工党章程全编第二章工党党员条例来阅读本指南。

一、总体性条款

（一）党的个人党员将根据本指南，由适当的支部、选区、全国或统计区党部，或个人提出申请而被接纳为党员。

（二）所有吸收入党事宜都要根据本指南关于党员接纳之规定进行，指南将不时地分发给全党和附属组织并须结合工党条例第二章党员部分来阅读。

（三）工党渴望鼓励吸收新党员并确保新党员在党内真正受到欢迎，提供机会以使他们能够参与党内各方面的生活。

（四）然而，党关注任何个人和派别都不得非正当地吸纳党员以便寻求操纵我们的民主程序。

（五）党的健康与民主有赖于支持工党目标、希望入党并介入我们活动的个人的努力和真正的参与。大批"纸上党员"除了在企图操纵党的程序时受到别人的请求之外，并不希望参与，这样会破坏我们的内部民主并且对全党来说是不能接受的。

二、吸纳党员的程序

下列吸纳党员的程序适用于申请入党：

（一）申请成为个人党员：

1. 可以由个人、所在的选取工党、或（在申请成为登记党员的情况下）一个附属组织提交党员申请表。

2. 可以打电话或通过工党网站进行申请。

（二）党员申请表必须在所要求处由申请人签名并与党费一起送交给位于党总部的总书记。当党员申请表不要求签名时，或申请是通过电话和/或工党网站时，申请人将被认为已经同意遵守工党的条例和办事规则。

（三）付款必须以全国执行委员会接受的形式提交。总书记将安排把申请者视为临时党员，将其详细信息记录在全国党员名册上。

（四）申请登记为党员可以向相关附属组织核实以确认至少已经交纳

十二个月的政治捐金或会员费。

（五）如果申请收到后没有收到党费，或付款以全国执行委员会不能接受的方式支付，立即告知申请者，在办理申请之前要求先支付党费。

（六）将发给申请者一份承认其为临时党员的回函，附带她/他居住的选区的详细信息和关于地方党书记的有用信息。

（七）享有临时党员权利从接到申请和适当的党费后起草回函之日算起。临时党员只能参加支部会议，没有投票权。

（八）总书记将通知相关选区工党说明已接到入党申请。在接到通知的八周之内，选区工党可以向总书记提出反对此入党申请。尽管在进一步的调查之前，一名党的官员可以临时提出反对，但这样的反对意见只能由相关选区的总委员会/全体党员会议或执行委员会做出决定。当在通知的八周内出现临时性的反对意见时，可以允许延长四周时间用于做出反对的决定，并且在这种情况下，全国党将写信给申请者，告知做出反对决定的时间延长了。

（九）遵从以上段落第（八）项，如果总书记按以上第（六）项，在通知的八周内没有收到反对意见，并且总书记已经收到党费，申请者可被认为是享有充分权利的党员。

（十）在个人被接受为享有充分权利的党员之前的任何时候，总书记可以裁定，只要他认为理由正当，个人入党申请可以以任何理由被拒绝。

（十一）当没有来自按以上［第（八）项］所说的选区工党的反对通知时，和/或没有按以上第（十）项有来自总书记的裁定时，当按以上第（六）项，通知时间达到八周时，申请者将成为享有充分权利的党员。然后，临时党员就作为享有充分权利的党员尽快转入全国党员名册。

（十二）由总书记或选区工党提出的拒绝申请入党的理由必须按所给的地址送交申请者个人。她/他将有权以个人名义书面向全国执行委员会上诉。全国执行委员会纠纷小组将以它认为适当的方式加以考虑和处理这类上诉并且一旦全国执行委会员会批准纠纷小组的决定，将具有最终效力，对选区工党、支部党、总书记和相关个人都有约束力。

三、移居

（一）倘若一名党员移居到另外一个选区，那名党员必须立即通知总部，总部将把这名党员转到相关选区并通知那里的选区工党。如果一名正在办理移居手续的党员与新的选区工党接触，并出示党员证明，适当的选区工党官员必须通知总部。

（二）在新选区的党员权利将自总部记录的转交日期开始，除非在转交日开始的八周之内出现反对接受移交的意见。当在通知的八周内出现临时性的反对意见时，可以允许延长四周时间用于做出反对的决定，并且在这种情况下，全国党将写信给申请者，告知做出反对决定的时间延长了。

（三）倘若出现反对意见，当事人有权向全国执行委员会提出上诉，全国执行委员会的决定具有最终效力。

（四）倘若一名党员移居到同一选区内另一个支部，那名党员必须通知新的支部书记并提供党员证明。通知总部地址的变更。

四、付款方式

（一）劝导党员把党费直接交给总部。然而，也可以由地方收取党费。党员可以选择按年度定期支付党费的方式，或与总部约定提前交付数年的党费。所有总部所收到的党费都在全国和选区党之间按本条款第二部分规定的比例分割。

（二）通过地方收集者支付的党费，只有在付款到达总部时才被认为党已经收到。持有地方收集的党费被认为是严重损害党的行为。

五、党员年度

（一）党员年度定义为从入党之日起的十二个月。所有党员将由全国执行委员会发给一个党证，指明党员年度终止的日期和支付党费的费率。

六、应付欠款和丧失党员资格

（一）自个人党员其党员年度到期日开始将被认为应付欠款，直到又重新交纳党费为止。

（二）如果个人党员欠款六个月并且没有回应支付欠款的请求将被认

为丧失党员资格。

（三）遵从以上第（二）项的认可程序，一旦丧失党员资格，先前的党员可以通过支付当年最低党费来恢复其党员资格。

（四）在这样的认可之后，当相关党员支付丧失党员资格时期未清的党费后，总书记可以同意准许其继续保持党员资格，包括丧失党员资格时期。在需要就准许继续党员资格的问题做出决定时，总书记可以把此事提交给全国执行委员会纠纷小组，在所有案例中，纠纷小组的决定具有最终效力。

（五）当明显出现管理程序的错误时，在支付应付欠款和当年党费后，准许丧失党员资格的党员保持党员资格的持续性。

（六）当选区工党和全国党一致认为，由于特殊情况导致一名党员无意中丧失党员资格时，在支付应付欠款并授权以直接借记方式支付未来党费的情况下，可以准许保持党员资格的持续性。

（七）被认为丧失党员资格者无权参与党的决策，直到党员资格已经完全恢复为止。应支付欠款的党员，当他们打算在特定的时间内继续交纳党费时，只可以参加会议。

七、选区工党的程序规则

（一）申请可粗略地归为下列几类：

1. 那些自愿支付全额费率的党费者。

（1）选区工党应核实宪章对以下事情的要求：

（i）选民注册；

（ii）工会会员；

（2）如果任何关于这些方面的问题可以得到解决并且没有其他地方上的反对，这些成员应该尽可能快地吸收为党员。

2. 要求"降低费率"或"附加费率"地位者。对这类申请，有必要考虑进行更严格的审查：

（1）除了特殊情况，选区内的选民注册是党的条例的要求。对注册的检查可以暴露出未注册的问题，随后要进行询问以寻求得到解释并在适当的情况下要求进行注册。如果得不到满意的解释，则拒绝吸收入党。

（2）如果申请者已经进行选民注册，随后还可以继续调查：

（i）"降低费率"申请者是一种范畴，党员资格对属于这一范畴的申请者有明确的要求，并且这一要求是否经过进一步的核实，如果是的话，应寻求一种解释，并且在适当情况下要得到申请者真心诚意的保证。

（ii）对于"附加费率"申请者，相关附属组织是否核实其"附加费率"的地位，如果未核实，将提交给附属组织核实此申请，并且如果没有被确认的话，应邀请申请者付全额党费。

（二）如果满足以上条件，申请是否将被接受，还要看是否有其他地方上的反对。选区工党必须注意到，他们的责任就是着手进行地方上认为必要的核实。如果支部介入这一程序，必须在八周的自动同意程序期间内进行，因为转交给支部本身并不被接受成为拖延自动同意的理由，除非按以上第二款第（八）项或第三款第（二）项之规定允许延长四周。

八、选区工党后续的程序

（一）任何面临大批"降低费率"和"附加费率"申请者的选区工党可能需要一支愿意并能够完成所推荐的核实的队伍。当存在少数族裔申请者时，这支队伍包括懂得所涉及社区的语言和文化的党员是有帮助的。在任何情况下，这支队伍应以一种"对女性友好的"和非恐吓的方式进行工作。

（二）通过负责党员的书记，这支队伍会在与负责审核特定选区党员的审核助理之间发展一种良好的工作关系中获益，并且有效的月报告制的执行有助于对任何问题的尽早验明和迅速做出决定。全国执行委员会认为，在大量案例的情况下，八周的同意时间对实施核实来讲足够了。在某些情况下，如选举时期或假期，八周的时间还可以延伸，但只有当选区工党已经验明一个特别的问题。

（三）调查队伍也应该介入为新党员安排适宜的入党仪式，入党仪式包含对地方党运作的解释材料并鼓励政治和社会方面的参与。各级党组织都应组织新党员晚会和其他活动，目标在于使新近入党的党员参与到党的工作中来。

（四）把以上程序视为是解释党的条例和要求并把潜在的活动者包括进来的机会，而不完全是阻拦机制，这点非常重要。然而，明确的是全国执行委员会将支持任何选区工党执行所概述的核实程序并由此验明对党员制度的滥用。

九、进入党员名册

（一）下列成员将进入党员名册

1. 选区工党：副主席/党员和选区工党书记，或其他选区工党指定的官员。

2. 支部：书记或其他指定的支部官员。

3. 地方政府委员会：书记或其他指定的地方政府委员会官员，选举目的所要求的全国议会议员，欧洲议会议员，委任机构的成员，当选的市长、地方议员，全国执行委员会任命的代表所在地区的工党工作人员。

（二）对党员名册中所包含的信息的滥用可以构成违反数据保护法，应立即向总部数据保护官员报告。

第十九章　附录三　全国执行委员会关于全国议会候选人选拔的程序条例

第一条　导言

英格兰和威尔士选区取决于下次全国大选之前边界的变更，并且所有的选拔都在这些新确立的边界上进行。苏格兰的情况不同，那里在2005年全国大选之前就已经实施新的边界。考虑到各种情况，本程序条例概述了程序的变动。全国执行委员会已经同意一个实施选拔的时间标准，并且在以下本程序条例的第十七条中，制定了时间标准。我们还把候选人行为准则纳入本程序条例，候选人行为准则可以在以下第十八条中找到。

根据本程序拟定的全国议会小组将适用于2009年进行的欧洲议会选举的候选人。

第二条 总体条款

一、未来全国议会候选人的选拔程序由工党全国条例第五章提供并在本程序条例中细化。

二、在实施任何程序部分之前，必须寻求来自适当统计区党部的忠告。从本指南出发来满足地方情况必须经全国执行委员会指定的选拔代表的同意，代表常常是统计区主管或代理他们的人（对本程序而言，"统计区主管"这一措辞包括党的苏格兰和威尔士的总书记）。

三、在程序启动时，一套选拔程序将分发给选区工党书记，对程序的特殊方面给予详细的指南，附有标准的表格和信函。将下发一套独立的选拔程序，包括对全国议会议员激活投票的程序（以下第五条）。

四、当要满足选区工党特殊情况的需要或在处理影响总体程序运作的问题时，全国执行委员会有权修改本程序。

五、全国执行委员会将决定什么时间为即将举行的全国大选而着手的未来全国议会候选人的选拔程序可以开始。见以下第十七条全国执行委员会的选拔时间表。

六、在以下第十七条概述的时间表之内，如果全国执行委员会没有另外授权的话，新的选拔将尽可能如统计区主管所决定的那样，按在党的统计区内的"获胜能力"作为优先排序的根据来进行。

七、在实施党的大幅度增加妇女候选人、非裔、亚裔和少数族裔候选人以及在议会中代表比例低的团体的候选人的目标过程中，党和附属组织应特别强调需要积极鼓励考虑妇女、少数族裔、残疾者和来自宗教及手工工业背景的人的选拔。

八、全国执行委员会已经决定，我们至少要在议会工党中实现男女对等，在下次全国大选中，妇女至少要占百分之四十。要实现此目标，当议会中工党党员退休或没有在任议员时，在进行选拔的选区中，全部要求提交妇女小名单。全国执行委员会将就如何做出抉择分发指南，根据抉择，进行选拔的选区将执行全部拟定妇女小名单。

九、潜在的候选人和全国小组成员必须遵守以下第十八条规定的行为准则。

十、当未来的议会候选人已经选拔出来并且后来宣布她/他打算不作为选区的官方的工党候选人竞选议会职位，本部分安排的程序（服从于章程全编第五章和本程序条例）将重新开始。

十一、当选区工党已经选拔出未来的议会候选人，选区工党只有经过允许才能重新考虑选拔事宜，即当全国执行委员会在接到总委员会/全体党员会议的书面请求后决定，全国执行委员会认为自从选拔之后，未来议会候选人的情况发生变化并授权选区工党召集总委员会/全体党员特别会议来考虑先前选拔的未来议会候选人将不再担任下次大选的决定。如果给予这样的授权，相关选区工党书记将召集特别会议，会上的决议必须由有资格出席会议的代表的简单多数的通过才行。此行动所针对的未来议会候选人将有权向全国执行委员会上诉，全国执行委员会有权确认、修改或推翻总委员会/全体党员会议所采取的行动。

十二、当选区发生议会补缺选举时，全国执行委员会将采取任何必要行动以确保正式同意的工党候选人竞争这个空缺。

十三、全国执行委员会将每年选举一个补缺选举小组来着手和监督这类行为并处理其他委托给它的事务。

（一）在尽可能可行的范围内，全国执行委员会将与选区工党执行委员会合作为正式批准一名候选人而起草一个时间表。补缺选举小组可以要求相关的选区工党批准一位特别的候选人或从几名提名者中选择一名候选人。每当时间允许时，补缺选举小组将提交一份适当数额的提名名单供选区工党有资格的个人党员进行投票，要与全国执行委员会为全国议会候选人的选拔而制定的、为满足补缺选举的特殊情况而加以必要改动的程序保持一致。

（二）全国执行委员会将就补缺选举的竞选指挥给予忠告和指南并负责任命竞选的选举代理人。

十四、在一届议会任期十八个月后，在议会补缺选举当选的候选人在那届议会生效期间将不属于连任。

十五、一次选举将中止任何议会候选人资格。

第三条 冻结日期

一、为了这些选拔的目的，对个人党员资格、选区代表和附属组织的冻结日期将与统计区主管达成协议。所有加入选区工党的附属组织和代表团以及在本程序过程中使用的党员名单将与包含在每个党支部的选区工党党员的比例一起在这些日期中冻结。在决定冻结日期以确定参与的资格时，统计区主管将关注选区工党党员的状况和对吸收党员行为准则滥用的初步证据以及任何其他统计区主管可以认为有关的因素。

二、当出现在任工党议员再选拔的程序时，对每个选区工党的"冻结日期"将是指定代表与执行委员会（如果没有执行委员会，则总委员会/全体党员会议）会面的日期以拟定一个时间表。当全国执行委员会查明出现特殊情况时，或出现未预见的启动程序的拖延，将由全国执行委员会确定一个提前的冻结日期。

三、为本程序的缘故，在冻结日期之后至选拔结束之前，除工党支部书记更换之外，不得有新的或增加的附属组织或填补代表团的空位。

四、任何在冻结日期后成立的新的党的单位或建立的附属组织，在选拔程序期间，不允许向总委员会派代表。

第四条 全国小组

一、全国执行委员会将从有机会参加在统计区、全国和特别（例如，妇女、非裔、亚裔和少数族裔党员）基础上组织的培训和评估会议的候选人中建立一个议会小组。在填写一份新的申请表之后，那些在2005年大选中进入议会小组的党员将留在小组内。在书面提供适当理由后，统计区主管有权面试2005年小组的任何成员。在给出书面理由之后，小组党员的家乡选区工党，或他们在2005年是那个选区的候选人的选区工党，可以派代表向统计区主管要求进一步面试一名现任全国议会小组成员。

二、在全国执行委员会与附属组织达成协议，它们的程序达到正式承认的标准时，由全国附属组织通过它们自己的程序推荐的候选人将自动包括在议会小组成员中。

三、全国执行委员会将达成一个候选人明确的最低标准协议，附带对候选人品质的陈述，以此作为统计区和附属组织的指南。

四、全国执行委员会将批准一份缜密的计划以促进增加妇女，非裔、亚裔和少数族裔党员，残疾人党员和那些来自手工工业和宗教界的党员在议会小组中的代表。

五、最初包括在议会小组的党员名单将公布出来，留下足够的时间使选区层面可以开始进行充分的选拔。可以不时加进程序过程中出现的附加候选人，并且对补缺选举和其他意外出现的选拔情况会有特别的安排。

六、公布的小组名单仅以忠告的方式提交给选区工党。任何满十二个月党龄标准的党员［见以下第六条第（六）款］都可以在选区内寻求被选拔，选拔以公开的方式进行（根据以下第十条），服从最重要的全国执行委员会的决定，即拟定一份全部由妇女组成的小名单。

七、全国执行委员会将就小组工作公布详细的指南以确保小组工作尽可能地明确、公开、透明。将在总部成立一个候选人单位以协调小组程序的管理并对所有有兴趣的候选人和着手选拔的选区工党提供参考的细目。

八、任何通过党的程序申请进入小组者并且未被纳入全国议会小组名单中将有权上诉。全国执行委员会将授权一个上诉小组来听取上诉，上诉小组的决定具有最终效力。

第五节　通过党的单位和附属组织的提名激活对议员的投票

一、正如以上第三条第二款批准的冻结日期以便启动激活机制，全国执行委员会将设立一个来自所有有资格的党的单位和附属组织的提名的时间表，明确它们是否愿意选拔它们的议员，而不需"触发"一次充分的选拔程序。

二、到设定的日期为止，如果党的单位和（表态的）附属组织支部的多数人倾向于不着手一次充分的选拔程序，那么相关议员就被认为选拔为相关选区的未来议会候选人，如以下第十六条所述，还要经全国执行委员会的同意。

三、在多于一名议员竞争激活投票的情况下，到设定的日期为止，如果党的单位和（表态的）附属组织支部的多数人倾向于不着手一次充分的选拔程序，那么相关议员就被认为进入选拔的小名单。

四、如果百分之五十或更多的党的单位和（表态的）附属组织支部决定，它们希望启动投票，那么，正如在以下第十款规定的那样，一次完全公开的选拔将被推迟，直到激活投票［如以下第七条第四款第（四）项的规定］的第四阶段已经完成。

五、通过这种激活机制已经再次当选的在任议员将没有资格寻求在选拔的特定一轮期间参加其他选区的选拔，除非有全国执行委员会同意的特殊情况。全国执行委员会将就激活投票程序的管理问题分发指南。

六、当在任议员未面临选区边界变更问题时，将在现有选区面对一次激活投票，除非全国执行委员会另有决定。

七、当在任议员面临选区边界变更时，

（一）总书记将邀请在任议员，如果有的话，表明他们寻求在哪个选区得到选拔。如果在一个席位上，有一名议员在此地域获得可观的关注并寻求连任，那么，没有获得任何地域关注的议员不能被考虑选拔到这个席位上，除非在激活投票中，选区工党决定实行一次公开的选拔。

（二）为连任目的，获得可观的地域关注被定义为，在冻结日，准备转移到新议会选区时，在上一次的议会选区内获得百分之四十或更多的登记选民。

（三）任何在任议员在新的议会选区内获得地域关注，但未达到百分之四十的程度，仍然可以在全国执行委员会的决定下，挑战一名在那个议会选区里获得可观地域关注的同事。

（四）应通知代表新选区任何部分并由此获得地域关注的在任议员，告知他们时间表和程序，并提供提名组织的书记的名单。可能的情况下，激活投票将按以下四个阶段进行：

1. 第一阶段——两名议员同时获得可观的地域关注，寻求被选拔到一个席位上。

(1) 当有两名议员获得可观的地域关注（百分之四十或更多），他们表示打算寻求在同一选区得到选拔，然后，两名议员来到党的单位和附属组织面前，要求按以上第三款之规定，接受纳入小名单。如果党的单位和附属组织的多数接受这个小名单，然后，伴随着竞选会议和拉选票的机会，将进行有资格党员一人一票的邮递投票以决定最后的候选人。

(2) 如果百分之五十或更多的党的单位和附属组织决定，他们希望启动一次投票，然后，一次完全公开的选拔将被推迟，直到激活投票的第四阶段已经完成。

2. 第二阶段——多于一名议员获得地域关注，表示对一个席位感兴趣，并且至少其中一名议员未获得可观的地域关注。

(1) 由全国执行委员会决定［根据以上第（三）项之规定］，未获得可观地域关注的在任议员是否可以竞争激活投票。获得可观地域关注的议员，以及经全国执行委员会决定可以竞争连任的激活投票，但未获得可观地域关注的议员，来到党的单位和附属组织面前，要求按以上第（三）项之规定，接受纳入小名单。如果党的单位和附属组织的多数接受这个小名单，然后，伴随着竞选会议和拉选票的机会，将进行有资格党员一人一票的邮递投票以决定最后的候选人。

(2) 如果百分之五十或更多的党的单位和附属组织决定，他们希望启动一次投票，那么一次完全公开的选拔将被推迟，直到激活投票的第四阶段已经完成。

3. 第三阶段——只有一名议员寻求选拔到一个席位上，在这个席位上，他获得百分之四十可观的地域关注。

(1) 服从以上第（三）项之规定，如果只有一名议员在新的议会选区里获得可观的地域关注（百分之四十或更多）并且如以上第二款所规定的那样受到党的单位和附属组织的提名，相关议员应被认为已经得到选拔，还要得到全国执行委员会同意。然而，如果一名获得可观地域关注（百分之四十或更多）的议员没有赢得党的单位和附属组织多数的支持，那么一次完全公开的选拔将被推迟，直到激活投票的第四阶段已经完成。

4. 第四阶段——一名议员寻求被选拔到一个席位上，但未获得可观的地域关注。

（1）如果一名获得低于百分之四十的可观地域关注的议员表示有兴趣，然后由全国执行委员会决定（按照以上第三款之规定），他们是否可以竞争一次选拔的激活投票。如果在新的议会选区只有一名获得低于百分之四十的可观地域关注的议员，全国执行委员会允许其竞争选拔的激活投票，并如以上第二款所规定的那样获得党的单位和附属组织多数的提名，相关议员应被认为已经获得提拔，但要得到全国执行委员会的同意。

（2）如果未获得可观地域关注的议员没有得到党的单位和附属组织多数的支持，那么一次完全公开的选拔将被推迟，直到激活投票的第四阶段已经完成。

第六节　候选人

一、全国小组成员和其他潜在的被提名者将受邀，通过向特定的选区提交一份由全国执行委员会提供的标准申请表来表示对寻求得到选拔的兴趣。

二、填好的以上提及的表格必须在时间表规定的日期之前交给程序书记（见以下第五款）。只有那些按此方式显示出兴趣者才被考虑纳入小名单。

三、候选人的行为准则［见以下第十八条第二款第（二）项］明确指定，渴望被提名者有权得到党的单位、附属组织和选区党员的名单。

四、除了如果被列入小名单，有权在选拔投票中进行邮寄投票者之外，任何寻求提名和选拔的选区工党党员都不能出席或参与任何选区工党关于议事日程或党的单位处理选拔程序的会议。

五、当选区工党书记是一名渴望提名者或不能够起作用，经统计区主管的批准，程序将由选区工党另外的官员进行管理。这名官员被认定为选区工党程序书记。

六、候选人必须具有连续十二个月的工党党龄并遵守党员条例，除了由全国执行委员会同意的特殊情况之外，需在截止日期内表示对特定选区的兴趣。

七、欧洲议会议员、苏格兰议会议员、威尔士国民议会议员、大伦敦政府成员和直选的工党市长可以寻求作为工党全国议会候选人的提名，但只有在全国执行委员会表示允许才可，全国执行委员会的决定是最终性的。

八、根据党的条例或党的会议的决定，不具备地方政府候选人资格的人将没有资格参加全国议会候选人的提名或选拔。

九、当下议院议长最初被选举为工党议员并正准备连任时，在其选区或原选区占多数的新选区内没有实施选拔程序，则将不产生工党候选人。

十、除苏格兰和威尔士以及由全国执行委员会批准的选派的特殊情况之外，工党候选人将按"工党候选人"或"工党与合作党候选人"的选派名义出现在选民面前。在整个全国议会选举过程中，工党候选人将投身于选举演讲中，把全国执行委员会声明中定义的那次选举的问题作为竞选的突出议题。每位全国议会候选人必须承诺作为独立于所有其他政党的"工党候选人"参选，一旦当选，加入议会工党并且加入后遵守其办事规则。

十一、任何候选人在选举之后不接受议会工党的办事规则或不能与议会工党的办事规则保持和谐，将被认为已经违反本程序条例条款。

第七条　代表

一、除了全国执行委员会指定的代表之外，只有被正式承认的代表才能出席总委员会和执行委员会会议，直到包括在小名单中。

二、有权参会的代表是那些由组织任命的有权代表总委员会者，并且在冻结日之后，除了长期更换支部书记外，不允许有额外的和替代的代表。

三、代表或者居住在选区，或者注册为选区的选民。

四、来自党的单位的代表必须或者在党的单位所覆盖的指定区域内居住，或者在这个区域注册为选民。

五、一名全国执行委员会的指定代表（这名指定代表）将核对以上年末党支部或党的附属组织所交纳的党员党费为基础，没有组织可以享有更多的代表名额。配额的执行情况也在核对之列。

六、进入总委员会的经正式承认的代表名单和地址将在程序开始时提交给执行委员会。名单将报告给确定小名单的会议，并且所有代表都可以对任何其他代表的资格提出质疑。任何有关资格的纠纷将由指定代表解决，在咨询适当的选区工党官员后，他的决定具有最终效力。

七、在列入小名单程序的要求下，为使他们有资格参与到列入小名单的程序中来，所有代表必须参加情况简介会。

八、当选区工党没有在任的执行委员会或总委员会时，正如许多选区工党已经转为"全体党员会议"的情况下，组建一个过去由执行委员会或总委员会处理所提及的事务的机构，机构的构成在咨询选区工党和全国执行委员会后，将由统计区主管决定。

第八条 党员

一、在全国党员系统登记的选区工党所有个人党员，到冻结日为止已经在本选区工党有六个月的党龄者，而且遵从党员条例者，将有资格参加这一程序。

二、党员必须在邮寄投票的截止日期内全部付清党费才有资格参加投票。

三、程序书记将通知党支部哪些党员有资格参加这一程序。任何关于资格的纠纷将提交给党的纪律单位来解决。

四、除指定监督进程的人和受邀的候选人之外，只有支部或党的单位的党员能够参加支部或党的单位处理选拔程序的会议。

五、除了（在适当的情况下）有兴趣的候选人之外，任何"访问者"不得允许参加有关选拔程序的党的会议。

第九条 候选人资质的说明

一、候选人资质的说明将作为选拔的组成部分加以公布。经统计区主管批准后，在确定时间表的会议上，选区工党执行委员会可以对此加以改动以满足地方情况的需要。按机会平等要求进行的情况简介要使代表和其他介入管理选拔程序者都能获悉。

第十条　选区时间表——开放的选拔

一、统计区党部将咨询选区工党执行委员会议拟定一份时间表。时间表将包括按以下第三款草拟的时间表中制定的提名的截止日期、邮寄投票申请、小名单、选拔和其他日期。

二、本时间表必须由党的纪律单位代表执行委员会加以批准。

三、时间表范本：所指明的目标周数仅是指南，为应对地方党会议的时间表可能会有一些灵活性，等等。

草拟时间表

阶段	周	日期
执行委员会草拟时间表并同意以全国执行委员会设定的冻结日期为基础的党员名单（允许上诉）	0	
确定总委员会小名单委员会的构成并安排情况简介会议	0	
党支部名单和同意包含在每个党支部的选区工党党员的百分比	0	
同意的其他党的单位和附属组织的名单	0	
给党的单位和附属组织以及有兴趣渴望成为候选人的程序通知	1	
给党员的通知和邮寄投票申请	2	
声明渴望成为候选人的截止日期	3，5	
给渴望成为候选人会见党员的机会（最早在声明截止日期后4天开始）	4至5	
党员向全国执行委员会上诉	5	
执行委员会考虑投票的详细安排	5	
党的单位的提名程序	6至7	
限定付清党费的日期后明确邮寄投票申请的截止日期	8	
党的单位和附属组织提名的截止日期	8	
小名单委员会进行会见并确定小名单	8至9	
选票发给邮寄投票者	10	
发给党员竞选会议通知	10	
竞选会议	12	
计数	12	
必须明确这些程序的开始和截止日期		

四、在时间表确定当日（在任何情况下不能迟于一周），必须将时间表的复印件、提名邀请和候选人资质的同意说明送交所有附属组织和党组织，附有程序通知。同时应通知各组织，在由全国执行委员会确认的冻结日期起，关系到选拔程序的附属组织、代表团和党员已经冻结。

五、在程序开始的第二周，按全国执行委员会提供的标准格式，通过地方支部党（或选区工党），应发给所有有资格的党员一份程序开始的通知。通知包括：

（一）对程序的解释和大体时间表；

（二）附有潜在候选人的会议和地方提名会议的通知；

（三）对候选人资质同意的说明；

（四）对竞选会议日期的预备通知；

（五）一份邮寄投票申请表。

六、将把时间表和程序通知到所有目前代表选区任何部分的在任工党议员并由此获得地域关注者并给其提供一份有资格的党和附属组织的书记的名单。

七、在时间表启动时，统计区主管或特定选拔的指定代表将与选区工党执行委员会讨论时间表的要求并在涉及程序和进行候选人资质说明时给他们提供资讯。还将安排给参与确定小名单的总委员会代表召开情况简介会。

八、列入全国候选人小组名单者将提供给程序书记以供选区内党的单位和附属组织使用。

九、希望参与选拔的候选人可以用以上第六条第一款所述的标准表格向选区工党和提名组织表明他们对特定选举的兴趣。接受这些兴趣表达的最后截止日期将被确定（见以上第三款的时间表）。

第十一条　提名

一、在接受兴趣表达的截止日期之后（见以上第十条第九款），那些符合标准格式者将送交适当的党的单位的书记。选区程序书记将确保通知任何其他有资格提名的组织,他们有权得到一套申请的复印件,并告知在哪里可以得到这份复印件。

二、选区工党和支部应创造尽可能多的机会,使有兴趣的候选人能够在提名会议和拟定小名单之前会见党员。这些机会必须在公正、平等的基础上让所有候选人获取。

三、有资格提名的党的单位和附属组织要从那些已经向选区工党总委员会/全体党员会议表达兴趣者中考虑提名。

四、当党支部提名时,除了以下第五款规定的例外以外,它们必须提交最多三名候选人,至少一名是妇女,倘若在兴趣表达截止日期内至少有一名非裔、亚裔和少数族裔候选人已经表示了对席位的兴趣,那么至少提名一名非裔、亚裔和少数族裔。其他党的单位和附属支部只需提名一人,但如果它们希望的话,也可以至多提名三人,一人必须是妇女,一人必须是非裔、亚裔和少数族裔。全国执行委员会将制定大家必须遵守的一步一步的程序指南并将纳入选拔程序包中。任何提名一名以上的党的单位和附属组织在提名候选人时必须遵守全国执行委员会的程序指南。

五、当在操作过程中出现一个完全由妇女组成的小名单时,选择提名的党支部将必须至多提交两名妇女的名字,倘若在兴趣表达截止日期内至少有一名非裔、亚裔和少数族裔候选人已经表示了对席位的兴趣,那么至少提名一名非裔、亚裔和少数族裔。其他党的单位和附属支部只需提名一人,但如果它们希望的话,也可以至多提名两名女性,倘若在兴趣表达截止日期内至少有一名非裔、亚裔和少数族裔候选人已经表示了对席位的兴趣,那么至少提名一名非裔、亚裔和少数族裔。任何对指定全部由女性小名单占有的席位进行男性提名将被裁决无效。

六、如以上第四、五款制定的对党支部的提名要求,在不可能保证有许多兴趣表达的选区内,可以被统计区主管放弃。

七、提名必须在正式召集的会议上进行,把所有收到的申请表考虑进去。任何与候选人的会见和非正式会议必须在正式会议开始之前完成。全国执行委员会将公布详细的关于指导支部提名会议和地方会见的程序忠告。

第十二条　小名单

一、每个选区工党将依据程序开始时同意的候选人资质说明拟定一份小名单。小名单委员会还将使人们可获得相关申请表的复印件。

二、选区工党总委员会将邀请所有被党的单位和附属组织提名的党员参加一次集会以使总委员会的代表们能够会见他们。所有被提名者将被平等地对待以确保能够接近所有代表。当候选人被请求向集会发表演讲时，他们必须被给予同样的机会和时间。

三、总委员会将作为小名单委员会进行集合并在适当考虑党的单位和附属组织的提名的情况下，拟定其小名单。

四、在提名支持任何候选人时，当累计的支部党员的百分比超过选区工党党员总数百分之五十时，则候选人将自动进入小名单。

五、当没有在任议员竞争席位时，除了全国执行委员会指定一份全部由妇女组成的小名单之外，小名单上至少有百分之五十的女性。如果有六人或更多人被提名，小名单至少有六人。这服从于有足够数额的男性和女性被提名（例如，如果有五名男性和两名女性被提名，小名单上就会是三名男性和两名女性）。当小名单全部是女性时，假如有六名女性被提名，小名单上至少有六人。

六、所有代表选区的在任议员，完全或部分包含在选区工党的区域里，如果他们选择竞争这个席位并被提名时，他们将自动包括在小名单里。

七、全国执行委员会将就着手的会议和会面公布平等机会指南。

八、所有被提名者将进入对这些职位的投票，并且最后的小名单将由一轮秘密偏好投票所决定。详细的计票规制将由全国执行委员会在选拔程序包中公布。

九、一旦小名单已经确定，将提交给适当的统计区主管使其生效。

十、生效一词不意味着"批准"，只涉及仪式的细节，即被提名人符合宪章和选拔条例对候选人规定的条件,提名在适当的截止日期内由有资格提名的组织提交。

十一、倘若不能确保有足够的提名,在与指定代表和统计区主管协商后,时间表可以延长以便允许考虑进一步的提名。

第十三条 党员投票

一、投票将根据全国党员系统提供的一份到冻结日为止所有有权投票,并按党员条例规定在截止日期前已收到邮寄投票申请的名单。有权投票者必须参加竞选会议,以便在投票前聆听列入小名单的被提名者的演讲。

二、要把小名单的详细情况、竞选会议、被提名人申请的复印件和如何在时间表固定的日期进行投票的解释送交给所有有资格的党员。必须给应付欠款的党员提供机会续费以确保他们的资格。

三、在程序开始时,程序安排要尽可能地得到执行委员会的同意。要考虑的程序安排包括:

(一)在竞选会议上要把最大时间限度留给说明和提问;

(二)出场顺序;

(三)监票人的任命;

(四)门卫的安排;

(五)竞选会议的主持;

(六)经本次选拔指定代表的批准,任何意外事件将委托给程序书记解决。

四、应提前通知列入小名单的候选人有关竞选会议的细节并且时间表上可以提前安排出场顺序。每个选区必须至少召开一次竞选会议,不过在情况允许的情况下,通过提前安排,应允许党员们参加任何一场竞选会议。

五、召集选拔会议的通知将至少在会议的七日之前送交给全体有资格的党员。通知将在地方上制作,采用全国执行委员会提供的召集通知范本的措辞。通知将通知党员,要求准时到会、出示党证并附带列入小名单候选人的申请表。

六、全国执行委员会的指定代表将出席选拔会议以便对程序提供忠告和进行监督。

七、在进入竞选会议时，每位党员必须向任命的门卫出示规定的证件表和如党证一类的身份证明。当对一名党员的身份存有异议时，指定代表可以要求提供进一步的证明（例如，居住证）。

八、在任何被提名人受邀进入竞选会议厅之前，应请求门卫报告有资格的党员出席会议的人数。然后，第一名被提名人将被请求发言。在门卫的报告已经被接受之后到场的党员将不允许进入会场或参与会议的进程。

九、每位列入小名单的被提名人将向会议发表演说并按规定的时限回答问题。任何在说明时未用完的时间不得加在所允许的回答问题时间内。

十、不允许就财力、支不支持、宗教，或属于种族、性别、同性恋厌恶的，或反残疾者性质的问题提问。如果在提问或说明时使用非英语语言，被提名人或提问者有责任确保每位在场者能够懂得要点。任何重复或翻译必须在同意的时限内，时限可以根据不同的情况延长。

十一、可以安排向所有候选人提出同样的问题。在列入小名单会议上，一些个人可以被委托拟定问题。

十二、一旦最后的被提名人已经退出，监票人将根据门卫报告的人数分发选票。在党员离开会场之前，选票必须返回投票箱。然而当指定代表感觉必要时，每位党员将走到前面来取选票以回应点名，并且如果愿意的话，可以在走出会场时把票投在投票箱里。在罕见的情况下，投票箱摆放在隔离的投票区域内。

第十四条 邮寄投票

一、任何党员都可以在适当的表格上申请邮寄投票。在程序开始时，通知所有有资格的党员关于邮寄投票的规定。表格必须准确填写，由个人签名，在时间表规定的截止日期前提交给程序书记。

二、在申请时，要求邮寄投票的理由必须讲明。

三、邮寄投票只给予那些不能参加竞选会议者，不是那些选择不参加会议者。邮寄投票将给予那些由于医疗条件、不能做出合理的旅行安排、度假、有工作承诺、关注自身的责任或其他全国执行委员会指定代表同意的不能参加竞选会议的理由而不能参会者。邮寄投票不适用于那些选择从事其他约定的人，除非他们是本程序选拔的候选人。

四、任何有资格的党员，在邮寄投票截止日期之后，但在选拔会议之前意外变为不能参加竞选会议或有正当理由不能在适当的时间参会，可以申请提供紧急邮寄投票。这样的申请必须直接向本次选拔的指定代表提出，他有关是否接受给予投票的决定在所有情况下将具有最终效力。

五、任何进入小名单的被提名人或任何代表被提名者都不得干涉对邮寄投票的申请，或邮寄投票的分发和返还过程。任何干涉的证据都可导致取消相关被提名人的资格。

六、邮寄投票将返还到指定代表/程序书记那里，他们将把内含投票表和身份声明、未开封的信封存入等待计票的密封箱内。代表选票的返还信封将被查阅，由此可以根据选举名单来核实。

第十五条　投票程序和计票

一、候选人的选拔将参考投票中所表达的偏好来决定，投票将以一人一票的基准进行。

二、在计票前，指定代表将保持对所有投票箱的控制权。

三、投票箱将在特别总委员会/全体党员会议上打开计票。选票将由监票人计票，与截止日期前收到的邮寄投票一起计算。监票人将在全国执行委员会指定代表的监督下工作。

四、小名单委员会将任命总委员会内至多十二名成员为监票人，外加程序书记，至少一半为女性。其他有资格的总委员会代表可以观看计票。

五、每位候选人可以任命一名计票的官方代表，她/他必须是相关选区工党成员。

六、邮寄投票的身份声明必须依据所同意的邮寄投票者名单进行核实。任何没有伴随身份声明的邮寄投票将无效。申请表上的签名和身份声明必须匹配，否则投票将被宣布为无效。

七、计票将以所表达的偏好为基础，按淘汰票的方式进行。在计票的每个阶段，每张有效票都有一份价值。在计票的特别一轮上（打折损害、无效和非转移票），没有一位候选人在她/他得到百分之五十以上有效票之前能够成功被选拔。

八、倘若出现纠纷票，尽管要咨询选区工党的程序书记，但指定代表的决定在所有情况下具有最终效力。

九、倘若出现平局，最早获得偏好的相关被提名者被认为当选或进入下一轮。

十、如果有超过百分之五十的空白票，程序将重新开始，但冻结日期将继续执行。

十一、最后结果将向总委员会/全体党员会议宣布，所有进入小名单的候选人将受邀参会。按全称把所完成的每个阶段的投票记录保留在选区工党程序书记和全国执行委员会指定代表那里。

第十六条 资金协定和签名

一、遵守宪章第五章第三条第九款之规定，接受资金责任的三份复印件将由选区工党主席、书记和成功的候选人填写并签字。（复印件由选区工党、统计区党部和全国执行委员会保管）。

二、候选人将被要求在同意遵守议会工党制定的行为准则的表上签名，并进行产权登记。所有这些表格必须提交给纪律单位负责人。选举代理人将必须由全国执行委员会同意，并且如果全国执行委员会不认为有特殊情况的话，就会被要求着手进行培训。

三、当成功的候选人不是全国推荐的小组成员的话，不管怎样，每当向全国执行委员会进行推荐之前，都应进行一次认可面试。对新选拔的认可面试的标准由全国执行委员会批准，由全国执行委员会选拔委员会，或此委员会的统计区任命者实施。在接到党鞭提交的介绍后，全国执行委员会选拔委员会只面试在任议员（因此，实际上议员被作为全国小组成员对待，但以他们不是党鞭汇报的对象为条件）。

四、在全国执行委员会给予同意以前，未来候选人的选拔不被认为已经完成。

五、由选拔程序引发的纠纷，在投诉者和指定代表之间不能相互同意的情况下，将提交给全国执行委员会批准的独立选拔监视人进行调查并向全国执行委员会汇报。全国执行委员会对此报告的决定具有最终效力，在所有情况下对各方都有约束力。

第十七条　全国执行委员会的选拔时间表

一、下列时间表是全国执行委员会同意的事件概要，将服从于全国执行委员会根据特定时间的情况加以修改。

日期	事件
1月6日	公开全国议会小组
1月6日	在没有现任议员有地域要求的情况下决定非工党占有席位的名单——这些席位自2006年6月开始选拔。
1月至3月6日	为2006年6月的选拔确定积极的行动程序。
1月至5月6日	向全体党员宣传全国议员小组——申请者在3月1日前申请面试，面试在5月末举行，2006年6月进行竞争议席的选拔。其他申请者的面试在此时间点之后。
1月至5月6日	贯彻全部已知的选区边界变更。
1月至6月6日	面试新的全国议员小组申请者。
1月至6月6日	培训期并为小组申请者准备一些尝试性重大活动。
6月至12月6日	在非工党持有席位的地区，不是现任工党议员，但对此区域有要求人的选拔。
7月6日	写信给议员，询问他们是否打算竞争下一次选举——2006年9月15日前回复。
10月6日	议员连任选拔开始，从有一名以上在任议员有区域要求的席位开始。
2007年1月	与退休议员一起确定竞争（名义）席位的积极的行动程序。
2007年5月	与退休议员一起在占有席位的地区和对名义席位开始进行选拔，然后对所有其他席位进行选拔。
2008年9月	所有的选拔开始。

第十八条 议会选拔——候选人的行为准则

一、本行为准则为在议会候选人选拔过程中所有渴望成为候选人者制定，以便协助程序的所有阶段能够顺利进行。

二、在执行委员会会议后开始选区工党内的选拔程序。在选拔程序过程中，任何号召支持的材料不得由个人或代表个人在时间表发布之前制作和分发。

（一）时间表发布后，渴望成为候选人者必须向选区工党程序书记提交一份申请表（必须按党提供的标准简历格式）。在时间表发布之前和在时间表规定的截止日期之后收到的申请表不予接受。

（二）在规定时间内提交一份申请表的渴望成为候选人者将有资格进入来自选区工党的党的单位和附属组织名单（包括包含在每个党支部的选区工党党员的百分比）。在提交三十英镑的管理费后，在规定时间内提交一份申请表的渴望成为候选人者，她/他还希望保留一份有资格党员的名单，有权从统计区党部得到一份复印件。

三、有资格的党员名单只能作为渴望成为候选人者当前的选拔竞选之用，提供给渴望成为候选人的名单不能用于其他竞选或转交给其他人。为任何其他目的而采用名单将导致取消成为渴望作为候选人的资格并导致潜在的进一步的纪律诉讼。

四、假如一名渴望成为候选人者被选区工党列入小名单，申请表将由程序书记提交给全体有资格的党员，附有选区工党投票通知。

五、在时间表公布之后，允许渴望成为候选人者直接向党员和党的单位以及附属组织发送附有拉选票和宣传材料的电子邮件。

六、不允许任何渴望成为候选人者或代表渴望成为候选人进行活动者使用自己的资料或进行宣传以非难其他渴望成为候选人者。

七、在申请表被接受后，拉选票就被特别允许，从这一时期开始，渴望成为候选人者可以个人接近党员或通过电话寻求支持。与党员的接触不能以可能导致冒犯或被认为对党员施加压力的方式进行。

八、不允许可能用提供资金来引诱选区工党或个人党员，从而企图确保得到支持。

九、只有指定的选区工党官员将被授权就选拔程序的任何方面向媒体发表声明，并且只有在咨询统计区主管之后才能如此。尽管在任何情况下都不允许渴望成为候选人者非难其他渴望成为候选人者，但这并不排除渴望成为候选人者接受报刊、广播和电视的访谈。

十、邮寄投票申请和邮寄投票本身只通过官方系统分送。渴望成为候选人者和渴望成为候选人者的支持者都不得企图干涉申请、投票和邮寄投票的返还。

十一、一旦一名渴望成为候选人者宣布对一个选区有兴趣，除以渴望成为候选人的角色受到特别邀请外，她/他不能参加选区工党内处理选拔事务的任何会议。

十二、在程序的任何阶段，渴望成为候选人者或代表她/他进行活动的党员将不准许就如何投票问题干涉或胁迫任何党员。

十三、渴望成为候选人者（以及那些捐款给选拔竞选活动者或以货代款的捐献者）受政党、选举及全民公投法管制，并要求遵守规定，对接受超过二百英镑的捐款进行报告。

十四、任何违反本行为准则的党员或故意允许其他代表她/他的人这样做，将受到纪律诉讼。全国执行委员会将毫不犹豫地运用其取消资格和停职的权力来强迫接受遵守法规的约束，从而强化这一准则。

第二十章　附录四　全国执行委员会关于2008年选举中地方政府候选人选拔的程序条例（2007年10月修订）

本程序条例是对工党章程全编第五章的补充——对选举的公共职务的选拔，并且当进行地方政府候选人选拔时，为地方政府委员会和选区工党提供一个可以遵循的框架。

地方政府委员会和选区工党也必须在不时由全国执行委员会提供的程序的基础上，遵循好的实践的忠告。

一、选拔时间表

（一）地方政府委员会执行委员会将为选拔程序准备一个时间表。所有的时间表和/或对任何选拔程序的任何改动都必须由统计区主管/苏格兰和威尔士总书记或其他由总书记代表全国执行委员会指定的全国官员批准。

（二）时间表应确定如下不同的阶段：

1. 邀请提名进入批准的候选人小组；

2. 接受提名的最初截止日期；

3. 为那些要求面试者提议的面试程序；

4. 管理委员会决定同意最初申请的日期；

5. 向选区工党和选区选拔委员会提交批准提名的最初名单（小组）；

6. 所同意的选拔会议的顺序（例如，工党占据的席位第一，可以赢得的席位第二，其他席位最后）；

7. 合适的情况下，重新启动认可程序的日期；

8. 选拔完成的最后日期。

（三）在一次选举之后，继续保留小组的存在，直到一个新的小组被提名并得到同意。因此，这个小组适用于这一时期内的任何补缺选举。这一滞后的日期[以上第（二）项第7目]，使得在高度优先权的选拔发生时，地方政府委员会可以部署在一个时期内不需进行新的认可。按其准确意义来讲，小组也不能停止对外开放，所以，所有提名必须在一个适当时间内进行处理。

二、积极的行动程序

（一）伴随竭尽全力选举的管理机关：

1. 统计区主管/苏格兰和威尔士总书记将与地方政府委员会一起同意一份有胜出机会的选区名单。

2. 有胜出机会的选区内存在两到三人时，至少一名候选人必须是女性。

3. 对于有胜出机会的选区内的选拔，投票分为两部分进行，第一部分从小名单中选拔一名女性，第二部分从全部小名单中选拔其余的候选人。

4. 如果选区未完成这些积极的行动程序，则选拔无效并且统计区主管/苏格兰和威尔士总书记将要求此选区重启其选拔程序。

（二）当三分之一或二分之一的席位等待选举时，伴随竭尽全力选举的管理机关：

1. 在全部有胜出机会的选区/行政区内，有一名在任议员退休，至少一名其他的议员或候选人必须是女性。

2. 如果妇女退休者多于男性，那么女性候选人现在的比例必须保持。

（三）针对每个地方政府区域，统计区主管/苏格兰和威尔士总书记将：

1. 与地方政府委员会一起同意一份有胜出机会的席位名单；并

2. 决定哪些有胜出机会的席位从全部由妇女组成的小名单中选拔，哪些从开放的小名单中选拔；

3. 如果一个选区未完成所同意的积极行动程序，则选拔无效并且统计区主管/苏格兰和威尔士总书记将要求此选区重启其选拔程序。

（四）统计区主管/苏格兰和威尔士总书记在他们认为情况特殊时，如果所做的互惠安排能够确保实现妇女代表的总体水平时，他们有权在特定的选区内改变安排。

三、被批准的候选人小组

（一）地方政府委员会将邀请在自我提名表上进行候选人小组的提名，采用全国执行委员会制作的官方提名表。提名表可以按地方政府委员会执行委员会批准的那样，包括一些问题（及个人详述部分），但必须包括承诺遵守党的条例和涉及地方政府候选人资格的程序，并且一旦当选，承诺遵守工党党团的办事规则。

（二）地方政府委员会必须确保通知全体有资格的党员有权自我提名进入经批准的候选人小组，附有以上第一款所规定的详细的时间表。

四、提名资格

（一）每位被提名人必须依照党员条件，在适用的情况下包括适当的工会会员，成为工党个人党员。

（二）每位被提名人必须按适当的费率支付党费并且必须在提名截止日期前在相关选区内保持连续十二个月工党个人党员的党龄。特殊情况下，经地方政府委员会管理委员会决定，统计区主管/苏格兰和威尔士总书记同意，十二个月的连续党龄和居住资格的条件可以放弃。

（三）所有被提名人必须承诺，一旦当选，接受并遵守全国执行委员会批准的适当工党党团的办事规则。

（四）被提名人必须具备合法资格才能在相关选举中代表地方政府，并且不是被取消资格者。在编辑未来候选人小组时，要求地方政府委员会根据相关立法和党的要求，采取步骤对不合格的情况进行核实。

（五）除非由以下第六款第（一）项第1目进行的改动，否则在任议员必须根据第五款第（二）项第1（1）目制定的条款而被提名并被考虑同意选拔。

（六）如果是一名在任议员，被提名人还必须向工党议员协会支付年费并且在标准日期内，以直接借记方式全额更新应支付的党费。

（七）让工党议会党团党鞭无限期开除出议会党团的在任议员没有资格成为任何小组的成员。

（八）如果对地方政府区域内支持选举而言，在任议员的唯一合法资格就是作为议员而提供的服务的话，本党将不接受准许这样的在任议员纳入批准的候选人小组。

五、同意申请人进入批准的候选人小组

（一）所有推荐纳入候选人小组的申请者必须提交到相关地方政府委员会的管理委员会会议上进行考虑。

（二）申请人被考虑成为批准的候选人小组成员有三种方式。特别的批准方式取决于申请者的个人情况，按如下规定：

1. 在任议员

（1）就纪律和出席情况，由主要党鞭以书面方式进行复审，并由覆盖他所代表选区的支部书记提交书面报告。如果自从上次申请表填写以来，情况已经发生变化，填写新的申请表。如果报告对纪律、出席情况、竞选记录或能力提出忧虑的话，地方政府委员会官员，或地方政府委员会官员正式授权的小组可以请求允许面试。如果他们感觉情况需要的话，统计区主管/苏格兰和威尔士总书记可以指示地方政府委员会着手面试并必须给出书面理由。如果不要求面试，在任议员未经面试就被推荐纳入小组。如果要求面试，将由一个评估小组进行。

2. 未当选的近期候选人

（1）进行复审，通过书面报告确认情况没有变化并更新申请者的竞选和党的记录。由他们居住的支部和选区工党竞选协调人或相似的官员要求对申请的同意。如果报告对竞选记录或能力提出忧虑的话，地方政府委员会官员或一个地方政府委员会正式任命的小组可以请求允许面试。如果他们感觉情况需要的话，统计区主管/苏格兰和威尔士总书记可以指示地方政府委员会着手面试并必须给出书面理由。如果不要求面试，申请者未经面试就被推荐纳入小组。如果要求面试，将由一个评估小组进行。

3. 新申请者

（1）填写提名表并由评估小组进行全面的面试。

（三）在与全国执行委员会的推荐保持一致的情况下，经统计区主管/苏格兰和威尔士总书记同意，由地方政府委员会组建一个评估小组，它将按要求对申请人进行面试。在统计区主管/苏格兰和威尔士总书记自由决定下，评估小组可以要求包括地方政府范围以外的评估者。

（四）在他们进行评估的面试结束之后，评估小组将向每位被提名人提供一份决定单。评估小组将就推荐管理委员会同意哪名候选人问题为管理委员会准备一份报告。在正式通知的会议上，以有资格的代表秘密投票方式，当管理委员会认为拒绝评估小组所接受的被推荐的候选人是合适的时候，可以拒绝同意。对候选人认可的恰当性属于管理委员会成员需要判断的事情。评估小组未同意的候选人将被给出这样决定的理由。

（五）管理委员会将不同意任何评估小组已经面试并且不推荐同意的候选人。然而，当事人（或负责其提名的组织）可以针对评估小组的拒绝或管理委员会的同意拒绝，在接到书面通知的十四天内向适当的统计区委员会上诉小组提出上诉，可行的情况下，上诉小组将在十四天之内听取上诉。

（六）这样的上诉将是要建立适当性，或换言之，建立起被提名人纳入候选人小组的适当性。在此基础上，所建立的听取上诉小组将考虑上诉人和相关地方政府委员会代表提交的材料。小组将在另一方在场的情况下接受来自双方提交的任何材料，并且在合理的情况下，可以召唤证人支持所提交的材料。合理的机会将给予证人并且任何一方都可以对提交的材料进行质疑。如果小组认为情况需要的话，可以把上诉听证处理为再次面试。假如小组把任何上诉处理为再次面试，在小组没有表达反对意见的情况下，这样的再次面试的结果将构成上诉的最终决定。当针对撤销同意的一次上诉听证被听取后，在小组认为适当的情况下，听证可以被引导到仅与变化的情况有关，这种变化的情况导致地方政府委员会撤销同意。小组还将裁决任何程序问题。上诉小组的决定是最终性的并且在与地方政府选拔条例保持一致的情况下对各方都有约束力。决定的理由对相关小组依然是秘密的。

六、改变评估程序的权力

（一）经地方政府委员会同意和全国执行委员会认可，统计区主管/苏格兰和威尔士总书记可以按下列方式改变评估程序：

1. 放弃以上第五款第（二）项第 1（1）目和第五款第（二）项第 2（1）目之规定，允许所有在任议员和/或新近候选人在同意之前参加面试。

2. 如果由于地方情况这样的做法不适合的话，放弃以上第五款第（二）项第 1（1）目和第五款第（二）项第 2（1）目要求支部书记向地方政府委员会提交书面报告之规定。这样的放弃适用于所有申请者。

七、撤销对已批准的小组成员的同意

（一）如果地方政府委员会管理委员会认为出现与被提名人有关的变化的情况，可以撤销其对任何被提名人的同意。另一方面，当事人（或负责其提名的组织）可以针对这样的撤销同意，在接到书面通知的十四天内向适当的统计区委员会上诉小组提出上诉，可行的情况下，上诉小组将在与以上第五款第（六）项同样的基础上在十四天之内听取上诉。

八、被批准候选人小组成员的权利与责任

（一）在批准的候选人小组内的潜在的候选人有权从地方政府委员会书记那里得到一份选区书记名单。一旦被一个选区列入小名单，潜在的候选人将有权从选区工党书记那里得到一份选区有资格党员的名单。为收到这份名单，潜在的候选人将必须按行为准则的规定向相关选区工党支付管理费。

（二）全国执行委员会保留一份适用本程序各阶段所有候选人的行为准则，包括候选人申请进入批准的候选人小组。

九、列入小名单和选拔

（一）不充分的提名

1. 倘若有效提名数额不足，地方政府委员会执行委员会将有权采取任何必要的行动以满足形势的需要并确保有工党候选人竞争任何进入适当政府的选举。

2. 一旦出现纠纷，此事务将提交给地方政府委员会管理委员会，其决定将是最终性的。

（二）列入小名单和选拔会议——总体规定

1. 在咨询时间表后并与地方政府委员会执行委员会制定的［以上第一款第（二）项第6目提及的］时间表保持一致的情况下，列入小名单和选拔会议将由相关选区工党执行委员会召集。这要确保在优先基础上召集的那些会议以便使工党占据席位或有胜出机会的席位优先进行候选人的选拔。

2. 这样的会议通知必须送交全体有资格参会的党员。通知将陈述要处

理的事务并给出所采纳的程序的适当的细节。

3. 这样的会议通知将包括如在以上第二款同意的任何积极行动程序的通知，例如，是否至少有一名女性被选拔或候选人将从全部由女性组成的小名单中选拔。

4. 除紧急情况之外，这样的会议通知将至少提前七日送出，紧急情况时，地方政府委员会执行委员会可以批准一个缩短的时间表以应对特殊的选拔。

5. 当只涉及一个支部时，在选区工党书记的指示下，通知由支部书记送出。当涉及一个以上支部时，选区工党书记将负责送出通知。当涉及一个以上选区时，在地方政府委员会执行委员会的指示下，地方政府委员会书记将直接负责召集这些会议。

6. 这样的会议将只包括那些已交纳党费的个人党员，他们登记为选民或居住在相关选举区域内。当这不可行时（例如，由于地理或涉及旅行的缘故），统计区主管/苏格兰和威尔士总书记将代表全国执行委员会批准一项由选举区域内支部任命的代表的特别会议的安排。

7. 只有那些在相关地方政府区域内已经有连续六个月的党龄者有资格参加本程序的任何会议。计算六个月资格的冻结日期可以在经统计区主管/苏格兰和威尔士总书记的批准，由地方政府委员会制定。如果没有制定冻结日期，六个月的时间将按召集第一次讨论特定选举区域列入小名单事宜的会议日期计算。

8. 一次关于本程序的会议可以由不超过三名的地方政府委员会执行委员会的代表参加，他们将以顾问的资格参会，没有投票权。任何相关的选区工党可以派送执行委员会一名成员作为观察员参会。

9. 经统计区主管/苏格兰和威尔士总书记同意，地方政府委员会管理委员会将决定包括这些会议必要的法定人数的党员人数，在每一轮选举之前必须核实法定人数。

10. 参加这些会议的有资格党员的名单将由选区工党书记根据全国党员系统提供的信息提供。依据这份名单，适当的检查将在门口处进行，党证和/或其他证件将受到检查。在会议开始时，任何到场党员的资格受到质疑者都还有机会受到检查。到场的地方政府委员会的代表将就会议不满意的任何党员的资格问题进行裁决。会议通知应指明续交党费的时间和地点以确保其资格。

（三）列入小名单的程序

1. 由地方政府委员会管理委员会同意的被提名人名单（"小组"）将被送交选区工党以便转交给被批准进行选拔的覆盖选举区域的个人党员会议。

2. 如以上第二款同意的那样，列入小名单程序将并入积极行动程序。

3. 那些参加如以上所述召开的列入小名单特别会议者将决定哪名被提名人将被邀请参加后续的选拔会议。

4. 一旦一名成员已经被提名或表达对被提名有兴趣，她/他必须退出会议并且不能再参会。

5. 一旦在列入小名单会议上开始投票，必须采纳下列程序：

（1）到场成员将被邀请从批准的候选人小组的名字中进行提名。提名应被提出并被附议；

（2）一旦想要的提名都已完成，那些被提出并被附议者将被确定为会议提名，并且提名结束；

（3）当提名已经结束，会议将必须决定邀请多少被提名者参加选拔会议。不允许在列入小名单时，只有最终全部被列入小名单的候选人人数，除非出现以下任意一种情况：

（i）小名单中只包含相关选举区域的在任议员，他们寻求在有关政府中连任，或

（ii）在程序开始时，只有那么多被提名者。

（4）在所有其他情况下，会议必须同意至少邀请比最终选拔的候选人多一名的被提名人，并且通常情况下，后续的选拔会议应确保有更多的选择。

（5）一旦已经同意列入小名单的人数，如果需要的话，会议将使用淘

汰投票方法进行投票，直到只剩下所要求的人数列入小名单。

（6）在投票结果出来之后，会议将同意给每位被提名者一定的时间以便在选拔会议发表演讲和回答问题并同意其他必要的安排。这些同意的安排将通知列入小名单的被提名者。

6. 如果在列入小名单会议上未达到所要求的法定人数，那么，会议将着手拟定一份小名单，然后这份名单将提交给下次选拔会议，在那次选拔会议的事务开始之前，批准或拒绝这份小名单。

7. 任何在考虑列入小名单开始之后到达列入小名单会议者将没有资格参与和投票，这点应在召集会议通知上讲清楚。

（四）选拔程序

1. 在特别选拔会议上，下列程序将被采用：

（1）在列入小名单的被提名人会议之前，出场顺序由抽签决定（这可以事先进行）；

（2）每位出席会议的列入小名单的被提名人应被邀请在特定时间内向与会者发表演讲并回答问题，给所有被提名人的时间是相同的；

（3）倘若被提名人没有出席会议并已经表达对选拔的持续的兴趣，她/他的名字将留交投票决定。

（4）一旦到场的所有被提名人都已向会议发表演讲并回答问题，会议将考虑一项"进行投票"的程序动议。如果成员对所出现的小名单不满意，他们将投票反对动议，并且如果有任何成员提出进行秘密投票，则按要求举行。

（5）如果"进行投票"的动议没有得到支持，那么会议可以建议新的经选区工党执行委员会同意的确定列入小名单和选拔的日期，或者他们可以着手拟定一份新的小名单。任何新的选拔会议的召开要与以上程序保持一致。

（6）如果同意进行投票，那么投票的方法将取决于选区是否服从以上第二款制定的积极行动程序。如果至少一名女性候选人必须在多个席位的选拔中被选拔时，那么要与以下第（8）目保持一致，将举行两部分的投票。在所有其他情况，投票将按以下第（7）目制定的规定进行。

（7）当没有积极行动要求时，或你们与积极行动程序保持一致，正在从全部由女性组成的小名单中进行选拔时，投票将按以下方式进行：

（i）以淘汰制的方式进行秘密投票。成员可以按选拔所要求的候选人人数或少于这个人数的名额投票。

（8）当在多个席位的选拔中，要求至少选拔一名女性候选人时，决定哪位被提名人将被选拔为候选人的投票将按以下方式进行：

（i）投票将分两部分进行。第一次投票将从小名单中女性被提名人中选拔一名女性候选人（或如果两个席位留给女性，则两名女性候选人）。如果只有一名女性被提名人（或当两个席位留给女性时，两名女性被提名人）时，那么该名女性将被认为已经得到选拔。除第一次投票中被选拔的女候选人之外，第二次投票将从所有列入小名单的被提名人中选拔其余的候选人。

（ii）两次投票将以淘汰制的方式进行秘密投票。第一次投票，成员可以投一票以选拔一名女性候选人（或当两个席位留给女性时，至多两票）。在第二次投票时，成员可以按选拔所要求的候选人人数或少于这个人数的名额投票。

（9）成功的候选人必须获得绝对多数票。在决定一名被提名人是否得到绝对多数票之前，废票和空白票将从返回的选票中被扣除。

（10）如果没有被提名人获得绝对多数票，处于得票末位的被提名人将在下一轮投票中被淘汰，与此同时，其他投给得票较少的被提名者的票比不过投给直接靠前的被提名人的票。

（11）当要选拔一个以上的候选人时，淘汰投票制继续淘汰得票最低者的名字，直到只剩下所要求的要选拔的人数为止。

（12）当末位者出现平局并且增加的两次（或更多的）投票仍然出现等同于或超过以上临近的投票时，将举行单独投票以打破平局，并决定哪位被提名人将从下一轮中被淘汰。

（13）如果在任何投票的最后一轮出现平局，主席不允许投决定性的一票，由此必须举行进一步的投票来决定结果。在举行进一步的投票之前，可以分别召唤出现平局的被提名人，给予更多的盘问时间。如果再次出现平局，将召集新的选拔会议。

（14）如果新的会议仍未能做出决定，将在同样的基础上按以下第（16）目之规定召集联合会议。

（15）除非已经退出选拔，否则任何列入小名单的被提名人都不能在选拔会议上作为支部成员参会或投票。

（16）如果在选拔会议上所要求的法定人数没有达到，候选人的选拔将被推迟到后续的有资格参加第一次会议的个人党员和相关选区工党执行委员会成员的联合会议上进行，与会者在地方政府委员会运作的区域内注册为选民并有六个月的党龄资格。对选拔结果有兴趣的执行委员会成员将不得参加联合会议。然而，这样的会议将继续寻求许多党员的出席。不过，如果没有足够的来自相关选举区域的党员参会以达到法定人数的话，执行委员会成员参加推迟的会议将有权在任何投票过程中投票。

（17）任何党员在第一位被提名人已经开始演讲后到达选拔会场，将没有资格参会或投票，这点应在召集会议通知上讲清楚。

（18）当出现任何与选拔有关的纠纷时，将提交给地方政府委员会管理委员会，其决定具有最终效力。

（五）例外的选拔

1. 倘若在一个选区内出现地方政府补缺选举，相关选区工党执行委员会将咨询适当的地方政府委员会和相关支部官员以确保党竞争这个空缺。可能时，应根据以上详细的程序进行选拔，但必要时，选区工党执行委员会在咨询地方政府委员会执行委员会后，将采取任何行动以满足形势的需要并得到统计区主管/苏格兰和威尔士总书记代表全国执行委员会的认可。

2. 当情况需要给地方政府选举强加一名候选人时，适当的地方政府委员会管理委员会仅在党的适当的统计区主管/苏格兰和威尔士总书记代表全国执行委员会批准后，可以做此事。特殊情况下，全国执行委员会将要求一个统计区委员会小组做出决定，其决定具有最终效力，对各方都有约束力。

第二十一章 附录五 全国执行委员会的忠告函——面试在任议员和近期的候选人

面试已经再次申请纳入地方政府候选人小组的在任议员或未当选的近期候选人的理由。

前言

委员会被要求特别提及全国执行委员会的忠告函，忠告函将成为最近同意对地方政府选拔程序指南改动的一个补充。

忠告函

"全国执行委员会对地方政府候选人选拔的程序指南"已经发生变化，这一指南是以上条例第五章地方政府的选拔的补充。第五款"同意申请者进入批准的候选人小组"现在被分为三类。

本函就把要求在任议员和未当选的近期候选人面试作为决定他们是否应被纳入新的候选人小组一事向地方政府委员会提供忠告。

在任议员

从属于在任议员部分如下：

就纪律和出席情况，由主要党鞭以书面方式进行复审，并由覆盖他所代表选区的支部书记提交书面报告。所有希望被纳入新的候选人小组的在任议员必须填写更新的申请表。如果报告对纪律、出席情况、竞选记录或能力提出忧虑的话，地方政府委员会官员，或地方政府委员会官员正式授权的小组可以请求面试。如果他们感觉情况需要的话，统计区主管/苏格兰和威尔士总书记可以指示地方政府委员会着手面试并必须给出书面理由。如果不要求面试，在任议员未经面试就被推荐纳入小组。如果要求面试，将由一个评估小组进行。

如全国执行委员会程序指南要求的那样，一个地方政府委员会将需要成立一个小组来复审关于在任议员的报告和由在任议员提交的表格。这可以是地方政府委员会官员或正式授权的为此目的成立的小组，以后称为"小组"。

在一些情况下，在任议员应被要求来面试。小组被要求复审来自主要党鞭和支部书记的报告以及一份在任议员提交的最新的报告。下列理由适合于面试在任议员：

1. 来自主要党鞭的较差的纪律报告，包括提交到标准委员会的事件。

2. 来自主要党鞭的较差的出席报告。

3. 关于他们在党的活动中的作用或他们作为议员角色的履行，例如，参加议会会议和其他他们是其成员的会议、接待来访者提供咨询、参加选区的咨询会议和定期与地方居民的交流，来自支部书记较差的报告。

4. 在议员最新报告中对任何问题的忧虑。

5. 以上1和4的结合。

如果小组只从支部书记那里接到较差的报告，他们需要考虑任何已知的支部书记和议员之间的紧张关系。并且弄清楚所陈述的忧虑是否是总体党员的看法是会有帮助的。

最终，小组将就是否要求议员进行面试问题做出一个深思熟虑的决定，并且需要采取一致的方法。如果已经收到较差的报告，对面试问题，小组应宁愿过于谨慎也不要粗心大意，并且需要认识到，小组对面试的决定要以他们收到的报告为基础，而不是以他们自己的主张为基础。是否面试一名在任议员的忠告能够从统计区主管/苏格兰和威尔士总书记那里得到，并且统计区主管有权在给出理由的情况下，指示地方政府委员会进行面试。

一名在任议员，他被认为在履行其职责时处于较差水平，要求对其进行面试不是不合理的。小组采纳决定后，应提交给地方政府委员会评估小组进行面试。小组成员不得进入评估小组对在任议员进行面试。

从属于未当选的近期候选人的部分如下：

以书面方式进行复审，确认情况一直没有发生变化并且更新申请者的竞选和党的记录。要求他们所居住的支部和选区工党竞选协调人或相似的官员对申请表示同意。如果报告对他们的竞选记录或能力提出忧虑，地方政府委员会官员或一个地方政府委员会正式授权的小组可以要求进行面试。如果他们感觉情况需要，统计区主管可以指示地方政府委员会着手进行面试并且必须给出书面理由。如果不要求面试，申请者将被推荐不经面试纳入小组。如果要求面试，将由评估小组进行。如全国执行委员程序指南所要求的那样，地方政府委员会将需要成立一个小组来复审有关未当选的新近候选人的报告。这可以是地方政府委员会官员或为此目的成立的正式授权的小组，以后称为"小组"。

在一些情况下，未当选的新近的候选人应被要求来面试。

小组被要求复审来自其居住地的支部书记和选区工党竞选协调人或相似官员的报告。下列理由适合于面试未当选的新近候选人：

1. 来自其居住地支部的较差的报告，告知已经变化的情况。
2. 来自选区工党竞选协调人或相似官员的较差的报告。
3. 以上 1 和 2 的结合。

如果接到较差的报告，小组需要考虑任何已知的双方的紧张关系。

最终，小组将就是否要求未当选的新近的候选人进行面试问题做出一个深思熟虑的决定，并且需要采取一致的方法。如果已经收到较差的报告，对面试问题，小组应宁愿过于谨慎也不要粗心大意，并且需要认识到，小组对面试的决定要以他们收到的报告为基础，而不是以他们自己的主张为基础。

是否面试一名未当选的新近的候选人的忠告能够从统计区主管/苏格兰和威尔士总书记那里得到，并且统计区主管有权在给出理由的情况下，指示地方政府委员会进行面试。

一名党员被认为竞选记录较差时，要求对其进行面试不是不合理的。小组采纳决定后，应提交给地方政府委员会评估小组进行面试。小组成员不得进入评估小组对未当选的新近的候选人进行面试。

第二十二章　附录六　提交给全国党章委员会的纪律案例的程序指南

关于这些指南的进一步的信息可以从位于工党纪律单位的全国党章委员会书记那里获取。

任何出现在全国党章委员会小组面前的人，特别是任何党员作为一个案例的"控告者"或"被告"出现在小组面前时，应使自己熟悉这些程序指南。尽管这些程序指南不构成党的条例部分，但它们得到全国党章委员会的完全同意并在处理个人案例时给出全国党章委员会方法的细节。

在对各方公正的情况下，全国党章委员会期望涉案各方和其小组在可行时遵守指南。不可避免地要求有一定程度的灵活性来处理前所未有的情况或非一般案例。然而，这样的不一致应保持在最低限度。

全国党章委员会或全国党章委员会小组有权在他们认为适当情况下，不经听证，只依赖书面投诉，处理一个案件。这样的情况可以是当被告没有答复全国党章委员会或表示他们将不参加计划的听证，或案例的特殊导致小组认为，听证对任何一方都不是最有利的。

一、处理案件的时间表

（一）第一阶段：案件的受理

1. 在受理来自全国执行委员会或选区工党的案件时，全国党章委员会书记将从"控告者"那里确认案件的某些细节。

2. 如果案件紧急，全国党章委员会主席将任命一个小组（全国党章委员会的三名成员）来处理这个案件；否则，案件的受理将报告给下次全国党章委员会会议（可以举行电话会议），在下次会上要对小组成员的组成达成一致意见。

3. 小组主席也在这一阶段任命，在听证之前，他将负责确保程序问题与指南保持一致。

4. 倘若小组认为提交给它的案例应进行充分的听证，那么听证日期将在这个阶段确定。小组可以改变所说日期。

(二) 第二阶段：筹备听证

1. 在听证的六周之前，通知信件应正常地送交每位受到指控者（被告）和小组成员。这些信件应附上指控及每一个细节和支持每一项指控的事实概要，以及单独一份的所依据的文件和支持每一项指控的证人的名字。

2. 应在邮寄附上指控的信件日期的两周之后，写信给被告，要求告知全国党章委员会书记，她/他是否打算对指控提出抗辩。如果被告在两周之内没有答复，之后应送信告知，没有合理的理由不答复将被认为承认给予全国党章委员会以权力着手案件并强制实行任何适当的制裁。当被告打算抗辩指控时，在邮寄附上指控的信件日期的四周之内，必须送交全国党章委员会书记一封回应指控的信件。所说的书面回应必须指明，如果有的话，指控的哪些部分是承认的，哪些部分是抗辩的，在什么基础上进行抗辩。

3. 证人

（1）被告将至少在所建议的听证日期前两周向小组主席书面申请，她/他希望任何证人提供口头证明；

（2）全国党章委员会或其小组须考虑，公正的情况下是否需要全部或部分答应这样的申请，并考虑下列问题后将考虑证人给予口头证明的要求：

（i）所给予的支持申请的理由；

（ii）所说的证人能就这个问题给出相关的证据；

（iii）被告申请时提供的材料；

（iv）在支持其申请时，被告是否利用机会向全国党章委员会或其小组提交包括证人证据的证人陈述，被告现在正向全国党章委员会或其小组申请口头听取其证词；

（v）任何这样的证人陈述的内容；

（vi）全国党章委员会或其小组关于要求全国党章委员会或其小组对证人，即申请的对象给予听证对被告是否公正方面的其他考虑。

（3）以上所述的听证证人的标准将同样与控告者有关。

（4）全国党章委员会关注所提交的指控的内容，因此，总体上小组不关注审理任何一方的"特色"证人。作为总的规则，全国党章委员会的小组不会听取来自控告者/被告多于六名证人的口头证词，除非其他的证人对指控的特定因素是重要的并且他们的证据不能被其他证人所确认。

（5）全国党章委员会无法强制证人参加听证，安排证人参加听证是指控者/被告的事情。

（6）在听证一周之前由小组主席确认接受为指控者/被告进行证明的证人，并将正式通知双方。指控者可以传唤额外的证人，并对被告回应指控的反驳中额外证人的陈述提出投诉。

4. 法定代表

（1）被告对听证时的法定代表的申请将至少在听证之前四周以书面方式提交。全国党章委员会及其小组将决定这项申请是否合适并且至少在听证三周之前通知被告；

（2）当被告被批准指定法定代表时，也给指控者提供同样的便利条件；

（3）当允许指定法定代表时，可以召集有法定代表和指控者参加的事前听证会以便考虑与实施听证有关的程序问题。如果全国党章委员会小组在其自行裁决下没有另行决定，那么必须在听证两周之前举行事前听证会。

5. 指控者/被告将有权由一名朋友陪同参加听证，她/他必须是党员并且不可以在听证会上发言或在会议进行过程中作为任何一方的证人。陪同朋友的身份至少在听证会一周之前通知小组书记。在同意指定法定代表时，就不能再同意其陪同朋友参加。

6. 至少在听证的四天之前确认尽可能合理可行的最后安排。

7. 书面证据

（1）全国党章委员会小组在听证之前不主动找出文件证据。坚持把指控者发布的特定文件证据交给被告使用，尽管任何这样的要求将被转交给指控者，但这不是小组的责任；

（2）指控者的书面案件概要和文件将以便于复印的方式转交给全国党章委员会。将给任何超过三十页的一份文件进行连续编号并对每一个案件复印六次，然后转交给全国党章委员会书记；

（3）被告书面提交的东西和文件将以便于复印的方式转交给全国党章委员会。将给任何超过三十页的一份文件进行连续编号并复印六次，然后转交给全国党章委员会书记。

8. 所有的联系和函件必须通过全国党章委员会书记，并且双方不得相互接触或直接接触另一方的证人。

（三）第三阶段：充分的听证

1. 在全国党章委员会小组面前进行的听证打算成为非敌对的，主席试图保持一种非正式的氛围。当小组认为有必要证实或澄清事实时，小组本身将向证人提问。

2. 当一个案件涉及多于一名的被告时，在任何听证开始之前，小组主席将确定此案件是否一起听证，还是分开听证。尽管最后的决定将由全国党章委员会或其小组自由裁定，但将咨询指控者和被告。

3. 除了小组休会以考虑程序和其他问题之外，指控者和被告及任何陪伴的朋友和法定代表将自始至终停留在听证会议室内。

4. 在指控者和被告的案件进程中，证人将被一人一人地带进会场。未经全国党章委员会或小组主席的同意，其他人不许参加听证会，听证会将按下列程序进行：

（1）听证会程序是：

（a）主席介绍小组并概述程序事项，小组处理任何程序的细节和问题。当指控者/被告被允许指定法定代表时，指控者/被告的案件将由法定代表单独处理。然而，在这样的情况下，将给予另一方和小组以机会直接提问指控者/被告。

(b) 指控者对案件进行陈述并依次传唤证人。当介绍每位证人时，可以提问她/他的人为：

· 指控者；

· 被告/代表；

· 小组成员。

(c) 在案件陈述结束后，被告/代表可以就所提出的整个案件向指控者提问。小组成员可以就所提出的整个案件向指控者提出他们的任何问题。当代表代替指控者陈述案件时，被告/代表和小组将被给予机会直接向指控者提问。

(d) 在这个阶段，听证将休会。在听取指控者的证据之后，小组将必须判定，对所听取的整个案件来讲是否有足够的证据，或者是否没有情况需要被告回答。如果小组判定没有情况需要回答，小组将这样裁定并驳回此案，否则案件将按下列方式进行：

(f) 被告或代表陈述案件并依次传唤证人。当介绍每位证人时，下列人员可以对其提问：

· 被告/代表；

· 指控者；

· 小组成员。

(g) 在被告案件陈述结束后，指控者/代表可以就所陈述的整个案件向被告/代表提问。小组成员可以就所陈述的整个案件向被告/代表提出他们的任何问题。当代表代替被告陈述案件时，指控者/代表和小组将被给予机会直接向被告提问。

(h) 然后，指控者可以就指控和证据做一次结束性陈述。之后，指控者或其代表不得引进新的证据或文件。

(i) 然后，被告可以就指控和证据做一次结束性陈述。之后，被告或其代表不得引进新的证据或文件。

(j) 指控者可以回应被告在结束性陈述时所提出的程序方面的问题。

（k）如果被指控是党的条例所禁止的一个组织的成员，小组主席将询问被告，是否承诺未来按全国执行委员会要求的方式行事。

（l）小组休会以考虑他们是否认为指控可以被证明或不能被证明。

（m）小组将验明他们认为哪些指控或指控的哪些部分持有证明。如果需要的话，可以以简单多数决定。

（n）如果小组认为没有任何指控得到证明，那么案件将被驳回并且在全国党章委员会反对这个人之前，不得再构成任何诉讼程序的部分。

（o）如果小组发现任何指控或部分指控可以得到证明，然后，听证会会恢复到告知被告，并提供一个机会，就任何被告希望引起小组注意的可减轻指控的情节向小组进行陈述。在向小组陈述之前，主席应告知被告，所考虑的纪律措施之一可以是开除出党。在结束减轻指控的陈述后，小组成员可以就此问题向被告提问。

（p）然后，小组休会以考虑任何减轻处罚的请求以及它可以决定实施的任何纪律措施。这样的决定将具有最终效力。

（q）如果小组成员没有参加全部听证，不得参加就对被告的指控所采取的纪律措施进行的投票。

（r）当小组发现，根据第二章第一款党员条件第（四）1、2、3目之规定，一项符合这些条款的指控被证明，将按条例条款规定加以开除。

（s）如果小组发现，根据第二章第一款党员条件（三）3目之规定，被指控是党的条例所禁止的一个组织的成员得到证明，如果满足小组要求，按全国执行委员会要求的方式做出无条件的承诺，在这种情况下，可以实施开除以外的纪律措施，否则将按条例条款规定加以开除。

（t）在听证结束后将以书面方式加以确认。

二、余项

（一）听证之外的案件处理：

1. 在至多达到以上第一款第（三）4（1）（d）目所述的任何阶段，当没有情况需要回答的理由成立时，小组都可以决定驳回案件。当一个案件由被告进行争辩时，除非达成一致意见，以一种替代的方法决定此案件（例如，仅根据书面提交的材料），否则通常将进行以上所说的听证。

（二）其他管理机构的决定

1. 全国党章委员会认为，重要的是，党对法院的法定查询、地区审计员、标准委员会和其他这样的司法或准司法当局的调查结果采取一致的做法。

2. 代表全国执行委员会和选区工党的报告者不能被期待为这些机构的调查结果提供第一手证据。如果没有通过适当的渠道如愿以偿地使证据受到质疑，全国党章委员就会将把这些调查结果作为采取纪律行动的理由。这些机构的调查结果通常将成为犯罪、行为或违约委员会的有说服力的证明。

3. 被指控的党的个人党员

（1）一名被指控的个人必须在指控其违背条例（当案件是由选区工党提出时，也可以是违背选区的条例）的时间内一直是党的个人党员。一个选区工党有权追踪针对一名前党员、后转为其他选区工党党员的案件。

（2）当一名个人停止作为党员时，尽管全国党章委员会有权处理任何所提出的指控，然而，它决定不再听证已不再是党员的此人的案件，但将把案件作为"悬案"。在这样的情况下，将通知党的总书记，在终止或停止作为党员时，一项全国党章委员会的案件未清。因此，如果当事人再次申请入党时，将由全国执行委员会考虑与全国党章委员会的悬案有关的未清事务。然而，来自悬案的证据可以在未来用于任何用途。

4. 在全国执行委员会或选区工党层面的程序事务

（1）全国党章委员会按条例进行运作，条例明确指出，全国党章委员会和其小组只涉及控告方面的事务。预先转交给全国党章委员会，代表党或一个选区工党采用程序来处理一项特别的案件，不属于全国党章委员会的事务。全国党章委员会有权（并将）在指控被适当地提交其面前的基础上进行诉讼，并且不能卷入处理由于导致一项指控而对任何调查机构进行控告的事务。因此,全国党章委员会和其小组不予考虑任何这样的控告,除非这样的控告是重要的,或与对证据的考虑有关,这些证据由指控者在支持其指控时所使用。

(2) 在选区工党层面,关于调查行为的控告应提交给适当的统计区主管,属于全国性调查,应提交给党的总书记,而不是全国党章委员会。

(陈露 译)

保守党章程①

1998 年 2 月第一次公布

1999 年 10 月修改

2002 年 7 月修改

2004 年 7 月修改

包括 7 个附件

(保守党选区联合会条例)

第一条 名称、目的、目标和价值

1. 本章程是通常称"保守与统一党"的政党(本章程中称"党")的章程。

2. 其目的是在国民中支持和促进保守党的目标和价值。

第二条 党员身份

3. 党是一个国民的政党,对所有接受其目标和价值并受本章程约束的人开放。党由其党员组成,保守党的党员身份不得与其他任何登记政党的党员身份兼有或与之联系。

4. 其党员包括:

4.1 个人(本章程中称"**党员**");

4.2 **选区联合会**,其成员完全由党员组成;

4.3 **受到承认的组织**,其成员完全由党员组成,(除理事会专门规定的其他人以外)是理事会承认的其他组织。

---

① 原文来源于英国驻华大使馆提供的英文资料。——译者注

4.4 **苏格兰保守与统一党**及其受附件八之规定约束的党员（本章程中称"**苏格兰党员**"）。

5. 党员、选区联合会、受到承认的组织和（按本章程第77款和附件八所规定的）苏格兰保守与统一党及苏格兰党员

5.1 都要同意按理事会所规定的方式受本章程约束；并且

5.2 都要为支持和促进党的目标和价值而奋斗；并且

5.3 都要交纳党费（若是个人）或确认费（若是其他党员），其数额由理事会根据党员委员会的建议随时调整。

6. 个人交费由党或选区联合会收取。收取之后分为交给党的部分和交给选区联合会的部分，两部分的比例由理事会与党员委员会随时协商确定。

7. 向党或选区联合会交纳党费的个人，按第17.7款享有以下权利：

7.1 对于党而言，成为一名党员；并且

7.2 对于收取其党费的选区联合会而言，（或间接或直接）成为选区联合会的一名成员。

8. 已经是一个选区联合会之成员的党员，可申请成为另一个选区联合会的成员，条件是

8.1 一名党员如果不只是一个选区联合会之成员，一个选区联合会有义务将从他那里收取的任何缴费应按比例交给党；

8.2 一名党员如果不只是一个选区联合会的成员，他在党的任何选举中都不得拥有一票以上的投票权。

9. 党员姓名须在党的全国党员名册上登记，名册由理事会党员委员会保管并随时更新；列入全国党员名册对拥有党员身份具有决定性的意义。

第三条 领袖

10. 党设立一名领袖（在本章程中称"领袖"），他由党员和苏格兰党员按附件二之规定，从入选下院的人中选举产生。

11. 领袖在决定党的政治方向时，要注意听取党员和保守党政策论坛的意见。

第四条　保守党理事会

12. 建立并保持保守党理事会（本章中称"理事会"），理事会是党组织和管理的最高决策机构。理事会的组成人员为：

12.1　保守党主席（"理事会主席"），他由领袖任命，在领袖缺席时主持理事会并担任领袖在理事会的代表；

12.2　两名副主席，

12.2.1　其中一名副主席担任保守党全国大会主席，在理事会主席和领袖缺席时主持理事会；和

12.2.2　其中另一名副主席由领袖任命；

12.3　按照附件三之规定（除保守党全国大会主席之外的）保守党全国大会选举的其他四名成员；

12.4　1922年委员会①当选主席；

12.5　保守党上院议员协会主席；

12.6　苏格兰保守与统一党当选主席；

12.7　威尔士保守党当选主席；

12.8　保守党地方议员协会；

12.9　由领袖任命的党的司库；

12.10　可以由领袖随时提名并经理事会同意的另一名成员；

12.11　由理事会主席提名、在理事会任职的党的一名高级专业人员；

12.12　经领袖批准，理事会可再任命一名委员。

13. 理事会每年至少召开六次会议。领袖应邀出席理事会所有会议。

14. 理事会任何会议的法定人数为八人。

15. 理事会任命一名理事会秘书，他要通过适当而有效的行政管理支持理事会工作并担任全国大会秘书。

---

①　1922年10月29日，保守党议员在伦敦卡尔登俱乐部举行会议，反对继续参加自由党劳合·乔治的联合内阁，迫使奥斯丁·张伯伦辞去下院保守党领袖职务。"1922年委员会"由此得名。它由保守党下院后座议员组成。——译者注

16. 理事会同意关于就其一般和紧急会议发出通知的规定和关于提前传阅简报和其他文件的规定。

17. 理事会有权按自己的意见处理党的管理与行政事务。它监督监督党内一切活动，尤其负责——

17.1 制定和贯彻党的战略，在全国、欧洲和地方一级开展运动、组织、党员和筹资活动；

17.2 审核和批准党的年度预算，监督财务状况，编制和公布年度账目；

17.3 任命党内高级职员；

17.4 按照第19.1款和附件六之规定，保管全国党员名册；

17.5 按照第19.2款和附件六之规定，保管已经批准的候选人名单；

17.6 监督选区联合会的管理与行政，包括承认选区联合会联盟或其他组合的权力；

17.7 绝对有权取消或拒绝任何党员或预备党员之党员身份；

17.8 按照附件六之规定，更换或撤销任何选区联合会或受到承认的组织的任何官员的职务；

17.9 按照附件六之规定，建立新的选区联合会或更换选区联合会；

17.10 按照附件六之规定，撤销或拒绝任何选区联合会作为党的一部分之身份；

17.11 管理保守党全国大会；

17.12 按照第19.3款和附件四之规定，组织党的大会；

17.13 保障妇女在党的工作和组织所有方面的充分参与和代表性，包括在适当的情况下，在党内保持一个促进妇女利益的组织；

17.14 保障青年人在党的工作和组织所有方面的充分参与和代表性，包括在适当的情况下，在党内保持一个发展青年人入党并与他们沟通的青年组织；

17.15 授予组织、团体或其他社团受到承认的组织、专业团体或其他社团的地位和取消这种地位；

17.16　协调和贯彻与选区边界变更有关的全国战略；

17.17　用它认为适当的方式解决党内纠纷，无论这种纠纷是如何产生的；

17.18　贯彻按照本章程第12条所建立的道德与廉正委员会之决定；

17.19　按照附件二之规定，监督领袖选举程序；

17.20　登记注册商标、知识产权、版权、设计权和专利权；

17.21　保证党遵守政党、选举及全民公投法以及这类立法、法规或措施，或修改、补充或更换这类立法、法规的措施；

17.22　暂停其行为违反第1条第2款所宣示的党的目的、目标和价值，或不符合一个联合会或党的目标，或对联合会或党的财政健康状况不利，或可能使联合会或党陷入不名誉的党员之党员身份或将其开除。

18.　理事会有权在它认为适当的时候随时将其职能委托出去，但它任何时候都不得将第17.2、17.8、17.10、17.15和17.18款提到的职能委托出去。

19.　理事会设立和保持以下委员会，它们至少要有一名任命产生的理事会成员和一名选举产生的理事会成员：

19.1　按照附件六之规定设立的党员委员会；

19.2　按照附件六之规定设立的候选人委员会；

19.3　按照附件四之规定设立的大会委员会。

第五条　保守党全国大会

20.　设立和保持保守党全国大会，其组成有：

20.1　英格兰、威尔士、苏格兰和北爱尔兰每个选区联合会的主席，或选区联合会在大会上提名的作为代替者的一名副主席。至于已经按照下文第44款之规定组成选区联合会联盟或其他组合的选区，符合本款之规定的代表性由理事会决定；和

20.2　理事会的当选代表；和

苏格兰保守与统一党苏格兰执行委员会的当选委员；和

20.3　威尔士保守党理事会的当选代表；和

20.4 按照附件五之规定选举产生的区管理执行委员会的所有成员以及苏格兰的相应成员；和

20.5 依照附件五之规定选举产生的所有地区协调主席和副地区协调员；

20.6 每个受到承认的组织、专业团体或其他社团的这些更多代表性，由理事会在考虑每个受到承认的组织、专业团体或其他社团的党员的基础上决定（来自所有受到承认的组织、专业团体或其他社团的这类代表不得超过一百人），他们由每个受到承认的组织、专业团体或其他社团的成员按照其各自章程选举产生；和

20.7 三位保守党全国大会前会长；和

20.8 两位最近卸任的保守党全国大会前主席；和

20.9 卸任刚一年的区管理执行委员会主席；和

20.10 卸任刚一年的前地区协调主席。

21. 按照附件三之规定，保守党全国大会选举一名会议主席，其职责是保证履行下文第 24 款所规定的职责。大会主席是理事会的当然副主席。

22. 按照附件三之规定，保守党全国大会选举会议会长，他主持党的年度大会并担任理事会委员。

23. 保守党全国大会还按照附件三之规定选举三名其他官员，他们将担任理事会委员和保守党全国大会副会长。

24. 保守党全国大会的职责是：

24.1 支持和促进党的目标和价值；

24.2 选举理事会代表；

24.3 监督和听取理事会、区管理执行委员会和受到承认的组织的报告；

24.4 为党员提供一个观察点并在党的领袖和党员之间发挥联系作用；

24.5 按照附件九之规定，审议并随时向党章团提出对本章程的修改意见；

24.6 向理事会建议在全国保持有力的组织行动。

25. 保守党全国大会每年至少召开两次会议。党的领袖和理事会应邀出席会议。

第六条 区委员会、区管理执行委员会和地区协调员

26. 在英格兰、威尔士和北爱尔兰设立并保持一些区委员会，其构成和确切人数由理事会随时决定，理事会的决定是最终的、有约束力的。

27. 理事会在议会选举边界重新划分后对边界进行专门勘察，并在下列情况下考虑进行这种勘察

27.1 一个区管理执行委员会和一个区的地区协调主席一致请求；或

27.2 一个区的至少百分之六十的选区联合会主席请求；或

27.3 受边界变动影响的任何选区联合会之执行委员会请求；

28. 每个区委员会的成员包括：

28.1 在区委员会所属之区内的每个选区联合会之主席。至于符合下文第44款之规定已经组成联合会联盟或其他组合的选区，符合本条规定的代表由理事会决定；

28.2 每个选区联合会执行委员会按照附件七所包含的保守党选区联合会条例选举的两名代表；

28.3 区管理执行委员会的当选代表。

区管理执行委员会

29. 每个区委员会每年召开一次会议，选举区管理执行委员会（按照附件五之规定），区管理执行委员会是理事会和选区联合会之间的协调机构，其职责是提高各区之选区联合会之表现，协调各区活动，对资源进行有效管理。

30. 各区管理执行委员会由以下人员组成：

30.1 一名主席（"区主席"）；

30.2 两名副主席

30.2.1 其中一人专门负责协调所在区政策理念的阐述和发展（"政治副主席"）；和

30.2.2 其中另一人专门负责所在区的筹款和成员；

30.2.3 由区管理执行委员会随时增选产生的另外两名官员。

31. 在由十二个以上的选区组成的区，区委员会按照附件五之规定，每多出六个选区或区，通过选举增加一名官员进入区管理执行委员会。

32. 每个选区管理执行委员会有协调选区委员会之职责，并在以下方面首先采取行动：

32.1 选区联合会之间的资源分配；

32.2 选区联合会的财务和成员；

32.3 选区联合会表现的激励与监督；

32.4 选区联合会官员的管理与培训；

32.5 保守党全国、地方政府和欧洲选举的竞选活动及其在上述机构中的代表性；

32.6 与地方政府有关的问题；

32.7 支持当选代表和专职工作人员协调与地方媒体的关系；

32.8 解决选区联合会和支部内的纠纷，包括对违反选区联合会条例的行为进行调查；

32.9 向受到支持的选区联合会提供帮助并在其内部开展活动；

32.10 准备并向理事会提交关于区内每个选区联合会活动的报告。

33. 如果理事会认定一个区管理执行委员会不能履行其职责，理事会（或其代表）可以与区管理执行委员会会谈，实施确定表现目标的行动计划，区管理执行委员会要在一定的时间内达到目标。

34. 理事会可以任命一位代表监督区管理执行委员会执行行动计划的表现。如果在收到理事会代表的报告后，理事会形成了区管理执行委员会采取的矫正行动不够，或者没有达到行动计划所提出的目标的看法，理事会要给区管理执行委员会机会，让它陈述区管理执行委员会的官员没有被撤职的原因。

35. 在考虑按照上文第 34 款所做的陈述之后，理事会可以撤销任何官员或所有官员的职务,在这种情况下,要根据附件五之规定,尽可能合理而切实地进行新的选举。

地区协调员

36. 理事会将整个英格兰划分为若干地区,并在考虑到欧洲议会选举之选区边界的基础上建立一个地区结构。此后,理事会可以根据环境变化随时修改所说的地区结构。

37. 每个地区选举三名协调员(通常称"地区协调员"),其中一名当选为地区协调主席。该地区其他两名当选的地区协调员担任副地区协调员。地区协调员担任同一职务的时间不得超过连续三年。

38. 地区协调员按照附件五之规定,由他们所在地区的各区管理执行委员会的成员选举产生。

39. 地区协调员负责

39.1 协调跨区竞选和政治活动;

39.2 协助区管理执行委员会组织跨区活动;

39.3 在地方当局边界跨区界的地方,协调地方政府选举之竞选活动;

39.4 确保理事会有关议会选举边界变动的战略的实施;

39.5 应理事会的要求,在区管理执行委员会表现失败的时候提供帮助。

第七条 选区联合会

40. 在大不列颠每个议会选区建立一个选区联合会。

选区联合会的结构

41. 每个选区联合会

41.1 都是党的一个组成部分;

41.2 都以在大会上通过附件七所包含的保守党选区联合会条例的强制性规定作为其规定;

41.3 都在注意到附件七所包含的保守党选区联合会条例的参考性规定后,在大会上通过它认为合适的其他这类规定,只要选区联合会通过的这种规定与强制性规定不抵触。

41.4 都服从本章程附件七之第二条所确定的选区联合会的目标；

41.5 都是党在选区的代表；

41.6 都展示和使用党为全国设计的统一形象和共同展示策略。

42. 每个选区联合会在通过或修改其选区联合会条例之后，须在三十天内将通过或修改的选区联合会条例副本交秘书送理事会。

43. 如果理事会认为，一个选区联合会通过的条例与附件七所包含的强制性规定或者本章程不一致，理事会可要求选区联合会在它规定的时间内修改条例，取消这类不符合或不一致之处。理事会还有权在适当情况下让选区联合会按照本章程附件七之规定的要求，修改或更改其委托书的条款，使所说之证书形式上与理事会按照附件七第17.2款所确定的形式不同。

44. 两个或两个以上选区联合会可以为竞选和组织而结成一个选区联合会联盟或其他组合。在这种情况下，有关选区联合会在通过它们的条例时，如果必要，可向理事会申请改变附件七所包含的强制性规定。理事会对此有权批准。这种选区联合会联盟或其他组合在保守党全国大会上和区委员会中的代表性由理事会随时决定。

45. 选区联合会的官员包括：一名主席、两名副主席、一名司库（在该职位与党员副主席一职不是由一人兼任的联合会）和按附件七所确定的选区联合会条例之规定选举产生的选区联合会执行委员会的其他这类官员。

46. 选区联合会主席的职责是保证联合会履行上文第41款所规定的职责，特别是附件七第2条所规定的选区联合会目标。

47. 选区联合会的官员要按附件七所包含的保守党选区联合会条例第5.10.2款之规定，向区管理执行委员会提交一份选区报告，区管理执行委员会有权应委员会之要求，采取合理措施核实其中所包含的信息。

区委员会的选举

48. 每个选区联合会之执行委员会，按其条例之规定，除了选区联合会主席（他是区委员会的当然成员），还选举两名成员代表它进入其区委员会。

受到支持的联合会

49. 如果一个选区联合会的成员低于理事会所确定的最低水平，或者在其他特殊情况下，理事会可指定这种选区联合会为"受到支持的联合会"。

50. 受到支持的联合会继续享有党的一员的全部权力，除非理事会决定

50.1 该联合会所在区的区管理执行委员会与联合会官员一起任命一名代表，此人在必要时可担任联合会主席职务，在当地发展党员，监督官员选举，并承担联合会资金和财务的责任；

50.2 根据第50.1款任命的代表可监督联合会的管理、事务和行为，有权查阅其档案与信息；

50.3 在一个受到支持的联合会加入一个联盟的情况下，只要它享有受到支持的地位，就要邀请理事会代表出席联盟执行委员会或管理执行委员会的所有会议；

50.4 区管理执行委员会可以按本章程附件六第7条之规定，与联合会官员一起，从联合王国议会预备候选人名单中挑选供联合会选择的候选人名单。

51. 如果在理事会认定受到支持的联合会改进其表现的水平达到了满意水平，该联合会将终止理事会所给予的地位。

52. 如果区管理执行委员会认定其区内的一个受到支持的联合会不能与任命的代表合作，或者不能做出合理的努力改善其表现，区管理执行委员会可要求受到支持的联合会起草一份行动计划，明确受到支持的联合会在一定时间内必须达到的最低表现目标。

53. 如果区管理执行委员会在要求联合会起草行动计划三个月过后，还认为该联合会官员没有做出合理的努力达到行动计划所提出的目标，区管理执行委员会可向理事会报告，建议按照本章程附件六第14、15条之规

定，撤销联合会一名或多名官员。

拒绝或开除一个选区联合会的身份

54. 选区联合会执行委员会可决定拒绝其联合会任何个人的成员身份，或把任何现任党员从联合会开除出去，只要符合附件七所包含的保守党选区联合会条例第 3.5 至 3.7 款所规定的程序。

55. 在这种情况下，选区联合会要随即通知理事会，理事会要立刻指示党员委员会考虑联合会的决定所涉及的情况。党员委员会或者确认或者拒绝确认该决定，也可以采取它认为适当的其他这类行动。

56. 理事会可以在党员委员会考虑期间，暂停被选区联合会开除党员的党员身份，或采取它认为适当的其他这类行动。

57. 在党员委员会做出决定之后，该党员或者选区联合会执行委员会可向理事会申诉。理事会要采用它认为适当的程序，听取申诉，并将其程序（尤其在申诉是属于对最初决定的审查还是彻底复审的问题上）和考虑的理由通知各方。理事会可以支持联合会的决定和/或采取它认为适当的行动。理事会的决定是最终的，对各方都有约束力。

58. 如果党员委员会或（视具体情况）理事会确认选区联合会的决定，有关党员的名字将从全国党员名册中取消，此人以后不得在理事会规定的时间加入党或任何选区联合会。

59. 如果党员委员会或（视具体情况）理事会拒绝确认选区联合会开除一名党员的决定，要立刻在全国党员名册和选区联合会成员名册中恢复有关党员的名字。关于预备党员，如果党员委员会或（视具体情况）理事会拒绝选区联合会的决定，理事会应邀请预备党员入党。

违反保守党选区联合会条例的行为

60. 如果一名选区联合会成员对违反他所在的联合会的选区联合会条例之规定的行为感到担忧，他可将此事报告联合会主席。主席要对此事进行调查并采取适当行动纠正违规行为。

61. 如果这位选区联合会成员对联合会主席的调查或他所采取的行动

还不满意，他可将此事报告联合会所在区之区管理执行委员会，区管理执行委员会有权对此事进行调查，并采取它认为适当的行动纠正违规行为。

62. 如果该党员在考虑了区管理执行委员会的意见和决定之后，对区管理执行委员会的调查或对已发现的违规行为所采取的行动仍然不满，他可将此事提交合规专员，合规专员要按第 77、78 款之规定调查此事。合规专员在这一事情上的决定是最终的、有约束力的，不受任何审查。

对保守党选区联合会条例的修正

63. 附件七所包含的保守党选区联合会条例由保守党全国大会随时审查，大会可按照附件三之规定提出修改建议。对所说条例之任何修改须按照第 91 款之规定进行。

第八条　保守党全国政策论坛

64. 建立并保持一个全国性的政策发展论坛，名称为保守党全国政策论坛，其主要职能是

64.1 鼓励和协调党内特别是选区联合会内政策理念和倡议的阐述和发展；

64.2 建立一个接受这种政策理念和倡议并保证对它们做出回应的程序；

64.3 用它认为适当的方式，就这些政策理念和倡议进行协商；

64.4 促进对全国层面重要政策领域①高质量专家投入的开发和组织；

64.5 协助组织党的大会；

64.6 就政策理念和倡议的阐述和发展向领袖和理事会提供咨询；

65. 理事任命一名保守党政策论坛主任，其职责包括建立一个协调结构，协调区管理执行委员会和选区联合会政治副主席的活动。

66. 保守党政策论坛由一个议事会管理，议事会每届任期一年，组成人员有：

---

① 此处用的是 Area 而不是 area。——译者注

66.1 一名主席,他由领袖任命,一般为政府大臣(在野时则为影子内阁发言人);

66.2 保守党政策论坛主任;

66.3 各区管理执行委员会政治副主席按照附件五之规定选举产生的三名代表;

66.4 理事会主席任命的一名党的高级主任;

66.5 按照苏格兰保守与统一党章程之规定任命的一名代表;

66.6 保守党政策论坛主任与议事会协商任命的五位拥有具体政策领域专门知识的专家。

67. 保守党政策论坛议事会每年至少要与领袖会谈两次,讨论政策理念和倡议以及党员对有关问题的意见。

第九条 受到承认的组织

68. 这类寻求承认和成员身份的组织,在申请获得理事会批准成为受到承认的组织之前,要

68.1 向理事会满意地证明它的章程民主、成员广泛,并向根据本章程拥有资格的所有党员开放。

68.2 在得到承认之前,向理事会提交其章程副本或原件复制件申请批准。

69. 任何受到承认的组织应将以下内容作为最低要求写入章程:

69.1 关于受到承认的组织之目标的声明;

69.2 关于它的成员身份包括党员身份的标准,除非理事会另有专门规定;

69.3 关于在年会上选举其主席和其他官员的要求;

69.4 关于保存和定期修订其成员登记簿的要求;

69.5 关于按照理事会批准的形式保存年度账目并且每年提交给理事会的要求。

70. 在满足第68和69款所包含的条件之后,理事会可以授予一个组织受到承认的组织之地位。

71. 理事会一直授予一个对代表三十岁以下党员负有特别责任的组织受到承认的组织之地位。

72. 如果一个受到承认的组织不能达到或坚持上文第 68.1 款所包含的要求，理事会要向该受到承认的组织发出一份十二个月通知书，申明它如果不能在十二个月内达到这些要求，其地位可能被取消。如果十二个月过后，一个受到承认的组织仍没有达到第 68.1 款所包含的要求，理事会可以撤销该受到承认的组织之地位，或要求该受到承认的组织撤销该组织所决定之官员的职务。

73. 除非理事会专门规定，每个受到承认的组织在不违反上文第 69 款的前提下，

73.1 是党的一个组成部分；

73.2 保证其成员身份只对党员开放；

73.3 接受本章程的约束；

73.4 向党交纳确认费，数额由理事会随时调整。

第十条 党的大会

74. 附件四之规定对党的大会有效力。

第十一条 党的其他规定

75. 党的其他规定包含在附件六之中。

76. 附件八第 1 和 2 条适用于苏格兰保守和统一党和苏格兰党员；附件八第 3 和 5 条适用于威尔士保守党。

第十二条 道德、品行和标准

77. 党的理事会任命一个合规专员，负责

77.1 保证所有党员遵守本党章之规定；

77.2 确认违反本章程规定之行为；

77.3 用书面警告要求党员在规定时间内纠正所确认的任何违反本章程之规定的行为；

77.4 将一个党员不按照通知要求纠正所指控的行为涉及正在使或可

能使党陷入不名誉的情况报告理事会,该问题不由合规专员考虑,而要按照下文第 80 至 89 款考虑。

78. 理事会收到合规专员关于一个党员未能按照通知要求在通知规定时间内改正违反本章程之规定的行为的报告后,可采取它认为适当的行动,行动是无限制的。

79. 议会两院议员,欧洲议会议员,欧洲议会备选议员,英格兰或威尔士议员或备选议员或其在北爱尔兰相应机构的成员,地方议员或备选地方议员,候选人或预备候选人,党员或申请入党者,党的官员或备选雇员,均不得从事使或可能使党陷入不名誉的行为。

80.1 道德和廉正委员会(下称"委员会")是一个独立委员会,遵照领袖或理事会的委托或要求,有权裁定一个受到指控的行为是否已经使或可能使党陷入不名誉,颁布和出版有约束力的相关规定。

委员会也有权就有关党内道德和廉正的一般问题提供建议。

80.2 委员会的组成人员为:理事会任命的两名私人开业的王室法律顾问,分别担任主席和副主席;两名当然成员,分别为保守党全国大会现任主席和 1922 年委员会现任主席。

80.3 当然成员的备选人员分别为保守党全国大会现任会长和 1922 年委员会副主席。

80.4 委员会开会的有效人数为四人,除非有特殊理由不这么做,而此事由委员会自己决定。

81. 就第 79、80 款而言,只是表达与党的政策不同意见的行为,并不构成使或可能使党陷入不名誉的行为。委员会拥有绝对权力裁定所提交的控告是否事实上是以党内政策争论为基础的。

82.1 委员会决定自己的程序,受公正行动的最高责任支配。

82.2 裁定指控的规则由委员会决定,一般可以查阅,并告知其行为受到调查的人,以便他能事先了解处理针对他的控告的规则。

82.3 所有党员和受到控告的人都有义务与委员会充分合作,按委员会绝对有权随时提出的要求,提供文件、信息或者其他东西。不履行这一义务的行为，将作为纪律问题，受到理事会的处分。

82.4 委员会不受理失效的控告，即以 1998 年 3 月 31 日之前已经公开的不当行为为基础提出的控告。对 1998 年 3 月 31 日之前已经发生但此后才曝光的不当行为的控告，由委员会审理。

82.5 在委员会对已经使或可能使党陷入不名誉的行为的性质与严重性做出最终裁决之后，它拥有无限制的权力实施它认为在所有相关情况下都适当的任何处分。

83. 理事会一收到委员会对一个控告的裁决，就公布和执行委员会的裁决，除非该裁决需要复查，在这种情况下，委员会的最终裁决可以公布但不予执行。

84.1 如果得到许可，可以对委员会的最终裁决进行复查。

84.2 所有许可申请按委员会的条例，在委员会最终裁决做出十四天内提出。

84.3 期限到后不可再提出许可申请，除非申请人证明有的新的实质性证据，而在委员会做出最终裁决时他没有给予合理的应有的注意。

84.4 许可申请和（如果许可获准）复查由委员会任命一名退休法官（复查员）进行。

85. 复查以下理由为基础：

（1）程序不公正；

（2）处理反常，即公道的委员会在特定案件的情况下不会做出这种裁决；和

（3）责罚对称，即给予的处分和对已经使或可能使党陷入不名誉之行为的性质和责罚是不对称的。

86. 复查员或者确认委员会最初的裁决，或者将它提交给委员会，根据他的裁决和陈述的理由予以重新考虑。

87. 如果获得许可，根据第 84 款进行的复查将是对受到委员会之裁决伤害的人所能给予的唯一补偿。

88.1 委员会拥有绝对权力决定是否受理针对也是一个苏格兰党员或

准成员的控告。委员会在行使其决定权的时候要特别考虑控告提出的地点及其影响，以及控告对象与英格兰党的联系的密切程度。如果委员会决定不受理控告，它可以将控告提交苏格兰的相应机构。

88.2 委员会有权出于礼让和对等，承认同样或类似行为也受到控告的其他国家对于一名党员或准成员所做的有关裁决。

89. 为避免怀疑而又不损害本条款之任何规定，议会纪律问题（不触及或涉及下院或上院议员之道德和廉正问题），将视具体情况，始终由下院或上院总督导员负责。

第十三条　章程的变动

90. 保守党章程团的组成人员包括：

（ⅰ）保守党全国大会成员；

（ⅱ）下院议员；

（ⅲ）欧洲议会议员；

（ⅳ）保守党领袖任命的上院议员联合会官员和上院前座发言人。

91. 根据下文第92、93款之规定，本章程可以修改或变动，条件是修改或变动得到下述赞同：

91.1 不少于百分之六十六的章程团成员投票同意；

91.2 不少于百分之五十的章程团有投票权之成员同意。

92. 涉及而且仅限于本章程第三、第四、第十二和第十三条及相关附件拟议之变动，本章程的修改须得到下述赞同：

92.1 不少于百分之五十的章程团有投票权之成员同意；和

92.2 不少于百分之六十六的下院议员投票赞成；和

92.3 不少于百分之六十六的保守党全国大会成员投票赞成。

第十四条　起始规定

93. 按照附件十所包含的起始规定，本章程之规定于1998年3月28日生效。

第十五条　解释

94. 本章程按附件一之规定解释。

附 件

附件一 解 释

1. 在本章程中，除非文本另有要求，

1.1 适用1978年解释法（或任何法定的修改或重新制定）之规定。

1.2 "地方议员"，指自治市镇、郡级自治市镇、都市、郡、区或伦敦地方当局的保守党党团之成员；

"下院议员"，指收到保守党督导员之通知的下院议员；

"欧洲议会议员"，指收到保守党督导员之通知、代表联合王国一个选区或地区的欧洲议会议员；

"地区议会议员"，指地区议会保守党党团的成员；

"1922年委员会"，指由所有下院议员组成的一个委员会；

"上院议员"，指收到保守党督导员通知的上院议员。

附件二 领袖选举规则

1. 领袖由党员和苏格兰党员选举产生。

2. 一个辞去党的领袖职务的领袖没有资格在随后的领袖选举中再次获得提名。

领袖的选举

3. 领袖选举开始后，1922年委员会有义务尽可能合理而务实地向党提出一个领袖选举候选人。1922年委员会挑选候选人之程序的规则，由1922年委员会与理事会商定。

4. 如果在规定的提名时间结束时只有一名候选人，则可宣布该候选人为党的领袖。

5. 只有在1922年委员会主席要求领袖选举提名时已经是党员并在投票前至少有四个月党龄的党员和苏格兰党员才有投票权。

6. 在党员投票中获得百分之五十以上票的候选人可宣布为党的当选领袖。

7. 在议会党选举新领袖的第一轮投票举行前，如果提名结束时只有一名有效提名，如果理事会决定，对被提名人的选举可由党员和苏格兰党员在提名结束后一个月内投票批准。

8. 根据本章程之规定，党员和苏格兰党员投票的规则，由理事会和1922年委员会执行委员会议定。

9. 1922年委员会主席代表党担任选举各个阶段的选举管理官。

附件三　保守党全国大会

1. 保守党全国大会（"全国大会"）每年至少召开两次会议，会议的安排由全国大会执行委员会组织和管理。

2. 全国大会书记须在全国大会年会召开至少五十六天前致函全国大会所有成员：

2.1　告知全国大会年会举行日期；

2.2　邀请全国大会成员向理事会提名全国大会会长和主席以及三名副会长；

2.3　说明提名必须送达的日期，为从通知之日起不少于二十八个足日，从全国大会年会之日起不少于二十一个足日；

2.4　说明提名送达的地址。

3. 只有在全国大会会议前不少于二十八天通知全国大会书记的全国大会成员才有资格投票。

4. 对本附件第2.2款所说之任何职位或岗位的提名，须有不少于十二名全国大会成员（其中八人必须是选区联合会主席）共同签名的正式提名文件，另须有一封被提名者接受提名的签名信。

5. 任何担任本文第2.2款所提到的职务或职位的被提名人，都必须担任全国大会成员不少于两年。

6. 任何担任会长职务的被提名人，都必须担任理事会当选成员至少一年。

7. 全国大会成员不得担任以下职务：

7.1 连续三年担任全国会议当选代表（除非担任会长或主席）；

7.2 连续三年担任全国会议主席；

7.3 担任会长一年以上。

8. 在全国大会年会上，全国大会在选举前要收到全国大会当选官员，如全国大会所决定的区管理执行委员会和受到承认的组织的报告。全国会议还要考虑根据全国大会所确定的程序对本章程拟议进行的任何变动。

9. 全国大会书记在全国大会所有会议的所有选举中都担任首席选举管理官。

10. 一名不竞争再次当选的全国大会官员在官员选举中担任全国大会会议主席。如果所有官员都竞争再次当选，则全国大会书记担任主席。

11. 全国大会每位成员只有一票，尽管成员参加全国大会的权利来自担任不止一个职务或职位。

12. 选举在全国大会上进行，实行秘密投票。有关年会召开前进行邮寄投票的规定，由保守党全国会议书记全权决定。

13. 全国大会主席可根据不少于六十五名选区联合会主席签字的致全国大会书记的请愿信，召开全国大会特别会议。

14. 全国大会书记须至少提前二十八个足日通知全国大会所有成员并附上会议议程。

15. 根据本章程之规定，理事会可对全国大会通过的选举规则和全国大会采用的程序规则提出意见。

附件四　党的大会

1. 理事会根据其所承担的组织党的大会之责任，建立理事会党的大会委员会（下称"大会委员会"），其组成与成员由理事会随时决定，但须包括全国大会会长和保守党政策论坛主任。大会委员会直接向理事会报告工作。

2. 大会委员会的职责是组织和管理党的大会，包括确定议程，尽可能切实地保证开放性和对主题问题的辩论。大会委员会每年对党的大会通过的程序（包括各种条例）进行审查，并就任何修正向理事会提出建议。

党的年会

3. 党的大会（"党的年会"）每年召开一次，其召开时间和地点由理事会决定，在特别情况下，理事会有全权决定某个特定年份不召开党的年会。

4. 除了党的年会，理事会可根据大会委员会的建议，在特定年份召开党的其他大会，会议人员构成由理事会决定。

5. 理事会须提前五十个足日将党的大会举行的地点、日期和会议时间通知全国大会的每个成员和每个附属选区联合会的代理人或书记，没有适当或充分的通知，党的大会不得召开，或它做出的任何决议均无效。

6. 以下人员（称党的年会"代表"）有权出席党的年会并在会上投票：

6.1　全国大会成员；

6.2　每个选区联合会的两位副主席；

6.3　每个选区联合会的另外三名代表，其中一名必须是依据本章程第71款得到理事会承认的受到承认的组织的成员；

6.4　理事会及其下设各个委员会的现任和前任成员；

6.5　每个选区联合会的代理人或书记；

6.6　下院议员、欧洲议会议员、苏格兰议会和威尔士议会议员、保守党上院议员联合会成员；

6.7　已经挑选出来的威斯敏斯特①和欧洲议会预备候选人。

6.8　列入已经批准的名单的议会候选人；

6.9　每个受到承认的组织、专业团体和其他社团的主席与代表，后者的人数由理事会随时决定；

---

① 原文如此（Westminster），指下院。——译者注

6.10 苏格兰保守与统一党执行委员会成员；

6.11 威尔士保守党理事会成员；

6.12 每个大学或学院支部或依据本章程第 71 款得到理事会承认的受到承认的组织的一名代表；

6.13 前全国联盟①名誉副会长；

6.14 联合王国所有自治市镇、郡级自治市镇、都市、郡、区或伦敦地方当局的保守党党团领导人；

6.15 已获提名的苏格兰议会和威尔士议会预备候选人；

7. 一次党的大会的每位代表只有一票，其席位不得转让，即使一名代表出席党的大会是因为担任一个以上职务或职位。

8. 选区代表只代表他们在全国党员名册上登记的选区联合会出席党的大会。

9. 此外，大会委员会可向选区联合会、受到承认的组织以及其他团体分配"增补代表"，名额分配以理事会决定为基础，但要考虑在全国党员名册上登记的选区联合会的党员。增补代表拥有完全的投票权和发言权。

10. 代表须交纳注册费，数额由理事会决定，只有交纳登记注册费的代表可出席会议。

11. 提交党的大会的动议须在大会委员会规定的日期之前递交保守党政策论坛主任。保守党政策论坛主任代表大会委员会在党的大会召开十四个足日之前采取适当形式公布所有动议。

12. 此外，党的大会委员会决定党的大会的议程，并在党的大会召开十四个足日之前公布，如果情况需要，大会委员会可以在公布之后更改或修改议程，而且这种更改或修改须尽可能在随后公布。

13. 大会委员会随时准备党的大会通过的程序规则，并向党的大会建议通过。

---

① 1867 年保守党成立议会下院外组织"全国保守主义与统一主义协会联盟"，简称"全国联盟"，由英格兰和威尔士的保守党选区协会组成。——译者注

附件五 区委员会、区管理执行委员会

1. 各区委员会每年召开一次会议,会议时间和地点由区管理执行委员会决定。

2. 区主席须提前二十八个足日将召开区委员会年会的通知发给区委员会每个成员。区委员会所在区的每个选区联合会的代理人或组织书记也应收到通知并有权出席年会,但无投票权。

3. 在上文所说的通知中,区委员会主席要邀请对区管理执行委员会选举产生的职位的选举提名,通知要说明提名送达的地址和提名回复的报告时间至少比开会日期提前三天。

4. 一个区内的选区联合会的任何成员都可在该区竞选区管理执行委员会委员,条件是他得到他所竞选的区里的一个区委员会的成员的提议和附议。

5. 选举在区委员会会议上进行。选举采用秘密投票(除非区委员会一致同意其他方式)。选举管理官员须是理事会为此提名的党的专职工作人员。

6. 候选人可竞选以下职位:

6.1 主席;或

6.2 副主席;或如果适当

6.3 增补的官员职位(多位);

上述各个职位得票最多的候选人当选那一职位并在下一年立即生效。

7. 任何人不得连续担任区管理执行委员会委员同一职务(无论选举产生的职务还是增选产生的职务)三年以上。

8. 理事会随时决定和公布保守党政策论坛议事会选举程序。区管理执行委员会政治副主席有资格作为保守党政策论坛选举产生的成员竞选保守党政策论坛议事会。所有区管理执行委员会政治副主席均有资格投票。选举产生的区委员会成员不得在理事会任职三年以上。

9. 一旦一名区管理执行委员会无论出于何原因不再任职,区委员会应

在此后二十八日之内召集一次会议，选举继任者，会议由委员会为此任命的一人召集。

地区协调员

10. 依照本章程第 36 款，每个地区设立的地区协调主席应将每年选举地区协调员一事通知该地区内一个区委员会的每个成员和该地区内每个选区联合会的书记或代理人。通知要说明：

10.1 报告参加地区协调员职位竞选的提名人的日期；

10.2 提名须送达的地址；

10.3 选票须交回的日期。

11. 选票在提名结束十四日内寄出，投票在选票寄出十四日后结束。

12. 任何党员都可以在他是党员的地区竞选地区协调员，条件是他的提名须得到他所竞选的那个地区的至少一个区管理执行委员会的决议的支持。

13. 地区协调员选举由所在地区各区委员会全体成员秘密投票进行。选举管理官由理事会为此提名的党的一名专业人员担任。

14. 候选人可以竞选以下职位中的一个职位：

14.1 地区协调主席；或

14.2 副协调主席。

各个职位得票最多的候选人当选那一职位并在下一年立即生效。

附件六　党的其他规定

选举

1. 任何人在党内任何职位的任何选举中的投票都不得超过一票。

2. 在选举之日前党龄不足三个月的党员或苏格兰党员不得在党内任何选举中投票。

党员身份

3. 下院议员、欧洲议会议员、收到党的督导员通知的上院议员、苏格兰和威尔士议会议员或候选人，协调员或竞争这一职位的候选人均为党员。

4. 理事会依据第 19.1 款保留一个理事会党员委员会（"党员委员会"），其组成和成员由理事会随时确定。

5. 党员委员会直接对理事会负责，特别负责：

5.1 确定党员和苏格兰党员交纳的党费以及选区联合会和受到承认的组织的确认费。

5.2 确定不同类别的成员，包括与续缴党费和时段有关的问题。

5.3 监督和保管全国党员名册。

候选人的挑选——候选人委员会

6. 理事会依据第 19.2 款之规定，为履行其保管候选人名册的责任建立并保留一个候选人委员会（"候选人委员会"），其组成和成员由理事会随时决定，但由一位直接对理事会负责的主席主持（"候选人委员会主席"）。

7. 候选人委员会要建立候选人名册，其中一份为联合王国下院名册，另一份为欧洲议会名册，两者统称"已经批准的名册"。

8. 候选人委员会要准备一个对列入两份名册的候选人的挑选和审查程序，并将它事先提交理事会批准。候选人委员会要公布已经批准的候选人挑选程序，选区联合会有义务按照已经批准的这个程序挑选候选人。

9. 在英格兰、威尔士和北爱尔兰，一个选区联合会只能接受一位其名字已经列入联合王国下院名册的候选人作为其联合王国下院选举候选人。

10. 任何参加欧洲议会的候选人须在选举前列入欧洲议会名册。

11. 在联合王国下院或欧洲议会补选的情况下，候选人委员会可以为补选而修改名册。

理事会决定选区联合会及其他组织挑选候选人的程序之权力

12. 理事会可以随时通过候选人委员会公布与选区联合会及其他组织挑选所有或任何公职选举候选人的程序有关的强制性规定。

参加与党的正式候选人对垒的选举

13. 在选举中与党的正式候选人对垒，被认为是将一个党员从他是其中一员的选区联合会和党开除出去的一个理由。

选区联合会任何官员之职务的替换或撤销

14. 理事会在收到区管理执行委员会建议撤销一个选区联合会或受到承认的协会之任何官员或多位官员的职务的报告或理事会自己的动议后，可撤销一个选区联合会任何官员的职务，并用它认为适当的人（或是选区联合会之成员或是选区联合会所在区的区管理执行委员会之成员）取而代之。

15. 如果理事会行使其权力更换一个选区联合会任何官员，它也可以发出必要的通知，召开选区联合会特别大会，为该选区选举一名或多新的名官员。

选区联合会之成员身份的取消

16. 理事会可以拒绝或取消一个选区联合会的成员身份。

17. 如果理事会行使其权力的行动遭到反对，理事会应在通知中将其意图、拟议行动的理由告知选区联合会官员。通知也可以邀请选区联合会在通知规定的时间内（自通知之日起二十八天内）做出口头或书面陈述。

18. 如果选区联合会决定做出口头陈述，它应致函理事会，提出这一要求并简要说明其理由。此后，理事会应在选区联合会提出要求之日起十四天内举行不公开的听证会，理事会或它为此任命的代表将在会上听取选区联合会的陈述。理事会或其代表决定其（他们的）程序，但随时要考虑自然正义之法则。

19. 如果理事会的代表出席听证会听取陈述，这些代表要尽可能切实地向理事会书面报告这些陈述报告，并相应地提出建议。此后，理事会有绝对权力采取它认为适当的行动，包括无例外地发出书面警告，取消成员的任何权利，拒绝或暂停成员身份，以及开除出党。

20. 理事会要书面说明其原因，这些书面说明是最终的，对各方有约束力，不受任何复查。

21. 理事会保留用它认为适当的方式建立或更换选区联合会的权力。

22. 尽管一个选区联合会可以被取消其党的一员的身份，但除非理事会另有决定，这个联合会的成员仍然是党员。

23. 如果党的理事会依照第 4 条第 17.7 款或 17.2 款之规定暂停、取消或拒绝一个人的党员身份，书记应给有关个人写信，说明做出这一决定的理由。个人有二十八天时间向个人党员身份审查委员会提出申诉，该委员会存在的目的就是按它所决定的程序听取这种申诉，它的裁决是最终的。

保守党地方议员联合会

24. 英格兰、苏格兰和北爱尔兰的地方议员在当选或再次当选后一个月内，要加入保守党地方议员联合会，每年交纳会费，数额由该联合会年会随时决定。

专业团体

25. 理事会有权承认党员专业团体

（i）（"专业团体"）在得到理事会承认之前，须向理事会递交规章或章程取得批准。这种专业团体的地位可以被理事会随时取消。

（ii）专业团体的所有正式成员须是党员，每年 6 月 3 日之前须向理事会递交报告、账目和成员登记表。

（iii）理事会有权以它认为适当的方式决定每个专业团体在党的大会上的代表性。

其他团体

26.（i）理事会有权承认其他团体（"其他团体"），它们要在得到理事会承认之前向理事会递交规章或章程取得批准。任何其他团体的地位都可以被理事会随时取消。

（ii）理事会有权以它认为适当的方式决定每个其他团体在党的大会上的代表性。

保守党俱乐部联合会

27.（i）一个保守党俱乐部如果加入保守党俱乐部联合会并代表俱乐部会员向俱乐部所在地之选区联合会交纳党费、捐款或人均支付，其会员应视为保守党的俱乐部成员（下称"俱乐部成员"）。

（ii）俱乐部成员在交纳适当的党费后成为党员，党费数额由理事会随时决定。

（iii）如以代表的身份在党内代表一个俱乐部或保守党俱乐部联合会，这样的代表必须是党员。

自然正义

28. 任何取消成员权利或撤销党内任何联合会或其他团体之职务或职位的决定，只有在适当考虑自然正义后才能作出。

附件七　保守党选区联合会条列

（强制性规定用黑体。参考性规定不用黑体。）

1. 名称和加入

1.1　联合会的名称应当为"×××保守党联合会"（下称"联合会"）。

1.2　联合会应当是保守和统一党的一员并加入保守和统一党（本章程中统称"党"），并随时受党章约束。

2. 目标

联合会的目标是在×××议会选区（下称"选区"）支持和促进党的目标和价值；在选区有力地开展竞选运动；争取保守党候选人在选区当选；为实现在这些目标筹集必要的经费；为党的中央基金筹资。

3. 成员身份

3.1　联合会只能由（党章第4款确定的）党员组成，党员按章程第5、6款的规定交纳党费。

3.2　所有联合会成员受这些条例和章程的约束。

3.3 所有联合会成员有权出席他们是其成员的联合会或支部的大会（包括年会或特别大会）并有投票权，但如果一个党员在会议召开前作为该联合会之成员的时间不到三个月，他在联合会大会上不得投票或提名，不得提议或附议任何人或动议。

3.4 任何不再是党或联合会之成员的人对联合会的财产或基金没有权利或利益。

3.5 如果联合会官员认为某个成员的公开意见或行为违反联合会的目标，或对联合会的财务健康状况不利，或可能使党陷入不名誉，他们可以向执行委员会提出暂停或终止其联合会成员身份的动议。同样，联合会官员也可以出于同样的理由拒绝联合会的成员身份。在接到这种动议后，执行委员会可出于同样的理由通过多数票决定暂停、终止或拒绝成员身份。

3.6 如果官员提出这种动议，他们要保证相关个人在考虑动议的执行委员会会议召开至少十四天前收到书面通知：

（i）通知要说明他们已经收到暂停、终止或拒绝（视具体情况）他的联合会成员身份的动议；

（ii）动议的理由和确凿证据；

（iii）通知他有机会面见执行委员会，做出说明，提供该机构不应确认动议的证据。

3.7.1 执行委员会的决定要以联合会官员告诉个人的理由为基础，他们在此次会议上不考虑其他理由。主持有关动议事项的人不应是联合会的主席、其他官员或任何成员，而应是与有关事件的个人和情况没有关系的人。执行委员会对这些问题可采用他们自己的动议决定程序。

3.7.2 执行委员会做出决定后，要在五个工作日内将动议结果书面告知有关人员。如果动议得到确认，要告知其申诉之权利。

3.8 根据章程第59款，任何依据本条例被开除的人，如果没有执行委员会的特别批准，不得恢复联合会成员身份。

3.9（a） 执行委员会如果按章程第55款开除或拒绝任何成员的成

员身份，须立即通知理事会。

3.9（b） 如果一个被开除的成员想向理事会提出申诉，申诉须在开除通知之日起十四天内交书记转理事会，申诉的实质性根据须在开除通知之日起二十八天内交书记转理事会。

3.10 如果理事会拒绝确认联合会开除或拒绝接纳一个党员的决定，应视具体情况，恢复此人的联合会成员身份或给予联合会成员身份。

4. 名誉职务

4.1 联合会选举一名会长，会长是执行委员会的当然成员，也可以根据下文第5.1.1款之规定，为联合会官员。

4.2 会长主持和处理联合会年会事务，并在所有联合会官员选举中担任选举管理官。

4.3 联合会每年可选举为联合会作出宝贵的杰出贡献的个人为总干事或副会长。

5. 官员

5.1 联合会官员是联合会的管理团队，其组成人员包括：

5.1.1 一名主席；

5.1.2 两名副主席；

5.1.3 一名司库（在这个职务与党员副主席职务不由一人兼任的联合会；是否兼任，由执行委员会决定）；

5.1.4 执行委员会决定的其他此类职务。

5.2 一名副主席具体负责协调区联合会内的政策理念和倡议的阐述和发展以及政治运动（政治副主席）。

5.3 另一名副主席（此人也可以是司库），具体负责选区联合会内筹资和党员事务（党员副主席），代表联合会处理党的财务问题。

5.4 联合会官员由联合会成员在联合会年会上选举产生，如果党的理事会按附件六第15款之规定决定召开特别大会，则在特别大会上选举产生。

5.5 任何官员不得连续担任同一职务三年以上,除非执行委员会提出并经秘密投票通过动议(并且得到区管理执行委员会批准),可邀请担任同一职务三年之官员再次竞选该职务,但任职不得超过一年。

5.6 如果在年会上当选的官员无论出于何因,不再任职务,执行委员会有权在下届年会召开之前选举一名继任者。

5.7 联合会官员是执行委员会所有委员会和选区与支部委员会的当然成员,如果他要求,则有权收到所有委员会会议之通知。

5.8 联合会官员负责联合会的日常行政管理,但对执行委员会负责并执行其执决定。官员的行为不得违反执行委员会的决定或联合会的目标。

5.9 联合会官员要在就职二十八天内,准备一份来年目标与活动计划("战略计划")提交执行委员会下次会议。战略计划还要在联合会官员就职二十八天内提交区管理执行委员会。

5.10 联合会官员至少要在每年年会召开前一个月

5.10.1 准备联合会账目,账目要提交给联合会指定的个人或多人审计或认可。经过正式审计的真实副本或认可的账目表须在联合会年会闭幕后立即报送区管理执行委员会;和

5.10.2 提出一份选区报告,报告要交联合会全体成员,并在联合会年会闭幕后立即报送区管理执行委员会,其内容应当包括:

5.10.2.1 联合会成员数字和过去一年的成员变化情况;

5.10.2.2 活动支部数字,包括过去一年新建或撤销支部的详细情况;

5.10.2.3 联合会各委员会的详细情况与活动;

5.10.2.4 当年运动与政治活动的详细情况,包括地方政府候选人的详细情况与选举结果;

5.10.2.5 联合会受托人的姓名和地址;

5.10.2.6 联合会之支部的活动总结。

5.11 按照2000年政党、选举及全民公投法的要求,联合会主席在选举时自动担任登记司库一职,党员和筹资副主席自动担任登记副司库一

职。如果联合会保留了司库一职,联合会可指定此人为登记副司库。所有任职者之变动须在变动后十四天内报告保守党中央办公室,中央办公室要在二十八天内通知竞选委员会,除非理事会按 2000 年政党、选举及全民公投法或后继立法调整这一时间表。

6. 执行委员会

6.1 **联合会设管理机构"执行委员会",其组成包括**:

6.1.1 联合会会长;

6.1.2 联合会通过大会认为适当的联合会其他此类荣誉官员;

6.1.3 **联合会官员**;

6.1.4 每个选片区①或投票区支部选举产生的(一位或多位)代表;

6.1.5 根据下文第 6.5.2 款之规定所建立的每个委员会的(一位或多位)代表;

6.1.6 选区所在地地方当局的保守党成员选举产生的(一位或多位)代表;他们在该选区居住,由保守党党团领袖提名;

6.1.7 加入保守党俱乐部联合会的每个选区保守党俱乐部的一名代表,条件是该代表是党员;

6.1.8 选区的保守党下院议员和/或预备下院候选人,保守党欧洲议会议员和/或预备欧洲议会议员候选人(没有投票权);

6.1.9 联合会的代理人,他们没有投票权;

6.1.10 联合会所在区的区管理执行委员会的主席("区主席")或区主席提名的区管理执行委员会的另一位成员,他有咨询权,但无投票权;

6.1.11 党的理事会为此任命的这种人,他有咨询权,没有投票权;

6.1.12 执行委员会增选的其他三人。

6.2 联合会主席任执行委员会主席,在他缺席期间,执行委员会由一名副主席主持。

---

① Ward 是英国最小的选举单位。——译者注

6.3 执行委员会可任命一名执行委员会秘书。

6.4 **执行委员会每年至少召开两次会议**。主席可全权决定或应执行委员会要求，增加会议次数。

6.5 执行委员会拥有以下权力和责任：

6.5.1 执行委员会有权（按照联合会年会或特别大会的决议）处理影响联合会及其全体成员的一切事务，对所有选片区和投票区支部以及专业委员会或团体行使管辖权；

6.5.2 执行委员会按下文第 6.8 款之规定，建立它认为适当的委员会，例如政治委员会、妇女委员会、地方政府委员会和保守党未来①。只要联合会有足够的成员愿意参与授权它建立的这类委员会的活动；

6.5.3 执行委员会每年选举两名联合会成员作为其在联合会所在区的区委员会的代表；

6.5.4 执行委员会要对党员缴费的收取做出规定；

6.5.5 在征求联合会官员选举提名的日期之前，执行委员会要决定：

6.5.5.1 司库职务和党员副主席一职是否由一人兼任；

6.5.5.2 在按第 5.1.4 款之规定选举其他官员的联合会，这些联合会官员的数量和职责。

6.6 联合会的资金

6.6.1 联合会的资金由执行委员会控制；

6.6.2 执行委员会至少要任命三名签字人，负责每次要求两个授权人签字的银行账户、银行汇票或支票或类似文件。

6.6.3 执行委员会有责任保证联合会会计程序完全满足 2000 年政党、选举及公投法和修改、补充或取代同一法令的立法、法规或措施的要求，遵守理事会的要求，使整个党能依据所说的法律履行其职责。

6.7 会议通知

6.7.1 **联合会主席应至少提前十四天将执行委员会每次会议的通知发**

---

① "保守党未来"（Conservative Future）是保守党青年组织的名称。——译者注

给每一位成员，通知内容应包含：

6.7.1.1　说明会议时间和地点；

6.7.1.2　提供一项议程和上次会议记录稿供执行委员会批准。

6.7.2　会议通知里没有明确说明的事项，只有在得到主席允许和三分之二有投票权的会议出席者认为此事紧迫、应当处理之后，方可考虑和处理。

6.7.3　在紧急情况下，联合会主席拥有绝对的权力提前很短的时间通知召开一次执行委员会，并只处理会议通知所说的事项。

6.8　联合会的委员会

6.8.1　执行委员会按照上文第6.5.（b）款之规定所建立的任何委员会都必须采用与选区联合会最佳实践指南一致的规章。

6.8.2　联合会任何委员会之会议记录都要在批准后立即送交联合会主席和代理人。

6.8.3　执行委员会可按照上文第6.5.（b）款之规定，在任何时候、出于任何理由决定解散联合会之任何委员会，条件是须将拟议的有关决议的事先通知列入会议议程。

7. 选片区或投票区支部

7.1　可在选区的选片或投票区建立联合会支部，支部由居住或与选区或投票区有联系的联合会全体成员组成。

7.2　执行委员会在考虑该选区特定情况的基础上，决定选区内支部的确切数量和边界。除非执行委员会授权，不得组建任何支部。

7.3　支部的职能是按照执行委员会的指示，支持和促进党的目标和价值，在选片区或投票区实现联合会的目标。

支部官员

7.4　每个支部由以下官员组成：

7.4.1　主席；

7.4.2　两名副主席，其中一名具体负责支部内政策理念和倡议的阐述和发展以及政治运动；另一名副主席具体负责支部内筹资和党员事务，同时也可以担任司库；

7.4.3 一名司库（在此职与副主席不是由一人兼任的支部）；

7.4.4 一名秘书。

7.5 支部官员根据此件后附的选片或投票区支部章程在支部年度大会上选举产生。

支部委员会

7.6 每个支部成立一个委员会（"支部委员会"），支部委员会由支部官员和支部决定的充分开展支部工作所必要的支部成员代表若干人组成。官员在支部年度大会上选举产生。

资金和财产

7.7 支部委员会有权筹集资金（并按照执行委员会的指示，包括不允许支部开设银行账户的指示），控制其资金，但这种资金属于联合会。除了手头现金或银行活期存款账户或存款账户中的现金，其他财产应按照下文第17.1款之规定，交给联合会委托人负责。

7.8 支部委员会每年向联合会中央基金缴费，数额由执行委员会和有关支部商定。

7.9 支部委员会要任命至少三名签字人，负责银行和其他账户的签字，其中有的账户要求两个人签署必要的文件。

7.10 所有支部账目要提交每个支部指定的一个人或几个人审计或认可，经过审计或认可的账目的真实副本要在支部年度大会后立即送交联合会司库，在这一职务与党员副主席职务由一个人兼任的联合会，要送交给党员副主席。

7.11 如果联合会主席或执行委员会要求，一个支部要按照要求提供与支部事务有关的信息，包括有关财务和成员的信息。

支部章程

7.12 联合会每个支部要按照此文后附的保守党选区联合会条例的形

式采用选片和投票区支部条例。这类条例（或至此所做的任何修改）要提交执行委员会批准。

解散支部的权力

7.13 执行委员会有权依据下文第 7.14 款之规定，解散任何支部，被解散的支部的全部财产属于联合会，未交给联合会委托人管理的资产要交给联合会官员。

7.14 在解散支部之前，要应用下列程序：

7.14.1 要将执行委员会提出解散该支部的会议至少提前二十八天书面通知支部成员，邀请该支部派出至少两名支部官员或代表出席这一会议，说明支部不应解散的理由。

7.14.2 如果在听取出席执行委员会所说会议的支部官员或代表的陈诉后，执行委员会决定该支部必须解散，须将决议书面通知支部成员，决议在决议通知发出十四天后生效。

7.14.3 在发出上文第 7.14.2 款所说之通知十四天后（视具体情况），如果有 6 名支部成员对执行委员会的决定不服，他们可以向联合会所在区之区管理执行委员会（如章程第四条所确定的）提出申诉。

7.14.4 向区管理执行委员会提出的任何申诉都要遵守区管理执行委员会绝对有权决定的程序。

7.14.5 向区管理执行委员会提出申诉的执行委员会成员或支部成员，如果对区管理执行委员会的决定不服，可以向理事会申诉，理事会要按委员会绝对有权决定的程序听取申诉。理事会对申诉的裁决（书面的）是最终的，对各方都有约束力，不受任何审查。

8. 代理人

8.1 执行委员会有权任命一名持证代理人，对执行委员会负责监督党组织在整个选区的工作。

8.2 代理人是执行委员会的成员，但没有投票权。

8.3 代理人支持联合会管理团队并与之一起工作。

8.4 代理人要收到出席所有委员会和联合会与支部其他会议的通知，并有权出席会议，但没有投票权。

8.5 关于1998年3月28日之前被联合会雇用的代理人：

8.5.1 联合会和代理人之间须有文字合同；

8.5.2 薪水以理事会的建议为基础，由代理人和官员商定；

8.5.3 联合会要以理事会随时提出的建议为基础，向代理人支付支出和补贴；

8.5.4 联合会要向代理人的退休基金交纳雇主缴费，条件是代理人也交纳适当的缴费。

8.6 至于1998年3月28日以后的受雇者，合同形式和条款由理事会决定。

8.7 联合会官员、代理人和理事会为此任命的党的专业职员，共同商定代理人管理发展纲要。

8.8 所有有关代理人的任命和结束雇佣的决定均由联合会官员和理事会为此任命的党的这类职员共同讨论。

8.9 执行委员会有权任命它认为合适的其他此类支薪职员。

9. 年度大会

9.1 联合会年度大会在联合会每个财政年度结束前的三个月内召开，会议目的如下：

9.1.1 接受和通过按上文第5.10.1款之规定准备的经过审计或认可的联合会账目；

9.1.2 接受和通过联合会官员按照上文第5.10.2款之规定准备的选区报告；

9.1.3 按照上文第5.4款选举官员；

9.1.4 按照这些章程的第4.1和4.3款选举荣誉职务；

9.1.5 任命有资格证明账目的审计员或此类其他人；

9.1.6 处理可能提交给它的此类其他事务。

9.2 年度大会要在会议召开至少二十七日之前通知联合会每个成员，

并要求在会议召开至少七个足日前对官员和其他空缺职位拿出提名和赞同意见；如果没有收到对特定职位或空缺的提名，会上对该职务或空缺的提名也有效。

10. 特别大会

10.1 联合会特别大会可以在以下情况下随时召开

10.1.1 联合会主席要求；或

10.1.2 根据不少于五十名联合会成员或占联合会上年全部成员（不论多少）百分之十的人签名并送交联合会执行委员会书记，要求他召开这样的会议的请愿书；

10.1.3 根据党的理事会的决议。

10.2 根据主席提出的召开特别大会的要求，或书记收到的这种请愿书，或理事会做出的决议，少则十四天、多则二十八天后召开特别大会。

10.3 召开特别大会的通知应送给联合会每个成员。会议事项应在召开会议的通知中说明，其他事项不得讨论。

10.4 如果官员认为或经过咨询，出现了要求召开大会的紧急情况，通知期限应当是他们认为在这种情况下适当的时间。

11. 大会

11.1 有关召开联合会年度大会或其他任何大会的通知应当按下列这个或那个规定发出；或者

11.1.1 书面通知联合会每个成员；或者

11.1.2 分别通知

11.1.2.1 执行委员会每个成员；和

11.1.2.2 联合会每个支部和委员会书记，并附上足够多的通知副本，供分发用；和

11.12.3 每个缴费的保守党俱乐部秘书，并在执行委员会认为适当的至少一份当地报纸上刊登广告。

11.2 如果某个成员没有收到适当或恰当的通知，这不能阻碍会议的

召开或使它所做出的任何决议无效。

11.3 联合会所在区之区主席（或区主席提名的区管理执行委员会的另一名成员）应收到召开联合会任何大会的通知，并以顾问身份出席会议，但没有投票权。

11.4 党的理事会为此指定的人应当收到联合会任何大会的通知，并以顾问身份出席会议，但没有投票权。

12. 法定人数

12.1 联合会所有大会的法定人数为不少于五十名联合会成员或百分之十的会员（无论多少会员）。

12.2 执行委员会及其各个委员会的法定人数为它们各自成员的五分之一，但在任何情况下，法定人数不得少于三人。

12.3 如果联合会大会法定人数不足，必须在法定人数不足之大会召开之日起少则七日、多则十四天内召开另一次大会。提交给法定人数不足之大会的提名可以作为法定人数足够之大会上选举的提名。

13. 会议选举

13.1 在联合会所有大会上，包括执行委员会及其各个委员会会议上，投票均采用举手表决的方式，除非：

13.1.1 在与官员有关的选举和重新通过现任下院议员的选举中，采用秘密投票；

13.1.2 在与其他任何事情有关的投票中，如果主席（他有权）指示或根据出席会议并有投票权之成员三分之一多数的要求，表决采用秘密投票。

13.2 除非其他方面另有专门规定，联合会之任何会议包括执行委员会及其各个委员会会议上的任何动议，均须多数表决方能通过。

13.3 主席（或会议主席）在赞成票和反对票相等的情况下，可以投第二票或决定性的一票。

14. 纠纷

14.1 执行委员会可以，而且联合会支部也可要求，把与联合会或它的支部有关的任何纠纷或分歧提交该联合会所在区之区管理执行委员会，让区管理执行委员会解决这类纠纷或分歧。执行委员会应在接到所说纠纷或分歧的通知五十六天内把此事提交给区管理执行委员会。

14.2 如果区管理执行委员会不能提出各方能够接受的纠纷和分歧解决办法，执行委员会可以，而且联合会支部也可以要求，将这种纠纷和分歧提交理事会，理事会可做出裁决或采取它认为适当的措施加以解决。理事会做出的任何书面裁决都是最终的，对纠纷或分歧各方都有约束力，不受任何审查。

15. 候选人的挑选

15.1 执行委员会可应要求建立候选人委员会，其成员为：

15.1.1 联合会主席；

15.1.2 执行委员会根据委员会候选人委员会（依照本章程附件六之规定建立）公布的指南所指定的联合会其他成员；

15.1.3 代理人，他担任候选人挑选委员会秘书，没有表决权；

15.1.4 理事会为此任命的人员，他应邀以顾问身份出席候选人委员会所有会议，但没有表决权。

15.2 下院议员候选人的挑选

15.2.1 一旦需要启动程序接受一个预备议会候选人，候选人挑选委员会要通过联合会主席或其他官员，与理事会候选人委员会协商，并尽可能切实地采用（依照本章程附件六所建立的）理事会候选人委员会所公布的程序。无论如何，须运用下列程序：

15.2.2 在没有现任下院议员的情况下，候选人挑选委员会至少要推荐三名候选人供执行委员会面试（"推荐名单"）。推荐名单不公布。

15.2.3 执行委员会在接到推荐名单后，要提名至少两名候选人供联合会大会考虑。

15.2.4 如果执行委员会通过秘密投票并经委员会批准，认为从以前的议会选举中重新挑选他们的候选人符合党的利益，执行委员会要提出唯一候选人供为此召开的联合会特别大会通过。

15.2.5　联合会主席要召开一次联合会大会，大会挑选预备下院议员候选人。

15.2.6　现任下院议员

15.2.6.1　一名下院议员如果希望再次被接受从而再次竞选下院议员，他要提交书面申请，或按照执行委员会的要求提交这种申请；

15.2.6.2　在正式通知发出并收到下院议员申请至少两周、至多两个月后，要向执行委员会提交重新接受为议会候选人的动议，如果他愿意，要邀请他出席会议并讲话。表决采用秘密投票，由现任下院议员同意的两个人计票，由联合会主席公布投票结果，但不公布得票数。

15.2.6.3　如果一名现任下院议员没有获得执行委员会同意重新接受他再次竞选，他有权要求进行一次联合会正式成员邮寄投票。投票由区运动主任主持，联合会主席和现任下院议员各指定一名监票人。内容包括：

（1）选票和与此事有关的相关说明；和

（2）现任下院议员的任何信息（记在一张 A4 纸上）送给与投票有关的联合会成员。

在取代上文第 15.2.6.3 款所包含的程序情况下，现任下院议员可（自己选择）把他的名字自动列入供大会考虑的最后名单（执行委员会提名的候选人除外）。

15.2.7　如果议会选区边界重新划分，则现任下院议员有权让可能将他原来的选区并入其中的任何选区挑选（尽管该选区的另一部分可能也有一个下院议员），或供公告出现空缺的其他任何选区挑选，而且挑选程序由理事会随时决定。

15.3　地方政府候选人的挑选

15.3.1　在挑选地方政府候选人的时候，执行委员会或者

15.3.1.1　保存一份潜在的地方政府候选人批准名单，向支部提供支部挑选的符合要求的名单；支部可在此基础上接受其中一名或多名候选人；或者

15.3.1.2　分派候选人到特定的选片或选区竞选；或者

15.3.1.3 让支部自己挑选候选人，但不能自己批准挑选结果。事后召开支部大会通过候选人。

15.3.2 如果选举区域的扩大超过单一一个支部的区域，有关支部要按照执行委员会的指示共同行动，执行上文所说的程序。

15.3.3 如果一个现任地方议员希望再次被接受，他要向执行委员会或支部委员会提出书面申请。此后，要按照上文第15.3.1款之规定，执行再次接受的程序。

15.3.4 与再次接受有关的决定要在考虑联合会和现任地方议员双方便利的适当时候做出。

15.3.5 在挑选重要的地方当局的候选人之前，应告知他们，如果当选，他们要加入保守党地方议员联合会并交纳年费。

16. 一个联合会的活动的暂停

下院大选或选区补选的时候，联合会及其支部的活动应当暂停至投票日之后。这一规定的执行不需要另行决议。

17. 受托人

17.1 除了手头现金和银行活期或存款账户里的钱，联合会及其支部所有可自由处置、租借和其他的财产，均要交给少则两位、多则三位受托人负责（他们是党员），他们在大会上被联合会任命为受托人。

17.2 暂时由受托人负责的联合会所有财产以及出售所得与收入，须绝对由受托人代联合会管理，受托人按理事会随时决定的方式执行受托行为，这种随时决定的形式构成本附件的强制性规定。

18. 解释

18.1 党章附件一在这些规定中有效。

18.2 执行委员会有权处理这些规则中没有规定的任何问题。

19. 规则的改动

19.1 联合会的强制性规定，在章程第42.2款中的含义内，即选区联合会这些规则中的黑体部分，必须与章程第92款之规定一致，不得修改或改动。

19.2 联合会大会有权按照上文第19.1款之规定，经表决通过决议，在不少于出席会议人数三分之二支持的情况下，对非强制性规定的内容做修改、补充或取消，条件是这种规章的变动与强制性规定并不矛盾。

19.3 有关拟议改动的书面通知须在会议召开至少十四天前送达联合会主席。按照上文第11.1款，有关拟议改动的通知须在会议召开七日前送达联合会成员。

20. 过渡性安排

20.1 尽管这些本条例第5.4款已有规定；而且在1999年3月27日前可在联合会一次大会上进行联合会官员第一次选举。

20.2 在1999年联合会年度大会第一次选举官员之前，联合会执行委员会可以任命两名联合会官员承担这些章程第5.2和5.3款所规定的政治副主席和党员副主席的职责。

附件 选区或投票区支部条例

名称

1. 支部的名称应为"×××保守党联合会×××支部"，下称"支部"。

职能

2. 支部的职责是实现联合会章程第2条所申明的目的（这些章程适用于选片或投票区），受联合会执行委员会的指导。

成员身份

3. 住在选片或投票区或与之有联系的任何人和×××选区联合会的成员，如果请求，他们可以成为支部的一员。

4. 选区联合会条例（会章）第3.3款之规定对出席支部会议并在大会上投票有效力。

5. 所有支部成员受支部大会通过的这些规定或随后的修改的约束。

6. 支部书记（或负责支部成员的支部官员），要保留并在联合会执行委员会要求时，向选区联合会执行委员会提供一份完整的最新的支部成员姓名和住址。

章程

7. 支部由联合会执行委员会授权组建，受联合会规定的约束。

8. 支部有权筹集资金（受执行委员会的指导，包括不许支部拥有银行账户的指示），管理筹集得到的资金，但这些资金属于联合会。除了手头现金或银行活期或存款账户里的钱，其他资产按联合会规章第17.1款之规定交给联合会委托人管理。

9. 支部每年要向联合会中央基金交钱，其数额由执行委员会和支部委员会商定。

10. 支部所有账目由支部指定的一人或数人审计或认可，正式审计或认可的账目之合格的真实副本要在支部年度大会结束后立即送交联合会司库，如果这一职务由党员副主席兼任，则送交联合会党员副主席。

11. 支部委员会要指定至少三名支部账户签字人，必要的文件需要其中任何两个人签名。

12. 如果执行委员会主席要求，支部要按照要求提供与支部事务有关的信息，包括与财务和成员有关的信息。

支部官员

13. 每个支部由下列官员组成：

13.1 一名主席；

13.2 两名副主席，其中一名专门负责支部内政策和倡议的阐述与发展和政治运动；另一名专门负责筹资和支部成员，他也可以担任司库。

13.3 一名司库（在这一职务不由副主席兼任的支部）；

13.4 一名秘书。

14. 支部官员在支部年度大会上按照下文第19条选举产生。

15. 任何官员不得连续三年担任同一职务，除非支部委员会根据它提出并经秘密投票同意的动议，邀请连续三年担任同一职务的官员再次竞选并在第四年，也即最后一年担任该职务。

16. 如果一个官员去世或辞职不再任职，支部委员会有权选举一名继任者，直到支部下个年度大会召开。

17. 支部官员是支部委员会所有小委员会的当然成员。

18. 支部委员会

18.1 支部委员会由支部官员和数个选举产生的成员组成。

18.2 支部主席任支部委员会主席。

18.3 会议、通知和事项

18.3.1 主席有权指示秘书随时召开支部委员会会议，会议书面通知必提前七日发出，书面通知说明需要处理的事项，秘书和司库在会上做报告。

18.3.2 在支部年度大会召开一个月前，须召开支部委员会特别会议，批准提交支部年度大会通过的年度报告和账目。

18.3.3 支部委员会有权任命小委员会，支部官员是这些小委员会的当然成员。

18.3.4 除非支部委员会另有决定，小委员会有权选举自己的主席。

18.4 会议缺席

任何支部委员会成员如果连续三次缺席支部委员会会议，将被视为已经失去其在支部委员会的职位，除非支部委员会另有决议。

18.5 法定人数

支部委员会及其小委员会的法定人数为它们各自成员的五分之一，但在任何情况下，都不得少于三人。

18.6 支部委员会有权增选不超过六名增补委员，小委员会的这种增选权由支部委员会确定。

18.7 增选

支部委员会有权增选不超过六名增补委员，小委员会的这种增选权由支部委员会确定。①

年度大会

19. 支部年度大会于每年3月结束之前召开，但至少比联合会年度大会提前十四天，会议的目的是：

19.1 接受和通过经过审计或认可的支部上个会计年度结束后（日期）的账目；

19.2 接受和通过支部委员会上个年度结束后（日期）的工作报告；

19.3 选举支部官员；

19.4 选举支部委员会；

19.5 任命审计员或有资格认可账目的其他此类人员；

19.6 选举进入联合会执行委员会的代表；

19.7 处理可能提交给它的其他此类事项。

20. 年度大会通知须在会议召开至少七日前发出。

特别大会

21. 支部特别大会可由支部主席随时召开；也可由二十名成员共同授权，在收到报告二十天内召开支部特别大会。

22. 会议事项须在召开会议通知中说明，通知至少在会议召开七日前发出。

大会通知

23. 选区联合会条例第11条之规定可在稍作适当修改后适用。

大会法定人数

24. 支部所有大会的法定人数为不少于［人数］。

大会表决

25. 所有大会表决可先采用举手表决，但主席有权决定采用票决，而且如果三分之一出席者要求，也可以采用票决。支部主席在赞成与反对票

---

① 第18.7款的文字与18.6款完全一样。——译者注

相同的时候，拥有第二票或决定性的一票。

支部活动的暂定

26. 当选区举行议会大选或补选时，支部活动将按选区联合会条例第16条之规定自动暂定。

地方政府候选人

27. 选区联合会条例第15.3款之规定对地方政府候选人的挑选有效力。

解释

28. 党章附件一对这些条例有效力。

29. 经执行委员会批准，支部委员会有权处理这些条例没有规定的任何问题。

条例的修改

30. 支部大会有权修改、补充或取消不是强制性规定的这些支部条例，但有关决议须至少得到出席会议者三分之二多数的支持并在会议上通过，而且对条例的这种修改不得与强制性规定相矛盾。对所说的条例的任何修改都要交执行委员会批准。

31. 有关拟议改动的书面通知须在会议召开至少十四天前书面送达联合会主席。拟议的改动须按照联合会条例第11条在会议召开至少七日前发给联合会成员。

附件八　苏格兰保守与统一党及威尔士保守党

苏格兰保守与统一党

1. 苏格兰党员受苏格兰保守与统一党（SCUP）党章之规定的约束。尽管本章程有其他规定，但在本章程内，苏格兰保守与统一党党员对党只拥有以下权利和义务：

1.1　按照本章程第3条和附件二之规定选举领袖；

1.2 按照本章程第 5 条和附件四之规定参加党的大会；

1.3 按照本章程第 10 条和附件四之规定，参加党的大会；

1.4 在苏格兰每个议会选举保持一个选区委员会；

1.5 按照本章程第 13 条和附件九之规定，担任党章团成员并参与活动。

2. 此外，在有关道德和廉正的问题上，道德和廉正委员会在担任下院议员，或欧洲议会议员，或已经被接受为下院候选人或欧洲议会候选人的苏格兰党员的行为方面，拥有第十二条所包含的同样权力和责任，受以下附加规定的约束：

2.1 道德和廉正委员会可调查苏格兰执行委员会提交它的任何问题；

2.2 苏格兰保守与统一党名誉书记或他所提名的人，将在调查下院议员或欧洲议会议员或已经被接受为下院议员候选人或欧洲议会候选人的苏格兰党员的行为的案件中担任道德和廉正委员会的成员。

2.3 道德和廉正委员会可以用书面的形式，向苏格兰执行委员会报告它的裁决，说明必要时要采取的行动。

2.4 此后，苏格兰保守与统一党要实施道德和廉正委员会已经决定采取的行动，这种行动是无限制的。

2.5 党章第 87 至 89 款之规定经适当修改适用于道德和廉正委员会根据这些规定所做的决定。

威尔士保守党

3. 在威尔士建立并保持威尔士保守党，该党设立一个理事会（"威尔士理事会"）管理，该理事会的组成为：

3.1 一名主席，即"威尔士保守党主席"；

3.2 两名副主席

3.2.1 其中一名副主席专门负责公国内政策理念和倡议的阐述和发展；和

3.2.2 另一名副主席专门负责公国内的资金筹集和党员事务（"党员副主席"）；

3.3 威尔士区主席；

3.4 威尔士议会保守党领袖；

3.5 威尔士地方政府委员会主席；

3.6 威尔士主任（这一职务没有投票权）。

4. 威尔士保守党主席和副主席由威尔士各区委员会成员提名和选举产生，不得连续担任同一职务三年以上。

5. 有关威尔士保守党内部管理和选举的规章，须提交理事会批准。此后，对所说规章的任何修改只有经理事会批准方可进行。这种规章须与本章程一致。

附件九　保守党党章之变动

1. 任何修改本章程的建议可通过以下方式提出：

1.1 保守党全国会议决议；

1.2 由不少于一万名党员签名的提交理事会主席的请愿书；

1.3 理事会决议；

1.4 1922年委员会执行委员会决议；

2. 理事会主席在收到决议或请愿书之后，要视具体情况，将拟就修改党章之动议进行投票一事书面通知章程团所有成员。通知要：

2.1 说明动议的条款；

2.2 说明表决票的交回日期、时间和地点，交回时间为通知投票之日起至少二十八天、至多五十六天。

3. 此后，章程团各机构或小组有义务召开其各机构或小组会议，将动议告知其成员并就修正的利弊进行辩论。

4. 邮寄投票由党章团全体成员进行。理事会主席提出投票的监票人，他要在计票工作完成后公布投票结果。

附件十 起始规定

成员身份

1. 任何属于保守与统一党联合会联盟或苏格兰保守与统一党联合会之保守党选区联合会的现任成员,在他是其中一员的选区联合会的会员身份终止之前,或1999年6月14日之前(取较早的时间),都被认为是保守党党员或苏格兰党党员(如果他有三个月的党龄或苏格兰党党龄,即拥有在会议上投票的同样权利)。

2. 从1998年6月15起,加入保守和统一党联合会全国联盟的现有保守党联合会是党的一员,条件是,在此日前或此日,它接受此处附件七所包含之保守党选区联合会条例为它的章程,经理事会批准,取代所有现行规章和章程。

3. 如果加入保守和统一党联合会全国联盟的任何选区联合会到1998年6月15日还不接受附件七所包含的条例作为它的条例,理事会此后可在该选区建立一个新的保守党选区联合会。

领袖

4. 党的领袖是威廉·黑格(Willianm Hague)议员阁下。

理事会

5. 领袖依据从1998年3月28日起生效的本章程第4条之规定任命理事会成员。

6. 从1998年3月28日起,全国保守党会议在理事会中的代表为:

6.1 司令勋章获得者,全国保守党会议主席罗宾·霍奇逊先生(Robin Hodgson CBE);

6.2 司令勋章获得者,保守党全国大会会长格雷厄姆·帕克先生(Graham Park CBE);

6.3 司令勋章获得者布赖恩·汉森先生(Brian Hanson CBE);

6.4 司令勋章获得者雷蒙德·蒙比奥特先生(Raymond Monbiot

CBE);

6.5 官佐勋章获得者琼·西赖夫人（Jean Searie OBE）。

7. 直到保守党地方议员联合会组成并被授予受到承认的组织的地位，有一名选举产生的主席之前，郡议员保尔·怀特（Paul White DL）将从1998年3月28日起担任理事会成员，并担任保守党地方议员联合会主席。

8. 理事会主席按本章程第4条之规定提名一名党的专业人员担任理事会委员，这一规定从1998年3月28日起生效。

9. 理事会的其他成员按本章程第4条之规定。

保守党政策论坛

10. 从1998年3月28日起，保守党政策论坛主任为迈克尔·西蒙斯（Michael Simmons）先生。

11. 地区政治副主席在保守党政策论坛委员会的三名代表由理事会和保守党政策论坛主席协商决定，并尽可能合理而切实地任职直到这些职务不晚于1999年5月31日第一次完全选举为止。

保守党全国会议

12. 本章程附件三第5、6条直到2001年全国会议选举后方能才生效。

区委员会

13. 区委员会第一次会议的日期、时间和地点，由组成各区之一部分的各选区联合会之多数主席商定，日期不得早于1999年7月1日，不晚得于1998年10月1日。

14. 该区之各选区联合会主席，以多数方式确定一名（不竞选区管理执行委员会的）区委员会成员担任第一届区管理执行委员会选举的选举监察官的身份。

地区协调员

15. 理事会决定地区协调员的身份，他们由理事会尽可能合理而切实地在1998年3月28日后任命，任职直到区管理执行委员会组成和地区协调员选举进行为止。

候选人

16. 候选人常务咨询委员会 1998 年 3 月 18 日批准的程序指南中的程序，只对参加 1998 年欧洲议会的英格兰和威尔士保守党候选人的挑选、排名和接受有效。

其他任命和决定

17. 除非起始规定中有专门规定，其他任命和决定按照本章程相关部分之规定在确定的时间表内进行，没有确定时间表的，要尽可能合理而切实地进行。

章程的修改

18. 理事会要尽可能合理而切实地在 1998 年 3 月 28 日后建立一个章程审查小委员会，其目的是检查对改革的介绍；监测本章程的效果。章程审查小委员会的组成由理事会决定。

19. 章程委员会向理事会提出它认为适当的建议。

20. 除非有专门规定，本章程第 13 条之规定直到 1999 年 12 月 31 日才生效。

21. 从 1998 年 3 月 28 日至 1999 年 10 月 31 日，本章程之修改适用以下规定：

21.1 按照下文第 21.2 款之规定，理事会经党的领袖批准，可以对本章程做出它认为适当的修改或改动并立即生效，条件是这种修改须在章程改动实施十二个月内得到章程团以简单多数投票的批准。

21.2 对第 2、4、12 条和附件之规定的修改或变动，只有经章程团（如本章程第 91 款所规定）投票成员之简单多数批准后才能生效。

21.3 附件九第 2 至 4 款之规定适用这些起始规定。

信息的提供

22. 选区联合会要在理事会要求的合理时间表内向理事会提供理事会合理要求的关于党员和其他选区问题的信息。

其他问题

23. 附件六第 3 条之规定直到 1998 年 6 月 15 日方能生效。

（张文成 译）

自由民主党党章（2012年）①

第一部分　联邦党党章

（经联邦大会修订，伯明翰，2011年9月）

序　言

自由民主党旨在建立并维护一个公平、自由、开放的社会，寻求实现该社会所认可的自由、平等和共享的基本价值观，该社会的全体成员均将免受贫穷和无知的奴役，自主自觉地遵循社会规则。自由民主党旨在为个体谋求自由、尊严和福祉，认可并尊重个体追求良知、彰显个性和全面发展的自由。自由民主党的建党目的在于分散社会权力，促进社会多样性，增进社会创新能力。自由民主党认为，国家的作用在于保障公民理想的实现，保障公民充分履行社会担当，参与与其生活息息相关的决议的制定。

我们期待建立一个全体人民能够共享相同的基本权利的社会。在这个社会中，人民可以和平共处，不同的文化可以自由发展。我们坚信每一代人都应为地球的命运负责，保证生态和环境的平衡，从而确保不同生命形式的持续性长久发展。遵循上述个体及社会公正的基本价值观，我们反对一切特权，反对一切基于种族、肤色、宗教、年龄、行为能力、性别或性取向的歧视，反对一切形式的特权和不平等。由于对自由和公正意愿的诉

---

① 原文参见http://www.libdems.org.uk/constitution。

求永远不会消逝，我们将尊重人权，推进政府的开放，促进人们真正所需的可持续经济的发展，提供最高质量的公共服务。我们将在认可全世界人们享有独立自主权利的前提条件下开展国际活动，并以负责任的态度管理和开发地球上的资源。我们坚信社会的运转与每个人息息相关。我们决心大力推行民主进程，确保建立一个公正的、代议制的政府，该政府有着高效力的议会机构，能够实现政务公开信息自由，它所做的决议在实践中能够得到最大限度的执行，它的所有选举均由公平的投票体制加以保障。我们永远维护人民的言论、创作、宗教信仰、结社和选举等诸多自由，保护公民生活和住宅的隐私权。我们坚信权力属于人民，民主权利的根源在于民众。因此，我们承认民众有权利决定能够最大限度满足自身需要的政府组织形式，我们致力于改进联邦民主的框架，在此框架内，英联邦国家和地区将得以最大限度地行使其权力。我们同样致力于促进地方政府民主体系的繁荣，通过该体系，地方政府的决议将得以执行，其提供的公共服务将尽可能的覆盖到最基层。

自由民主党将促进经济的繁荣和可持续发展，为财富的创造过程提供必要保障，发展并运用人民的聪明才智和技能，为全体人民谋利。在劳动成果的分配中，我们遵循公平公正的原则。

我们期待工商业领域能够以民主、参与和合作为原则，在激烈的竞争环境中，国家允许市场机制自由运作，但在必要的情况下，国家也会使用行政干预。我们将鼓励科学研究，提高创新能力，通过技术的进步改善人民的生活。

自由民主党将把合作与共享理念贯彻到社会生活的各个领域。我们承认个体的私有财产是其独立自主的保障，然而，仅仅依靠市场本身不能带来财富或收入的公平。我们支持尽可能最广泛地对财富进行分配，促使全体公民都有权利享受社会产品，参与精神文化活动。我们寻求社会公共服务能够惠及广大人民，提倡社会的多样性和创新精神，并使其在人民群众中能够平等地贯彻。

自由民主党所肩负的实现公正和自由解放的责任，并不仅仅局限于本国之内；哪里有贫穷和压迫，哪里就有我们的责任；哪里有饥饿和无知，哪里就有我们的义务；哪里有疾病和侵略，哪里就有我们的使命。如有必要，在不存在国家主权纠纷的前提下，我们将与其他国家协作，致力于建设一个平等和平的国际新秩序，为共享安定提供一个长久的体系保障。在欧盟范围内，我们肯定联邦制和一体化的价值原则，在这些原则的基础上我们为团结而努力。我们将为和平进程和削减武力而努力，致力于消除世界贫穷。在拥有相同或接近的宗旨和目标的前提下，我们将通过在国际组织中发挥充分的建设性作用来共同捍卫民主。自由和社会正义的保护与实现，既是国家的义务，又是每个公民的责任。自由民主党就是为实现上述目标而共同努力的人们的全体。

第一章 党的名称、宗旨和继承性

党的名称是自由民主党。此外，在威尔士语中，党的名称是"Democratiaid Rhyddfrydol"。"自由民主党"在本党章简称为"党"。

党的任务如下：

（1）作为自由党和社会民主党的继承者（前身党组织）；

（2）致力于实现本党章序言所述的各项目标；

（3）为实现上述目标，自由民主党应通过竞选获得英国国会议席，获得欧洲议会英国代表席位，以及获得地方和其他经选举产生的公共机构的代表席位。

第二章 关于党章的规定

第一条

本党是由苏格兰自由民主党、威尔士自由民主党（Democratiaid Rhyddfrydol Cymru）和英格兰自由民主党（即国家党，The State Parties）组成的联合政党。英格兰的"地区党"有权以"国家党"的资格准入（任何此类准入，需经出席大会的三分之二以上多数表决赞成方可通过）。基于联邦执行委员会提议，联邦大会可以决定在北爱尔兰成立和（或）认可一个国家党。在北爱尔兰尚未建立或准入国家党之前，党可以吸纳英联邦以外的个体党员和地方政党。

第二条

党的联邦机构，在本党章中统称"联邦党"。本党章及其所有条款的制定，旨在约束联邦党和国家党。除此之外，其他政党享有自主权且可以行使联邦党不具有的权力。

联邦党具有以下职能（依据本党章，国家党和其他政党有咨询权）：

（一）拥有党章第五章所详述的各个领域的政策制定权；

（二）制定党的全局战略；

（三）为英联邦议会选举和欧洲议会选举做全局准备；

（四）全面负责党的宣传、塑造党的形象，掌控党的媒体；

（五）处理国际关系。

联邦党应当在全英国范围内推进竞选，为竞选筹集资金，从事其他任何与竞选活动有关的活动。

本党章各项规定的实施，应以"男性和女性享有平等机会参与党的各种活动"为基本原则。

本宪章规定，每当由同一选区全体选民选举三人或更多人进入任何委员会或其他机构时，男女各自的比例都不得少于三分之一，当三分之一不是整数时，取不得超过三分之一的最接近的整数（"指定数"），不过要以提名结束时男女候选人的有效提名分别是指定数的两倍。此类选举将以男女混合名单并按照由联邦执行委员会不时制定生效的选举条例进行。

某选区依据本党章进行的选举，如需选举三人或三人以上作为党的委员会或其他机构的成员，则当选人中男性和女性人数应同时超过总当选者的三分之一（如果当选者的三分之一这个数字不是整数，则取小于三分之一的最近整数作为"定数"），截止提名结束前，男性与女性的有效提名候选人数目应分别不得少于定数的两倍。例如，如选举产生三名委员，则定数为一，最终的男性和女性当选者均不得少于一人且不得多于两人，男性和女性提名候选人数均不得少于两人；如选举产生十名委员，则男性和女性当选者均不得少于三人，不得多于七人，而男性和女性的提名候选人均不得少于六人。

在依据本党章进行委员会选举或进行任何其他选举时，选民达到或超过三人的同一选区，应保证不少于三分之一（如果三分之一不是整数，应取最接近且不超过三分之一的数据，即"指定数字"）。

第五条

党的任何机构不允许存在任何未经选举的代表。

第六条

任何作为党的代表出席党组机构选举的候选人必须是现役党员。

第七条

党章的修改必须满足以下条件：

（一）由联邦大会三分之二以上的多数代表提议并表决；

（二）经联邦大会审议通过的关于党章的修改，须由联邦党执行机构或任何获得授权的个人或机构，依据党章的第五和第六章提交议案或修正案；并至少提前六周向地方党组织通报。

（三）党章的修改，如果影响到联邦党或国家党的权力和职能，或直接与本小节相关，此类修改可由各个国家党按各自内部程序审议通过。

第三章 党　员

第一条

凡赞成党的基本价值观，认同党的目标，不存在年龄、民族、宗教、行为能力、性别或性取向歧视的，均可加入联邦党。

第二条

只有应经党的机构吸纳，方可成为党员。党员入党的途径有：

（1）由其生活、工作或学习所在地的地方政党批准吸纳（或者由当地其他的地方政党批准）；

（2）经指定的、能够代表青年和（或）学生的相关组织批准吸纳；

（3）根据其内部程序规定，由某一国家党发展党员（因此，海外党员其所在地若无地方党组织，可由联邦党执行委员会指派某一国家党作为联邦党的代理机构）；

申请者经过党的机构批准吸纳，交付党费和登记费后方可成为党员。然而，邦国党可以根据其内部程序，决定某位党员是否具有资格参与地方政党选举（包括议会选举和地方政府选举，但不包括联邦大会代表的任命）。需满足的资格可以包含：党龄（对党龄的要求不得超过十年）和（或）连续党龄（对连续党龄的要求不得超过十五个月）；应合理解读本党章关于党员选举权的相关规定。

第三条

除非联邦党另设相关机构负责党员的延期，各邦国党有责任根据其内部程序落实党员的延期。如果党员在截止期之后三个月仍未提交延期申请，党员身份将自动解除。

第四条

无论是与批准或拒绝批准任何人入党相关的其他一系列问题，与撤销和终止党籍相关的行为，还是地方政党吸纳新党员和为党员延期，均应以联邦党党章或各邦国党的党员规章为依据。下列情况除外：

（1）在大不列颠和北爱尔兰联合王国的范围内的任何地区，若某邦国党就没有相关问题做明确规定，则应遵循本党章第三章第五节和第七节的要求。

（2）在用尽邦国党提供的内部程序依然无法断定入党者的申请与党章第三章第一条的解读不符合的情况下，根据党章第十四章，申请人有上诉的权利。

（3）任何邦国党在批准撤销党员资格之后，均应将此决定通知给其他所有邦国党。

依据本党章所列条件，或依照相关邦国党的规定，党员应从属于：

1. 党员的注册党组织若为某地方政党，则该党员隶属于该地方政党；若党员的注册党组织不属于地方政党，则该党员应隶属于符合党章第三章第九节相关规定的地方政党；

2. 党员可以隶属于任何适当的邦国党或（和）地区政党；

3. 党员可以直接隶属于联邦党。

第五条

严禁党员同时加入两个或两个以上的地方政党。党员有权依据党章第三章第二条第一款的相关规定，在重新注册党籍时选择与先前不同的地方政党；党员也可在征得先前所在地方政党同意之后，在该地方政党已不符合党章第三章第二条第一款的情况下，依然作为该地方政党的党员。如果某位党员是现任英国议会或欧盟议会的议员，或将成为英国议会或欧盟议会的候选人，或在地方政府担任职务，该党员有权在重新注册党籍时选择在相应的地方政党注册。

第六条

如符合下列情况之一种或几种情况，入党申请可被注册党组织拒绝：

（1）经沟通证实，党组织认为申请者与党的基本价值观和党的目标有重大分歧；

（2）批准申请者入党，可能导致党的名誉受损；或者

（3）申请者已是英国其他政党的党员。

任何申请者在经相关邦国党的内部程序审定后，入党如被拒绝，有权依据本党章第十四章的相关规定，就与本党章的解读相关的任何问题提出申诉。

第七条

凡符合下列情况之一种或多种，地方政党（或承担注册党组织职能的特定附属机构）或邦国党有权开除自己的党员：

（1）经沟通证实，某党员与党的基本价值观和目标有着重大分歧；

(2) 经确认，某位已经或者可能对党的名誉造成损害；

(3) 在英国议会选举或欧洲议会选举中，与党的候选人对立；

(4) 在地方政府选举中，与党的候选人对立；

(5) 加入或支持英国的其他政党。

在未向党员告知其违纪行为，未给党员反馈申诉机会的情况下，不得开除党员。党员的行为，如符合本党章第三章第七条第三、第四、第五款，应立即自动暂停党员身份。在其他紧急情况下，具有开除党员权利的党组织可以在辩论是否开除党员的同时，暂时取消其党员资格。任何人被开除出党，需按照相关邦国党的内部程序严格执行，且有权依据本党章第十四章就任何与党章解读有关的问题提出申诉。

第八条

各邦国党应保管党员的名册。居住地在英国以外的党员，应由联邦党行政委员会指定的某一邦国党保存。任何人无权为谋取私利而保管党员的注册信息。联邦党有权直接使用注册党员的名册。任何有权接触到此类信息的党的机构，均应确保党员名册上的信息除了党组织使用之外，不得向任何人泄露。各级党组织应贯彻联邦党数据保护法案，遵循联邦党行政委员会的指示。

第九条

联邦党执行委员会应于每年秋季与所有国家党和学生事务处（Student Affairs Office，简称 SAD）协商并向联邦大会提议，由联邦大会决定下一年预算草案（包括学生事务处 SAOs 的预算草案）。该草案包括：

(1) 下一年度党费的最低利率；

(2) 各国家党和海外地方党应向联邦党上缴的党费收入比例；

(3) 经联邦党和各个邦国党协商通过的关于组织募捐资助活动的声明；

(4) 作为提案基础，关于战略与政治优先事项的声明。

经同一程序审定，可建议采用更高的党费利率。根据此条款，本党章允许某一邦国党按照自己的内部程序，设定比联邦党同意的更高的建议党费利率。

第十条

党员的邦国联合委员会应由各邦国党分别推选两位代表组成。该委员会旨在促进全英国范围内的党员的发展。

第四章 地方政党

第一条

全英国范围内均应尽可能设立地方政党。地方政党也可在北爱尔兰或英国以外的其他地方设立。根据党章第四章第二条，第三条第二款，第九、十、十一、十二条和第六章第二、三条规定，所有与地方政党的组成、运作、中止或解散的相关事宜，均应遵循各邦国党党章或根据党章所做的规定。如果国内某地区没有符合上述情况的相关规定，则应执行本党章第四章第二条至第八条的相关规定。

第二条

成员人数需达到三十人方能组建地方政党。

第三条

依据下文规定，英国的每个地方政党均应包含一个议会选区。两个或两个以上议会选区的党员可合并为同一地方政党，该联合地方政党根据本党章应视为单一地方政党，因此：

（一）下一届议会候选人的选择以及议会候选人的决定，应当满足：

1. 若某选区地方政党党员超过三十人，应当由党员选举；

2. 若某选区地方政党党员不足三十人，地方政党应明确指出是否该政党的所有党员均参与选举，或仅由与该选区相关的特定党员参与选举。

（二）联合组建的地方政党有权向上一级联邦大会提交：

1. 若按照达到或超过三十人即可作为独立选区而提名代表，该联合政党依据分区而应提交的代表候选人数；

2. 若作为单一选区提名代表，该地方政党有权提名的代表人数。

第四条

若某一地方政党包含两个或两个以上的选区，假设这些分区的党员人数均不少于三十人，则该政党可以分为两个新的地方政党。

第五条

英国地方政党的任务是继承本地区的前身政党，促进并支持其所在选区党员自身价值和目标的实现：

1. 为自由民主党参加英国议会选举和欧盟议会选举提供保障，为自由民主党参与各级地方政府的其他选举提供保障；
2. 接纳和发展新党员，鼓励老党员延长党籍；
3. 参与党的政策的规划制定；
4. 充分参与党的民主化进程；
5. 充分参与党的各个层面的竞选宣传；
6. 发动当地群众，为实现党章序言中所规定的党的目标而协同努力；
7. 不受团体或任何其他因素的影响，帮助当地所有群众，保障群众利益，保护群众免受压迫。

第六条

各地方政党均应有自己的章程，地方政党制定章程应遵循以下原则：

1. 党的目标应包含本党章第四章第五节的内容；
2. 应体现本党章第三章的规定；
3. 所有选举均应遵循本党章第八章第四条的相关规定；
4. 必须召开年度大会，下届大会应依照全体党员的要求，由执行委员会筹备；
5. 依据2000年政党、选举及全民公投法的要求，必须有适当的会计和财会记录，财会提议应以独立报告的形式提交至年度大会；
6. 须确保与2000年政党、选举及全民公投法相符。

第七条

地方政党的章程应与本党章和相关的邦国党党章相符，地方政党的章程如与上述两党章矛盾，应以本党章和地方党章为准。

第八条

若地方政党的党员人数连续六个月不足三十人，该地方政党将被暂停；只有在其党员人数达到三十人时，方可恢复其地方政党资格。某地方政党若因为此种情况被暂停，按照相关邦国党内定程序，在暂停期间地方政党不具备本党章赋予的各项权力。

第九条

如果地方政党的章程不符合2000年政党、选举及全民公投法，则该章程已经或有可能对地方政党甚至对联邦党的整体造成不利影响。邦国党有权按照其内部程序，暂停该地方政党行使权力的资格（英国之外的地方政党，应由联邦党行政委员会执行暂停决议）。地方政党在暂停权力期间，无权代表并参加联邦党大会。

第十条

英国以外的地方政党，其党章的制定和修改应由联邦党行政委员会提议。如果符合以下任一情况，地方政党章程的制定和修改提议可能被搁置：

（1）违反本党章第四章第六条的相关规定，或违背本党章的序言，或与本党章的任何规定相冲突；

（2）不具备可行性或存在缺陷，或者遗漏和删除对地方政党的运作来说不可或缺的规定。

第十一条

在暂停英国以外的地方政党资格之前，联邦党行政委员会应就其决定引起地方政党的重视，给予地方政党合适的时间来回应指控，并且（或者）采取必要行动加以纠正。依据本党章第四章第九条而被暂停资格的英国以外的地方政党，可依据第十四章就该决定进行申诉。

第十二条

若联邦执行委员会满意其采取的整改行动,英国以外的地方政党暂停资格的决议可以被搁置。地方政党在暂停资格期间,其权力和职能的发挥应依据并受联邦执行委员会指导。

第五章 政策的制定过程

第一条

在能够有效符合英联邦宪章文本的预期限度内,联邦党可以决定自己的政策。

第二条

除在具体领域各个邦国可以与联邦党磋商决定政策之外,联邦党应根据自身所认可的内部程序决定党在所有其他领域的政策。联邦党按此方式制定的政策,不会僭越各邦国党尚未磋商的政策——联邦党在各邦国党权力行使范围之外获得权力。一旦某邦国党通过磋商与联邦党就某一领域内的权力行使达成协议,则该邦国党在协议有效期内不能单边决定该领域的相关政策,直至协议被废除。

第三条

任何无权就具体问题制定政策的党组织,可以基于磋商的原则进行辩论并表达自身的意见。

第四条

联邦政策委员会(简称"FPC")根据自身决定或受联邦大会指示,可以承担联邦大会政策文书的委托、准备、公布、流通以及呈递工作,包括经党内协商表明可能遇到重大分歧时的选择工作。正常情况下,政策文件在成文前应当是提供了政策选择的咨询文件。

第五条

联邦政策委员会在政策的制定过程中,应当:

1. 考虑英国各邦国党、地区性政党，以及地方政党、附属组织和党员个人所提交的政策议案；附带根据党章第五章第五条第二款进行磋商的反馈意见；

2. 向联邦大会代表、邦国党、英国的地区党，以及地方政党、附属组织提供循环咨询文件，确保上述组织和个人广泛参与磋商。这种磋商应当遵循党章第五章第七条，包括对参考的反馈。

第六条

政策提案和修正案（包括紧急提案和修正案），应由联邦政策委员会、联邦大会成员、各邦国党，或英国各地区性政党、地方政党或某附属组织，遵循内部程序提交至联邦大会商讨（在符合既定原则的条件下）。随行动的修改而产生的政策文件也应以同样方式提交。

第七条

为确保某项政策提议得到全面的考虑，联邦政策委员会可以在联邦大会召开之前，就下次大会做任何相关的提议。在会议召开之前，联邦政策委员会应当依据本章规定宣传其理由，阐述其对相关意向的评价，做出适合大会辩论的修改。

第八条

根据上述程序，经联邦大会批准的所有联邦政策文件和意向都应成为联邦党的政策。

第九条

联邦政策委员会应当就根据上述程序以及第七章第一条的规定而产生党的政策准备报告（并随时修缮）。

第六章 联邦大会

第一条

联邦大会应当包括：

1. 地方政党代表（以及第十三章第八条所列的、代表年轻人和/或学生的特定附属组织）；

2. 第九章所阐述的议会政党；

3. 苏格兰议会成员，党内威尔士国民议会成员；

4. 第十二章所特指的官员；

5. 选举年年底之前保持联邦大会成员资格和候选人资格，未来英国议会和欧盟议会的候选人，除非其所在选区将重新更换候选人；

6. 党员身份的当选市长；

7. 党内在编的地区当选议会议员；

8. 党的重要议会组织的领导人。

第二条

地方政党的代表数目如下表所示，可根据第四章第三条第二款做适当的修改：

地方政党党员人数	代表人数
30—50	4
51—75	5
76—100	6
101—150	7
151—200	8
201—250	9
251—300	10
301—350	11
351—400	12
401—450	13

若党员人数超过四百五十人，则超出的部分每达到一百人（或部分）则增加一名代表。

第三条

1. 如遇以下情况，联邦大会代表应卸任：

（1）书面递交辞呈；

（2）中止党员身份；或者

（3）除非经地方政党考虑决定，如果中止地方政党的党员身份或未经请示不参加联邦大会的任何会议（只要可行），或没有正当理由而不参加会议；

2. 如果代表出现空缺（或者某地方政党在两次选举期间获得额外代表名额），新增代表应由地方政党执行委员会依据程序决定，并公布名单。

3. 如果某位代表表示将无法出席即将召开的联邦大会，地方政党执行委员会将考虑选举代替人。

4. 如果某地方政党获得三名或三名以上代表，按照提名的要求，其中至少应包括一名男性代表和一名女性代表。

第四条

该选举的目的：

1. 所有地方政党应明确通知提名候选人的截止时间。

2. 如果提名总数小于代表席位数，每位提名候选人均可确认当选；如果特定情况下无法按上述原则执行，则须进行新一轮提名。

第五条

联邦大会按《常规》应设置辩论环节，在辩论环节所有党员均可以发表言论，非大会代表可以参加联邦大会的其他环节。

第六条

正常情况下，联邦大会应每年召开两次，分别在初秋的某一星期和初春的某一周末进行；联邦党行政委员会、联邦党政策委员会、联邦大会或二百名与会代表均有权要求召开额外会议。在特殊情况下，联邦党行政委员会有权取消某次会议。

第七条

按照本党章规定，联邦大会是党的权力代表机构，有权在遵循党章第五章的前提下决定党的政策。

第八条

每届联邦大会均应有商务环节。在这一环节，下议院议会党、上院议会党、欧盟议会议会党、联邦党行政委员会、联邦党政策委员会以及联邦大会委员会均将做报告。秋季会议的商务环节应当包括党的年度大会，在此之前应额外提交党的年度报告和财务报告。联邦大会有权批准或拒绝这些报告，或者就此回馈建议。获得授权的联邦党行政委员会、联邦大会委员会或任何个人和机构，均有权负责将商务意向提交联邦大会。

第九条

联邦大会的既定规则允许召开联邦大会的地区，同时存在邦国党国会或邦国党大会。在联邦党的要求下，各邦国党国会或邦国党大会可以在联邦大会之前不久召开，或在联邦大会之后不久召开。邦国党国会或大会同联邦大会同等重要。

第十条

联邦大会须由联邦大会委员会组织，联邦大会委员会在财政和其他资源方面受联邦执行委员会管制。联邦大会的既定规则应有联邦大会委员会经联邦大会批准而制定。联邦大会委员的构成包括：

1. 主席；
2. 秘书长（或受提名者，按第九章第一条规定的议会党成员）；
3. 各邦国党按照其内部程序选举产生的一位代表（如果所选的代表无法参加联邦大会委员会的某次会议，邦国党可另行委派一名候补代表）；
4. 由联邦党行政委员会选举产生的两名代表；
5. 由联邦大会委员会选举产生的两名代表；
6. 联邦党总书记（不具有表决权）；
7. 联邦党的聘用职员代表，该代表由受聘职员选举产生，代表了联邦层面的英国某一个或全部两个议会党（不具有表决权）；
8. 由联邦大会选举产生的十二名代表（如有空缺，应依据选举条例填补）。

按上述第4、5、7、8款产生的代表应在偶数年通过选举产生，自选举日期担任为期两年的代表。联邦大会委员会可以按其需要设立增选代表，增选代表有权出席会议并发言，但不具有表决权，且代表期限不应超过两年（任何时间，增选代表的数目不应超过三人）。

联邦大会委员会在组织联邦大会、确定大会的最终日程时，应充分考虑邦国政策辩论和联邦政策辩论的平衡。尤其重要的是，联邦大会委员会应尽可能将涉及一个或多个邦国党，而非涉及所有邦国党或整个联邦党的辩论，在议程上置于联邦大会的开始之初或闭幕之前。

第十一条

联邦大会可就党的任何基本问题，如党的公正、价值观和目标，或党的基本利益，等等，进行全体表决。同时，联邦党行政委员会应就财务和管理问题对此类表决做出相关的陈述。考虑到威尔士自由民主党，此类投票表决应以英语和威尔士语双语形式进行。

第七章 联邦党政策委员会

第一条

联邦党应成立政策委员会（简称"FPC"）。政策委员会负责组织联邦大会，其任务是研究和制定党的政策，监管政策的制定过程，确保政策的制定符合党章第五章的规定。联邦党政策委员会同时有以下责任：

1. 向包括欧洲共同体的其他政党或团体在内的各党外机构发表党的观点；

2. 依据联邦党的各项既定政策，同各党外机构进行协商；

3. 审定批准联邦党的官方政策出版物；

4. 就专题问题制定临时政策，确保此类政策与联邦党的既定政策相符。联邦大会的第一次会议应集中审定由联邦党政策委员会提交的、汇总各项临时政策的报告。

5. 以落实和履行联邦党的原则、丰富和完善党的政策纲领为目的，为联邦大会已采纳的政策文件或意向制定出详细的政策。

在联邦大会秋季会议上，联邦党政策委员会应就其政策发展规划提交年度报告，并由联邦大会批准或修改。

第二条

联邦党政策委员会的构成如下：

1. 委员会领导；

2. 由议会党从下议院中选举产生的另一议会代表；

3. 分别代表英格兰、苏格兰和威尔士选区的，由下议院议会党选举产生的议会代表；

4. 议会党由议会上院中选举产生的议员代表；

5. 由欧盟议会选举产生的欧洲议会代表；

6. 主席；

7. 由党内担任地方政府国会议员的党员根据自身数量，选举产生的三位主要地方政府的国会成员；

8. 各邦国党按照内部程序推选的各一名代表（如果所选代表无法出席联邦党政策委员会的某次会议，邦国党可以指定一位候补代表）；

9. 根据本章第 1 款到第 8 款，由联邦大会选举或指定的一名额外代表（应按照选举规则产生），以防按本章的规则产生的议会成员代表，在提名截止前无法作为选举的候选人。

遵循本条第 2、3、4、5、7、9 款选举产生的代表，应在偶数年通过选举产生，在选举结束之日起履行两年的代表资格；根据本章第一到第三条，联邦党政策委员会主席应每两年由议会党在其担任政策委员会成员的下议院议员中选举产生。联邦党政策委员会如有需要可以设立增选代表，增选代表可以出席大会并发言但不具有表决权，其任期不得超过两年（任何时间增选代表人数不得超过三人）。

第三条

联邦党政策委员会的职责是筹备党的全国普选，与议会党下议院和欧洲议会议会党合作，筹备欧洲议会的普选。人们有权向联邦政策委员会提出咨询，（但在咨询有关郡级行政区党之后）一旦发生冲突，联邦政策委员会将有权忽略任何要纳入任何郡级行政区和统计区党的大选声明中的建议，除非此建议只涉及郡级行政区和统计区党所关心的单一问题。

第四条

联邦党政策委员会有权在任何时间设立政策制定小组（其成员不必是政策委员会成员），并应为其指定负责人，并在认为必要的时候与小组负责人和成员进行协商（类似党章第五章第五条第2款所述的进行协商的义务）。联邦党政策委员会有与其成立的特定小组进行协商的义务。

第八章　联邦执行委员会

第一条

联邦党应成立执行委员会。执行委员会的职责是领导联邦党，协调和执行党的各项工作。联邦党行政委员会的构成如下：

1. 具有表决权的委员会成员：

（1）主席，负责执行委员会的领导工作；

（2）多位副主席；

（3）领导机关；

（4）由议会下议院选举产生的两位议会代表；

（5）由议会上议院选举产生的一位上院代表；

（6）由欧洲议会选举产生的欧洲议会代表；

（7）由重要的地方政府国会议员推选的，两名来自于重要的地方政府的国会代表；

（8）各邦国党按其内部程序分别推选的一名代表（如果该代表无法参加联邦党行政委员会的某次会议，各邦国党可推选一名增选代表）；

（9）为防止提名截止日之前，某位国会议员因故无法依据本章参加代表选举，应由联邦大会依据上述的第1至第8项原则在规定投票人数之外，额外推举一名投票人（按照选举的规定补齐差额）。

2. 依据本党章第八章第一条第四、五、六、七、九款产生的执行委员会成员，应在偶数年通过选举产生，且自该选举结束之后的第一个1月1日起，行使为期两年的委员资格。

3. 不具有表决权的委员会成员：

（1）秘书长（或由党章第九章第一条所界定的，由议会党内部选举产生代理秘书长）；

（2）财政管理委员会主席以及符合党章第十二章第四、第五条规定的财务主管；

（3）联邦首席执行官以及一名由联邦党聘用且属于联邦党级别的全体雇员或由议会党内部全体成员选举产生的代表；

（4）联邦党政策委员会主席。

联邦党行政委员会应于奇数年的第一次会议上选举产生副主席。副主席的任期为两年，其职责是在主席外出或应主席要求，主持执行委员会的会议。联邦党行政委员会有权根据自己的需要增设候补委员，候补委员任期不得超过两年，有出席执委会会议并发言的权利，但没有表决权（任何时间候补委员数额不得超过三人）。

第二条

联邦党行政委员会有权在任何时间成立、指派和取消各级委员会以及下级委员会的成员资格，行政委员会应为上述决议负责并定期汇报。

特别指出的是，联邦党行政委员会应成立财政管理委员会（简称"FAC"），财政管理委员会成员的任期为两年，负责联邦党行政委员会的下列工作：

1. 规划和监督联邦党的预算和财政事宜；

2. 指导并管理联邦党成员的财务活动，包括联邦党总书记、部长以及其他成员；

3. 监督联邦党作为提供平等机会的雇主角色的履行，维护党的申诉及纪律处分程序；

4. 确保联邦党能够全面遵守 2000 年政党、选举及全民公投法的各项规定。

财政管理委员会的构成包括：

1. 财政管理委员会委员；

2. 财务主管；

3. 主席；

4. 由各邦国党按照内部程序选举产生的各一名代表（如果该代表无法参加财政管理委员会的某次会议，各邦国党可以指定一名增选代表）；

5. 联邦党总执行官；

6. 由联邦党全体雇员或由议会党全体成员选举产生的一名代表；

7. 联邦党行政委员会推选的五名代表（按照联邦党行政委员会《常规》，如代表出现缺额应填补）。

联邦党财政管理委员会有权根据自身需要指定候补成员，候补成员任期不得超过两年（任何时间，候补成员数不得超过三人），享有出席会议并发言的权利，但不具备表决权。为实现联邦党的基本目标，联邦党财政管理委员会有权借贷，并确保以此方式获取的、属于联邦党资产的借贷资金的安全。在任何情况下，财政管理委员会的借贷总额均不得超过由联邦党行政委员会决定并经联邦大会审议通过的借贷上限。

联邦党行政委员会也应注重党在建设公共宣传委员会、竞选和选举委员会、国际关系委员会等方面的需求。此类下级委员会的选举，应在奇数年联邦党行政委员会第一次会议上进行，有效期为两年。

第三条

联邦党行政委员会有权成立一个负责联邦党资产的获取、持有和处理的有限公司。在任何时间，该公司均受行政委员会的领导。联邦党行政委员会有权随时指派和免除该公司的领导小组。由于联邦党行政委员会不得任命任何个人担任任何公共机构或非兼容的党内机关的领导，该公司的领导小组包括财政管理委员会的当然委员，其任期为五年。该公司的领导组每年应向联邦大会递交年度工作报告（包括经审计的财务报表）。

第四条

经适当协商并由联邦大会批准，联邦行政委员会有权随时修改党员规则、附属组织的标准、特定附属组织的状态，有权定期审查此类组织的状态、选举和其他任何相关问题；有权在必要和可行的条件下影响并修改党章的规定，使党章符合2000年政党、选举及全民公投法。所有选举必须采用个人投票和无记名投票的方式进行。

第五条

联邦党应成立联合就业局（简称"JEC"）。联合就业局应成为管理者和工作人员提供辩论和谈判的论坛。联合就业局的代表应由同等数量的职工代表和管理代表构成；在任何时间，各方代表的数量应由联邦行政委员会根据党内加入联合就业局（并同意参加谈判论坛）的聘用公司数量决定。联邦党应加入联合就业局。应尊重员工加入（或不加入）某一适当工会的权利。

第六条

应联邦党政策委员会请求，或基于自身考虑，在已考虑财政管理的前提下，联邦党行政委员会可以组织全体党员就党的任何基本问题进行咨询投票，例如党的判断、党的价值观和目标存在争议，或党的根本利益受到了质疑，等等。

第九章　议会各派

第一条

下议院的议会党，包括接受联邦党纪律监督的全体参议院党员。下议院议会党的领导人应为按照党章第十章选举产生的联邦党的领导人。下议院议会党有权（在不违背本党章的前提下）按照自身认为合适的程序制定规章。需特别指出，此类议会党应规定并产生秘书长，如果认为合适也可选举产生副秘书长。

第二条

上议院的议会党,包括接受联邦党纪律监督的全体上议院党员。上议院议会党有权(在不违背本党章的前提下)按照自身认可的程序制定规章。应当规定上议院议会党的领导人,以及秘书长。

第三条

欧洲议会的议会党,包括由全英国各选区选举产生的欧洲议会成员,以及接受英国自由民主党纪律监督的全体党员。欧洲议会的议会党有权(在不违背本党章的前提下)按照自身认可的程序制定规章。

第十章 党的领导

第一条

联邦党的领导人应由全体党员遵循党章第八章第四条所述的选举规则选举产生。

第二条

满足下列情况之一,可倡议选举党的领导人:

1. 党的领导人提议选举;

2. 领导人去世,或无法胜任领导工作;

3. 领导人不再出任下议院议员(并非因下议院解散而暂时中止议员身份);

4. 联邦党主席收到领导人的辞职申请,或领导人声明为选举新领导人而辞职;

5. 经下议院全体议会党成员多数表决,不支持领导人继续担任领导;

6. 联邦党主席在符合法定人数参加的全体大会上,收到超过七十五个地方政党提交的更换领导人请求(所谓地方政党,包括特定的附属组织,或代表青年和/或学生的附属组织);或者是

7. 在上次大选结束后一周年之内,满足第1款至第6款任何一项却没有召开选举的特殊情况,可能包括:

(1) 经出席和参与投票的代表的三分之二以上多数表决，但因未能超过一年而有可能被联邦行政委员会推迟此类选举；

(2) 本款不适用于领导人担任政府职务的特殊情况。

第三条

经普选产生的领导人应担任职务直到去世，或因无法继续担任领导职务，或辞职，或依据本章规定组织的新一轮选举结束为止。

第四条

针对选举的倡议，联邦行政委员会应当公布提名的截止期，筹备选举经费，发放、回收和保存选票，并应指派一名公正的党员或党组机构来收票和唱票。

第五条

提名候选人必须是下议院议会党成员，候选人应由除本人之外下议院至少百分之十的成员提名产生，且至少获得不少于二十个地方政党的总共二百名党员的支持（这里包括党章第十三章第八条所规定的代表青年和学生的特定附属组织）；提名候选人必须表明愿意接受提名。

第十一章　议会代表

第一条

各邦国党应分别建立一个代表委员会，或者由其他机构执行代表委员会的部分或全部职能（符合党章第十一条的原则的此类机构均应视为邦国党代表委员会）。邦国党代表委员会的职能包括：

1. 批准未来的议会和欧洲议会选举的候选人名单；

2. 协调和规范选举程序，批准候选人；

3. 在审批和遴选过程中，确定并公布候选人的评估标准；尽可能确保候选人的遴选遵循统一的标准；

4. 为候选人提供培训；并且

5. 在任何时间均可为未来的议会和欧洲议会候选人制定遴选细则，并决定候选人。

第二条

应成立联合候选人委员会。该委员会由各邦国党候选人委员会分别选举一名代表构成，其负责人由秘书长担任，或按照第九章第一条的规定由议会党提名产生。联合代表委员会应协调并维护党章第十一章第一条的规定，承担相关职能，并至少每年召开一次全会。

第三条

在决定是否批准候选人申请时，各邦国党候选人委员会应做以下考虑：

1. 申请者表达了对党的基本价值观和目标的坚决拥护；

2. 申请者以前所从事党的工作，或在先前的党组织中的工作，均在该邦国范围内且基本与该邦国相关；

3. 有必要确保候选人名单的性别平衡和各年龄段的涵盖，且包含了不同社会和经济团体、民族团体的代表；

4. 对于其他相关情况的考虑。

第四条

相关邦国候选人委员会可以从候选人名单中取消任何申请者的名字，如果：

1. 委员会有理由相信该申请者：

（1）不再拥护党的基本价值观，或不再坚持党的目标；

（2）先前的行为（无论是个人行为，还是与党的工作相关的行为）与担任议会议员或欧洲议会议员的要求不相符；

（3）身体状况欠佳，如疾病或其他情况，无法参加竞选活动，或无法胜任议会议员或欧洲议会议员。

2. 其他由委员会所认定的，足以证明该人因与党的利益相违背而应从候选者名单上除名的理由。

第五条

威斯敏斯特候选人的选举规则应符合以下要求：

1. 应获得选举主任的批准；

2. 只有列在该邦国党合格候选人名单上的人方可参选；

3. 必须明确通知每个选区选举过程的开始；

4. 必须有初审并压缩申请人名单的过程；

5. 候选人名单的初审和压缩，需由地方政党的行政委员会执行，或由指定的下级委员会负责名单的缩减；

6. 除现任议会议员和前任代表拥有再次审议权之外，所有的入围名单必须包含明确的代表下限；

7. 必须有足够多的不同性别者申请作为候选人，若入围名单上有二至四人，则男性和女性必须至少各有一人，入围名单人数达到或超过五人，则必须至少各有两名男性和女性；同时必须重视少数民族的代表；

8. （根据选区的地理情况）地方政党应安排至少一次竞选演讲活动。所有入围名单上的申请人均应受邀演讲，并回答提问；

9. 根据党章第四章第三条第 1 款的相关规定，参与表决的选民（合格的选民）应为不迟于申请截止日之前的某一具体日期的地方政党的全体党员；

10. 在竞选演说大会开始之前（不得少于七日），每位合格选民都应收到：

（1）印有申请人姓名的入围名单，符合政府法规的申请人信息；

（2）有关竞选演讲大会的时间和地点的通知；

（3）通知合格选民，将在竞选演讲大会上向其发放选票；经合格选民提出申请，也可将选票寄送给他们，如果他们能在竞选演讲结束或结束之前返回。若某邦国党按照自身内部程序规定不采用本款的上述规则，可以在最后一次竞选演讲之前将选票寄送给合格选民；

11. 如果地方政党对某位候选人失去了信心，须由特定程序免除候选人资格。

第六条

如果未来议会的候选人选举结束，实际上出现了或可能会出现当选者的空缺，这样的选举应立即失效并被新一轮的选举所代替，应通过新一轮选举产生未来的候选人。

第七条

如遇现任议会议员表示有意愿参加下次普选，则：

1. 地方政党应组织召开全体大会，如果经不记名投票现任议会议员获得与会者多数表决通过，则该议会议员可通过选举；

2. 如果投票结果未获通过，该议员可要求地方政党的全体党员重新投票，假如获得党员多数的表决支持，则该议员可通过选举；

地方政党主席可以在普选前一个月之内，征求议会议员是否有意愿参加下次普选（但不应在某届议会的前两年之内询问，除非有特别大的提前选举的可能）。

第八条

如有必要加快选举，可对第十一章第五条的要求加以修改，其前提条件是在不久的将来要召开或者可能会召开一次普选或补选。

第九条

欧洲议会议员选举区的候选人名单的拟定，需要满足以下要求：

1. 须由选举主任的批准；

2. 只有邦国党合法候选人名单上所列的候选人，方能参与选举；

3. 各地区须明确通报选举的开始时间；

4. 必须包含缩短申请人名单的程序；

5. 应由地区/邦国（威尔士和苏格兰）内的欧洲地区行政机关指定的下级委员会负责名单削减，即所谓选举委员会；

6. 入围名单所列的候选者数目，必须多于选举数额；

7. 入围名单必须包含足够数量的不同性别的候选者，每份入围名单至少有三分之一的候选者为男性，且至少三分之一的候选者应为女性；必须充分考虑到少数民族的参选情况；

8. （根据各地区的不同地理情况）选举委员会应当至少安排一场竞选演讲会，并邀请入围名单上所列的每位候选者在竞选演讲会上发言并回答问题；

9. 该选举的选民（合格选民），应为参选申请递交截止日之前的某一具体日期里组成欧洲议会选区的地方政党的党员；

10. 入围名单上候选人的选举，应采取单转移投票方式，即由选举改革学会公布的"如何通过单转移投票进行选举"的最新版本。入围名单上候选人名字的出现顺序，由作为选举改革学会单转移投票规则的补充的选举规则决定。入围名单的设计和名单顺序，可以依据邦国党选举规定中的性别平衡要求来决定；

11. 按照规定，在名单公布之后允许取消对地区/邦国党失去信心的候选者的参选资格，也允许取消已撤回参选申请的候选者的参选资格。

第十二章　领导职务

第一条

联邦党主席是党最主要的公共代表，负责主持联邦党行政委员会。党主席由联邦党党员选举产生，任期为两年。党主席的任期从选举结束后的第一个1月1日起开始计算，除非去世、无执政能力、辞职或经选举产生新继承者，其任期不得中止。党主席只能连任一次。参选党主席一职，须由出席联邦大会的至少二十个地方政党（这里包括党章第十三章第八条所提及的代表青年和学生的特定附属组织）的至少二百名代表联合提名。党主席可以为联邦大会年度会议做报告，也可以为联邦大会的任何会议做报告。如果党主席出现临时空缺，联邦党行政委员会有权从副主席中选举产生代理主席，并决定在适当时间组织投票选举继任者。该继任者将担任党主席直至任期结束，如果党主席的剩余任期不足十二个月，继任者可以在担任完剩余任期之后，额外再担任为期两年的党主席。

第二条

各邦国党应根据其自身程序，指定其党内的某位领导人担任联邦党副主席。

第三条

负责联邦党全面预算和财政事务的财政管理委员会主席，应当贯彻并遵循2000年政党、选举及全民公投法。财政管理委员会主席由联邦党行政委员会选举产生，任期为两年。根据选举，财政管理委员会主席将成为（如果之前不是）联邦党行政委员会无表决权成员，并担任联邦党行政委员会所成立的所有的经费募集委员会的成员。

第四条

负责经费募集的财务主管，应由联邦党行政委员会在每个奇数年的第一次会议上选举产生，其任期为两年。财务主管经过选举将成为（如果之前不是）联邦党行政委员会的无表决权成员，成为联邦党财政管理委员会成员，以及由联邦党行政委员会建立的所有经费募集委员会的委员。

第五条

联邦党行政委员会应委任一名受薪的行政总裁。

第六条

根据2000年政党、选举及全民公投法，联邦党行政委员会应委任一名提名主任。

第十三章　附属组织

第一条

任何群体结成的组织，其共同的利益环节如果同时满足以下标准：

1. 其成员仅限于联邦党党员，或除联邦党党员之外全部是支持联邦党基本价值观和党的目标的无党派人士；

2. 其目标符合联邦党的基本价值观和目标；

3. 其内部程序符合本党章第四章第六条所述的党的基本民主原则；

按照党章第八章第四条所列标准，均可视为联邦党为附属组织（简称"AO"）。联邦级附属组织应由联邦党行政委员会认可；邦国级附属组织可由某邦国党按照其内部程序加以认可。

第二条

符合党章第十三章第一条所列条件的任何组织，如果其成员单纯由联邦党成员（青年和/或学生除外）构成且位于本党章附则所列名单之内，均可视为联邦党的指定附属组织。联邦级指定附属组织应由联邦行政委员会认可；邦国级附属组织应由某邦国党按照其内部程序加以认可。符合党章第八章第四条所有标准的其他组织，在经联邦党行政委员会提议并得到联邦大会三分之二以上多数表决通过后，也可获得指定附属组织的身份。得到批准之后，该指定附属组织应与本党章附则中所列的指定特定附属组织一样，遵循本党章的规定。这类后续增加的指定附属组织应补写入本党章。党章附则应于从2006年算起的第四个秋季联邦大会到期（尽管联邦行政委员会有权在三分之二多数表决通过之后，将期限每次推迟十二个月），必须由联邦行政委员会以提交修订案的方式，经联邦大会表决并更新。

第三条

附属组织享有本党章所规定的权利，指定附属组织同时享有附属组织和指定附属组织的权利。联邦行政委员会有权在任何时间依据本党章所订立的原则和实际情况，审查附属组织和指定附属组织的运作，并将审查结果上报于联邦大会。

第四条

如果某附属组织或指定附属组织违反了党章第十三章所列标准，或者违反了党章第八章第四条而建立，依据本党章，联邦党有权中止其权利的行使，或者（视情况）由相关邦国党依据内部程序中止其权利的行使。在本条款发生效力之前，提议中止或建议中止附属组织或指定附属组织的党的相关机构应向该附属组织或指定附属组织说明原因，引起其注意；应保证附属组织和指定附属组织有一段合理的时间来回答任何指控，并/或采取必要的整改措施。

第五条

联邦级附属组织或指定附属组织的中止，应由联邦党行政委员会执行并上报高一级的联邦大会；联邦大会通过三分之二多数表决，有权撤销该中止，或批准取消附属组织或指定附属组织的身份。

第六条

如果附属组织或指定附属组织采取行之有效的整改活动，执行中止的党组机构有权取消对该附属组织或指定附属组织的中止。

第七条

为充分行使本党章赋予附属组织的权利，代表青年和/或学生的附属组织具有和地方政党相同的权利。

第八条

下列情况中，附属组织的成员在本党章第六章第二条的情况下不能被视为党员，也不能行使本党章第六章和第十章所赋予的权利：

1. 如果某成员不是联邦党党员；

2. 涉及青年/学生组织时，凡年满二十六周岁且不是学生的成员；

3. 如果某成员先前由附属组织吸纳注册，经选举已在行使党章赋予的地方政党的权利；

4. 如果某成员已经在地方政党注册，且没有通过附属组织的选举而行使宪法赋予的权利；任何人不得作为两个或两个以上附属组织的成员而行使权利，任何人不得同时作为附属组织和地方政党的成员行使权利。

第九条

联邦党对于附属组织的认可，以及本党章对指定附属组织赋予的权力，均不得损害上述组织的独立自主。

第十四章　冲突的解决

第一条

应成立一个联邦申诉委员会，申诉委员会由十八名委员构成，其选举遵循：

1. 其中九人经联邦行政委员会选举产生并由联邦大会批准（其中至少三人为男性，三人为女性）。这九名委员应逐一接受联邦大会批准通过。如果联邦大会拒绝批准某人成为申诉委员会委员，则在未来至少十八个月之内不得重新推举该人担任申诉委员会委员；

2. 各邦国党根据其内部程序，分别选举产生三名委员（共计九名）。

联邦申诉委员会主席，应由委员会从其成员内部选举产生，并由联邦行政委员会批准。即将从申诉委员会卸任的委员，也将失去当选联邦申诉委员会主席的资格；但重新被委任为申诉委员会委员，则有资格重新被选举为委员会主席。

第二条

委员的任期为五年，且有资格被再次委任为委员，只要其在申诉委员会的任职期总共不超过十年即可。议会议员、欧洲议会议员、未来议会的候选人（如果秘书长由联邦任命）、联邦党行政委员会成员或联邦党政策委员会成员，均无资格担任申诉委员会委员（如想成为申诉委员会委员，则应立即辞去原有职务）。由于健康或其他合理理由，申诉委员会委员若无法继续担任自己的委员职务，可以由先前的委派机关中止委派。申诉委员会若出现空缺，则应由先前委派委员的机构按照缺额加以补足。

第三条

申诉委员会的裁决范围包括：

1. 任何关于本党章诠释的争议；

2. 任何党员、联邦党组织、由联邦党认可的附属组织或指定附属组织，对于本党章赋予自身权利受到侵害的声明；

3. 联邦党和邦国党之间，除政策裁判权之外的任何争议；

4. 本党章和据本党章制定的明确表达的任何问题；

5. 由某邦国党的某一党组织所提起的，与本党章有关的争议申诉，在用尽该邦国党全部已有申诉程序之后，依然无法裁决的申诉；

6. 由邦国申诉委员会提起的必须由联邦委员会做出裁决的申诉。

第四条

听取并裁定某一案例的委员，应由委员会主席指定。若有需要，委员会主席应与申请人进行磋商。应遵循以下规定：

1. 邦国党与联邦党之间的争议，须由联邦申诉委员会主席、三名邦国申诉委员会委员（除主席之外，需要相关邦国的申诉委员在场，少则每邦国一人，多则三个邦国共三人），以及三名联邦申诉委员会委员共同听证；

2. 其他案件至少应有三名委员出席听证（如果听证委员少于三名，申诉者有权拒绝申诉审议，直到至少有三名委员出席听证），其中至少一名委员来自申诉人所在邦国，至少一名委员是联邦申诉委员会委员；

3. 条件允许的情况下，听取申诉的委员，应至少包括一名男性和一名女性；

4. 条件允许的情况下，在听取与合法候选人的构成名单相关的申诉时，申诉委员会应委派一名前任议会候选人参与听证；

5. 在任何情况下，如果争议与某邦国党有关，听证委员中不能包括该邦国党行政委员会的任何成员；

6. 参加听取第一次申诉的委员会成员，不得参加后续申诉的听取工作。

第五条

联邦申诉委员会应当判定是否有权依据党章第十四章，对某一争议或问题进行裁决。

第六条

联邦申诉委员会应当决定并公布自己的判定程序（在不抵触本党章，

且得到联邦大会批准的前提下)。每年在党的秋季大会上,委员会都应公布一份年度报告。报告应包含委员会自身的申诉审议程序,自上次公报发表之后其他判决的摘要,以及委员会认为应当进行汇报的所有其他问题。

第七条

联邦申诉委员会的所有判决,均为最终判决且对所有相关方均具有约束力。

附则①:指定附属组织

符合党章第十三章的指定附属组织包括:

1. 代理机构和主办协会;
2. 自由民主党议员协会(简称"ALDC");
3. 自由民主党工程师和科学家协会(简称"ALDES");
4. 自由青年团;
5. 议会候选人协会(简称"PCA");
6. 女性自由民主党(简称"WLD")。

联邦大会议事规则②

术语表

事务议案:

以特定方式处理党的事务的提议,或是就已经处理过的党的事务表达观点的提议。

事务修正案

修改事务议案的提议。此类提议均应具有明确性,均应在先前议案涉及的范围之内且不得全盘否定先前议案。

---

① 本附则由 2011 年 9 月伯明翰召开的联邦大会通过,有效期至 2015 年。
② 于 2010 年 9 月修改。

委员会

根据本议事规则除非另有所指，所谓委员会，特指联邦大会委员会。

党章修订案

关于修改党章的提议。

党章修订案的再修订案

对于党章修订案的再修订。党章修订案的再修订案不得增添新内容。

磋商会

磋商会是就某选定范围内的政策或战略做尽可能全面和深入辩论的会议。

当日参观员

当日观察员是指已经支付了合适的当日参观费用的人。当日观察员无权在联邦大会的全面辩论环节发言或表决。

当选代表

当选代表是指地方政党或附属组织选举产生的，代表地方政党或附属组织的人。本术语不包括在大会的某次会议上经委派而代替某当选代表的增选代表。不包括大会某次会议上未经注册的当选代表。

紧急议案

紧急议案是指提案环节结束之后出现的，就某一具体问题的最新发展而提出的议案。紧急议案必须是简短议案。

紧急修正案

紧急修正案是对紧急议案的修正，即就修正案提交截止日之后出现的、对于涉及某一具体问题的议案的修改。

全程会议

执行全部会议议程环节的大会。全程会议应包括辩论、专题问题辩论或事务辩论，并产生正式报告。

无表决权党员

无表决权党员,是指已经交纳过适当的注册费用,但由于没有被选举为代表,因而在大会上没有表决权的党员。然而,与表决权党员相同,无表决权党员有权提交任何形式的发言卡。

规则的指正

因某次辩论未能正确遵循既定规则,因而就此问题反映给辩论的主持人。

政策议案

采纳新政策或重申现有政策的提议。政策议案包括随同政策公文的议案。

政策的修改

关于修改政策的提议。此类提议均应具有极大的重要性,且不能超越先前议案的涉及范围,不能全盘否定先前的政策。

政策文件

根据联邦党党章第五章第四条,由联邦党政策委员会提供的,上报于联邦大会辩论的正式文件。

程序性议案

关于改变某次辩论的具体程序的提议。程序性议案包括:

探讨下一问题;

建议大会应当中止对某一问题的辩论,根据会议议程立即转入下一问题的辩论。

回顾参考

指定党内的某一机构对某一相关议案或修正案进行深入辩论。

请求唱票

要求主席对某次投票进行选票计数和结果记录,而不是由主席根据投票主观评估结果。

单独投票

要求某次辩论的主席将议案或修正案的一部分或各部分，分开进行表决。

中止《常规》

由于明确的目的，建议中止使用《常规》。

特别大会

根据联邦党党章第六章第六条，经联邦党行政委员会、联邦政策委员会、联邦大会自身，或由二百名以上的联邦大会代表请求而召开的联邦大会的额外会议。

《常规》的修订

关于修改上述既定规则的提议。

《常规》修正案的再修正

对于《常规》修订案的修订。该修订不得增添新的内容。

专题问题辩论

无须投票表决的，关于政策方面有重要意义的专题辩论。

有表决权的党员

有权在大会上进行表决的党员。本术语包括大会某次会议上的指定候补代表。不包括未交纳注册费用的大会代表，也不包括不作为大会代表的当日参观员或观察员。

联邦大会《常规》

第一章 联邦大会议程

第一条 议程的内容

除特别大会之外，联邦大会的每次会议均应包括：

1. 一个或多个辩论环节；以防联邦大会委员会决定在春季大会上不设

辩论环节。

2. 一个或多个事务辩论环节，下议院议会党、上议院议会党、欧洲议会议会党、联邦行政委员会、联邦财政管理委员会、联邦政策委员会和联邦大会委员会以及联邦大会委员会认为适合的党的机构，均可在事务辩论环节中考虑党的账务、审议大会年度报告、处理事务议案、考虑党章的修正案和《常规》的修订案。

3. 政策议案环节（包括与议案相关的政策文件）。

4. 紧急议案。

5. 专题辩论。

6. 联邦大会委员会认为合适的任何其他问题。

如果联邦大会决定不取消上述议程的某一项，则由联邦大会委员会决定每项议题的辩论时间，以及议程中各个辩论的辩论顺序。

第二条　邦国党大会与理事会

另外，应由各邦国党决定在联邦大会召开之前或之后，召开邦国党大会或理事会。

第三条　提交议案的权利

1. 具有提交报告资格的组织或机构，仅限于本则第一章第一条第 2 款所列的组织。

2. 事务议案（包括修正案、紧急事务议案及修正案）、党章修正案和修正案再修订案、《常规》修正案和《常规》修正案再修订案，可由联邦行政委员会、联邦政策委员会、各邦国党、英格兰的地区性政党、地方党、指定附属组织或十名联邦大会代表提交。事务议案、《常规》修订案及其再修订案也可以由联邦大会委员会提交。

3. 与政策文件相关的提案只能由联邦党政策委员会提交。

4. 政策议案（包括修正案、紧急政策议案和修正案）可以由联邦党政策委员会、各邦国党、英格兰的地区性政党、地方政党、指定附属组织以及十名以上的联邦大会代表提交。

5. 关于专题辩论的议案，可由任何具有表决权的代表提交。

第四条　议案和修正案的提交方式

所有议案和修正案均应提交至联邦大会委员会。议案和修正案应清晰打印，并注明同意上述文本的起草和修改的授权人的姓名、地址以及电话号码。由大会代表联名提交的议案必须附带所有提交人的签名、姓名和地址。

第五条　必须提交提案、修正案、报告和报告问询的截止期

联邦大会委员会应当指定：

1. 政策议案（包括与政策文件相关的议案）、事务议案、党章修正案以及《常规》修正案的提交截止日期，该截止日期应至少在大会召开日八个星期之前。

2. 会议议程所列议案的修正案的提案截止日期，该日期应至少在大会召开日两个星期之前。

3. 本则第一章第一条第 2 款所列的党的机构报告的提交截止期，提交报告的目的是使之随大会议程同时发放。任何在截止日之后提交的报告，只能在联邦大会委员会允许的前提下于联邦大会上提交。

4. 大会议程所列报告相关问询的提交截止日，应为大会召开日的至少两天之前；如果相关问询涉及下议院议会政党、上议院议会政党及欧洲议会所提交的报告，则提交的截止期限为辩论环节对该报告进行商讨之前的至少一小时。

5. 虽然应遵循第一章第五条的要求，但是如果在第五条规定的截止期之后，出现了与会议议程中的任何报告所引发出的问题相关的问询，此类问询依然可以提交。提交的截止期限为辩论环节对该报告进行商讨之前的至少一小时。

6. 与专题辩论相关的提议的截止日，为大会召开日的至少两天之前。

第六条　截止日的通知

联邦大会《常规》第一章第五条中所列的全部日期，均应通知给所有有权提交议案的个人或机构。可以将党报中对上述日期的刊发，视为通报。

第七条 特殊情况下的推迟截止期

在特殊情况下，联邦大会委员会可以指定比上述规定日期更晚的截止日。特别是在委员会认为，在紧急议案和报告问询的提交截止日之后又有了特别重大发展的情况下，委员会可以规定一个合适的时间，以供提交额外的紧急议案，或是代表党的陈述报告，或者是关于报告的额外问询。

第二章 咨询会

第一条 咨询会的主题

咨询会辩论的主题，应由联邦大会委员会根据政策委员会和联邦党行政委员会（在适当条件下）的建议加以选择，并在大会议程中公布。咨询会可以召开两次或两次以上。

第二条 咨询会上的发言

所有党员均可在咨询会上受邀发言，在主席批准的情况下，具有相关专业知识的非党员也可受邀发言。

第三条 咨询会上的表决

在主席的领导下，对已经辩论过的问题，可采用举手表决的形式，征询所有与会者的意见倾向。

第三章 议　程

第一条 议案的入围

应由联邦大会委员会安排大会议程，并决定议程应包含哪些已经提交的议案。委员会可以采用抽签选择的方式为某一个或某些议案安排时间。应保留未选中的议案的副本以供查阅，在支付复印费和邮费的前提下，该议案的副本可提供给任何与会代表查阅。

第二条 关于修改党章或《常规》的议案

根据《常规》第四章第三条的细则，所有关于修改党章或《常规》的议案，必须选作大会的辩论议案，或者由联邦大会代表用抽签的方式决定其辩论的先后顺序。

第三条 平衡邦国政策辩论和联邦政策辩论

在拟定大会议程时，联邦大会委员会应高度重视邦国政策和联邦政策辩论的平衡。在制定议程时如有可能应特别注意，与某一或两个邦国党有关，但不与所有邦国党或联邦党有关的全部议题的辩论，在议程上应置于大会的开始阶段或结束之前。

第四章 议案和修正案的选择

第一条 整合或改变议案

联邦大会委员会在拟定议程时，应力求通过已提交的议案和修正案体现出党的各种不同意见。委员会可：

（一）将某一议案或修正案的一部分视为单独一项议案或修正案。

（二）为某一议案或修正案润色，以提高其表述水平和准确性，或体现其发展的一面。

（三）整合相似议案或修正案。

第二条 修正案的选择

应由联邦大会委员会负责决定已提交议案的修正案的挑选。未经委员会认可，任何修正案不得入选大会议程；超出议案范围，或表达了与议案完全相反意见的修正案，均不得纳入大会议程。

第三条 关于修改党章和《常规》的议案

联邦大会委员会可以拒绝采纳某一关于修改党章和《常规》的议案，如果在委员会看来，该议案：

（一）在效果上，该议案与之前已经选择纳入大会同一会议进行辩论的某一议案议题相似。

（二）在效果上，该议案与联邦大会前两次会议中任意一次会议上否决的议案议题类似。

（三）针对关于党章的修改，该修改不具备对党章修改的完成性，其修改部分与未修改的部分相抵触。

（四）针对关于《常规》的修改，该修改不具有对《常规》修改的完成性，其修改部分与未修改部分相抵触。

（五）言语含糊隐晦。

第四条　紧急议案

联邦大会委员会可基于以下考虑，否决某紧急议案：

（一）该紧急议案在效果上与其他已纳入辩论或表决的议案相似。

（二）该紧急议案在效果上与专题辩论的主题相似。

（三）在委员会看来，该紧急议案的主旨和意图不清晰，议案的拟定潦草，不适合进行辩论。

（四）议案超出了紧急议案的范围。

对于依据本《常规》而选择的议案，不可做任何修改。

第五条　紧急议案的选票

除根据《常规》第四章第四条否决的紧急议案之外，所有紧急议案均必须列入大会议程或由大会进行表决。委员会应划定紧急政策性议案的范围，组织单独表决；划定紧急事务议案的范围，并组织辩论。如果需要组织一项或多项表决，委员会如有可能应向出席大会的所有代表发放所有表决议案的文本，并制定表决的截止期。在表决唱票之后，委员会应决定哪些议案应当在合适的时间加以辩论。

第六条　紧急修正案

联邦大会委员会应全权酌情决定是否进行紧急修正案的辩论。

第七条　专题辩论

专题辩论的主题，应由联邦大会委员会的负责人咨询联邦政策委员会负责人之后决定。在决定主题时，委员会负责人应高度重视主题的重要性和专题性，应考虑该主题是否能引发热烈的辩论。

第五章　特别会议

第一条　特别会议的时间安排

在收到联邦大会举办特别会议的要求之后，联邦大会委员会应当尽可能为特别会议安排时间并拟定日程，如果条件允许，应指定修正案的提交截止日期。除非委员会可以为紧急议案和其认定的正式且没有争议的事务安排会议时间，紧急会议只能处理该会议通知中涉及的有关事宜。

第二条　特别会议的首选时间

在为特别会议设定议案和修正案的提交截止日、通知特别会议日程以及在大会召开期间，联邦大会委员会应力求遵守与本《常规》其他部分的时间规定，但如果条件不允许，委员会可以根据需要，特别设定时间。

第六章　申　诉

第一条　被否决议案的申诉

联邦大会委员会在否决某项议案或修正案时，应向提案人提供书面理由。提案人可在下次会议上向委员会提出书面申诉。申诉人在申诉中应当写明其个人认为的、议案的否决原因中不合理的地方。如果申诉获得通过，其议案或修正案根据会议议程的进展阶段，应当视为紧急议案或修正案。

第二条　对开除大会的申诉

根据大会裁判长的决定，从大会中开除的任何人均有权在下次会议上向联邦大会委员会申诉。申诉期间，开除该人的决定依然有效。如果被开除者属于有表决权的大会代表，大会委员会应立即联系其所在的地方政党或指定附属组织，邀请上述机构指定一位候补者出席大会的剩余阶段。

第七章 主　持

第一条　大会的主持人

联邦党主席如果出席联邦大会，应自然作为大会开幕式和闭幕式的主持人；党的领导人在主席台发表正式演讲的时候，联邦党主席也应自然作为主持人。在大会的其他环节中，会议主持应由联邦大会委员会指定。正常情况下，任何人只能担任某次会议的某个环节的主持人。

第二条　主持人助理

联邦大会委员会可以为每个环节的主持人指定一名或多名助理。

第八章　组织辩论

第一条　辩论顺序的更改

联邦大会委员会可以向大会提议更改大会日程上的辩论顺序。这类更改须经表决通过，如果得到投票者半数以上的支持，则更改生效。

第二条　撤回议案和修正案

未经大会许可，议案、修正案或者议案、修正案的一部分一旦被联邦大会委员会纳入会议日程，则不得撤回。

第三条　辩论的顺序

由联邦大会委员会决定本辩论的顺序。一般来说，在委员会决定的顺序下，先是提出议案，然后立即提出修正案和备选案。接下来是辩论环节。修正案和备选案的提出者（或代理人）有权按照同样的顺序答辩（除非某项修正案或备选案在辩论中没有遇到反对，该辩论环节的主持人有权不批准该修正案或备选案的提出者行使答辩权），然后，议案的提出者（或代理人）有权进行答辩。随后应按照提出顺序对修正案和备选案的进行表决，最后就独立议案进行表决。委员会有权就任何提案或修正案的一部分或一组提案或修正案作为单独辩论的主题。

第四条　专题辩论

由联邦大会委员会决定本辩论的顺序。通常情况下，主题的倡议者应首先发言，联邦党政策委员会的代表应最后发言。

第五条　谁具有发言权

在大会的所有环节中，只有具有表决权党员或无表决权的党员可以发言。如果满足下列情况，其他人也可以发言：

（一）在政策辩论环节，代表联邦党政策委员会出席辩论委员。

（二）在就《常规》和会议程序等内容进行的辩论中，代表联邦大会委员会出席辩论的委员。

（三）作为联邦行政委员会代表，出席有关联邦党政务辩论的委员。

（四）获得大会委员会允许，由本环节主持人邀请发言的。此类许可，只能在非常条件下实行。

此外，联邦大会委员会可以邀请任何人作为嘉宾出席大会。

第六条　联邦委员会的特殊权利

如果联邦党政策委员会没有提案，或对将要辩论的、有关党的政策制定程序的提案或修正案表示不倡议辩论，政策委员会有权在大会召开之前提名某人对这一问题表态。在事务议案或关于修改党章的议案方面，联邦行政委员会也有类似的权利。而联邦大会委员会在与大会进行程序有关的议案和对于《常规》修改的议案方面，同样具有类似的权利。当此类议案的提出者代表进行答辩时，上述组织所指定的人员也可受邀进行相同长度的发言。

第七条　选择发言者

期望在辩论中发言的表决权党员和无表决权党员，均应在其想要发言的辩论开始之前，提交发言卡。发言者应在发言卡上陈述自己是支持还是反对修正案、议案或者部分议案。发言者的人选，由会议的主持人选择。主持人应当注意平衡大会的不同观点，使得辩论势均力敌，但如遇党员压倒性地站在某一边的情况，主持人也可以宣布不采用此规则。在辩论开始之后，主持人对于接收到的发言卡有酌情裁量权。

第八条 发言的长度

联邦大会委员会应在会议议程上注明发言的时间长度上限。

第九章 大会表决

第一条 表决方式

每次会议均应向投票人发放投票卡（联邦大会委员会可以以抽签方式就任何问题进行表决）。按此规则，大会所有环节的所有表决，均应采用投票卡的方式进行。

第二条 唱票

通过投票进行的表决，须进行唱票：

（一）如果委员会决定唱票。

（二）如果主持人决定唱票。

（三）依据《常规》第十一章第五条，作为程序性议案的结果。

只有在主持人认为第一次唱票不准确的情况下，方可进行重新唱票。

第三条 单独投票

单独投票，适用于对某议案或修正案的一部分进行的表决：

（一）联邦大会委员会指示应单独投票；

（二）主持人指示应单独投票；

（三）依据《常规》第十一章第四条，作为程序性议案的结果。

第十章 投票顺序

第一条 投票顺序的确定

任何投票人均可为即将举行的投票提议投票顺序，除非某投票在没有投票顺序的情况下依然不影响投票。主持人所决定的投票顺序，将是最终的投票顺序。

第十一章　程序性议案

第一条　下一议题

（一）在联邦大会的全部环节中，具有投票权的党员可以用书面方式提交请求，要求大会进入下一议题的辩论，并给出理由。其提交的文字不得超过七十五字。

（二）主持人可以在接受请求之后立即采纳建议，也可以在当前演讲结束之后加以采纳。如果主持人同时收到多个请求，主持人应决定采纳何者。为尊重议案或报告，不得采纳多于一个的程序性议案请求。

（三）在执行请求之前，主持人应当选读其理由陈述，并向大会征询是否愿意考虑该请求并转入下一议题。如果大会经简单多数表决通过该提议，请求人可以进行发言。主持人也可以允许其他人发言。依据本《常规》，每位发言者的发言时长不得超过两分钟。如果经大会表决不辩论此提议，则提议被否决。

（四）提议应当获得表决者三分之二的多数支持方可通过。如果提议获得通过，当前议程应不经辩论或表决立即撤销。在主持人的指导下，应随即进入辩论大会议程上的下一个议题，或者立即休会，直至确定下一个议程。

第二条　参考回顾（由某一代表提出）

（一）未在辩论中发言的具有表决权的党员，可以在主持人要求第一位发言者准备发言之前，以书面形式提交请求回顾议案。该请求应写明议案相关人和陈述的理由，包括为什么对议案投反对票不会导致相似的结果，字数不应超过七十五字。

（二）主持人可以采纳该请求，并根据考虑所需对先前辩论的任何阶段加以回顾。如果收到多个请求，主持人应决定采纳其中的一个。任一提案只能采纳一个请求。

（三）在请求被采纳之前，主持人应当选读该请求的原因陈述，征询大会是否愿意考虑该请求。如果获得大会的简单多数表决通过，申请人可以发言，而议案的提出者（或代理人）可予以回应。主持人可允许其他人发言。依据本《常规》，所有发言者的发言时长不得超过两分钟。如果大会通过表决不同意进行该参考回顾，则该请求被否决。

（四）参考回顾须获得投票者的简单多数支持方可通过。一经通过，应立即结束当前的议题，无须进一步辩论或表决。在主持人的指导下，应立即转入下一议题的辩论，或者休会直至确定下一议题。

（五）如果实质性议案涉及联邦党行政委员会、联邦党政策委员会或联邦大会委员会，那么上述机构应在大会的下一次会议的报告中，陈述其在大会中已采取的行动。

第三条　参考回顾（由联邦党政策委员会提出）

（一）联邦党政策委员会可以在某议案辩论开始之前的任何时候，以书面形式请求将该议案交付大会的下一次会议辩论。主持人应当在辩论之前宣读本请求。

（二）主持人可以采纳本请求，并在认为合适的情况下对先前辩论的任何阶段加以回顾。联邦党政策委员会可提名一人进行发言，而实质性议题的提出者（或他们的提名者）可以进行答辩。主持人有权决定是否允许其他人发言。

（三）该参考回顾须获得投票者的简单多数支持方可通过。一旦通过，无须进一步辩论或表决，当前辩论的议题应立即中止。在主持人的指导下，大会或者进入下一议题的辩论，或立即休会直至确定下一议题。

（四）参考回顾如获通过，联邦党政策委员会应在大会下一次会议之前，发布其按照本条内容进行参考回顾的原因，以及委员会对辩论所涉及的议案和修正案的评价。

第四条　分开投票

大会具有表决权的党员，可以在大会第一环节开始之后的某项辩论的前一天，用书面形式要求主持人对议案的某一部分进行分开投票。如果某辩论的时间定于大会的第一天,则该请求应以书面形式遵循紧急议案的截止时间提交。联邦大会委员会可全权决定是否采用分开投票。在特殊情况下,辩论的主持人可以根据情况决定是否接受超过截止期限的分开投票请求。

第五条　唱票

任何具有投票资格的党员均可请求唱票,该请求如果得到五十名以上党员的支持即可通过。

第六条　《常规》的暂停使用

(一) 在大会全程内,享有表决权的党员可以提议暂停使用《常规》。提议者应以书面形式陈述该提议的目的,并提交给主持人,提议的字数不得超过七十五字。主持人在收到提议后,可以立即接受该提议,或在当前演讲结束后接受提议。

(二) 未经提议不得暂停使用党章的任何要求,也不得暂停使用本《常规》的下列相关规定:

1. 提交议案和修正案的权利和时间表。

2. 咨询环节。

3. 下一议题的程序性议案,或《常规》的暂停使用。

(三) 当针对提案未被采纳而存在上诉权,且已行使上诉权时,任何被暂缓自动委托推荐一份提案或修正案进入议事日程的提案都不予考虑。

(三) 未经暂停使用本《常规》,不得对大会议程进行任何议案或修正案,除非议案和修正案在遵循时间表的条件下已提交至联邦大会委员会,并且存在反对非选举的申诉权存在时,该权利已被行使。

(四) 主持人应宣读该申请关于暂停《常规》的陈述,如果《常规》原则允许,主持人征询大会是否愿意就该申请进行讨论。如果大会决定不讨论该申请,则请求被否决。如果经大会出席者多数表决通过,决定听取该请求,则申请人可以发言,大会委员会的一位代表可以进行答辩。主持人有权决定其他人是否可以发言。所有关于暂停使用《常规》的演讲均不得超过两分钟。

（五）只有获得参加投票的大会成员的三分之二以上多数支持的情况下，暂停使用《常规》的议案方能通过。如果采用程序性议案，则《常规》依然发挥全部效力，除非程序性议案本身也表达了暂停使用《常规》的意图。

第七条　投票过程中不得使用程序性议案

投票过程中，不得使用程序性议案。

第十二章　报　告

第一条　应当提交哪些报告

联邦大会的议事环节必须包含对《常规》第一章第一节第二款中所列组织提交报告的讨论。

第二条　问题的提交和选择

根据本《常规》第一章第五条第四、五款所规定的截止日期，享有表决权的党员可以就向大会提交的任何报告进行问询。联邦大会委员会应在报告环节之前公布根据本《常规》第一章第五条第四款提交的所有关于报告的有效问询，如果条件允许，应将接近的问询加以整合。

第三条　问询是否有效

问询可能属于无效问询，如果问询的内容超出了报告提交机构的义务和责任。如果某一问询可以由向大会提交报告的其他机构解答，联邦大会委员会可将这一问询转交该机构。

第四条　问询和补充问询的提出与解答

报告提交之后，报告的提交人或其代理人应当就问询进行解答。某一问询得到解答之后，提出问询的享有表决权的党员，将获得补充问询的机会，其发言最多不超过两分钟；报告提交者或其代理人有机会进行回应。主持人可决定报告提交者提交报告和回应问询的时间。主持人也可以决定应公布多少问询，应根据《常规》第一章第五条第五款征收多少问询。在大会结束后，联邦大会委员会应公布所有符合《常规》第一章第五条第四、第五款的有效问询的答复，以及所有补充问询的答复。

第五条　联邦党委员会或下级委员会报告的通过与否决

联邦党委员会以及下级委员会提交的所有报告，必须经联邦大会通过，且必须进行相关表决。享有表决权的党员，可以对任何报告的整体或一部分提出否决意见。具有表决权的党员如果要对某份报告提出否决，必须在报告进行讨论之前提交一份发言卡，注明是对报告的哪一（或哪些）部分持否决意见。所有对于报告的否决提议必须在问询环节的结尾部分进行辩论（此外，大会主席应慎重处理针对报告同一部分的否决提议）。申请的提出者首先发言，报告的提交者（或者其代理人）应予以回应。主持人可以允许其他人发言，并决定每个发言者的发言时间。

第六条　其他机构报告的接收

除联邦党委员会及其下级委员会之外的机构所提交的所有报告，应向大会提交并接收，且必须得到相应的表决。享有表决权的党员可以在开始审议该报告之前，通过提交发言卡来提议拒绝接收某份报告。在问询环节的结尾，必须对拒绝接收报告的提议进行辩论（此外，主持人应慎重选择拒绝接收同一份报告的提议）。提议者应首先发言，随后报告的提交者（或代理人）应当进行回应。主持人有权允许其他人发言，有权决定所有发言者的发言时间。

第十三章　关于《常规》的修改

第一条　《常规》的修改

依据《常规》而提交和筛选的关于修改《常规》的议案，只有在获得大会代表三分之二以上多数的表决支持下方可通过。经修订，《常规》依然对所有会议有效。

第十四章　联邦大会委员会主席和副主席

第一条　主席和副主席

委员会新一轮选举之后的第一次会议应选举产生委员会主席,委员会主席必须是由联邦大会选举产生的委员会委员之一;且必须选举产生至少一名副主席,副主席必须是委员会委员,该委员资格可以直接由联邦大会选举产生,也可以由某一邦国党选举产生。

委员会选举规章①

第一章

联邦党申诉委员会主席应当担任选举主任。如有必要,联邦党申诉委员会的规则可以规定程序取代主席的此项职责。申诉委员会总裁为代理选举主任。代理选举副主任由纪律和维护宪章部门的负责人担任。如果需要,其他代理选举副主任可以通过委派产生。

第二章

联邦行政委员会应根据这些规则,为每年的汇总提名、发放和回收选票、每次选举的唱票拟定时间表。选举主任应为希望采用电子投票方式的选民制定规则,查看候选人的电子选举地址。选举主任可以用电子方式与选民进行沟通。

第三章

提交提名,可以通过:

(一) 所有的地方政党;

(二) 所有的地区政党;

(三) 所有的邦国党;

(四) 所有的指定附属组织;

---

① 于2011年修改。适用于中期上议院选举的独立规章。

（五）任何两名具有有效党籍的联邦大会代表。

且必须经候选人书面同意。国会代表的选举请参见第十五章第二条。

第四章

（一）每位候选人均有权在为每次选举寄回选票时，如果他或她是那次选举的候选人，可附带候选人的竞选演说，竞选演说应单面打印在 A5 纸上，打印和相关费用均由联邦党支付。在指定日期之前通过指定地址，候选人必须将选举讲演以高分辨率的 PDF 格式或纯文本 Word 文档格式邮寄给代理选举主任。

（二）选举主任可以允许投票人阅读候选人的电子版选举演讲，以及/或者通过邮件阅读。

（三）每位候选人有责任向代理选举主任提供各种满足其要求的材料，提供能够证明自己在个人选举演讲中所声称的得到某一个体或某个组织认可的相关材料。此类材料必须与候选人的个人选举演说有关。

（四）候选人及其支持者不能在选举期间借助电子邮件、电子小组、网络讨论会或互联网等方式提高自己的影响力。

（五）候选人在选举期间不能采取任何可能被视为交易的行为。

第五章

选举主任可以允许投票人用电子方式投票。

第六章

联邦大会代表的姓名和地址是保密的，不得因选举而泄露。

第七章

（一）联邦党的所有出版物，包括大会公报，均不得刊登支持或反对某位代表的广告。

（二）候选人不得利用《自由民主报》刻意提高自己的参选资格，但是可以利用其他报刊。

第八章

任何代表某位候选者的、出版或发行的材料均不得具名或暗示诋毁其他任何候选者的名誉，在个人拉票过程中，任何候选人不得诽谤其他候选人。

第九章

选举主任有权在选举结果宣布之前取消任何违反了本规则第四章或第八章的候选人参选资格，或在选举结果宣布之后推翻该选举。但在未经有关候选人做出申诉并对其进行考虑之前，选举主任不得行使上述权力。

第十章

所有有争议的选举均应采用无记名投票和单转移选举方式。唱票方式应遵循选举改革学会最新版的《如何通过单转移选举方式选举》的原则。如果按照上述规则，没有选出达到指定比例的男性或女性，选举主任在认为必要的情况下可以重新唱票，并宣布只选举低于性别代表名额的某一性别代表，而不选举超过性别代表名额的另一性别代表，以达到性别比例的平衡。

第十一章

如出现选举空缺，应通过重新唱票而填补空缺，因为对任何候选人的偏好都可能导致选举出现空缺。如果必要，应采用规则第十章的原则进行新一轮唱票，以确保先前所有当选的候选人依然当选，同时有达到指定比例的男性或女性当选。

第十二章

任何党员在知悉任何涉嫌侵权的行为之后不超过二十一天以内，均可以书面形式对侵犯选举的行为进行书面投诉。书面投诉应寄给代理选举主任，并详细列数侵权行为。随后，选举主任应在与代理选举主任充分协商后决定证据是否有效，并且是否应支持该投诉。但在没有授予相关候选人解释权之前，不能使用上述权力。

第十三章

对于选举主任决定的申诉必须在决定生效之日起十四天以内，交予联邦党申诉委员会。为使得申诉符合本规则，联邦党申诉委员会主席不应作为申诉委员会一员，其他委员应指派委员中的一人担任代理主席。

第十四章

如果起诉先于选举结果的宣布，选举主任有权推迟宣布选举结果，直至起诉判定；如在选举结果宣布之前，有对于选举主任的申诉，选举主任也应在申诉判定之后宣布选举结果。

第十五章

（一）本规章也适用于两年一次的联邦党执行委员会选举、联邦大会委员会选举、联邦党政策委员会选举、国际关系委员会选举，以及欧洲自由民主改革党（ELDR）的选举。

（二）本规章也可适用于联邦党行政委员会主要议会代表的选举，用于联邦党政策委员会选举（除了第三部分之外）：

候选人可以由任意两名具有有效党籍的议会议员提名，必须由候选人书面同意。

领导的选举规则①

第一章

联邦党申诉委员会主席担任选举主任。联邦党总裁担任代理选举主任。

第二章

具有选举资格的选民，应当是在提名截止日之前的现役自由民主党党员，包括截止日之前入党未满三个月的党员。

第三章

在候选人签署数据保密声明之后，党员的注册信息包括党员的姓名、地址、电话号码，将以电子版的形式发放给候选人。

---

① 于2009年9月修改。

第四章

选举周期不得短于八个星期,不得超过十三个星期。必须包括至少十五天的提名期,在提名期内,代理选举主任应在联邦党行政委员会确定时间表之后,为竞选提供官方表格。提名截止日与选票发放日,应至少相隔二十一天,选票回收期至少也应有二十一天。

第五章

(一)代理选举主任应统筹安排正式党员在各邦国和各地区的竞选演讲活动,统筹平衡媒体报道宣传活动的竞争性要求,承担议会工作和其他职责。

(二)经代理选举主任批准,联邦党的官方交流渠道只能用于促进竞选演讲活动。应由主办方负责组织并支付竞选演讲活动费用,但代理选举主任应通过党的网站、电子邮件交流以及《自由民主报》等,为官方的竞选活动提供支持。

第六章

在获得必要的提名之后,每位候选人可以委托一个中介组织为其竞选活动服务。未能委托中介组织的候选人将自行担任代理人。

第七章

议会政党的提名奖不包括候选人本人,任何议会党党员只能在一份提名文件上签名。如果某份提名出现了在先前选举候选人提名中已经签名的议会议员,则该提名将被否决。

第八章

联邦党雇员应在候选人申报开始之日起,保持严格的中立。建议各邦国党、指定附属组织和其他相关机构的雇员也应保持中立态度。

第九章

党在联邦、邦国、地区和地方的各级领导,应尽可能地为所有候选者提供平等的机会,确保公正。

第十章

严禁候选人，或候选人的支持者提供食物、饮料或娱乐，以及其他形式的交易活动。

第十一章

联邦党行政委员会在设定选举时间表之后，应当为每一个担任领导的候选人设置选举消费限额，限额不包括交通或生活开支。任何候选人或其中介机构，在宣传竞选期间，其宣传材料的生产和其他费用的开销，均不得超过这一消费限额。所有数额超过二百英镑以上的捐款，必须符合 2000 年政党、选举及全民公投法第七条的规定。

第十二章

（一）代表候选人的所有纸质版或电子版的公共出版物必须印有候选人或其中介组织的标志，包括完整的邮件地址。任何由候选人或代表候选人发送的电子邮件也应包含由选举监察官提供的标准语言格式，指明信息接收者如何可以选择不接收未来的信息。

（二）每位候选人有责任向代理选举主任提供各种满足其要求的材料，提供能够证明自己在个人选举演讲中所声称的得到某一个体或某个组织认可的相关材料。此类材料必须与候选人的个人选举演说有关。

（三）如果有三位以上的候选人，每位候选人均有权在邮寄选票时附带一份个人竞选演说，其长度为 A4 纸两面或 A5 纸 2 页，印刷和费用均由联邦党承担。竞选演说的影像必须在通知日期之前按通知的地址寄给代理选举主任。

（四）选举主任可以允许投票人通过电子方式查阅候选人的选举演说，或以邮寄的方式查阅。

（五）只要满足第十二章第二款的最低费用限制，个人竞选演说的出版可以采用选举主任所规定的任何形式。

（六）选举主任可以采用电子交流方式为选举提供方便，可以同选举的候选人发送电子邮件进行交流。

第二部分　主要政党内部规章制度

第十三章

根据第十、十一、十二章，任何以纸质或电子形式出版或发行的宣传材料，均不得点名诋毁或暗示其他候选人的名誉，在个人拉选票期间，任何候选人不得诋毁其他候选人。

第十四章

选举主任可以允许投票人按照意愿采用电子方式投票。

第十五章

党的所有纸质或电子出版物应当尽可能为所有候选人提供同等的报道，应尽量平衡公正。

第十六章

选举遵循无记名投票和单转移投票方式。唱票过程应遵循选举改革学会最新版《如何通过单转移投票进行选举》的基本原则。取决于会场的容量，唱票过程可以由候选人、候选人的中介机构或任何个人代表审议，并对全体党员公开。

第十七章

选举主任有权在选举结果公布之前取消某候选人的资格，或者选举结果公布之后取消其选举，如果该候选人：

（一）在竞选过程中使联邦党的名誉蒙受损害，或选举主任有清楚的证据（例如破产或者财政危机）确信此类事件在不久的将来会发生；或者

（二）被发现违反了第三、十、十一、十三或十七章的相关规定。

第十八章

所有党员可以在知悉选举侵权行为的二十一日之内的任何时间以书面形式正式申诉。书面申诉应寄给代理选举主任，并指明侵权行为的细节。随后，选举主任应在与代理主任充分商讨之后做出决定，判定是否有明确证据支持此申诉。

第十九章

对于选举主任决定的申诉必须在决定生效之日起十四天以内，交予联

邦党申诉委员会。为使得申诉符合本规则，联邦党申诉委员会主席不应作为申诉委员会一员，其他委员应指派委员中的一人担任代理主席。

第二十章

在领导选举结束不超过六个月的时间内，本规则应由联邦党行政委员会复审。

主席选举办法①

第一章

联邦上诉委员会主席将担任选举主任。首席执行官将担任代理选举主任。

第二章

参与选举的人都应当是那些在接近提名日期时候拥有自由民主党成员资格的人，包括那些在提名日期之前三个月以内提供捐助的人。

第三章

无论是本地的还是全国的党员登记员都是保密的，为了选举的目的，他们不会被公开。

第四章

选举日程不能短于七个星期也不能超过十二个星期。这包括用于召集被提名者所需要的最短时间十五天以及在提名结束后到选票分发所花的至少十四天的时间。

第五章

（一）署理选举主任应协调对正式党员竞选演讲的安排。通过郡级行政区和统计区，代理选举监察官将协调正式的党员竞选活动事件的安排以便使对竞选给予媒体新闻报道的竞争性要求、议会制定和其他方面的责任

---

① 依照2009年9月修正版。

都能达到平衡。其他党的机构，如果他们邀请所有候选人参加的话，只能举办竞选活动类型的事件，但它们不能为了举办此类活动而要求所有候选人同意参加或同意派代表参加。被署理选举主任指定的正式竞选演讲应该优先于其他任何由候选人制定的安排。

（二）党的正式通讯渠道只能用于宣传由署理选举主任同意的竞选演讲。组织和支付竞选演讲活动费用的责任应当由主办单位来承担，但是署理选举主任将会坚持通过党的网站、电子邮件通信、自由民主党新闻等渠道发布正式竞选演讲活动。

第六章

在获得了必要的候选人资格提名后，每一个候选人将会为他或她的竞选活动提名一个代理人。没有提名代理人的候选人将会被视为他或她本人的代理人。

第七章

联邦党工作人员从候选人的宣布当天起应当严格保持中立。并建议各缔约政党、学生事务处和其他任何相关的用人机构的工作人员都应保持这种中立。

第八章

以联邦的、州的、地区的和地方的官员身份在各自能力范围内行动的政党官员们要尽最大努力为所有候选人提供平等机会和合理的平衡。

第九章

绝不允许候选人本人或其代表提供食物、饮料或者娱乐以及其他任何形式的款待。

第十章

在为每位主席候选人制定日程表时，联邦主席应当为选举费用制定一个花费限制，不包括差旅和生活费。不允许候选人或者他的代理人在制作宣传材料和其他与选举活动相关的花费上超过这个限制。这应当包括一个人在成为候选人之前的产生的任何花费（或者任何花费相应的比例），如果这些物资、服务或者设备是用于候选人选举的。

第十一章

（一）所有替候选人或以候选人名义制作的纸版或电子版的公开宣传材料都印上他（或她）的代理人的标记，包括一个完整的邮政地址。为宣传候选人的目的而替候选人或以候选人名义发出的任何电邮信息也应当包括一个由选举主任提供的用于详细说明信息接收者将如何从未来的信息中做出选择的标准用词形式。

（二）每一个候选人都应当负责提供材料用于证明在他（或她）个人的选举演讲中表达的关于他（好）受任何个人或组织拥护的申明。这样的材料必须附有候选人的个人选举演讲的原稿。

（三）如果有三位以上的候选人，每位候选人均有权在邮寄选票时附带一份个人竞选演说，其长度为 A4 纸两面或 A5 纸两页，印刷和费用均由联邦党承担。竞选演说的影像必须在通知日期之前按通知的地址寄给代理选举主任。

（四）选举主任可以允许投票人以电子方式审阅候选人的竞选演说，以及通过邮局邮寄查阅。

（五）只要满足第十二章第二款的最低费用限制，个人竞选演说的出版可以采用选举主任所规定的任何形式。

（六）选举主任可以采用电子交流方式为选举提供方便，可以同选举的候选人发送电子邮件进行交流。

第十二章

根据第八章和第九章规定，任何候选人不得以纸质或电子形式出版或发行材料，均不得点名诋毁或暗示其他候选人的名誉，在个人拉选票期间，任何候选人不得诋毁其他候选人。

第十三章

党的所有纸质或电子出版物应当尽可能为所有候选人提供同等的报道，应尽量平衡公正。

第二部分 主要政党内部规章制度

第十四章

选举遵循无记名投票和单转移投票方式。唱票过程应遵循选举改革学会最新版《如何通过单转移投票进行选举》的基本原则。取决于会场的容量，唱票过程可以由候选人、候选人的中介机构或任何个人代表审议，并对全体党员公开。

第十五章

选举主任可以允许投票人按照意愿采用电子方式投票。

第十六章

每位候选人和他们的中介都应该填写一份选举费用反馈表并邮寄给代理选举主任。此表格应附有全部的费用发票，且必须在选举结果公布之后的第三十五日中午之前邮寄给代理选举主任。代理选举主任将报销选举费用并以邮件形式寄还候选人，上述行为受所有党员监督。费用表也应该包含能够证明符合2000年政党、选举及全民公投法的必要信息。

第十七章

在选举过程中，任何需要向选举委员会报告的候选人可以向联邦党监督官进行咨询。

第十八章

选举主任有权在选举结果公布之前取消某候选人的资格，或者选举结果公布之后取消其选举，如果该候选人：

（一）在竞选过程中使联邦党的名誉蒙受损害，或选举主任有清楚的证据（例如破产或者财政危机）确信此类事件在不久的将来会发生；或者

（二）被发现违反了第三、八、九、十二或十六章的相关规定。

第十九章

所有党员可以在知悉选举侵权行为的二十一日之内的任何时间以书面形式正式申诉。书面申诉应寄给代理选举主任，并指明侵权行为的细节。

随后，选举主任应在与代理主任充分商讨之后做出决定，判定是否有明确证据支持此申诉。

第二十章

对于选举主任决定的申诉必须在决定生效之日起十四天以内，交予联邦党申诉委员会。为使得申诉符合本规则，联邦党申诉委员会主席不应作为申诉委员会一员，其他委员应指派委员中的一人担任代理主席。

第二十一章

在领导选举结束不超过六个月的时间内，本规则应由联邦党行政委员会复审。

（李晓杰、徐越 译）

图书在版编目（CIP）数据

世界主要政党规章制度文献. 英国 / 俞可平主编；
吕楠分册主编. —北京：中央编译出版社，2015.12

ISBN 978-7-5117-2897-5

Ⅰ.①世… Ⅱ.①俞… ②吕… Ⅲ.①政党-
规章制度-文献-英国 Ⅳ.①D564

中国版本图书馆 CIP 数据核字（2015）第 304420 号

世界主要政党规章制度文献. 英国

出 版 人：	刘明清
责任编辑：	薛迎春
责任印制：	刘 慧
出版发行：	中央编译出版社
地　　址：	北京西城区车公庄大街乙 5 号鸿儒大厦 B 座（100044）
电　　话：	（010）52612345（总编室）　　（010）52612335（编辑室）
	（010）52612316（发行部）　　（010）52612317（网络销售）
	（010）52612346（馆配部）　　（010）55626985（读者服务部）
传　　真：	（010）66515838
经　　销：	全国新华书店
印　　刷：	北京环球画中画印刷有限公司
开　　本：	787 毫米×1092 毫米　1/16
字　　数：	585 千字
印　　张：	41
版　　次：	2015 年 12 月第 1 版
印　　次：	2018 年 7 月第 2 次印刷
定　　价：	260.00 元

网　　址：	www.cctphome.com	邮　　箱：	cctp@cctphome.com
新浪微博：	@中央编译出版社	微　　信：	中央编译出版社（ID：cctphome）
淘宝店铺：	中央编译出版社直销店（http://shop108367160.taobao.com）		（010）52612349

本社常年法律顾问：北京市吴栾赵阎律师事务所律师　闫军　梁勤
凡有印装质量问题，本社负责调换。电话：（010）55626985